# 海监狱的岁月印痕

徐家俊·著

上海社会科学院出版社

# 目　录

## 狱史纵横

003 ｜ 淞沪警备司令部看守所
012 ｜ 公共租界的巡捕房押所
025 ｜ 民国时期的上海高等法院看守所
033 ｜ 位于提篮桥监狱内的特刑庭
039 ｜ 百年监狱里的历史记忆：上海监狱陈列馆散记

## 旧监狱员守

051 ｜ 租界民国时期提篮桥监狱管理人员
057 ｜ 江苏第二监狱管理人员
063 ｜ 上海监狱第一分监的女性管理者
068 ｜ 旧监狱管理人员中的裙带关系
072 ｜ 丑陋的旧监狱看守
077 ｜ 看守为犯人提供鸦片

## 狱事拾遗

081 ｜ 《申报》与旧上海监所的广告

| 094 | 民国时期各界人士参观上海监狱 |
| 102 | 漕河泾监狱白条案 |
| 106 | 虚报囚粮款　多名分监长获刑 |
| 110 | 旧上海监狱发生的犯人脱逃案 |
| 119 | 漕河泾监狱：死刑犯处决地之一 |
| 123 | 旧监所里发生的火情 |
| 126 | 复杂微妙的犯人关系 |
| 130 | 日本人统治下的提篮桥犯人伙食 |
| 132 | 民国时期提篮桥关押的女犯 |
| 137 | 旧提篮桥华籍典狱长众生相 |
| 146 | 提篮桥监狱关押的外籍犯 |
| 155 | 东方奥斯维辛的恶鬼走上提篮桥的绞刑房 |
| 160 | 百年来提篮桥监狱的电话 |
| 164 | 提篮桥监狱的窨井盖 |
| 167 | 提篮桥监狱的五张文化历史名片 |
| 173 | 一个理想的影视拍摄场地 |

# 革命人士在狱中

| 179 | 龙华监狱革命志士的狱中斗争 |
| 188 | 龙华千古仰高风 |
|  | ——龙华监狱囚禁部分志士名录 |
| 193 | 韩托夫同志在狱中 |
| 197 | 熊宇忠同志在狱中 |
| 201 | 陈一诚同志在狱中 |
| 204 | 许亚同志在狱中 |
| 208 | 刘季平同志在狱中 |
| 212 | 漕河泾监狱的绝食斗争 |

## 跌宕人生

- 219 | 赵英盛:监狱地下党支部书记
- 224 | 张仪明:监狱地下党唯一女共产党员
- 227 | 监狱学家孙雄生卒年份考
- 230 | 日本驻港总督矶谷廉介在沪宁监狱中
- 234 | 傅式说:从学者教授到汪伪汉奸
- 237 | 王春哲:上海特刑庭处决之第一人
- 241 | 戚再玉:派系内斗替罪羊
- 245 | 黄玉佳:毙命提篮桥的典当行伙计
- 248 | 徐光和:抗战胜利后处死毒犯第一人
- 250 | 余纯顺:从少年犯到旅行家
- 255 | 从服刑人员到见义勇为先进个人
- 258 | 与陈璧君一起坐牢的日本女人

## 访谈录

- 267 | 提篮桥监狱周边地区的前尘往事
  ——徐老先生访谈录
- 269 | 日本战犯在提篮桥受到审判
  ——徐家俊接受中共四大纪念馆的采访
- 277 | 提篮桥监狱坐牢期间的生活和斗争
  ——黄乃一同志访谈录
- 282 | 提篮桥监狱女监工作的回忆
  ——陈咏声女士访谈录
- 285 | 上海军事法庭审判关押日本战犯的回忆
  ——李业初先生访谈录
- 289 | 陈璧君的家庭成员及后事的处理
  ——谭文亮先生访谈录

# 附　录

293 ｜ 成语典故中的监狱文化
297 ｜ 监狱博物馆的功能定位与发展构想
306 ｜ 监狱类史志书籍的综述与思考
315 ｜ 新中国监狱口述历史探微

325 ｜ 后　记

# 狱史纵横

# 淞沪警备司令部看守所

## 一、淞沪警备司令部简况

### (一) 司令部的前身及沿革

1911年10月,腐朽没落的清王朝在辛亥革命中被推翻,上海光复后成立了军民兼治的地方政府——沪军都督府。1912年7月,沪军都督府撤销,改为江苏都督行辕。1913年7月,设立上海镇守使,系上海地方的最高统治者。1915年11月,上海镇守使与松江镇守使合并,设立淞沪护军使。1925年6月,淞沪护军使署改作淞沪戒严司令部,邢士廉任司令;次年,淞沪戒严司令部撤销,改为淞沪商埠督办公署。1927年3月,淞沪商埠督办公署撤销,设立上海警备司令部,杨虎任司令;9月上海警备司令部撤销,白崇禧组建成立"淞沪卫戍司令部",白崇禧任司令。1928年4月,淞沪卫戍司令部改称淞沪警备司令部,司令部设在龙华,至1936年先后由钱大钧、戴戟、吴铁城、杨虎任司令。淞沪警备司令部直属军政部管辖,下设总办公厅、参谋处、副官处、军法处、军需处、军医处、侦查队等部门,负淞沪地区警备之全责,其管理人员有70多人(卫兵、勤务兵不在其内)。[1]警备区域为上海市及川沙、上海、南汇、宝山、奉贤、崇明等六县,并保护京(南京)沪、沪杭两条铁路。1937年"八一三"淞沪抗战,11月上海沦陷,淞沪警备司令部机构亦随国民党军队西撤而撤销。淞沪警备司令部建筑大部毁于抗日战争中。旧迹今仅存临龙华路的司令部西洋式大门和门北"电话队"用房。

### (二) 司令部军法处

军法处是上海警备司令部、淞沪卫戍司令部及淞沪警备司令部下属的一个重要部门,是镇压革命人士的"刀把子"。1927年4—8月,陈群(1890—1945,福建长汀人)为上海警备司令部军法处处长。1928年4月起,裘昶任军法处处长。据王理文[2]的回忆文章称,1931年1月23日,他在龙华受审时,军法处处长

---

[1] 《淞沪警备司令部汇刊》第1册,1928年,第227—231页。
[2] 王理文捕前为中共闸北区委书记、江苏省巡视员。

淞沪警备司令部大门

姓高,据说是司令熊式辉的表弟,江西人,后来任江西某区行政专员。①据张恺帆②回忆,1933年,龙华警备司令部司令吴铁城,军法处处长陶百川。在吴铁城任上海市市长时,淞沪警备司令部军法处处长是陆京士。③

现据淞沪警备司令部1928年编印的有关资料,对淞沪警备司令部军法处的情况如表所示:

**淞沪警备司令部军法处编制表(1928年4月调制)④**

| 职　能 | 阶级 | 员额 | 职　掌 | 备　考 |
| --- | --- | --- | --- | --- |
| 处　长 | 中校 | 1 | 总理全处事务,指挥各军法官办理审判各案件 | 由32军司令部军法处处长兼,不另支薪 |
| 主任军法官 | 中校 | 1 | 承办军事人犯及匪犯各案件 | |

---

① 《何孟雄研究文集》,江苏人民出版社1992年版,第179—180页。
② 张恺帆,新中国成立后曾任安徽省委书记、政协主席等。
③ [美]魏斐德著,章红、陈雁等译:《上海警察,1927—1937》,上海古籍出版社2004年版,第272页。
④ 《淞沪警备司令部汇刊》第1册,1928年,第12—13页。

(续表)

| 职　能 | 阶级 | 员额 | 职　掌 | 备　考 |
|---|---|---|---|---|
| 军法官 | 少校 | 3 | 承办军事人犯及匪犯各案件 | 内军法官一员系32军司令部军法官,不另支薪 |
| 书　记 | 上尉<br>中尉 | 14 | 办理起稿录供、收发、管卷及保管赃物及校对各事务 | 内上尉、中尉书记各一员,系32军司令部军法处书记,不另支薪 |
| 特务员 | 少尉 | 1 | 看管监狱,押送人犯 |  |
| 司　书 | 准尉 | 5 | 缮写文件兼管监狱 | 内司书一员系32军司令部军法处司书,不另支薪 |

附记:(1)本处附设看守所一处管理狱犯,以特务员兼任,看守中士一名、卫生中士一名、上等兵一名、勤务上等兵一名、伙夫三名,应支饷薪,不在预算之内;(2)勤务兵之支配准各官长阶级规定遵用。

　　淞沪警备司令部军法处 1928 年时的主要成员名单如下:军法处处长裘昶,军法官:高登艇(少校)、陈耀中、汤宗威、鄢兆魁,书记:邱觐光(上尉)、闵志清(中尉),特务员:卞介白(上尉)、周尚仁(少尉),司书:陈光典(准尉)、陈组群、杨文正、朱净光。①

　　淞沪警备司令部军法处设有两个法庭,由主任军法官、军法官主持开庭审判。法庭正式从 1928 年 4 月 11 日起开庭,除星期天休庭,休息一天,其余日子均开庭审判人犯。其中 4 月—6 月,每月开庭人数依次为 152 次、322 次和 192 次,合计 666 人;判决人数分别为 26 人、95 人和 109 人,合计 230 人。②

　　上海警备司令部及淞沪警备司令部军事法庭的审判,一般都是秘密进行的,即使采取会审制也鲜见公开。"政治犯"上诉权利被无理剥夺。判刑审批程序也极为草率简单。据知情者透露:判处死刑,有些则实行电报摘叙呈批制度,无须经过呈报核准的司法程序,而是电报核准秘密执行。据统计,1927 年 4 月—12 月,国民党军政当局在上海地区共杀害共产党员、工会干部、工人积极分子 2 000 余人,被捕入狱或被迫逃亡者达 1 万人以上。③1931 年 5 月 19 日,淞沪警备司令部会同上海市政府、国民党市党部、江苏高等法院合组上海临时军法会审委员会成立,警备司令部参谋长陈汉佐任审判长,专审重大共产党员案件。④

---

① 《淞沪警备司令部汇刊》第 1 册,1928 年,第 229 页。
② 《淞沪警备司令部汇刊》第 1 册,1928 年,第 170—182 页。
③ 任建树主编:《现代上海大事记》,上海辞书出版社 1996 年版,第 348 页。
④ 任建树主编:《现代上海大事记》,上海辞书出版社 1996 年版,第 465 页。

## 二、淞沪警备司令部看守所

### (一) 基本概况

淞沪警备司令部看守所,又称龙华看守所或龙华监狱。看守所所长不列入军法处的正式编制内,而由军法处的特务员兼管。据《淞沪警备司令部军法处编制表》称,军法处设:特务员1名,职掌"看管监狱、押送犯人";司书5名,职掌"缮写文书,兼管监狱"。[1]据当事人吕文连1992年12月10日写的回忆资料称,1931年3月我被捕关押,在龙华看守所一年半,看守所所长均是那个江西人。[2]

看守所的关押对象,主要来自3个方面。一是租界引渡;二是公安局和法院转押;三是侦查队直接经手的案例。淞沪警备司令部军事法庭的审判,由军法官一审判决,没有二审,不能上诉。判刑后即分别送上海漕河泾以及苏州、杭州各监狱服刑。判死刑的则就地执行。龙华看守所在押对象,除了共产党人、爱国进步人士外,也有国民党军队内违规犯纪的官佐、兵士,但数量较少,此外便是和蒋介石政权有矛盾的要人,如:1929年12月,以"图谋反动,煽动军队"等罪名将国民党元老居正关进看守所的"特别间"(优待室)。

看守所旧为淞沪护军使署的陆军监狱拘留所,在司令部辖区内是相对独立的建筑。周边有高墙,高墙内又有内腰墙,立一铁门,把整个看守所划分为前后两院:西部(前院)设有:营房(约驻一个排兵力),外门卫室、探望室,看守所厨房和犯人厨房等;东部(后院)设有:内门卫室、犯人就诊室、看守所办公室和看守所所长室及男、女牢房。男牢房共3栋,呈"川"字形,由南往北(也有称由东至西)排列着一至三弄,称"天、地、人"监(也有人称:连同女监是千字文中的"天地玄黄"之编序)。男监制式相同,房顶系人字形(一说呈介字形),两侧设气窗。每幢监房设铁栅大门,除放风和开饭时开启,终日上锁。监房中间为走道,左右各5间囚室,合为10间,走道尽头设一便池。每间囚室也设小门,门上端开有一小窗。小门白天开,晚上关,小窗供看守点名或查巡窥视。囚室内备双层床铺4张(一说有6张),囚室内置粪桶,外壁有一小高窗,进光时间甚短。囚室相邻一壁,设有灯洞,夜亮一灯,邻房共用(也有说每间监舍一盏电灯)。女监在男监左侧,计3间砖木结构平房,两间为监舍,一间为女看守室(也有人说,1929年时女监在看守所办公室一侧)。此外,还设特别间,又称优待间一处。其余均为砖木结构平房,在监房前贴内墙而建。有一入口连接管理区和监房区,凡入口皆有卫兵

---

[1] 《淞沪警备司令部汇刊》第1册,1928年,第12—13页。
[2] 龙华革命烈士陵园档案资料。

或看守站岗。出监狱区向西有便道,向西至司令部机关大楼内的军法处、法庭(审讯处),向东南至淞沪警备司令部门楼,向北(偏西)约100米处,越过蒲汇塘上的桥,则是刑场。①

1937年7月抗战爆发,淞沪警备司令部撤销,龙华看守所等建筑被日军飞机炸毁。1990年起,上海有关部分重新修复了当年的龙华看守所。但是据当年曾经关押在龙华的郑超麟,于1991年9月参观修复后的建筑物,于9月15日所写的书面材料上称,复建后的看守所不在那个位置,当时的看守所距离直通大门那条中轴线很远,汽车一进大门,就可以看见一座四方形的2层洋楼,楼上楼下都有许多房间。楼面直对着大门。犯人由洋楼被带到看守所要走一段相当长的路,差不多等于从龙华寺大门到公园大门的距离。这条路两旁大部分是空地,只有几所房屋,如警卫兵宿舍、会审法庭等。这条路我很熟,除来往4次外,还有几次提审。现在复建的看守所,除了位置错误以外,构造也与旧物有很大出入。整个看守所占地不及旧时的一半,三条监房相互间距离过窄,与附属物的距离也过窄。每条监房的屋顶都有气窗,所以空气流通,光线明亮;每间房间有6只双人床,可睡12人,一房一只电灯,对外的窗子,原来的比现在的更大些,也更低些。三条监房的排列是由右而左,分天、地、人,每条监房的大门,不是密封的铁门,是能够折叠的铁门,犯人可以站在铁门内看外景。天字监的铁门正对着看守所所长的办公室。这办公室两间有门相通。办公室隔壁有一个大房,1929年作女监用。看守所的大门在所长办公室的另一边,天字监的左边。②

(二)看守所的管理

据1928年制定的《淞沪警备司令部军法处服务细则》等,管理看守所人员的主要权限及分工:(1)军法处处长:签发拘票逮捕人犯及档案证据,填发开释人犯单。(2)军法官:监督看守所事项,人犯收释事项。(3)特务员:指挥分任管理看守所并提送人犯之事务。(4)书记:记录口供及出票拘提人犯事项,保管卷宗、赃证及管理人犯事项,处理判决确定送监执行之人犯事项。(5)司书:兼管监狱。

看守所对人犯的收押、提押及释放有严密的规定:人犯发押看守所,军法官应在押票上签名盖章。看守所收到军法官签名盖章之押票,始得收押人犯并填发回单。军法官提讯人犯或讯毕还押人犯,须于提单或押单上签名盖章。看守所收到军法官签名盖章之还押单,应照单开人犯认验明确,派兵押赴法庭候讯。

---

① 王菊如:《龙华监狱》,《旧监狱寻踪》上海书店出版社2014年版,第202页。
② 郑超麟:《重游龙华警备司令部》,《上海滩》1995年第2期。

看守所收到军法官签名盖章之还押单,应仍将人犯收押并填发回单。开释人犯单由处长填发。看守所应将人犯名单及收释数目四柱清册逐日造处长核阅。管理赃物之书记,应将保存赃物列表登记,如经发还并须注明。①看守所还备有相关的票单及簿册,如押票、提票、还押票、传票、调查证物单、调阅卷宗单、拘票、搜检票等,收押人犯回单、还押人犯回单、开释人犯回单、派送人,建有羁押人犯簿、收押人犯回单粘存簿、还押人犯回单粘存簿、释放人犯回单粘存簿等。

  看守所男监的每栋牢房,已知龙华24烈士中的林育南、胡也频分别因于1弄7、10室,龙大道、费达夫、恽雨棠、蔡博真、王青士分别因于2弄1、5、6、7、8室,柔石和欧阳立安同因于2弄9室、李求实和殷夫同因于2弄10室、何孟雄因于3弄。②关向应、余昌生(化名李金弟,向忠发秘书)关押在2弄1号,张纪恩关押在2弄5号。③张恺帆关押在3弄的第一间,和他同住的先后还有王厚芳、陈宝蔵、胡锡光(化名周振邦)、牛汗、谢武潮、陈晶秋、黄简、蔡志锷等。刘静波、区儒亨(即苏生)等关押在2弄。④夏征农关押在2弄。

### (三) 关押人员的狱中生活概况

  龙华看守所被关押人员伙食标准低,质量差,数量少,而且还要受到层层克扣。他们每日两餐,伙食费每天1角3分,看守所还要从中克扣1分,因此吃的都是陈米烂菜。每月(也有个别人说每周)可以接见亲属一次,可送进衣食物品和钱款,平时可用高价托看守买东西。亲属接见时可在隔三四米处讲话,并有看守监视,可用高价偷偷托看守向外面送信。平时的管理比较宽松。据郑超麟回忆,龙华看守所"十个号子"(房间)的人可以互相往来,饭尽量吃,小菜不能下咽,但你可以请看守卫兵到外面买小菜来吃。看守所长或书记每日黄昏来点一次名,此外不来管你。你只要有钱,或能敷衍,看守可以同你做朋友,说笑话。⑤据上海文史馆馆员孙诗圃回忆,关押人员每天两餐,菜是臭咸菜、老冬瓜等,植物油是漂在菜桶上做样子的,吃不到,餐具是粗瓷碗,上面一些菜,下面饭。关押人员不穿囚服。⑥龙华看守所的关押者,虽然都属"未决犯",但没有关押期限,短的个把星期,长的几月甚至几年。由于狱中拥挤,环境恶劣,肺病、伤寒、肠胃病、风湿、水肿、贫血、维生素缺乏症等便是狱中常发病。狱中虽然有简陋的医务室,但药品

---

① 《淞沪警备司令部汇刊》第1册,1928年。
② 余卫平、陆米强:《龙华国民党淞沪警备司令部》,《党史资料》丛刊1983年第3辑,第120页。
③ 张纪恩回忆资料,《上海党史资料丛刊》1979年第1期。
④ 张义渔主编:《上海英烈传》第9卷,百家出版社1987年版,第314页。
⑤ 郑超麟、范用:《郑超麟回忆录》,东方出版社2004年版,第211—212页。
⑥ 孙诗圃手稿,1995年10月5日。

很少,百病同喝中草药煮的"大锅药汤",因此,饥寒倒毙、缺医瘦死时有发生。1931年1月,看守所中共有犯人六七百人,政治犯占1/3左右,除少数"重案"戴脚镣外,一般不戴脚镣。

龙华看守所也有探监制度,如1928年制定的《淞沪警备司令部探视人犯规则》共有9条规定:(1)本处规定探视人犯之期,为星期二、星期五下午12点半至3点半。(2)凡欲到看守所探视人犯者,须在探视人犯簿内填明姓名、籍贯、住址、职业及与在押人犯之关系,呈由承审法官核准后方许接见。(3)管理员接到探视人犯单,应按号传知各犯分配轮见,每次不得逾5分钟;但有不得已事由经管理员之认可者不在此限。(4)在押人犯及接见探视人,应受本处指派之书记官或管理员之监视。(5)在押人犯接见探视人时,不得私自接受财物。(6)在押人犯同时不得接见两人以上之探视人。(7)看守所置在押人犯接见簿,记入探视人及人犯之姓名并录其说话大要。(8)探视人如有送入物品,须经承办法官或管理员之许可及检查后,再发给该人犯领用。(9)在押人犯与探视人有不正当之谈话时,书记官或管理员得禁止之。[①]

这种探监的艰难,作家丁玲就有过形象的回忆。1931年1月其丈夫"左联"作家胡也频被捕,她和沈从文曾前往龙华探监:探监登记是上午9点,而他们在早晨7点之前就赶到了龙华,在司令部大门外排队等候,不一会儿,见到同案的家属也渐渐到了。即使熟识的,也不敢打招呼。一到9点,卫兵出门为排队者编号。当时又临时规定探监要到下午2点开始,而且号数也只编到400号。那天,200多人因编不到号,只好怏怏而归。就这样他们忍饥又熬了7个小时,然后换号分发批条,10人一组。丁玲和沈从文死死地等着,终于拿到一方朱红印章的批条,然而奔进看守所铁栅门边,却又被看守挡住,理由是在租界被捕和涉嫌政治的在押人员,不许同家人见面。于是,丁玲同看守人员好说歹说才被允许为胡也频带进5块钱,也不知道他收到没有。[②]

## 三、遗址成为上海市龙华烈士陵园组成部分

淞沪警备司令部建筑物在抗战胜利后作为国民党军队联勤部,面向龙华路的西洋式门楼等部分建筑有遗存,监狱牢房被废弃毁坏。上海解放后,党和政府将原龙华看守所遗址、原淞沪警备司令部部分旧建筑及刑场遗址给予妥善保护,列为上海市级革命历史文物,后在该处建立龙华公园。"文化大革命"中,龙华

---

[①] 原载《淞沪警备司令部汇刊》,1928年,第25—26页。
[②] 朱济民主编:《旧监狱寻踪》,上海书店出版社2014年版,第208页。

龙华革命者就义地

龙华刑场碑刻

24烈士就义地(遗址)被某工程队占用,堆放建筑材料。1981年由上海烈士陵园接管,同年树立革命烈士就义处纪念碑。1983年全国政协六届一次大会上,上海的50多人曾联名提出议案,要求建立烈士纪念馆。同年年底,赵世炎夫人、中顾委委员夏之栩(李鹏的舅母)到上海烈士陵园参观瞻仰,回京后向中共中央政治局提出整修龙华烈士陵园的建议,邓小平、胡耀邦等中央领导作了重要指示,上海成立"龙华烈士陵园筹建领导小组"。1988年1月,淞沪警备司令部部分建筑、24烈士就义地和龙华监狱遗址被国务院列为第三批全国重点文物保护单位。1990年10月,江泽民为筹建中的龙华烈士陵园题词"丹心碧血为人民"、邓小平题写"龙华烈士陵园"门额,陈云题写馆名;11月,龙华烈士陵园第一期工程正式动工;次年6月首期修复工程竣工。1994年,龙华烈士陵园续建、扩建,在轴线中央建造了龙华烈士纪念馆,又塑造10余座史诗纪念性雕塑,辟建龙华碑苑。1995年7月1日向社会开放;1997年5月28日,金字塔形的龙华烈士纪念馆开馆,后来又修筑地下通道,把监狱和刑场相关连。男女牢房内修旧如旧,恢复和布置了当年的情境,还展示了部分幸存者的图片和资料。2021年将龙华革命烈士纪念地整体连通,复原"就义树""英烈坑",新建"龙华墙",以及在龙华牺牲的中共中央委员、中共中央监察委委员展示区等;打造"革命烈士纪念地,初心使命教育地,红色文化传播地"。

上海市龙华烈士陵园已成为上海地区重要的历史遗址,集陵园、纪念馆、遗址于一体的上海规模最大的红色遗址,全国百家爱国主义教育示范基地。

(本文原载:上海市历史博物馆、上海革命历史博物馆编:《都市遗踪》第31辑,上海人民出版社2020年版。收入本书时有删节和修改)

# 公共租界的巡捕房押所

上海是一国际化的大都市。自1843年11月开埠、1845年设立租界（初称英国人居留地）以来，中西两种制度、两种文化碰撞交融；"一市三治"，形成公共租界、法租界、华界三块行政区域、三套司法体系，这在全国各城市中罕见。上海租界先于上海华界及各地推行现代法律制度，具体表现在：现代的审判制度、现代的律师制度、现代的监狱制度（也存在立法、司法上的瑕疵及警匪勾结犯罪等问题）。但是目前许多书刊文章对上海公共租界的监狱，往往提到提篮桥（华德路）监狱及厦门路监狱，这当然没错，但是还遗漏了不少内容。其实从1845年租界设立到1903年5月华德路监狱启用前，这50多年内，上海公共租界的华籍犯人、外籍犯人关押在什么地方？他们的人数、日常作息、生活条件及活动轨迹如何？目前许多有关上海法制史、监狱史的文章资料上，除了提到会审公廨押所、厦门路监狱外，往往语焉不详，或者很少涉及，无影中形成了对这段史实的模糊或空缺。笔者多年来对此问题有所思考，搜集相关资料，对公共租界的巡捕房押所进行了初步研究，认为巡捕房押所是上海租界前期关押犯人的主要场所。现成文以供探讨。

## 一、公共租界的巡捕房及犯人的主要关押点

外国人的坚船利炮打开了古老的中国国门，1843年11月上海开埠。1845—1849年，英、美、法西方三强分别在上海建起了居留地，后称为租界。随着租界地域的扩大、人口增多，1853年9月，小刀会占领上海县城，租界内的华人由500人急剧扩大至2万人，改变了原先华洋分居的状况，形成华洋杂居的局面；1861年，太平军进攻上海，租界人口迅速膨胀至30万人，与此同时犯罪案件也有所上升。

为了社会治安等需要，自清咸丰四年（1854年）起，公共租界工部局警务处先后建立14个巡捕房。其中1854—1861年建立3座，1884—1912年建立8座，1925—1933年建立3座。1939年5月，公共租界巡捕房设置4个警区，即甲区：中央捕房、老闸捕房、成都路捕房；乙区：新闸捕房、静安寺捕房、戈登路捕房、普陀路捕房；丙区：虹口捕房、汇司捕房、狄思威路捕房、嘉兴路捕房；丁区：杨树浦

捕房、榆林路捕房、汇山捕房。①随着机构的庞大，巡捕人数也不断增加，1854年初设巡捕队时只有西捕8人，②1919年已有西捕225人、华捕1354人、印捕666人、日捕33人，③另有看门印捕263人。④1943年8月，自汪伪政府名义收回租界以后，各巡捕房全部撤销，先后改为公安局或警察局。

表1　　　　　　　1856—1910年上海公共租界的犯罪率

| 年份 | 逮捕数 | 租界人口 | 犯罪率（每10万人） | 年份 | 逮捕数 | 租界人口 | 犯罪率（每10万人） |
| --- | --- | --- | --- | --- | --- | --- | --- |
| 1856 | 525 | 1.8万 | 2916.7 | 1870 | 8796 | 76713 | 11457.3 |
| 1857 | 589 | — | | 1876 | 7430 | 97335 | 7633.4 |
| 1858 | 574 | — | | 1880 | 7871 | 11009 | 71496 |
| 1859 | 452 | 8万 | 577.5 | 1885 | 12668 | 129338 | 9794.5 |
| 1860 | 845 | 30万 | 281.7 | 1890 | 28967 | 171950 | 16846.2 |
| 1861 | 1852 | — | | 1895 | 29427 | 245679 | 11977.8 |
| 1862 | 3892 | 70万 | 556.9 | 1900 | 19694 | 352050 | 5594.1 |
| 1863 | 4780 | 70万 | 956 | 1905 | | 464213 | |
| 1865 | 3233 | 92884 | 3480.7 | 1910 | | 501561 | |

资料来源：张彬著：《上海英租界巡捕房制度及运作研究(1854—1863)》，上海人民出版社2013年版，第122页；马长林主编：《租界里的上海》，上海社会科学院出版社2003年版，第283页。

表2　　　　　　　上海公共租界各巡捕房起讫时间及地址

| 名　　称 | 起讫时间（年） | 1923年前的地点及门牌号⑤ | 1941年12月前的门牌号⑥ | 后期原址的今日所在处 |
| --- | --- | --- | --- | --- |
| 中央捕房⑦ | 1854—1943 | 福州路28号 | | 福州路185号 |
| 老闸捕房 | 1860—1943 | 南京路51号 | 宁波路645号 | 贵州路101号 |
| 虹口捕房 | 1861—1943 | 闵行路蓬路吴淞路转角 | 闵行路260号 | 闵行路260号 |

① 易庆瑶主编：《上海公安志》，上海社会科学院出版社1997年版，第71页。
② 胡寄凡：《上海小志》卷二，上海传经堂书店1930年版。
③ 西捕，即以英国籍为主的巡捕（警察）；华捕，即中国籍的巡捕；印捕，即印度籍的巡捕；日捕，即日本籍的巡捕。
④ 1920年10月29日《申报》。
⑤ 《上海租界诉讼指南》，上海大东书局1923年版。
⑥ 1942年1月1日《申报》。
⑦ 中央捕房又名总巡捕房，静安寺捕房又名卡德路捕房，杨树浦捕房又名周家嘴捕房或格兰路捕房，汇司捕房又名西虹口捕房。

(续表)

| 名　称 | 起讫时间（年） | 1923年前的地点及门牌号 | 1941年12月前的门牌号 | 后期原址的今日所在处 |
|---|---|---|---|---|
| 静安寺捕房 | 1884—1943 | 愚园路7号 | 愚园路172号 | 愚园路172号 |
| 杨树浦捕房 | 1891—1943 | 杨树浦路78号 | 平凉路2049号 | 平凉路2049号 |
| 汇司捕房 | 1898—1943 |  |  | 海宁路830号 |
| 新闸路捕房 | 1899—1943 | 爱文义路1号 | 爱文义路279号 | 北京西路295号 |
| 汇山捕房① | 1903—1943 | 茂海路3号 | 茂海路70号 | 海门路70号 |
| 嘉兴路捕房 | 1907—1943 | 哈尔滨路1号 |  | 哈尔滨路290号 |
| 戈登路捕房 | 1909—1943 | 戈登路63号 | 戈登路557号 | 江宁路511号 |
| 狄斯威路捕房 | 1912—1943 | 北四川路165号 | 狄斯威路751号 | 溧阳路1338号 |
| 榆林路捕房 | 1925—1943 | — | 榆林路707号 | 榆林路江浦路口 |
| 普陀路捕房 | 1929—1943 |  |  | 江宁路511号 |
| 成都路捕房 | 1933—1943 | — | 成都路360号 | 成都北路360号 |

以上公共租界的14所巡捕房中,初期集中在租界最早的建成区域内,主要是中央、老闸和虹口等3个巡捕房(简称捕房),并行使着监狱的职能,收押公共租界会审公廨判决的犯人。从1898年1月起增加了静安寺、杨树浦捕房,11月起又增加了西虹口捕房收押犯人。其间,巡捕也在不断扩充,1863年4月初为69人,到1864年3月共有126人。②下面主要介绍中央、老闸和虹口等3个捕房的情况。

**中央捕房**　又称总巡捕房,是公共租界建立的第一个巡捕房。1854年7月工部局成立后,即决定设立在其管辖的巡捕房。11月,购买一块属于惇信洋行的187×110英尺的土地,并筹措不少于1 000元公债,以购买地皮和建造营房。1855年建造启用,位于界路(今河南中路)。1864年,中央捕房有督察员1人、巡官1人、巡长7人、巡捕43人,均为西籍人员。1865年起,中央捕房经过多次扩建增设了场所,除办公用房外,还设有巡捕宿舍、阅览室、弹子房、卖品部等生活设施,另附有10间牢房。1890年,建造新的中央捕房,位于河南路四马路(今福州路)转角处,占地4.25亩,1893年7月17日竣工,8月20日启用,设有牢房18间,可关押70人,另有关押乞丐的用房3间。1906年底,中央捕房的捕探人数

---

① 汇山捕房又名提篮桥捕房,嘉兴路捕房又名哈尔滨路捕房,狄斯威路捕房又名北四川路捕房,榆林路捕房又名韬朋路捕房或威妥码捕房。
② 1853年4月11日《北华捷报》。

为华捕：捕头 45 人、巡捕 620 人；西捕：捕头 40 人、巡捕 80 人；印捕：捕头 24 人、巡捕 240 人。①1931 年，工部局购得位于江西路西、福州路南地块，占地 3.99 亩（位于今福州路 185 号），建造新中央捕房。1933 年初动工，1935 年春竣工启用。有 4 幢高楼，其北边一幢办公楼面临福州路，南边一幢的底层至 2 层建有羁押室。同年 4 月，原中央捕房拆除。②

1893 年建成的中央捕房

**老闸捕房** 1860 年 10 月建造启用，位于南京路盆汤弄。成立之初有 1 名副巡官、3 名警长、16 名巡捕。1887 年，工部局以每亩 1 750 银圆购买位于南京路网球场附近、租界中区第 612 号地籍土地，占地 7.212 亩，建造老闸巡捕房新址。该款项以发行债券方式筹集，新捕房由余洪江营造商承建，位于南京路 51 号，1888 年 8 月 1 日开工，1889 年 12 月 13 日竣工启用，耗资 46 000 银两。巡捕房包括可容纳 19 名西籍巡官、巡长暨巡捕用房，31 名印籍巡捕和华籍巡捕用房。③可关押华籍人犯的牢房 3 间，每间面积为 18×12 英尺，西籍人犯牢房 1 间，每间面积 18×12 英尺；以及乞丐牢房 1 间，面积 14×13 英尺。④1888 年的《上海公共租界工部局年报》曾对老闸捕房这样描述："新老闸捕房将于 1889 年竣工，这是一幢非常坚固的大楼，除西捕外还将容纳中央与老闸地区所属的所有印捕和许多华捕，而且有 2 间已婚巡长的用房。同时提供西籍犯人与 36 名华籍

---

① 韩兆藩：《考察监狱记》，光绪三十三年。
② 史梅定主编：《上海租界志》，上海社会科学院出版社 2001 年版，第 246 页。
③ 史梅定主编：《上海租界志》，上海社会科学院出版社 2001 年版，第 246—247 页。
④ 上海档案馆编：《工部局董事会会议录》1890 年 4 月 1 日，上海古籍出版社 2001 年版。

犯人的牢房,这将大大缓和虹口捕房在1888年因捕房太小,不能满足需求的状况。"①1905年12月18日发生的"大闹会审公廨"事件中,该巡捕房底层和一楼的大结构建筑被市民烧毁;次年,工部局在巡捕房周围筑起10英尺高墙。1906年底,老闸捕房的捕探人数为:华捕149人、西捕22人、印捕30人、华探10人、西探2人。②1925年"五卅"惨案后,老闸巡捕房南京路正门封闭,将贵州路边门改为正门(今贵州路101号)。

**虹口捕房**　1861年2月设于临时租借的民房内,开支由当地居民和业主负担,捕房有副巡官1人、巡长1人、巡捕12人。该捕房是继老闸捕房之后建立的第二个分巡捕房。1863年12月,以年租金2500银两租用百老汇路(今大名路)的一些房子,经装修后做临时捕房。1875年,选定租界北区1068号册闵行路16号(今260号)7.5亩的土地作为新虹口捕房的地基,建房基金以发售债券方式筹集。1878年8月1日,造价32000银两的新虹口捕房房屋竣工,新捕房共包括:多名巡官住宅,18名西籍巡长和巡捕及40名华籍巡捕的宿舍,8间犯人牢房③(每间容额20人),还有审书间、救火钟楼、仓库、马棚以及粪秽检查员与道路检查员住宅。④1906年底,虹口捕房的捕探人数为:华捕:捕头14人、巡捕155人,西捕:捕头4人、巡捕28人,印捕:捕头10人、巡捕47人,华探8人、西探8人。⑤1908年,在主楼的东面建了一幢3层楼房,1912年在这3层楼房的东北角进行了扩建。以后捕房内又增设2间专押外籍人犯、1间囚禁有体面华籍人犯的牢房。

早期的虹口捕房

---

① 《上海公共租界工部局年报》(1888)。
②⑤ 韩兆藩:《考察监狱记》,光绪三十三年。
③ 史梅定主编:《上海租界志》,上海社会科学院出版社2001年版,第247页。
④ 《上海公共租界工部局年报》(1879)。

## 二、对犯人实行苦役及劳作

1864年5月,上海在租界内设立"洋泾浜北首理事衙门",审理以洋人为原告、华人或无约国人为被告的刑事案件。1869年4月,设立会审公堂。①原定会审公堂审判的权限:苦工、监禁100天、枷禁30天、杖100或罚款100元以下的刑事案件,不过后来的审判突破了这一权限。从1901—1910年的《公共租界工部局公报》可知,公共租界警务处巡捕房拘押的华籍犯人的罪名有:放火、凶杀、谋杀、抢劫、绑票、伤害、敲诈、游荡、打架闹事、残杀动物、妨害交通、行为不检、撬窃、砍伤、贪污、诈欺、危险骑车或驾车、赌博、收赃、非法占有、伪造货币、使用伪币、骗取财物等,处罚的项目有:敲打(内分50板以下、50—100板、100板以上),上枷(内分7天以下、7天以上1月以下、1月以上),监禁(内分7天以下、7天以上1月以下、1月以上6个月以下、6个月以上)、罚金、警告、驱逐出境等。

1865年9月,捕房对华籍犯人实行苦役制度,有35人被判在租界服苦役;10月,75人服苦役。②据统计,1865年9月—1867年2月,被判苦役刑的犯人共有909人,平均每月判苦役为53人。苦役刑罚主要适用于偷窃及行为不端者。1866年6月1日—8月31日工部局看管的苦役犯每天平均人数24人,③他们主要从事租界市政工程劳务,包括砸石、筑路等,苦役的刑期最少3天,一般不超过3个月。因犯劳动时腰部用铁链环扣,数人拴系在一起。次年,工部局制定《苦役犯人惩处规则》,规定:只有犯有抢劫、偷盗、窝赃、勒索等罪行的犯人可服苦役;凡18岁以下、45岁以上的男犯及女犯不得处以苦役;工部局卫生部门每天对苦役犯人进行检查,未经许可不得判处苦役;天气极端恶劣时,不得服苦役;巡士不得殴打虐待犯人。规则还对服苦役的犯人的伙食、衣被和卧具标准作出具体规定。但是规定是一回事,实际执行又是一回事。

对华籍犯人实行苦役,遭到中国人及上海地方政府的反对。特别是1865年10月一名戴姓的市民被判苦役后,遭到巡捕的殴打虐待而死。上海县为此呈文上海道,反对租界对华籍犯人实行苦役刑罚,指责华人案件被外国官员判处苦役,不符合中国的法律。同年11月,上海道台致函英国领事,要求采取措施停止对华人的苦役刑罚。后来经过多次交涉,一直到1870年3月31日,工部局废除了苦役制度。④

---

① 滕一龙主编:《上海审判志》,上海社会科学院出版社2003年版,第59—60页。
② 史梅定主编:《上海租界志》,上海社会科学院出版社2001年版,第302页。
③ 上海档案馆编:《工部局董事会会议录》第2册,上海古籍出版社2001年版,第569页。
④ 史梅定主编:《上海租界志》,上海社会科学院出版社2001年版,第303页。

此外，中央、老闸、虹口捕房组织在押犯人从事各种劳作。1894年，犯人开始用椰子壳纤维制作垫子及席子，新的总巡捕房覆盖了在虹口捕房编织的席子，并有几批已经售出，需要更多席子的订货单正在送来。①1895年，犯人主要从事制作成衣、草鞋、席子等各种劳作。年内已编织完成用椰子壳纤维制的席子2 128磅，卖得总计425.60元。这笔钱用于监狱的开支。②1897年，虹口捕房的犯人从事编席、缝纫、砸石等劳作。自当年10月1日起平均每天（周日除外）有40人从事砸石劳动，到12月31日已经砸了317吨原石。③1899年各捕房押所的犯人共砸了1 312吨原料石。犯人做了相当数量的木工活，如捕房用的橱、医务室的床、制衣车间的地板等，部分犯人还从事大楼内的刷白和涂柏油。④

## 三、捕房关押犯人记事

随着照相技术的发展及推行，照相手段也运用到服刑的犯人。1884年3月14日，工部局制定新章，将捕房所关犯人，择屡犯者照相，以便将再有犯事便于追捕。⑤1885年2月10日的《申报》，以《犯人留影》为标题记述了犯人拍照的情况："虹口捕房将押期将满之犯人11名带至老巡捕房麦总巡查验之下，当将屡次肇事及犯窃之三人各拍一照存留，逐送英公堂请黄太守分别取保开释。"尽管捕房通过照片留影方式加强对犯人的管理，但是关押在捕房牢房里犯人，总是千方百计寻找监舍的漏洞及管理巡查的薄弱环节企图越狱。例如，1890年8月20日，虹口捕房29名犯人趁押所修理之机脱逃，⑥20人捕获后都被加刑，几名当班巡捕均被开除。1892年8月9日早晨3点45分，虹口捕房8名判长期徒刑的犯人，利用简易的工具在牢房的3英尺厚的墙上打了一个洞，在竹篱笆上也打了一个洞，越狱脱逃。后被一个牢房里值班的印籍看守发觉，发出了警报，一名越狱犯当场被捕，还有4人后来被抓获。⑦

1893年，一名犯人从虹口捕房的牢房里逃跑，2名犯人从总巡捕房牢房脱逃，前者已被抓获，其他2人仍未归案。⑧1894年1月16日，在老闸捕房乞丐牢房里，

---

① 《上海公共租界工部局年报》(1894)。
② 《上海公共租界工部局年报》(1895)。
③ 《上海公共租界工部局年报》(1897)。
④ 《上海公共租界年报》(1899年)。
⑤ 史梅定主编：《上海租界志》，上海社会科学院出版社2001年版，第45页。
⑥ 《押犯脱逃》，1890年8月22日《申报》。
⑦ 《上海公共租界工部局年报》(1892)。
⑧ 《上海公共租界工部局年报》(1893)。

一个乞丐被杀害,一个严重受伤,3 个轻伤,是由另外一个乞丐所为。这个乞丐经两位医生检查是个精神病患者。被害者在山东路医院进行尸检。犯人送往市里。①1902 年 12 月底,虹口捕房在押的两名身穿囚衣的外籍犯伺机逃去。捕头令中西各包探分往吴淞、江湾等处追寻,并以悬赏。②

从 1896 年 1 月 1 日起,各巡捕房每周犯人平均数在增加,犯人 10 人死亡,38 人由于生病而释放,尤其是脚气病。中央捕房死亡 3 人、释放 7 人,老闸捕房死亡 3 人、释放 7 人,虹口捕房死亡 4 人、释放 24 人。由于没有合适的关押场所,要给犯人劳作或提供锻炼是绝对不可能的,每天只有很少人能用于清扫捕房、裁缝和席子编制,其他犯人只能关押在牢房。据工部局警务处的官员在 1896 年对中央、虹口、老闸等 3 个捕房关押设施的调查,并对每个牢房长、宽、高进行仔细计算,虹口捕房 5 个牢房,每个牢房有 2 376 立方英尺;老闸捕房 3 个牢房,每个牢房 2 376 立方英尺;中央捕房 6 个牢房,每个牢房 2 880 立方英尺,按照每周平均在押犯人数计算,每个犯人占有的立方英尺数,中央捕房平均每人 864 立方英尺,老闸捕房平均每人 237 立方英尺,虹口捕房平均每人 152 立方英尺。一周内犯人最多人数为:中央捕房 56 人,老闸捕房 59 人,虹口捕房 139 人;这样每个犯人占有立方英尺数:中央捕房每人 308 立方英尺,老闸捕房每人 120 立方英尺,虹口捕房每人 85 立方英尺。如果把 3 个捕房犯人数平均分配,按周平均数,每个犯人占有 283 立方英尺;而在英国每个犯人能够拥有的空间是 800 立方英尺。市卫生官员的有关报告指出,每个犯人至少要有 500 立方英尺。为了给每个犯人 500 立方英尺的空间,3 个捕房的犯人数应该如下:中央捕房 36 人、老闸捕房 15 人、虹口捕房 25 人,3 个捕房共计 76 人。而现在每周平均有 132 个犯人,也就是说有 56 个犯人没有关押的地方。当年犯人被雇滚平大操场,从上午 8 时—11 时,下午 1 时—5 时。犯人一年编席 3 233 磅,已经卖掉 1 872 磅,得 374.40 元,这些款项用于牢房的花费。③

1908 年 2 月 20 日董事会经讨论决定采用香港的办法,即对关押在捕房拘留室内的为期不到一星期的所有人只供给饭和水;对已关押 6 个月的犯人,其伙食要大大减少。又指示说,要尽一切努力增加犯人的劳役时间,每星期不得少于 42 个小时。④1909 年 10 月,哈尔滨捕房 817 号、125 号华捕因抓捕西牢逃犯有功,被拨升一级以示奖励。⑤

---

① 《上海公共租界工部局年报》(1893)。
② 《西犯越狱》,1903 年 1 月 2 日《申报》。
③ 《上海公共租界工部局年报》(1896)。
④ 上海档案馆编:《工部局董事会会议录》第 17 册,上海古籍出版社 2001 年版,第 534 页。
⑤ 《华捕拨升》,1909 年 10 月 18 日《申报》。

## 四、中央、老闸、虹口捕房对犯人的关押

公共租界工部局警务处每周均对在押各巡捕房的外籍犯、华籍犯的人数进行统计,并把统计资料写入每年的《公共租界工部局年报》中。笔者根据1891—1900年的《公共租界工部局年报》,摘录每年每一季度最后一周末在中央、虹口、老闸捕房华籍拘押犯人数,以及此期间3个监狱的累计拘押犯人人数(见表3、表4)。

表3　1891—1900年每季度最后一星期周末中央、虹口、老闸捕房华籍拘押犯人人数

| 年份 | 季度 | 中央捕房 | 虹口捕房 | 老闸捕房 | 共计 | 季度 | 中央捕房 | 虹口捕房 | 老闸捕房 | 共计 |
|---|---|---|---|---|---|---|---|---|---|---|
| 1891 | 一季度 | 2 | 83 | 42 | 127 | 二季度 | 22 | 54 | 21 | 97 |
|  | 三季度 | 22 | 54 | 21 | 97 | 四季度 | 14 | 61 | 30 | 105 |
| 1892 | 一季度 | 7 | 58 | 16 | 81 | 二季度 | 15 | 48 | 16 | 79 |
|  | 三季度 | 13 | 54 | 17 | 84 | 四季度 | 10 | 48 | 16 | 74 |
| 1893 | 一季度 | 17 | 44 | 12 | 73 | 二季度 | 21 | 52 | 14 | 87 |
|  | 三季度 | 16 | 72 | 13 | 101 | 四季度 | 13 | 93 | 18 | 124 |
| 1894 | 一季度 | 12 | 68 | 12 | 92 | 二季度 | 19 | 103 | 19 | 141 |
|  | 三季度 | 21 | 79 | 17 | 117 | 四季度 | 17 | 62 | 5 | 84 |
| 1895 | 一季度 | 13 | 74 | 11 | 98 | 二季度 | 21 | 120 | 36 | 177 |
|  | 三季度 | 10 | 89 | 11 | 110 | 四季度 | 13 | 68 | 21 | 102 |
| 1896 | 一季度 | 9 | 107 | 28 | 144 | 二季度 | 20 | 114 | 46 | 180 |
|  | 三季度 | 33 | 35 | 57 | 125 | 四季度 | 17 | 34 | 33 | 84 |
| 1897 | 一季度 | 37 | 32 | 38 | 107 | 二季度 | 25 | 78 | 48 | 151 |
|  | 三季度 | 21 | 73 | 40 | 134 | 四季度 | 85 | 33 | 35 | 153 |
| 1898 | 一季度 | 25 | 93 | 45 | 163 | 二季度 | 62 | 102 | 46 | 210 |
|  | 三季度 | 77 | 89 | 39 | 205 | 四季度 | 138 | 112 | 107 | 357 |
| 1899 | 一季度 | 172 | 171 | 89 | 432 | 二季度 | 57 | 85 | 51 | 193 |
|  | 三季度 | 58 | 98 | 48 | 204 | 四季度 | 51 | 101 | 52 | 204 |
| 1900 | 一季度 | 67 | 106 | 53 | 226 | 二季度 | 80 | 111 | 50 | 241 |
|  | 三季度 | 67 | 83 | 59 | 209 | 四季度 | 48 | 77 | 53 | 178 |

资料来源:《上海公共租界工部局年报》(1891—1900)。

表 4　　1885—1900 年中央、虹口、老闸捕房累计拘押犯人统计表

| 年份 | 外国人 中央捕房 | 外国人 虹口捕房 | 外国人 老闸捕房 | 外国人 共计 | 中国人 中央捕房 | 中国人 虹口捕房 | 中国人 老闸捕房 | 中国人 共计 | 总计 |
|---|---|---|---|---|---|---|---|---|---|
| 1885 | 2 | 20 | 0 | 22 | 477 | 2 940 | 636 | 4 053 | 4 075 |
| 1886 | 7 | 52 | 0 | 59 | 513 | 2 770 | 585 | 3 868 | 3 927 |
| 1887 | 6 | 7 | 0 | 13 | 636 | 3 766 | 545 | 4 947 | 4 960 |
| 1888 | 19 | 13 | 0 | 32 | 963 | 4 421 | 524 | 5 908 | 5 940 |
| 1889 | 16 | 44 | 0 | 60 | 676 | 4 185 | 427 | 5 288 | 5 348 |
| 1890 | 20 | 17 | 1 | 98 | 1 220 | 3 742 | 1 141 | 6 103 | 6 201 |
| 1891 | 19 | 78 | 0 | 97 | 1 138 | 3 392 | 1 138 | 5 668 | 5 765 |
| 1892 | 23 | 60 | 0 | 83 | 661 | 2 765 | 667 | 4 093 | 4 176 |
| 1893 | 15 | 58 | 0 | 73 | 850 | 3 329 | 679 | 4 858 | 4 931 |
| 1894 | 3 | 61 | 0 | 64 | 870 | 4 131 | 731 | 5 732 | 5 792 |
| 1895 | 27 | 142 | 0 | 169 | 888 | 4 199 | 961 | 6 048 | 6 217 |
| 1896 | 142 | 92 | 0 | 234 | 1 022 | 4 044 | 1 575 | 6 641 | 6 875 |
| 1897 | 168 | 71 | 2 | 241 | 1 484 | 3 412 | 2 115 | 7 011 | 7 252 |
| 1898 | 150 | 54 | 0 | 204 | 2 676 | 4 996 | 2 849 | 10 521 | 10 725 |
| 1899 | 137 | 46 | 0 | 183 | 4 362 | 5 230 | 3 293 | 12 885 | 13 068 |
| 1900 | 97 | 88 | 8 | 193 | 3 484 | 5 005 | 2 691 | 11 180 | 11 373 |

资料来源：《上海公共租界工部局年报》(1885—1900)。

警务处开始仅在中央、虹口、老闸等 3 个捕房的牢房里关押犯人，从 1898 年 1 月起增加了静安寺、杨树浦捕房，从 1898 年的 11 月起又增加了西虹口捕房。静安寺、杨树浦、西虹口等 3 个捕房，每周末分别关押的人数大多在 10 人以下。据统计，1898 年，静安寺捕房累计关押外籍犯 4 人、华籍犯 139 人，杨树浦捕房累计关押华籍犯 50 人，西虹口捕房累计关押华籍犯 53 人；1899 年，静安寺捕房累计关押华籍犯 125 人，杨树浦捕房累计关押外籍犯 8 人、华籍犯 353 人，西虹口捕房累计关押华籍犯 272 人。1900 年，又增加了卡德路、新闸捕房，当年卡德路捕房累计关押华籍犯 123 人，杨树浦捕房累计关押外籍犯 25 人、华籍犯 519 人，西虹口捕房累计关押外籍犯 1 人、华籍犯 363 人，新闸捕房累计关押华籍犯 197 人。[①]

---

[①] 《上海公共租界工部局年报》(1898、1899、1900)。

表 5　　1884—1900 年中央、虹口、老闸捕房每周平均关押数及最高关押数

| 年份 | 周均押犯数 | 最高押犯数 | 年份 | 周均押犯数 | 最高押犯数 | 年份 | 周均押犯数 | 最高押犯数 |
|---|---|---|---|---|---|---|---|---|
| 1884 | 77.36 | 122 | 1890 | 119.25 | 155 | 1896 | 75.51 | 208 |
| 1885 | 78.36 | 118 | 1891 | 110.86 | 154 | 1897 | 95.38 | 204 |
| 1886 | 75.51 | 112 | 1892 | 80.30 | 126 | 1898 | 230.21 | 384 |
| 1887 | 95.38 | 122 | 1893 | 94.82 | 126 | 1899 | 缺 | 365 |
| 1888 | 114.23 | 132 | 1894 | 111.68 | 161 | 1900 | 缺 | 315 |
| 1889 | 102.84 | 131 | 1895 | 78.36 | 183 | | | |

资料来源:《上海公共租界工部局年报》(1884—1900)。

表 6　　1891—1900 年中央、虹口、老闸捕房关押华籍犯统计表

| 年份 | 监禁 7天以下 | 监禁 7天—1个月 | 监禁 1—6个月 | 监禁 6个月以上 | 上枷监禁 1月以下 | 上枷监禁 1月以上 | 上枷监禁 6个月以下 | 上枷监禁 6个月以上 |
|---|---|---|---|---|---|---|---|---|
| 1891 | 606 | 381 | 108 | 12 | 21 | 0 | 82 | 29 |
| 1892 | 785 | 509 | 78 | 11 | 36 | 1 | 128 | 17 |
| 1893 | 750 | 681 | 167 | 10 | | | 215 | 25 |
| 1894 | 925 | 546 | 92 | 10 | 59 | 1 | 136 | 3 |
| 1895 | 1 105 | 375 | 63 | 4 | 31 | 1 | 225 | 8 |
| 1896 | 135 | 56 | 3 | 137 | 53 | 4 | 375 | 24 |
| 1897 | 986 | 163 | 70 | 17 | 118 | 5 | 380 | 28 |
| 1898 | 353 | 196 | 77 | 21 | 317 | 24 | 766 | 29 |
| 1899 | 687 | 245 | 141 | 20 | 325 | 2 | 729 | 53 |
| 1900 | 675 | 352 | 176 | 36 | 174 | 5 | 380 | 84 |

资料来源:《上海公共租界工部局年报》(1891—1900)。

## 五、租借厦门路监狱　筹建华德路监狱

随着租界地域不断扩大,人口大量增长,犯罪率上升,捕房牢房人满为患,如虹口捕房原定关押 12 名犯人的 6 间双人牢房经常关押 80—90 名犯人,有罪与候审、重罪与轻罪、屡犯与初犯者混押在一起司空见惯。狱中互相斗殴、敲诈勒

索、凶犯骚乱屡见不鲜,监舍卫生条件很差,犯人极少放风。脚气病在犯人中间大流行,各捕房和警务处年年敦促工部局予以解决。工部局几经商议决定租用英国领事监狱,其间由于租借费用的价格问题,又与英国政府讨价还价,几经磋商,最后于1899年初,工部局向英国政府租借英国监狱(厦门路监狱)的北翼部分,并用围墙与其他的部分隔开。并把原有的部分监舍改成42间牢房,每个牢房13×10×9英尺,共计容量1 007立体英尺。在大楼外面还有两个大院子。

1899年3月28日,第一批犯人押入大楼;同年5月28日,监狱内一切准备就绪时,共有124个犯人。每个牢房关押3人。为安全起见,每天晚上犯人都被调配到不同的牢房,因此没有3个犯人能连续两夜关押在一起。同年9月,监狱内脚气病流行,25个犯人病倒,其中8人死亡。[①]几乎所有得病的人都被送到隔离医院治疗,在医务室的建议下,经治安委员会批准,将每间牢房关押犯人数由3人改为2人。从1899年11月13日以后,就没有发生一例脚气病情。犯人被驱使从事制席、木工、砸石、裁缝劳作,还有一些人用于从事清扫和整理大楼。厦门路监狱维持犯人纪律的制度与所有其他的正规监狱相同,其中有一条规定就是保持安静,而犯人最不喜欢这条规定。夏天,犯人每周洗两次冷水澡,特别热的时候每周3次;冬天,犯人每周洗一次热水澡。当劳动时间印籍看守无法在场时,则有一名西籍看守在场。劳动时间,夏天:上午7点30分—中午,下午1—5点;冬天:上午7点45分—中午,下午1—4点45分。犯人每天两餐。[②]

由于厦门路监狱关押的犯人数量有限,因此工部局警务处酝酿拟建造新监狱。1895年11月,警务总监唐纳·麦肯齐向董事会提交一份设立新监狱的方案,并拿出一幅新监狱的草图。1901年,董事会认为建造监狱解决犯人的关押问题势在必行,于是选择购买了虹口华德路一带的土地,1901年底签订界墙合同,并派工建造。1903年5月,华德路监狱第一幢监楼启用。当时规定公共租界捕房在押的刑事犯,凡是会审公廨判决刑期在5个月以上的概送西牢(华德路监狱)禁锢,5个月以下的仍然归捕房管押;后来由于捕房收押的人犯众多,就暂行变通凡是判押3个月者也送西牢。1916年初,警务处各巡捕房停止收押已决犯,已决犯全部关押华德路(提篮桥)监狱,[③]各捕房结束关押已决犯。

从捕房押所关押全部已决犯人,到关押部分已决犯(5个月以下,再到3个

---

[①] 史梅定主编:《上海租界志》,上海社会科学院出版社2001年版,第304页。
[②] 《上海公共租界工部局年报》(1899)。
[③] 《刑事犯概押西牢》,1916年1月24日《申报》。

月以下),直到从1916年停止收押已决犯的职能变化来看,至少可以说明三个问题:一是上海租界地区犯罪人数的增加,致使捕房押所人满为患;二是上海租界地区各司法机构的职责不断明晰;三是日后华德路(提篮桥)监狱的扩建势在必行。综上所述,巡捕房押所是上海租界前期关押犯人的主要场所。这是研究上海法制史、监狱史中不应遗漏的一段史实。

(本文原载《都会遗踪》第38辑,上海人民出版社2023年版)

# 民国时期的上海高等法院看守所

抗日战争胜利后的1945年8月28日,国民政府接收汪伪上海高等法院,成立上海高等法院(简称上海高院),院址在北浙江路191号。上海高院受司法行政部和最高法院领导与监督,管辖上海地方法院,一度还代管提篮桥监狱和上海监狱第一分监。1945年下半年,上海高院部分机构搬往安国路76号,并在提篮桥监狱内设立临时法庭审理汉奸犯,由刘毓桂、曹骏任庭长。[①]次年1月,上海高院在提篮桥监狱内设立上海高院临时看守所,1947年1月正式成立高院看守所,所长由提篮桥监狱典狱长兼任。1947年2月由陈振声任所长,8月调任单先麟为所长。

## 一、大批汉奸犯移押提篮桥

抗战胜利后,上海发布肃贪令,军统及上海的司法机关大张旗鼓地逮捕大大小小的汉奸,这些人开始分散关押各处,如福履理路的楚园、愚园路、北浙江路、南车站路等处。1945年12月15日关押于北浙江路的陈日平、丁观萍等11名汉奸犯押往提篮桥监狱。1946年1月一批汉奸犯送押提篮桥监狱;4月3日上午,又一批汉奸犯从楚园、愚园路等处移解提篮桥监狱。8时许,零星的汉奸先行集中,然后用8辆军用卡车押送提篮桥,其中6辆装人,两辆装行李,名单共计71名,其中除所谓的上海"三老"(汪伪上海商会董事长闻兰亭、汪伪上海市商会理事长袁履登、日伪上海市银行业公会秘书长林康侯)外,大都是汪伪政府的高官政要,如监察院院长梁鸿志、司法行政部部长吴颂皋、宣传部部长赵尊岳、审计部部长夏奇峰、财政部次长严家炽、外交部次长汤良礼、教育部次长刘仰山、交通部次长赵钲镗、浙江省长傅式说、广东省长陈春圃、驻日本大使蔡培、中央储备银行副总裁钱大櫆、伪《平报》社长暨南京兴业银行总经理金维白、商统会理事长唐寿民、银行公会主席暨新闻董事长吴蕴斋、银行业联合准备委员会主席暨沪江大学校长朱博泉、复兴银行总经理孙跃东、中西大药房总经理周邦俊、永安赌台老

---

① 《汉奸移押提篮桥　明日起公开审讯》,1945年12月16日《申报》。

板王永康、江苏省警务处副处长谢葆生、汪伪国民党中央委员黄香谷、广东省党部书记长冯节、中央信托局经理许建屏、上海高等法院院长徐维震、上海经济局长许江、上海地政局长范永增、上海教育局长戴英夫、上海公用局长叶雪松、上海社会福利局长周毓英，还有麦静铭、邹珊葆、李闳菲、刘邦俊、郑洪军、方立祥、惠之民、方济民、李浩驹、陈绍妫、张尧曾、黄天佐、许锡庆、姚雨生、张焰、李鼎士、张寺民、黄庆中、葛亮畴、张浩然、谢筱初、江上达、潘三省、周文瑞、胡泽吾、何焯贤、吴继震、邵树华、谢仲复、程志良、陈国权、佘化龙、陈华柏等。

这71名汉奸犯全部关押于狱中的"忠"字监。①"忠"字监，今天称1号监，是一幢楼高5层的建筑，呈"一"字形，南北走向。南北两扇大门，各设一座上下楼梯可前后连通，启用于1935年8月19日。建筑面积4 200多平方米，略小于狱内其他各监楼，由上海建业营造厂建造。该楼在外国人管理时称"R.D"监。监楼内40余间小监室背靠排列中央，四周均是走廊。呈"回"字形布局。每间监室面积仅3.3平方米，外有8根手指粗的铁栏。每隔五六间监室，走廊的横梁上才装有一盏昏暗的小灯。

4月9日上午，第三批80名汉奸犯，在武装人员严密戒备下，分6辆军用大型吉普车及1辆行李用车送押提篮桥。80人中不少系汪伪政府的要员，如社会部次长汪曼云、调查统计部常务次长夏仲明、交通部航运局局长李凯臣、上海警察局副局长苏成德、沪西特警署署长潘达、江海关监督唐海安、上海第二特区法院院长孙绍康、安清会会长常玉清、五金业同业公会理事长张运芳等。此外还有两名为女性——特工恶魔吴世保之妻佘爱珍、汪伪76号李士群之妻叶吉卿。②汪曼云、常玉清等78人关押"忠"字监，佘爱珍等2人关押女监。

1946年6月24日，提篮桥监狱新任典狱长徐崇文正式接事，与前任典狱长江公亮办理移交，监狱总计关押犯人2 043名，高院临时看守所的汉奸犯510名。③同年7月，提篮桥监狱汉奸犯516人，前均羁押"忠"监，对已经判决并收到最高法院的执行书者，如丁关萍、陈日平等30余人，则转押"孝"监四楼。他们不穿囚服，仍可穿原来的衣服，家属也可送饭，家属每逢星期一可接见。不久经司法行政部的指令外地在押的汉奸犯也移押提篮桥。④1946年9月14日，江苏第三监狱在押的陈则民，张考琳、陈福民等30名汉奸犯，从苏州押入提篮桥，⑤10

---

① 《巨奸昨移解 七十一人解上海监狱 另六名送军法监部》，1946年4月4日《大公报》。
② 《第三批巨奸起解 中有著名两富媪》，1946年4月10日《申报》。
③ 《上海监狱新典狱长徐崇文接事》，1946年6月25日《新闻报》；上海监狱公函咨字第3号，上海档案馆档号55-1-87。
④ 《各地判决监禁汉奸都要集中在上海》，1946年7月22日《新闻报》。
⑤ 《大小汉卅余人昨由苏解沪执行》，1946年9月15日《民国日报》；《定罪汉奸30名，昨由苏州解沪》，1946年9月16日《中央日报》。

月初,汪伪苏北地区清乡公署主任兼保安司令张北生等40名汉奸犯从苏州押入提篮桥监狱①。

这些汪伪汉奸犯在关押期间经法院审讯后,部分人员已被判决,如全国商业统制会理事长唐寿民于1946年5月被判处无期徒刑。②6月,上海高院院长徐维震被判处10年③;7月,上海卫生局局长袁瑢昌判处5年、④监察院监察使严家炽判处15年,⑤特工总部总务处长、李士群内侄叶耀先判处7年⑥,中央党部组织部副部长刘仰山判处15年⑦。8月,司法行政部部长吴颂皋判处无期徒刑。⑧10月,联合准备银行经理汪时璟判处无期徒刑,社会部次长汪曼云判处15年⑨。此外,维新政府行政院院长、汪伪立法院院长梁鸿志于1946年6月判处死刑,11月9日在提篮桥监狱的室外刑场上被枪决,他是该刑场上第一个被枪决的犯人。⑩

## 二、汉奸犯集中移押十字楼

1947年1月16日,原关押于十字楼的180多名日本战犯及嫌疑人从提篮桥监狱移押到位于江湾高境庙地区的上海战犯管理所。次日,该大楼被上海高院接收,经过修整清理后,决定将作为上海高院临时看守所,专门羁押汉奸犯,并派陈振声推事兼代所长。⑪消息灵通的记者在2月24日的《申报》,以《高院看守所赛如大公寓 六楼高厦设备完善》为题叙述了一番:"高院看守所所址原系美军军事法庭,新近由高院向美军接收始告成立。所长由高院推事陈振声兼任,下设所官一,分设总务、警卫、作业三课,医务、教务两室。3月1日起,忠字监中汉奸、未决犯501人,将悉数移入该所羁押。该所为6层楼之钢骨水泥巨大建筑,矗立于上海监狱之西南角,占地极广。入内有自动电梯,六楼有橡皮监,上下四壁均用橡皮砌成,以防犯人触壁自杀,及羁押患有精神病者之用。三楼有绞刑间,入内阴森之气不寒而栗,架上有巨绳三根,行刑时将绳套于犯人颈部,面覆黑

---

① 《张北生等群奸今日由苏解沪》,1946年10月2日《申报》。
② 《袁履登等今日宣判》,1946年5月31日《大公报》。
③ 《伪上海高等法院院长徐维震判刑十年》,1946年6月28日《申报》。
④ 《伪上海卫生局局长袁瑢昌》,1946年7月7日《文汇报》。
⑤ 《历任前清知府道台之严家炽》,1946年7月13日《新民报·晚刊》。
⑥ 《叶耀先处七年》,1946年7月25日《新民报·晚刊》。
⑦ 1946年7月26日《新民报·晚刊》。
⑧ 1946年8月19日《新民报·晚刊》。
⑨ 《汪逆时璟判处无期徒刑》,1946年10月16日《大公报》。
⑩ 《梁鸿志伏法》,1946年11月10日《中央日报》。
⑪ 《美军看守所高院昨日接收》,1947年2月18日《大公报》。

布,立于活动地板上,将机关扳动,板即落下,人亦悬空,一瞬间毕命,落于最下一层,由小门将尸体运出。囚房有关单人房间,又有可容四五犯人之大房间。装有固定铺位,抽水马桶,写字台构等。少数囚室尚有衣橱设备,室内阳光充足,诸如盥洗室、洗浴室,应有尽有,骤观之有如一设备完善之大公寓。所旁草坪一方,其中杂种蔬菜……"

1947年3月4日,大批汉奸犯从提篮桥狱中的"忠"字监、"孝"字监移押进入十字楼。他们"笑逐颜开,拿囊携物,……诸犯对最新居设备完善以及管理井然有序均皆感激零涕,年老者系住一楼旅馆式之房间,袁履登、林康侯等房中除书桌及抽水马桶外,尚有衣橱一个。"①《大公报》记者,以《上海汉奸乔迁新居 房间犹如高等旅馆》为标题,对此作出报道。截至1947年9月,苏成德、汤良礼、周邦俊、李鼎士、伍联清、沈维挺、陈济成等51名汉奸,都已先后判决。②

### 三、高院看守所拉出枪决的第一个汉奸犯

高院看守所并非是汉奸犯想象中的高等旅馆、生活中的伊利园,它毕竟是刑罚执行机构。抗战胜利后的高院也拿起执行的武器,砍向其中汉奸犯的头颅。其中的典型人物之一就是常玉清。常玉清,湖北荆州人,1888年生。他人高马大,长相奇丑,鼻孔朝天,双耳如扇。他早年毕业于湖北武备学堂,辛亥革命后来到上海闯荡。最初在浴室里给人擦背,后来就拜青帮"大"字辈曹幼珊为师加入帮会组织,先后在上海日商坂川洋行、内外棉等纱厂任职。1922年,常玉清改换门庭,渐渐发迹,先后开了丹桂第一台、大新舞台、大观园浴室,后来出任上海五马路商界联合会评议长。1927年的"四一二"反革命政变后走上政治舞台。1927年和1929年,常玉清因刑事犯罪两次被上海巡捕房逮捕关押。

1937年11月,上海沦陷后,日本侵略军控制了上海的华界区域,扶持傅筱庵出任上海伪市长,常玉清借助于傅筱庵的关系曾任宝山县县长。常玉清在日本人西田大版的策动下与傅筱庵等人组建上海维持会。次年2月,在日本浪人高桥井上的策划下,成立了黄道会,常玉清自任会长。黄道会的总部设在北四川路的新亚饭店,该会以发挥黄种人道德为号召,以青帮分子为核心,广泛吸收其他帮会分子加入,很快拥有1000多名会员。在日本军队的策划下,迫害抗日志士和平民百姓,制造了一连串震惊上海的暗杀血案。1938年2月6日晚,在薛

---

① 《上海汉奸乔迁新居 房间犹如高等旅馆》,1947年3月15日《大公报》。
② 《在狱汉奸生活富丽密告逆产加重给酬》,1947年9月5日《大公报》。

华立路(今建国中路)总巡捕房对面的电线杆上有一个蒲包,里面装有一个人头,面部血迹洗净,颈间有3条伤口,似被砍了3刀。电线杆上贴着一张字条,上写"斩奸状——抗日分子结果"。这是上海"孤岛"上发生的第一个人头案。经查,原来是常玉清指使其手下人,暗杀《社会晚报》主办人蔡钓徒后,把其人头悬挂在电线杆上的蒲包内。

由于常玉清是一个依靠日本人,混迹江湖的青帮流氓头子,对于社会秩序有极大的破坏性,租界当局既要利用他,又要打击他。1938年8月,以英国人为首的上海公共租界工部局出于自身利益和社会舆论的压力,发出通缉常玉清的命令,吓得常玉清只能在日本人的庇护下度日,后又逃往南京。常玉清除了组建黄道会和安清同盟会外,还有一个理教联合会。常玉清在南京鬼混了四五年,南京老百姓对常玉清怨声载道。抗战胜利以后,汪伪政权彻底垮台,常玉清躲在南京幽巷深处度日,被国民政府逮捕,押往上海提篮桥。1946年8月20日,被上海高院以"通谋敌国图谋反抗本国罪",判处死刑,褫夺公权终身。

1947年3月12日,上海高院检察处首席检察官下达了对常玉清执行死刑的命令,派出检察官林我朋、孙向荣,书记官包穰尉率同法警前往提篮桥监狱提押常玉清。由于常玉清人高马大,体重达300多磅,为了避免发生意外,仍由高院看守所的看守出面。当班看守站在走廊上言语温和平静地喊道:"常玉清,有律师会见,换上干净衣服,请外出。"常玉清一听十分高兴,迅速穿上一件长袍,随着看守下楼。但是一走出十字楼的大门,感到监狱气氛有点异常。常玉清凭着常年来混迹江湖的经验,意识到自己的末日即将来临。他身不由己,在几名看守的押解下来到监狱刑场。经验明正身后,宣布对常玉清执行死刑,让他坐在行刑椅(类似现在两侧带把手的靠背椅)上。随着检察官的一声令下,子弹出膛,体态臃肿的汉奸常玉清应身倒下。片刻后,检察官上前验尸,确认常玉清已经死亡,并由法警现场摄下照片,尸体通知家属领回。常玉清系高院看守所拉出去枪决的第一个汉奸犯。此外,1947年6月19日,曾任汪伪铁道部部长、浙江省省长的傅式说枪决于狱中。①8月9日,曾任汪伪警察总监的苏成德也枪决于狱中。

## 四、汉奸犯的狱中生活

位于提篮桥监狱内的高院临时看守所,名义上是一个关押汉奸犯的场所,一个刑罚执行机关,不管是前期"忠"字监、"孝"字监,还是1947年3月起移至的十字楼,实际上仍然是汉奸犯享受高档生活条件的地方。家属可以每星期二、五递

---

① 《伪组织巨奸之一,傅式说昨晨伏法》,1947年6月20日《申报》。

送食物,星期四递送衣服。后来狱方以注意人犯清洁健康为名,规定自 1946 年 4 月 15 日起,食物必须向上海有名的先施、永安两公司购买,由公司当局直接代送。岂料狱内汉奸竟发动罢食运动,拒绝接受两公司所送物品。4 月 19 日上午家属仍携带食物前往监狱,并在狱外将先施公司的送货车包围,不准入内,僵持至 11 时半,最后狱方采取变通办法,饭食、面包等物仍准家属递送,唯以 5 磅为限;水果等物则必须向两大公司订购,纠纷始行解决。① 上海高院检察处 4 月 22 日于提篮桥监狱门口张贴布告,大意是在押人犯家属可于每星期二、五上午 8 时—11 时,下午 2 时—4 时,递送不超过 6 磅重的食品入监所,至其他时间递送食物仍限定永安、先施等指定公司购买送入。②

据媒体采访后披露,提篮桥监狱忠字监的牢房,搁着一张床,住着两名汉奸,一个汉奸睡床,另一个睡水门汀。他们每餐要摆下六七样的菜蔬,吃得比谁都好。原来他们吃用的东西都可以从外面送进来,每周两次。所以有的人等于把一个人的小家庭搬进了监狱。一间监房的角落里放着一个 7 磅重的热水瓶,他们生活过得真舒服。有的伪官为着洋铁皮便桶不舒服,特地让家里送来用木头做的马桶,而且每天应分配到洗刷便桶的任务,也由小汉奸去包办。他们每天除了作几分钟的走廊散步,其余的时间看书,下棋,写字。③

1946 年 12 月,有的记者从衣食住行 4 个方面来解剖他们的具体情况。衣:按照监狱规定,无论已决犯和未决犯,都需要一律穿着囚衣,但汉奸犯在狱中仍是西装革履,长袍装束,每星期家属并可送衣被。食:每人每日囚粮 20 两米,分为两餐。但绝大多数汉奸犯,自有家属每星期送来的罐头食品和新鲜水果代替,该囚饭就弃之不顾了。住:忠监是一幢 5 层的水泥建筑,共有监舍 374 间,因为监多人少,基本上一人一间,个别两人一间,除老弱者外,概不准架设床铺,大多席地而卧。行:狱中规定上午 7 时开封,他们在走廊里散散步,或和狱友聊聊天,11 时收封;下午 1 时开封,4 时收封。忠字监里的"寓公",不乏文人雅士,闲来赋诗作画,互相揣摩。闻兰亭、蔡培等闲时会念佛诵经,袁履登、沈嗣良等则在每星期日会同基督徒做礼拜。铁窗岁月,囹圄生活,道是在表示忏悔,还是冀求精神上的解脱?④ 但不久,部分汉奸犯被命脱去长袍、西装,穿上灰色囚衣,编成号码,按其能力,发往狱内各工厂做工。

旧上海曾被称为"三老"之一的袁履登,1946 年 5 月 31 日被上海高院判处

---

① 《不愿吃指定饭 汉奸也实行绝食》,1946 年 4 月 20 日《文汇报》。
② 1946 年 4 月 23 日《文汇报》。
③ 《监狱门上题忠字,伪官触目惊心 大汉奸吟诗下棋 小喽啰洗刷马桶》,1946 年 5 月 14 日《新民晚报》。
④ 《探监记 五百余名汉奸最近生活状况》,1946 年 12 月 26 日《申报》。

无期徒刑,1947 年 9 月 30 日改判有期徒刑 7 年。判决后,袁履登押入提篮桥监狱,被关押等囚室待遇比其他犯人为优,可以自带床铺、被褥和日用品,起居有狱警伺候。因患严重心脏病和肾炎,1948 年 1 月 29 日,经上海高院刑庭同意,具保移送虹桥疗养院。①

1947 年因中秋佳节即将来临,高院看守所羁押的汉奸家属纷纷送上物品,其中以应时月饼为多,如蔡培、赵尊岳、吴颂皋、袁履登、林康侯等家属,日来均送去精美美馔饼品,种类甚多,苏式、粤式,形形式式;大三元、冠生园、杏花楼、老大房等应有尽有。唯因日前检查监房时,曾于某汉奸监房中抄出洋酒,监狱当局深恐再有同样情形,故一度检查时特别严格,此项月饼送入囚房后,汉奸于铁窗中咬月饼,望栏外一轮皓月,岂有往事如烟之感。②

1947 年 12 月 25 日圣诞节,看守所所长集合汉奸犯中的基督教徒如袁履登、沈嗣良等 100 余人,于 10 时正举行礼拜。单所长率全体人员唱赞美诗并祷告后,即引据《圣经》对犯人训话,略述做人的道理,至 11 时许始散。当天下午司法行政部监狱司司长叶世畴视察高院看守所,至各楼监房巡视一周,对内部设施颇表满意。③

## 五、监狱内的翻译室

位于狱内的上海高院临时看守所关押的不少是汪伪政府中的高官政要,他们不少人曾留学海外,通晓外文,中文根基也比较扎实,在监狱审案关押要有一段时间,如果让这些人在狱内从事普通作业劳动,如糊制火柴盒、搞缝纫、铁工、木器等,一方面他们体力不济;另一方面也用非所长。当时上海高等法院、地方法院收受的案件中涉外案件也占有较大比例,在审判时须查阅国外法律及各国的法学著作。但是此类译本较少,远远跟不上审判工作和研究工作的需要。为此,有人提议选择部分关押狱内通晓外文的未决犯做翻译工作。上海高院及提篮桥监狱的主管人员觉得这是个好办法。因此,就在狱中成立了一个外文翻译所。④并在一定范围内向有较高文化在押人员做了教育动员。他们中有四五十人报名要求参加外文翻译,其中除确有翻译专长者外,也有不少滥竽充数者。后来经过较为严格的筛选,确能翻译外国法律著作的仅 20 人。狱方根据这些人员所熟悉的语种和掌握的专业水平,进行了适当分工。对文理深奥、容量较大的著

---

① 《上海研究论丛》第一辑,上海社科院出版社 1991 年版,第 175—176 页。
② 《看守所羁押汉奸家属纷纷送月饼》,1947 年 9 月 26 日《申报》。
③ 《看守所内唱赞美诗》,《申报》1947 年 12 月 26 日。
④ 《高院看所在押汉奸不使坐食 分配翻译校对工作》,1947 年 2 月 26 日《申报》。

作组织几个人合作翻译,并指定主译人和校订者让他们互相讨论,以便完整地反映原意,同时还便于各章节体例统一,语言风格相一致;对外文著作字数较少,或文法词句相对浅显的就安排一个人单独翻译。总之,尽可能从实际出发。译文成稿还组织了几名具有一定文化、书写比较工整的犯人专门对译文进行誊抄。

经过一段时间的努力,设在提篮桥监狱内的以未决犯为主的外文翻译所已译出多部外国法律著作,其中有《苏联婚姻家庭及监护法》《英伦婚姻条例》《英国民法汇览》《国际私法概论》等。由于当时客观条件的限制,这些译稿质量高低不一。这些译稿后由上海高院集中处理,有的送交有关书局出版,有的作为内部资料供法院在办理涉外案件时做参考,有的暂留存档,拟邀请学者润色校订。后来由于种种原因,这个设在监狱内的外文翻译所停办。它从开办到撤销,时间不足一年。

1948年5月初,高院看守所裁撤,与上海北浙江路看守所合并,成立上海地方法院第三看守所,总部设在北浙江路191号,分部设在提篮桥监狱。单毓麟任第三看守所所长。①

---

① 《高院临时看守所并入地院第三所》,1948年5月5日《新闻报》。

# 位于提篮桥监狱内的特刑庭

提篮桥监狱位于长阳路147号,地处黄浦江畔,交通方便,建筑精良,戒备森严,关押犯人的容量大。抗战胜利后,不少机构先后借用相关设施,如美军军事法庭借用狱中的十字楼关押审判日本战犯、德国纳粹战犯。1947年2月,上海高等法院又在狱内设立专门审理汉奸犯的刑事审判庭和关押汉奸犯的临时看守所,后来又设立上海地方法院第三看守所分部。1948年3月,上海高等法院在监狱8层高的原看守宿舍楼(今提篮桥监狱机关办公楼)的2楼设立上海高等法院特种刑事法庭,简称特刑庭。

## 一、特刑庭的人员组成及管辖范围

上海特刑庭于1948年3月11日成立。上海特刑庭庭长一职,最初司法行政部委任东北松江省高等法院院长何崇善担任,但是何崇善坚决不愿担任这一职务,[1]后改派时任国防部第三处(即军法处)中将处长的王震南(王振南)出任特刑庭庭长。王震南,浙江绍兴人,曾任江苏高等法院第二分院首席检察官、第三战区司令部军法处处长等。[2]首席检察官:毛继和;检察官:曹一新;审判官:徐乃堃、孙体钧、朱诚、李毓龙、陈正受、徐幼祚、朱宝珩、潘鹤年、蔡万田、蒋善初、杜作民;主任书记官:杨希珍;会计主任:陈志强;书记官:徐东涛等17人;雇员:姚培珍等19人。此外,还有庭丁、公丁等勤杂人员。[3]1948年3月11日特刑庭成立的当天,《申报》曾以《特别法庭今日成立 一审终结不得上诉》为题发了一篇短讯。特刑庭成立后,其间也有个别人员有调整。1949年1月下旬,特刑庭庭长王震南及首席检察官徐世贤均已向司法行政部呈请辞职,遗缺已分别由审判官蒋善初、检察官毛继和升充。[4]特刑庭于1948年4月1日在隆昌路口的平凉路2049号(今上海市公安局杨浦分局所在地)设立看守所,在蓬莱路(解放后曾

---

[1] 《特别法庭将成立 何崇善坚辞庭长》,1948年2月24日《申报》。
[2] 《特别法庭庭长派王震南充任》,1948年3月2日《新闻报》。
[3] 上海档案馆档案:档号 Q189-1-14。
[4] 《特种刑庭准备结束,庭长首检均已辞职》,1949年1月27日《申报》。

为上海市公安局南市分局所在地)设特刑庭看守所分所,主要关押青年学生以及其他人员。1949年2月,上海特刑庭根据司法行政部命令撤销。①

特刑庭系国民党政府于1948年根据《特种刑事法庭组织条例》设立的审判机构。其职责是专门受理《勘乱时期危害国家紧急治罪条例》所规定的案件。《特种刑事法庭审判条例》系国民党政府制定的关于特种刑事法庭审判原则的法规。该条例于1948年4月2日公布,4月21日施行,共11条。它规定:"依法律规定应由特种刑事法庭审判之案件,依本条例之规定审判之";"应从重处断之案件,其犯罪事实之一部应依本条例审判时,全部依本条例审判之";"对于依本条例所为之裁判,不得上诉或控告,但对于处五年以上有期徒刑之判决,得声请中央特种刑事法庭复判。"这些规定为国民党政府迫害共产党人、进步人士和革命群众提供了法律依据。

上海特刑庭审判的案件,大部分是淞沪警备司令部、上海市警察局及其各警察分局等移送的案件。1948年7月前,上海特刑庭除管辖审判上海市区范围的涉嫌共产党人和革命进步人士的案件外,还办理南汇、崇明、青浦、宝山、太仓、金山、奉贤、嘉定、松江、川沙、上海、启东、靖江等县政府的司法机关、京(南京)沪区铁路管理局警务段、青年军202师等移送的此类案件。除此之外,上海特刑庭还审理重大金融诈骗等案件。1948年7月,镇江高等特种刑事法庭成立后,上述各县的案件划归镇江或徐州两特刑庭管辖。上海特刑庭奉司法行政部电令,规定关于今后扰乱金融案件,包括金钞黑市买卖、私套外汇等,除已结案者外,普通司法机关不再受理,一律移送特种法庭,按照黄金外币买卖处置条例审办。②

特刑庭大肆逮捕、关押人犯,导致关押场所紧张。由于隆昌路特刑庭看守所只有12间牢房,有的牢房最多时曾关押30多人,最大容量只能关300多名人犯。女犯关押在特刑庭底层的地下室,学生关押在蓬莱路特刑庭看守所,即蓬莱分局拘留所,还是觉得不够,于是把已判决的被告疏散到外埠,已在苏州觅得适当监所。1948年9月30日深夜,已有几十个判决犯解送到苏州监所。解送到苏州去的,以危害国家的罪犯占多数,关在上海提篮桥监狱的是一批扰乱金融的金钞犯。③1948年10月27日,特刑庭将要犯吴国桢等11名,由保警二中队派警士押赴苏州监狱执行。④

---

① 滕一龙主编:《上海审判志》,上海社会科学院出版社2003年版,第71页。
② 《扰乱金融案件一律移特刑庭 司法行政部特电指示》,1948年7月15日《申报》。
③ 《特刑庭囚犯起解》,1948年10月2日《大公报》。
④ 《特刑庭要犯十一名押苏州监狱执行》,1948年10月27日《申报》。

## 二、残害王孝和烈士

上海工人阶级的杰出代表王孝和,祖籍浙江鄞县,1924年2月生于上海虹口,1941年5月加入中国共产党。1943年1月进入美商上海电力公司发电厂,1948年1月被工友选为厂工会常务理事。同年2月,国民党反动派血腥制造"申新九厂惨案",王孝和带领杨树浦发电厂工人抗议反动派的暴行,在厂里发动工人募捐、戴黑纱,积极声援"申九"工人的斗争。王孝和的革命活动引起了敌人的仇视。

1948年4月21日清晨,王孝和被敌人秘密逮捕,并对其严刑拷打。特刑庭先后在1948年5月1日和6月28日,两次对王孝和进行秘密审讯。6月29日的庭审中,特刑庭判处王孝和死刑。王孝和在法庭上临危不惧,义正词严地对敌人的诬陷进行驳斥,并抓住一切机会揭露敌人的暴行。后来,王孝和又向南京中央特刑庭进行上诉。9月24日,中央特刑庭驳回上诉,复判王孝和死刑。对此王孝和泰然处之,还安慰难友们不必悲伤。一封给狱中难友的信写道:"有正义感的人们,祝你们健康,为正义而继续奋斗下去,前途是光明的,那光明正在向大家招手呢,只待大家努力奋斗!"

特刑庭原准备在1948年9月27日对王孝和下毒手。[1]群众闻讯后,在特刑庭和提篮桥监狱刑场周围集聚了不少人。王孝和的妻子忻玉英挺着怀孕的肚子,又抱了大女儿也在提篮桥监狱门口,并遭到敌人的毒打,引起路人围观和同情,各报记者亦纷纷赶至。守候至中午12时毫无动静。特刑庭害怕发生意外,嗣由该庭负责人正式宣布,王之执行命令尚未到达。今日并不执行,众乃散去。[2]9月30日上午,特刑庭派警长王君武率人去隆昌路特刑庭看守所押解王孝和,特刑庭检察官朱诚宣布今天对他执行死刑。王孝和从容自如,大声说道:"我今天虽然看不到家人,但是很幸运,在法庭上看到许多记者,我要对记者讲几句话,我是电业工会的常务理事,是从2 800名工人中选出来的,但是'工福会'把持了工会,勾结社会局和警备司令部来诬害我,我是无辜的,我请求各位主持公道,在报上披露真相。特刑庭不讲理,乱杀无辜……"一位外国记者上前用英语发问,王孝和流利地用英语做了回答。检察官惊恐万状,命令法警把王孝和押出法庭执行。一个法警端上一碗"断头酒"(掺有麻醉药的白酒)要王孝和喝下,被王孝和打翻在地。

王孝和双手被铐,被押往刑场。一路上王孝和大义凛然,不断高呼:"特刑庭

---

[1] 《王孝和今日枪决》,1948年9月27日《新闻报》。
[2] 《误传王孝和枪决 轰动五百人奥集刑场外》,1948年9月28日《申报》。

不讲理,特刑庭乱杀人!"王孝和被押到刑场,绑在一只"行刑椅"(木质的高靠背椅子)上。特刑庭的检察官发出了行刑指令后,一名法警用瑟瑟发抖的手,举枪对准王孝和连开3枪,都没有命中要害。特刑庭法警头目恼羞成怒,猛地用脚把王孝和坐着的"行刑椅"踢倒在地,用皮鞋猛踩王孝和的腹部,顷刻间,鲜红的热血从王孝和的嘴角流出,年仅25岁的共产党员王孝和就这样惨死于刑场。次日上海及香港许多媒体都刊发了王孝和被害的消息。社会各界引起极大震动,许多群众团体组织向国民党政府及特刑庭提出强烈抗议。

就义前大义凛然的王孝和

## 三、大肆迫害爱国学生

1947—1948年,上海大学、中学的学生掀起反饥饿、反内战、反迫害的运动,国民党反动派对上海许多爱国的学生进行镇压。1948年8月26日,特刑庭发出了363张拘捕令,进行全市性的大逮捕。从26日深夜到27日清晨,特刑庭逮捕了61位学生;大逮捕持续了半月之久,先后被捕的有复旦、交大、同济、光华、大夏、大同等24所高校、2所中专、3所中学的学生92人,其中共产党员23名。[①]由于上海党组织情报灵敏,积极应对,通知人员紧急转移,使许多同志躲过

---

① 邵有民主编:《炼狱——1948年"八二八斗争纪实"》,上海教育出版社1998年版,第7—8页。

了牢狱之灾。

　　第一天被捕的学生中有 28 人是被特刑庭用传票逮捕的,罪名是"危害民国"。他们被送进提篮桥监狱内的特刑庭候审室,这是一间又暗又黑的木栅房。8月27日整整一天,特刑庭对学生进行过堂审讯,然后把他们关押到蓬莱分局看守所,即特刑庭看守所。该看守所是个 2 层楼建筑,学生关押在西边牢房。后来的许多学生均关押在此,其中还包括张国焘的儿子张海威、朱学范的儿子朱培根等人。①学生在看守所里进行绝食斗争,并通过各种途径与家属及媒体联系,在狱外召开记者招待会,发动舆论攻势,对此社会各界强烈反响。特刑庭一方面于 10 月 18 日宣布对 46 名学生"不予起诉",并当场释放 38 位学生;另一方面继续关押迫害爱国学生,从 10 月 28 日—11 月 4 日,以莫须有的罪名对 24 名学生提起"公诉"。特刑庭一再催促特务机关搜集"罪证",尽管送来的都是空空洞洞的东西,但是特刑庭还是依据所谓《勘乱建国紧急治罪条例》提起公诉。宣判 18 名学生无罪,对 6 名学生判刑,其中:复旦的施宗仁、暨南的周勤永判 5 个月,同济的段泽、刘光锐判 6 个月,震旦的吴坤、大夏的徐娴民(女)判 10 个月。②狱中最后还剩下未决的 19 人,在狱内与狱外配合及斗争下,于 1949 年 2 月全部出狱。特刑庭在这次逮捕、审判活动中扮演极其丑恶的面目。

## 四、穷途末路的特刑庭

　　特刑庭自成立以来,尽管也审判过重大金融诈骗案主犯王春哲死刑,这不过其内部宗派斗争的后果;③判处抢劫杀人犯黄玉佳死刑,于 1948 年 10 月 15 日执行枪决,④这也是维护社会秩序的个案。特刑庭危害大众不得民心,上海市民怨声载道,纷纷采用各种方法抵制、辱骂特刑庭。甚至公开发行的《大公报》于 1948 年 8 月 12 日发表了一篇消息,标题是《特刑庭接到恐赫信,庭长一人即收到二百多封》,原文如下:"特种刑事法庭自成立以来,上至庭长,下至审判官、检察官、书记官,甚至录事、抄写人员都常常接到类似恐赫信件。不仅如此,还有人打电话给特刑庭恐赫。特刑庭庭长一人即连续接到恐赫信二百多封。昨天又有具名七十八个公务员的一封信,寄到特刑庭,大意说电力公司工人吴国桢、王孝和被判死刑时,未经公开和准许律师辩护,是不合法的。在信的

---

① 邵有民主编:《炼狱——1948 年"八二八斗争纪实"》,上海教育出版社 1998 年版,第 27—28 页、第 16 页。
② 邵有民主编:《炼狱——1948 年"八二八斗争纪实"》,上海教育出版社 1998 年版,第 42 页。
③ 《扰乱金融罪正法第一人　王春哲昨执行枪决》,1948 年 9 月 25 日《申报》。
④ 《典当学徒杀了账房　黄玉佳昨枪决》,1948 年 10 月 16 日《大公报》。

末尾又写着:……死虽可怕,若真理在,则人民不畏死。人民既不畏死,而杀一人,必百人起,杀百人,必有千万人起。杀人者,终必亲尝死之恐怖,且难逃历史之命运,……"①

1949 年,随着辽沈、淮海、平津三大战役的开展,国民党政权已气息奄奄,覆水难收。上海特刑庭近来案件甚为稀少,刻以准备结束工作,截至 1949 年初,未结案尚有 20 余件。其中,包括公共交通公司员工王元等 5 人被特刑庭羁押已逾两月,尚未审结。②至已结案被告大多交保,该庭顷将羁押于蓬莱路、隆昌路等看守所之已决犯集中移押提篮桥上海监狱,以便候令办理交保释放手续。特刑庭庭长王震南及首席检察官徐世贤均已向司法行政部呈请辞职,遗缺已分别由审判官蒋善初、检察官毛继和升充。③

上海特刑庭于 1949 年 1 月 27 日接奉司法行政部电令,该电令内容要点六项:(1)全国特刑庭一律撤销。(2)未决政治犯交保开释。(3)该庭各项卷宗、档案、用具等物品交当地法院接收。(4)所有未结案件,除政治犯外,应以转普通法院办理审理。(5)所有职员发给 3 个月遣散费,旅费 1 万元,家属辅助费 3 000 元。(6)限期于本月 15 日前办理结束清楚。上海特刑庭自接到司法行政部电令后,按照上级要求而奉命办理。此时特刑庭看守所中尚有在押男犯 113 人,女犯 3 人,共计 116 人。其中未决犯令觅铺保,已决犯移送提篮桥上海监狱执行。④

1949 年 2 月 2 日,特刑庭交保释放政治犯,共交保人犯 82 名,其中女犯李宝华、周教洛 2 人,男犯苏正明、杨玉、王秀侠、王子英等 80 名。上海特刑法庭奉令撤销,内部职员开始遣散。⑤黄浦江畔罪孽深重、朋比为奸的特刑庭,从此被钉上了历史的耻辱柱。

---

① 《特刑庭接到恐赫信庭长一人即收到二百多封》,1948 年 8 月 12 日《大公报》。
② 《公共交通公司员工请准保释在押司机》,1949 年 1 月 16 日《申报》。
③ 《特种刑庭准备结束,庭长首检均已辞职》,1949 年 1 月 27 日《申报》。
④ 《本市特刑庭 15 日前结束》,1949 年 2 月 3 日《申报》。
⑤ 《特刑庭继续释放男女犯 82 名》,1949 年 2 月 3 日《申报》。

# 百年监狱里的历史记忆:上海监狱陈列馆散记

2014年8月,位于提篮桥监狱内的上海监狱陈列馆,经中共中央、国务院批准列为全国首批80家抗日战争遗址、设施之一。上海获此殊荣的仅两家(另一处系淞沪抗战纪念馆)。上海监狱陈列馆于1999年12月29日《中华人民共和国监狱法》颁布实施五周年之际启用开馆,著名书法家、上海解放后首任监狱长武中奇题写馆名。上海监狱陈列馆是上海乃至全国一座颇有影响的行业博物馆。其馆舍就是历经风云沧桑的提篮桥监狱内一座十字楼。这里的铁窗、铁栅、铁门,这里的囚牢、囚服、囚车,许多展品的背后,都叙述了鲜为人知的逸闻往事,蕴涵着浓重深厚的历史沉淀。

上海监狱陈列馆

## 一、施工现场抢救下的监狱大门

走进上海监狱陈列馆的序厅,首先看到的是监狱的标志物"狴犴"。它是传说中龙的第四个儿子,象征着权力和威严,一直镇守监狱的大门。在狴犴的左面是上海地区最早的租界监狱——厦门路监狱的大门,它包括由条石组成的门框、钉满铁钉的两扇木大门、青砖砌成的围墙,还有地上铺成十字状的青石,这些展品既不是复制品,也不是人工点缀的艺术品,而是历尽130多年风雨的监狱遗物。

上海监狱陈列馆序厅

厦门路监狱位于厦门路4号(今180号),始建于清咸丰六年即1868年,1870年竣工启用,比提篮桥监狱的历史还早30多年。厦门路监狱坐北朝南,长120多米,宽106米,背靠苏州河,占地面积19.4亩。后经扩建,到1925年时面积已达24亩,其中一半为绿化地。监狱主要有一幢监舍楼,其建筑略如"士"字形(后来改为"十"字形),有72间牢房。2楼正中设礼拜堂,礼拜堂两侧设特别室,有头等房、二等房各2间,关押有一定身份的犯人。监狱另有暗室(禁闭室)2间,主要关押严重违反纪律的犯人。还有看守用房、炊场等附属设施。监狱建有罕见的绞刑房。1921年6月,一名锡兰(今斯里兰卡)人彼得在四川北路的商店内购买了一瓶法国香水,以质量不好为由要求退货遭到拒绝后,开枪打死两名华籍店员,后被判处死刑。杀人凶手就在同年8月3日厦门路监狱的绞刑房走向死亡。①

厦门路监狱先后关押过不少中国人和外国人。1935年8月,当提篮桥监狱的外籍犯监楼(即十字楼)完工后,厦门路监狱的外籍犯就被移押提篮桥,厦门路监狱撤销,其房舍交给上海工部局工务处使用。上海解放后,曾为上海市环境卫生局的一个单位及有关工厂和农业银行等单位使用。

1997年,我因参加筹建上海监狱陈列馆而四处寻找监狱文物时,想到黄浦

---

① 《锡兰人彼得氏昨日绞毙》,1921年8月4日《时报》。

区还有一座厦门路监狱,先前也去过厦门路考察寻访过,也许还能觅到一些宝贝。可是一到现场,满是瓦砾残砖,旧监狱的主要建筑大部分已被拆完,只留下一只角,准备在原址建造一幢20多层高的大楼。经仔细辨认和施工现场同志的介绍,原来监狱的大门没有拆除,它被当作施工围墙的一部分,完好地保存下来,不过已被泥巴等杂物遮住了原貌。我们马上向原厦门路监狱所在的单位求助。后在当时的使用单位农业银行的大力支持下,监狱局有多位同志冒着酷暑炎热来到工地,请工人师傅从被泥土封存的杂物中清理出监狱大门,并现场拍照,依次编号,运到提篮桥监狱内,再按照原样吊装复建。

如今,这座大门已成为上海监狱陈列馆的"镇馆之宝"。许多参观者看到这扇大门,都感到十分惊奇。一些文物专家称赞上海监狱管理局的干警们,为上海司法监狱系统抢救了一组历史文物。

## 二、服刑人员制作的古均台模型

夏台,又名均台,原系地名,在河南省禹州。相传大禹治水有功,舜封禹为夏伯于夏邑(今禹州)。夏台原来是夏朝国君游乐观赏的地方,后来把它改作囚禁人犯的场所。东汉应劭所著《风俗通》上说:"三王始由狱,夏曰夏台。"夏朝的亡国之君夏桀曾囚禁成汤于夏台。司马迁《史记·夏本记》曾有记载:"乃召汤而囚之夏台。"久而久之,"夏台"一词衍化为夏朝监狱的代名词。据专家考证,历史上的夏台原在禹州(禹县)南15千米处。明嘉靖十年(1531年),禹县知州刘魁在县治北门内建禹庙和汤庙,以纪念大禹和成汤。清康熙三十八年(1690年),禹县知州于国璧又进行扩建,并在庙前建大门和纪念性的古均台。清末这些建筑都毁于兵火。1991年,当地有关部门又在河南禹州复建夏台。

2001年,我与提篮桥监狱的凌德宇同志去河南禹州寻找夏台遗址,经人指点,在禹州市第一高级中学的校园内看到了复建后的两层高雕梁画栋的古均台。我们立即向附近的建筑工地借用了丈量工具,对古均台的各个部件,包括台基、栏杆、门窗等进行仔细丈量。我对古均台从不同的位置画了多幅草图,并在对应的地方标明数据的尺寸大小。凌德宇对夏台的各个角度、各个部件拍摄了许多照片,对栏杆上的花纹、窗框上的每一装饰都不放过。

回到上海后,我们把古均台的资料交给上海市宝山监狱,由宝山监狱模型组的服刑人员精心制作了古均台的立体模型,并配置电灯,外罩玻璃外框,使之成为反映中国古代监狱史的一个实物,为陈列馆充实了展品。

古均台模型

### 三、冯梦龙笔下的苏三监狱

在上海监狱陈列馆内有一座浓缩了的苏三监狱，占地面积仅 20 多平方米，但它具备了虎头牢、灌沙墙、天罗网、青砖墙、拖牢洞、狱神庙等基本要件。

苏三监狱是明代山西洪洞县衙所属的监狱，位于县衙的西南角。在 1973 年被拆毁，后经人提议于 1984 年又按原样复建。监狱占地面积 600 多平方米，分为内监、女监、普（通）监，还有高墙、甬道、水井、狱神庙等设施。内监在甬道的尽头，门上塑有狴犴头（俗称虎头）像，又称虎头牢。这座牢中之牢，门楼高达 5 米以上，但牢门的高度只有 1.6 米，犯人一般都得低头通过。虎头牢门分前后两座，前后两重门开启的方向故意错开，一重向左，一重向右。此外，监狱的狱墙特别厚，南墙甚至厚达 1.7 米，墙内还灌入炒熟的黄沙。如果有人挖墙洞企图逃跑，滚滚的黄沙就会涌出来，起到阻隔的功能。为了防止犯人登高越狱，监狱在空中布有"天罗网"（铁丝网），网上还挂有铜铃。如果有人登高超过规定的高度，就会碰到"天罗网"，网上的铜铃会发出声响，予以报警。狱中还有死囚洞，犯人病死、饿死、打死或自杀死亡，其尸体都不能从监狱的大门拖出，只能从狱墙的下方开设的一个小洞拉走。该小洞称作死囚洞，又名拖牢洞。

这座监狱还有一段动人的历史故事，与苏三有关。苏三原姓周，系明代正德年间的山西大同人。因家中贫困，被卖到北京一个苏姓的妓院里，排行第三，遂称苏三，花名玉堂春。那时礼部公子王景隆，金陵人，到京城催讨欠银，与苏三相识相爱。王耗尽钱财，最后被老鸨赶出院门。苏三暗中资助王景隆，鼓励他谋取功名。后来苏三被山西富商沈洪买作小妾，来到山西洪洞。沈妻皮氏与邻人赵昂私通，买了砒霜投入面中，企图毒害苏三。不料该面误被沈洪服用，中毒身亡。皮氏贿赂县官，把苏三关入洪洞监狱，刑讯逼供，判成死罪关在死囚牢中。后来王景隆科考得中，授山西巡按，为苏三平反冤狱，两人终成眷属。这个动人的历史故事被明代的苏州文人冯梦龙写成小说，载于《警世通言》中。百年来，通过京剧、秦腔、河北梆子等诸多剧种广泛传颂，进一步增加了苏三监狱的知名度。苏三监狱结构合理、设计精巧，它是研究中国古代监狱的重要实体。

考虑到上海监狱陈列馆场地有限，当时请来了上海电影制片厂的美工师，根据陈列馆的实际情况，在二三十平方米大小的空间内，复制浓缩了苏三监狱的部分建筑物，向参观者展现了监狱的流沙墙、死牢洞等场景，还请石匠师傅复制了狱神庙。

## 四、望而生畏的"风波亭"

提篮桥监狱现有大小牢房近4000间，关押华籍犯人的牢房大都为"三墙一栅"的结构，即三面都是厚厚的钢筋水泥墙，一面是粗粗的铁栅和牢门。牢房面积很小，绝大多数为3.3—3.6平方米，水泥地坪（解放后加铺了木板），呈长方形状。此外，监狱还有140多间是专押外国籍犯人的牢房，每间8平方米，光线明亮，内设固定的桌子、凳子和铁床，还有抽水马桶。

在"P.Q"监（今七号监）的5楼，设有92间禁闭室，又称暗室或黑牢。每间面积3.2平方米，牢房除了铁门以外，还多加了两扇厚厚的木门，牢房顶部又多了一个窗洞。夏天，这里闷热难忍，霉臭死寂；冬天则寒风刺骨，令人胆寒。解放前，有犯人将这特殊的牢房，联想到南宋岳飞在杭州被害的地方"风波亭"，就为其取名"风波亭"。解放后，这92间"风波亭"大都被改造或停止使用。

旧时，凡是关押在"风波亭"的犯人，除了关押条件特别差外，还对犯人进行各种折磨。比如，其伙食比常规伙食明显减少，让人饥饿难熬；更可恶的是每天带一名外役犯，手提铁筒用橡皮管朝黑牢的顶部和三面墙壁浇水，弄得满地湿透，使狭小的空间里一片潮气，阴冷入骨，故意对犯人进行肉体和精神上的摧残。如1933年一名叫谢凡生的贵州籍青年，因从事革命活动被判刑入监，后来被租界当局关押进"风波亭"。他原先一条腿受伤，在此被关押后，折磨成病，腿化脓致残，最后不得不在医院截肢。中国著名的马克思主义哲学家、教育家彭康（新中国成立后，曾任上海及西安交通大学党委书记、校长），在20世纪30年代在押狱中，因为被监狱当局发现彭康的牢房里有几本狱中禁看的书籍，就把他关入"风波亭"，加以处罚。

在旧提篮桥监狱内，还建有5间防暴监房，即橡皮监。该防暴监成八角形，地坪、房门和四壁全是橡胶制品,可防止犯人行凶、自杀。随着岁月的流逝,目前提篮桥监狱十字楼的6楼还完好地保存了两间橡皮间。为了保护历史文物,平时谢绝参观。考虑到观众的需要,就在陈列馆的展区内按原样复制了一间防暴监房和禁闭室,供人现场参观。

## 五、五花八门的犯人囚服

囚衣,顾名思义就是囚犯穿着的衣服。历史上有关囚服的样式也有不少记载,如秦汉时期犯人都穿红色的囚服,以致江苏镇江市至今还留下一个"丹徒"的地名。在近代上海,提篮桥监狱的犯人一律穿着囚服,在租界时期根据不同的刑期段,囚服有不同的式样和标志。这除了对犯人人格上的侮辱外,也有利于看守人员识别犯人刑期。首先,未决犯和已决犯囚服有区别。未决犯的囚服为天蓝色,无标志;已决犯的囚服缝有(印有)各种标志和号码,具体分为8种:刑期1月以上,不足1年;刑期1年以上,不足3年;3年以上,不足5年;5年以上,不足7年;7年以上,不足10年;10年以上,不足15年;15年以上;死刑犯。

其次,在囚服上衣左上角缝有窄条或宽条、黄色或红色等布块以区别刑期长短。如3年以上,不足5年的犯人,在囚衣上身左上角缝有黄色窄条;5年以上、不足7年的犯人,在囚衣上身左上角缝有红色窄条。死刑犯的囚服从上到下,颜色左右两边一分为二,一边为黑色,另一边为白色,故又称作"阴阳衣"或"鸳鸯衣"。囚服的前胸、两膝、两肘等部位印有英文字母"Y",囚裤裤裆处全为葡萄纽扣,可双开,主要考虑到关押的死刑犯全都上了手铐、钉有脚镣,这样方便钉上或卸下脚镣。囚衣番号处有"E"字标志。看守人员看到这些不同式样的囚服,就能及时识别犯人的刑期。这些囚服深刻反映了近代外国殖民者统治下的上海监狱犯人的生存状况,具有较高的文物价值和历史价值。如今北京的中国历史博物馆内还藏有提篮桥监狱死囚犯囚衣的复制品。

## 六、为监狱看守特制的三脚凳

众所周知,凳子一般都是四只脚的,但是安放在监狱陈列馆内的旧提篮桥监狱华籍看守用的凳子却只有三只脚。为什么这种凳子比普通的凳子少了一只脚?说起来倒有一段故事。提篮桥监狱当时属于公共租界工部局管辖,监狱上层管理人员主要是英国人,看守人员主要是印度人。1930年前后,提篮桥监狱才雇用中国人当看守。在监狱内,管理人员等级森严,民族歧视严重,华籍看守地位低于印度看守,平时对华籍看守管理十分苛刻,制定了各种规章制度。看守上岗值勤必须着装整洁,在院子里集合列队进入监区,由看守长对每一名看守搜身,严禁带入各类违禁品。看守下岗走出监区,也要搜身检查。看守在监舍内一直站着工作,或巡查、或站岗、或监视犯人。监舍内没有凳子,看守工作累了想休息片刻,连坐的地方也没有。

1945年抗战胜利后,提篮桥监狱被国民政府接收管理,监狱当局对看守在监舍内的工作条件略作改善,给看守添置了凳子。为了防止看守偷懒,别出心裁地设计了一种特殊的凳子——三脚凳。这种凳子高约50厘米,凳面非常狭小,长约40厘米,厚5厘米,宽度仅10厘米,三只脚,凳脚粗3—4平方厘米,略呈"不"字形,具三足鼎立之势,可以保持凳面基本平衡。但是,这种凳子凳面狭小,木料单薄,制作粗糙,分量轻,重心不是很稳,容易倾倒。人坐在凳子上,必须小心谨慎,姿势规矩。如果有人"坐相"不好,前俯后仰、左右摇动,就会遭到凳子的"报复",摔倒在地。所以,当时监狱看守人员戏称这种凳子为"稍息凳"。

1949年5月上海解放,市军管会派员接收了旧提篮桥监狱,经过整顿、清理、改造,利用其原有的建筑设施,继续关押犯人。但其性质和功能发生了根本性的转变,监狱管理人员的工作条件大为改善,旧监狱曾经使用过的"三脚凳"早已不复存在。为了保存史料,陈列馆特请在监狱工作过的老人画出草图,并根据当年的资料,重新制作了几只"三脚凳"供参观者观看。

## 七、处置日本战犯的绞刑房

上海监狱陈列馆的馆舍,原系建于20世纪30年代初的一幢有电梯的监楼,6层高,建筑精良,中为圆厅,四周向东南西北辐射,楼顶为4个犯人的放风场。从高空鸟瞰,其犹如"十"字状,所以该楼又称"十字楼"。从1935年9月起,成为关押外国籍男犯的"西人监"(或称外人监)。抗战胜利后,这里先后累计关押过几百名日本战犯,如日本驻台湾总督、司令官安藤吉大将,侵华日军第六方面军司令冈部直三郎大将,侵华日军第六师团长、南京大屠杀主犯谷寿夫中将,等等。

陈列馆2楼的大厅,就是抗战胜利后中国境内第一次审判日本战犯的法庭所在地。美军军事法庭早在1946年1月24日就在此开庭审判日军第34军参谋长镝木正隆少将、汉口宪兵队司令福本龟治大佐等18名日本战犯。[1]后来法庭又多次进行庭审。美国"飞虎队"队长陈纳德将军也到现场旁听。[2]1946年1月—9月,先后有47名日本战犯在监楼内受到美军军事法庭的审判。受审人员

---

[1] 《上海美军今开审日战犯》,1946年1月24日《中央日报》。
[2] 《日战犯今晨再审 陈纳德等出席旁听》,1946年2月18日《大公报》。

中有日本第 13 军军长泽田茂中将,日本驻台湾第 10 军参谋长谏山春树中将,日本第 34 军司令、香港总督田中久一中将,第 23 军参谋长福田直亮少将,第 34 军参谋长镝木正隆少将等。

在陈列馆的 3 楼有一间 18 平方米的绞刑房,长 5 米多,宽 3 米多,四面都是钢筋水泥的墙壁,其中的一面开有两扇高高的气窗。地坪中间有两块活动地板,地板合上可与地坪齐平,上面可以走人、承放重物。活动地板放下,就是一个 1.8 平方米的方孔,2 楼的同样位置也是一个方孔,通过绳索就直达 1 楼的停尸房。活动地板的上方安放着一具绞架。1946 年 4 月 22 日上午 8 时,镝木正隆等 5 名日本战犯被美军宪兵用绳索反绑双手,在绞刑房内被执行绞刑。这 5 人中,一人信奉基督教,4 人信神。所以,美军军事法庭分别请来了上海的西班牙籍天主教神父及上海著名寺庙里的僧侣,在他们行刑前进行洗礼或诵经超度。①

上午 8 点 1 刻,美军军事法庭按照被执行人军衔的高低,首先把少将军衔的镝木正隆押进绞刑房。随着监刑官的口令,手闸的推动,活动地板向两侧分开,镝木就双脚悬空,瞬间窒息而亡。随后,其尸体通过 2 楼的方孔,用绳索吊入下面的停尸房。接着,增井庄造等 4 人相继入室就刑。他们的尸体经过法医验尸后,即送他处焚化。②1947 年 2 月 1 日,美军军事法庭又对奉天战俘营军医桑岛恕一大尉执行绞刑。③

解放后,该绞刑房虽被改做办公室,也做过犯人的劳动场所,但是房梁上的绞架却没有拆除,地板上的方孔和活动地板都保存着,仅在上面又铺了一层地板,因此使这座国内罕见的西洋式行刑设备完好保存至今。监狱陈列馆特地辟建了日本战犯关押、审判和处决的展示区,通过图片、文字、实物向参观者揭示这些鲜为人知的事实。展板反映了当年被审判者的详细名单,以及 1947 年 8 月—1948 年 9 月在提篮桥被中国法警枪决的芝原平三郎、大场金次等 14 名日本战犯的名单。1997 年 8 月,经上海市人民政府批准,提篮桥监狱日本战犯关押、审判、执行处已列为上海市抗日纪念地,并立碑存史。④

## 八、王孝和烈士的珍贵遗物

王孝和是上海工人阶级的杰出代表,1941 年 5 月加入中国共产党。1948 年 9 月 30 日上午,年仅 25 岁的王孝和被国民党反动派杀害在提篮桥监狱。

---

① 《日战犯五名昨晨绞决》,1946 年 4 月 23 日《和平日报》。
② 《绞刑台上日战犯五名伏法记》,1946 年 4 月 23 日《新闻报》。
③ 《日本战犯医官桑岛昨晨在沪执行绞刑》,1947 年 2 月 2 日《大公报》。
④ 《提篮桥监狱内日本战犯关押处等被列为上海市抗日纪念地》,1997 年 8 月 19 日《解放日报》。

在上海监狱陈列馆内的"革命人物厅"内,专门设立了王孝和烈士的展台,陈列了王孝和烈士生前使用过的书橱、外文词典以及在家里用过的方台和4把椅子。这些珍贵的遗物由王孝和的妻子忻玉英捐献。

王孝和祖籍浙江宁波,1924年生于上海虹口,家中兄弟有9人,他排行第二,父亲是船员。在读书时王孝和即加入中共,毕业于上海励志学校,外文很好。毕业以后,王孝和服从组织安排去了杨树浦发电厂工作。1947年初,王孝和与忻玉英结婚,家在隆昌路振声里5号2楼,一间大约十三四平方米的房子。他们家后来也成了开展革命工作的地方。杨树浦发电厂是美国人于1905年开办的,1947年有职工2 800人,王孝和在控制室工作,被工人选举为厂工会常委理事。当时,上海的特务头子陆京士以住洋房、拿高工资为诱饵,拉拢王孝和。王孝和不为所动,坚定地说:"我是厂里2 800名工人选出来的,就应该为他们做事。"

1948年,王孝和被敌人秘密逮捕后,最初关押在威海卫路17天,后又关押在北四川路警备司令部看守所两个多月,最后被关押在隆昌路看守所内。1948年9月30日,王孝和在提篮桥监狱被敌人枪决,其遗体由他的姆外婆领去,放在唐山路与公平路口的国华殡仪馆,次日移到四明公所内。第二天即1948年10月1日,上海的10多家报纸分别刊发了王孝和被执行死刑的消息,引起社会各界极大震动。1949年上海解放后,同年11月5日,上海各界2万余人在逸园(今文化广场)隆重举行了王孝和烈士追悼大会。

"文化大革命"中,王孝和被诬为"假烈士,真叛徒"。"文化大革命"结束后,王孝和烈士恢复了名誉。1988年9月29日,当王孝和烈士就义40周年之际,时任上海市委书记江泽民为之题词。1992年8月,王孝和烈士就义处被列为上海市虹口区革命纪念地。在有关单位的支持下,1994年9月30日,即王孝和烈士英勇就义46周年时,上海市电力工业局、虹口区政府、提篮桥监狱在当年王孝和牺牲的地方,隆重举行了"王孝和烈士就义处暨塑像揭幕仪式"。1998年初提篮桥监狱又在就义处重建王孝和烈士塑像,扩展绿地面积,辟建"孝和广场"。

当忻玉英获悉上海监狱管理局正在筹建上海监狱陈列馆,我们向她征集有关文物时,她积极支持,大力协助,先后为陈列馆提供了王孝和生前曾经使用过的书橱、外语辞典等,其中一张八仙桌及四把椅子。最有戏剧性的是,这一张八仙桌及四把椅子是当年杨树浦发电厂的几位员工凑钱购买,送给王孝和与忻玉英的新婚之礼。后来忻玉英乔迁新居,添置新家具,就把这使用多年的八仙桌及椅子送给了朋友。当听说陈列馆需要实物展品以后,她又向朋友特地要了回来,捐献给上海监狱陈列馆。

(本文原载《上海滩》2015年第10期)

旧监狱员守

# 租界民国时期提篮桥监狱管理人员

## 一、英国人管理时期

公共租界时期,提篮桥监狱在1903年刚启用时,由于规模不大,在押犯数量较少,监狱最高行政官员为看守长,英国籍 M.华生为首任看守长。以后随着监狱的扩建而设典狱长。1934年,典狱长改称狱务监督,副职称副狱务监督和助理狱务监督。20世纪30年代末,又复称典狱长、副典狱长及助理典狱长。监狱的主要行政官员由英国驻上海领事馆的领事任命,或由领事推荐,经上海公共租界警务处处长任命。提篮桥监狱的正副狱务监督(典狱长)大多为英国人出任(有现职军人,也有非现职军人)。

**表1 公共租界时期提篮桥监狱主要行政官员任职表**

| 姓 名 | 职 务 | 国籍 | 任职日期 |
| --- | --- | --- | --- |
| 华生 | 看守长 | 英国 | 1903 |
| 查理·韦瑟里德 | 典狱长 | 英国 | 1923 |
| R.息姆斯 | 典狱长 | 英国 | 1930 |
| 森士 | 典狱长 | 英国 | 1931 |
| J.W.胡德 | 代典狱长 | 英国 | 1931.11 |
| D.R.韦华德 | 典狱长 | 英国 | 1933.6 |
| 郭亮泰 | 代狱务监督 | 英国 | 1937.8 |
| 郭亮泰 | 狱务监督 | 英国 | 1938.4 |

资料来源:《上海公共租界工部局年报》(1903—1942)。

科室人员设置一等刑务官、二等刑务官、三等刑务官或称一等书记官、二等书记官、三等书记官。科室人员以英国人为主,也有少量的其他国家的欧洲人,如捷克斯洛伐克人、俄国人、挪威人、西班牙人、葡萄牙人等,统称西籍人员。同时也有少数中国人。

监房管理人员设一等看守长、二等看守长、助理看守长、看守、助理看守等。看守人员,俗称分一道头、两道头、三道头(指制服袖口上的几道横条,三道头级别最高)。他们主要是印度人(也有少数菲律宾人)。印度看守由于宗教信仰和民族不同具体分两类,一是锡克族、一是旁遮闪普族,他们各自的生活习惯均不相同。前者信奉佛教,禁吃牛肉,不抽烟,但是允许饮酒;后者信奉伊斯兰教,可以吃牛肉,允许抽烟,但是禁止饮酒。这两种截然相反的饮食习惯和生活方式,在工作中也带来了不少矛盾和摩擦。1930年6月,提篮桥监狱有几十名印度籍看守对警务处任命的印度籍头目不满,而举行罢工,并且到外滩英国驻沪总领事馆进行交涉要求更换人员。① 事后监狱当局对参加罢工的闹事者一律开除和免职,工部局警务处另从市内各巡捕房调来52名华籍巡捕到提篮桥监狱充任看守,后来又陆续调了部分华籍巡捕。到同年年底,狱内共有华籍看守76名。以后提篮桥监狱华籍看守逐年增多,印度籍看守逐年减少。如1930年,监狱管理人员中,西籍、印度籍、华籍各占总数的13.6%、65.5%、20.9%;1935年,西籍、印度籍、华籍人员各占12.2%、26.8%、61%。最初,提篮桥监狱内的管理人员的录用、招收,均由工部局警务处掌管,1936年开始,监狱可以自行决定招收。

在英国人管理监狱时,对监狱管理人员规定了非常严格的纪律要求。如1936年颁布的中英文版对照的《监狱职员规例》规定,凡是管理人员与犯人串通交易,与犯人亲昵习熟,代犯人携带信件或代其亲友传达消息,列队上差迟到,收受礼物或贿赂,负债,无故以暴力加诸犯人,将本监事务或职员及在监犯人之消息转递本监狱职员之外任何人等18项行为者,当以违犯纪律论罪,轻者处罚,重者斥革,同时还规定科室人员不得随便进入监舍,看守人员也不得随便去科室。看守人员进入三道大门内要搜身,目的是防止为犯人携带食品、板烟、书信等。看守人员上岗,必须穿警服、戴警帽(管少年犯的,可穿便服),穿着统一制式的黑皮鞋,皮鞋必须擦干净。上差时还须整队,由监狱高层官员,检查警容警纪和着装。管理人员狱区内不准吸烟,不准饮酒,不准纳手于口袋,而且在狱内没有凳子坐,均站立着工作。看守下班离开监区,同样要进行搜身。监房的大钥匙须准时交还钥匙间。如果有一把钥匙没有收齐,所有看守一个也不准下班。监狱管理人员下班后应统一住宿于工部局指定的场所,非经上级允准,不得住宿于他处。对违反纪律人员给予罚款,直至开除。

与此同时,对监狱管理人员按任职务之高低,也给予较高的福利待遇,对他们普遍实行一种类似目前发工龄工资的做法。其办法是,管理人员到提篮桥监狱工作满一个基本年限后,如果没有违纪行为,就可逐年发放一定的津贴,它是以年计算的,扣除基础工龄外,每满一年,就发一年津贴;每满两年,就增发两年津贴,余者类推,逐年提高。但是到一定年限后,这笔每年增加的津贴,监狱不直

---

① 《管牢印捕罢工》,1930年6月29日《申报》。

接发给管理人员本人,而是代他存入银行。如果这名管理人员在工作中违反纪律、犯错误,或被开除,监狱为他代存的一笔可观的津贴费,就全部扣发。监狱把这笔津贴作为对管理人员管理中经济制约的重要手段之一。

西籍、印籍、华籍职员、看守在生活待遇上十分悬殊。在1907年前后,如英国籍监狱一、二把手任职5年后给假期9个月,月给银子150两,假期内月薪100两,回英国探假期间另给旅费。而印度籍看守每月薪水仅17.5两。在20世纪30年代,西籍人员中,英籍正、副典狱长(正、副狱务监督)月薪在1 000元以上(法币,下同),英籍首席典狱官800—1 000元,看守195—300元,助理看守95—195元。印籍看守长的月薪150元左右,为同等职务的西籍人员的1/2或1/3,但是比华人看守又高了许多。华人看守最低,三等看守起薪仅21.5元,而三等印籍看守却有40多元。如华籍三等书记官的月薪是35元,特等书记官225元。华人职员虽然比华人看守待遇高,但是比西籍人员仍然要低不少。此外,西籍、印籍人员都是免费供给住房,住房中还配备家具和日用品。对正副典狱长一级人员,住房相当宽敞,还由公家出资雇用保姆、厨师等。现在长阳路81—97号,3层楼的公房,当年就是英籍职员的住宅。每位监狱官每人1层或2层楼面,还有今霍山路霍山公园后面的一些小洋房,以及1934年2月竣工的爱尔考克公寓,位于今唐山路安国路口,内有16套三间房单元和6套四间房单元,楼底还有停车房,都是带家眷的外籍人员住房。

**表2　1930—1940年提篮桥监狱西籍、印度籍、华籍管理人员统计表**　　单位:人

| 国籍＼年份 | 1930 | 1931 | 1932 | 1933 | 1934 | 1935 | 1936 | 1937 | 1938 | 1939 | 1940 |
|---|---|---|---|---|---|---|---|---|---|---|---|
| 英籍 | 50 | 633 | 57 | 60 | 66 | 79 | 78 | 76 | 75 | 81 | 75 |
| 印籍 | 241 | 219 | 236 | 228 | 237 | 212 | 209 | 213 | 193 | 178 | 165 |
| 华籍 | 76 | 193 | 185 | 180 | 231 | 259 | 259 | 229 | 252 | 367 | 376 |
| 合计 | 367 | 475 | 478 | 468 | 534 | 550 | 546 | 518 | 520 | 626 | 616 |

资料来源:《上海公共租界工部局年报》(1930—1940)。

## 二、日本人及汪伪当局管理时期

1941年12月太平洋战争爆发后,日本人独占公共租界接收提篮桥监狱。监狱原来的上层人员英国人被关进集中营,中下层的西籍人员大部分被调走。1942年1月,日籍菅井喜三郎出任刑务所长(即典狱长),原任提篮桥监狱华籍副典狱长严景耀留任,仍任副典狱长(当时称行刑补监)。1个月以后,菅井喜三

郎调出。同年2月,租界当局从日本外务省(即外交部)调来本田清一等10名日籍人员到提篮桥监狱任职。其中,本田清一为领事级,任刑务所长;菊田池原为副领事级,任行刑补监;冈庭荣为总务课长,还有7人为课长一级中层管理人员。本田清一比较重视监狱管理人员的文化素质。他到监狱后,在他主持下,并抽调了严景耀、冈庭荣和一名华籍职员(日本翻译),利用一天时间,在榆林路巡捕房公开招考提篮桥监狱工作人员,招考对象是在上海的日本侨民,条件是身体好、年纪轻,具有高中文化程度,共录用了四五十名日本人。在正式工作前,监狱还为这些日籍人员在榆林路巡捕房组织训练,到监狱后还派了一名华籍职员给他们上课,学习中文。后来这些日籍人员大多安排出任提篮桥监狱各监楼的看守长和各科室的职员。此外,本田清一还公开招考了一部分中国人当监狱看守。但是日本人管理监狱后,管理人员的工资福利水平大大降低,工作纪律也比过去明显放松。

表3　　1930—1940年提篮桥监狱新招、辞职、解职人数表　　单位:人

| 年份 | | 西籍 | 印籍 | 华籍 | 年份 | 西籍 | 印籍 | 华籍 |
|---|---|---|---|---|---|---|---|---|
| 1930 | 新招 | 7 | 70 | 57 | 1936 | 17 | 4 | 0 |
| | 辞职 | 2 | 9 | 0 | | 12 | 0 | 7 |
| | 解职 | 1 | 1 | 0 | | 8 | 1 | 4 |
| 1931 | 新招 | 14 | 0 | 164 | 1937 | 13 | 9 | 1 |
| | 辞职 | 2 | 1 | 1 | | 8 | 5 | 1 |
| | 解职 | 0 | 6 | 13 | | 8 | 17 | 2 |
| 1932 | 新招 | 4 | 2 | 0 | 1938 | 13 | 9 | 0 |
| | 辞职 | 27 | 0 | 3 | | 0 | 4 | 2 |
| | 解职 | 35 | 1 | 0 | | 75 | 7 | 0 |
| 1933 | 新招 | 7 | 1 | 1 | 1939 | 1 | 5 | 0 |
| | 辞职 | 14 | 0 | 10 | | 15 | 10 | 5 |
| | 解职 | 17 | 3 | 1 | | 29 | 5 | 2 |
| 1934 | 新招 | 20 | 2 | 1 | 1940 | 0 | 3 | 0 |
| | 辞职 | 19 | 0 | 1 | | 0 | 12 | 3 |
| | 解职 | 72 | 4 | 10 | | 42 | 11 | 3 |
| 1935 | 新招 | 15 | 3 | 5 | | | | |
| | 辞职 | 0 | 0 | 18 | | | | |
| | 解职 | 41 | 4 | 8 | | | | |

资料来源:《上海公共租界工部局年报》(1930—1940)。

1943年8月,汪伪政府名义上收回了上海租界,委派浙江省第一监狱典狱长邢源堂出任典狱长。邢源堂到监狱后,对原在监狱工作的印度籍看守采取了"只出不进"的措施:即允许印度籍看守辞职,或调走,但不准印籍人员调入,使华籍职员和华籍看守在管理人员中的比例有了较大幅度的提高,并在管理办法上作了一些调整。提篮桥监狱当时虽然名义上由中国人管理,但实际上仍由日本人操纵。当时管理人员中,构成人员较复杂,除中国人外,还有日本人、印度人和其他一些国家的人员。所以,从1943年8月—1945年8月抗战胜利前,提篮桥监狱的典狱长或代理典狱长调任过4人五任,先后为邢源堂、钱恂九、沈关泉、盛圣休、沈关泉。监狱管理人员的工资和生活水平也大大低于以英国人为主的管理时期。

## 三、国民政府管理时期

1945年8月抗战胜利后,国民政府上海高等法院派徐砥平接收汪伪政府管辖下的提篮桥监狱。当时监狱管理人员除典狱长外,还有主科看守长、候补看守长、看守、教诲师、教师、医士、药剂士等。监狱工作人员录用渠道和办法有:法政学校、中央警官学校毕业分配,靠私人关系介绍、推荐,公开登报报考等。如1946年1月17日在《华美晚报》上刊登的《提篮桥监狱招考看守员》的短讯中称:"提篮桥上海监狱近因亟须用看守人员,特公开招考看守员20名,资历须小学毕业,能耐劳苦,考取后尚须经该狱加以调练实习,然后始能正式录用云。"提篮桥监狱于1947年9月颁布的《看守任用条例》规定:"(一)凡充任本监看守者,须具备下列条件:1.年龄25岁以上,40岁以下者;2.小学以上学校毕业或有同等学历者;3.身体在1.6公尺以上,体格健全无不良嗜好者。(二)具备前条资格者,须经本监试用后,认为确有办事经验,性情温和,始得任用。(三)被任用者除遵照本监服务规则外,并须遵守下列各项:1.服务须忠诚耐劳;2.须崇尚廉洁;3.须在本监膳宿,不得随意外出;4.在监内不得饮酒、吸烟、赌博。(四)任用为看守者,须填写任用表,并具保证书及志愿书。"[1]1947年,上海监狱(提篮桥监狱)管理人员编制员额526人,其中职员137人、看守375人、监丁14人。[2]

民国期间,提篮桥监狱管理人员的吸收和录用,往往书面规定的是一回事,实际执行上又是另一回事,被接收人员虚报学历、弄虚作假,走门路,通过亲属关系、同乡关系说情拉关系等情况比比皆是。如按规定被录用人员必须由本人填写一份履历表,有的人为了显示自己经历丰富,就编造自己的简历,胡吹自己从事过什么工作,有的人文化极低,写字缺胳膊少腿,填表时则请人代笔或出钱代

---

[1] 《司法行政部直辖上海监狱沿革实录》,第24页。
[2] 上海档案馆档案,档号55-1-201。

书,甚至购买假文凭,滥竽充数,蒙混过关。监狱管理人员中派系林立,人事关系错综复杂,有时候一个典狱长的调动和任用,将会影响到一批人员的变动,往往一个新典狱长上任,就会罢免一批人,任用一批人,有时还会带来一批人(上到科长、看守长,下到厨师、勤杂员)。据统计,从1945年9月至1949年5月的近4年里,先后由徐砥平、江公亮、徐崇文、孔祥霖、王慕曾出任典狱长或代理典狱长。其中,任期最长的为2年多,最短的仅40多天。由于典狱长似走马灯似的调动,监狱的其他管理人员也受其影响,调动很大。

在1947—1948年监狱招收看守时,被招看守须具立"保证书",其主要内容有:姓名、年龄、籍贯,立保证书人×××,今愿保×××(当看守者),在监充当看守,恪守各种监狱法令、服务规则,谨慎服务,如有违章舞弊等事情,统由保人负责尊限交人,并立即赔偿。决不推诿,欲后有凭,立此存照,立保证人在"保证书"上填写姓名、住址、店号(商店)以及年月日。为了确保履行责任,立保证书人一般有一定的社会地位和经济实力,而且一定由店铺、商店作保,或者由监狱管理人员作保,以防今后万一发生情况以负连带责任。据统计,20世纪40年代末,提篮桥监狱看守人员中,以北方人为主,北方人中,又以山东籍占了较大比例。到1947年下半年至1949年4月,提篮桥监狱管理人员中人员复杂、派系众多,有孔祥霖从南京带来的旧属,有徐崇文典狱长留下的湖北籍的员守,有南京中央警官学校毕业的学生,还有公共租界工部局遗留下来的人员,几个派系互相之间为了各自的利益产生许多矛盾。到1949年5月28日,提篮桥监狱及上海监狱第一分监(女监)共有管理人员600余人,旧监狱内外交困,监狱行政经费奇缺,犯人囚粮无着落,监狱管理人员连工资、津贴都拿不到。

表4 　　　　1949年4月提篮桥监狱典狱长、课室负责人名录

| 职　　别 | 姓　名 | 性别 | 年龄 | 籍　　贯 | 到职年月 | 学　　历 |
|---|---|---|---|---|---|---|
| 代理典狱长 | 王慕曾 | 男 | 49 | 浙江新登 | 1949年4月 | 浙江省公立法政专科学校 |
| 总务课长 | 张宝琛 | 男 | 61 | 浙　　江 | 1948年5月 |  |
| 警卫课长 | 霍春生 | 男 | 50 | 江苏镇江 | 1948年6月 | 江苏吴江县立中学 |
| 作业课长 | 周建立 | 男 | 35 | 浙　　江 | 1949年4月 | 浙江嘉兴秀州中学 |
| 教化课长 | 戈瑞武 | 男 | 39 | 江苏泰县 | 1948年8月 | 司法行政部监训班 |
| 卫生课长 | 赵伯勋 | 男 | 45 | 浙江东阳 | 1949年4月 | 武昌师范学院 |
| 人事室主任 | 郑保基 | 男 | 47 | 浙江玉环 | 1946年9月 | 中央军校军官研究班 |
| 会计室主任 | 陆仲坚 | 男 | 26 | 浙江绍兴 | 1949年2月 | 国立英士大学专修班 |
| 统计室主任 | 韦佩琳 | 女 | 41 | 广东中山 | 1946年6月 | 日本师范大学 |

# 江苏第二监狱管理人员

江苏第二监狱,又名漕河泾监狱,1917年5月兴建、1919年9月启用,监狱坐北朝南,分前后两部分,前部主要是行政办公区域,后部是监舍区域,大门开在监狱南面的弼教路(今徐汇区康健路)。监狱初期占地面积88亩,后来经扩建达120亩,是上海华界地区的一座大型监狱,押犯最多的时候在3 000人以上。1937年8月撤销,后毁于炮火。其遗址为上海光大会展中心、华夏宾馆及部分民居。

民国时期监狱的管理人员大体上可分为三类:一是典狱长;二是中层人员如科长(课长)、主科看守长、看守长、候补看守长、教诲师、教师、医师、医士、药剂士等;三是看守,内分主任看守、看守、监丁等。

(一)典狱长

监狱长一般由司法部或司法行政部任命,官阶为荐任、委任,江苏第二监狱的典狱长从1919年9月至1937年8月的19年间,更换15任,其中有8名系代理典狱长。任期最长的为6年,任期最短的仅2个月(见表1):

表1　江苏第二监狱典狱长情况一览表(1919年7月—1937年8月)

| 姓　名 | 字号 | 籍　贯 | 毕业学校 | 职　务 | 任职时间 |
| --- | --- | --- | --- | --- | --- |
| 敖振翔 | 云亭 | 河南光山 | | 代典狱长 | 1919年5月—1920年4月 |
| 窦家祯 | 孟幹 | 江苏无锡 | | 典狱长 | 1920年5月—1920年12月 |
| 吴曾善 | 慈堪 | 江苏吴县 | 江苏法政学堂 | 典狱长 | 1921年1月—1921年3月 |
| 吴　棠 | 直喃 | 江苏江阴 | 民国监狱学校 | 典狱长 | 1921年4月—1927年12月 |
| 邵振玑 | 韵笙 | 湖南浏阳 | 湖南中路师范学堂 | 代典狱长 | 1928年1月—1928年4月 |
| 吴　魁 | 槲亭 | 江苏吴县 | 安徽武备学堂、日本明治大学 | 典狱长 | 1928年4月—1929年9月 |
| 邵松龄 | | 江西九江 | | 代典狱长 | 1929年9月—1929年12月 |
| 梅光辅 | | 江　西 | | 代典狱长 | 1929年12月—1930年7月 |

(续表)

| 姓　名 | 字号 | 籍　贯 | 毕业学校 | 职务 | 任职时间 |
|---|---|---|---|---|---|
| 董长民 | 直诚 | 河北南皮 | 上海法政学院 | 代典狱长 | 1930年7月—1932年6月 |
| 田立勋 | 修之 | 湖南沅陵 | 京师法律学堂监狱专修科 | 代典狱长 | 1932年6月—1932年10月 |
| 田荆华 | 种夫 | 湖南桃源 | 日本东京警监学校 | 典狱长 | 1932年11月—1933年9月 |
| 吴峙沅 | 访丞 | 湖南桃源 | 湖南公立第二师范学校、湖南高等巡警学校 | 代典狱长 | 1933年10月—1933年11月 |
| 任　峄 | 叔泰 | 四川华阳 | 日本明治大学 | 典狱长 | 1933年12月—1935年3月 |
| 胡仁清 | 叔珊 | 浙江吴兴 | 留学日本 | 典狱长 | 1935年3月—1936年3月 |
| 丁　磊 | 落生 | 江苏镇江 |  | 代典狱长 | 1936年4月—1937年8月 |

### （二）科长、看守长

江苏第二监狱多年来基本设立3个科，即第一科、第二科、第三科，有时候又称总务科、警卫科（戒护科）、作业科。中层管理人员主要是各科的科长，以及主科看守长、看守长、候补看守长，有时候看守长兼任科长。这些科长、看守长大多系典狱长的亲信及信得过的人，往往随着典狱长的离任或调动而调动，几届连任者并不多。多年来，笔者从上海档案馆、江苏档案馆查阅到有关漕河泾管理人员的资料，在15名典狱长任期内，资料详略不一，现选择其中若干，以见一斑（见表2、表3）。

表2　　　　　　　1921年江苏第二监狱职员一览表

| 职　别 | 姓　名 | 别　号 | 年龄 | 籍　贯 | 职　务 |
|---|---|---|---|---|---|
| 典狱长 | 吴增善 | 伯寅、慈堪 | 32 | 江苏吴县 | 掌管全监事务督率职员 |
| 看守长兼科长 | 朱堡 | 葛民、浩威 | 26 | 江苏无锡 | 主管第一科 |
|  | 彭翼成 | 卓然 | 33 | 江苏江宁 | 主管第二科 |
|  | 高凤冈 | 蟾香 | 34 | 江苏吴县 | 主管第三科 |
| 候补看守长 | 黄肇庆 | 筱山 | 36 | 江苏吴县 | 三科会计 |
|  | 徐瀚 | 香圃 | 34 | 湖北天门 | 会计庶务 |
|  | 褚德 | 禅真 | 33 | 浙江嘉兴 | 戒护 |
|  | 鲍祖寿 | 斗南 | 40 | 江苏常熟 | 教令 |
| 教诲师 | 陆超然 | 燕侯 | 35 | 江苏崇明 | 教诲 |

(续表)

| 职　别 | 姓　名 | 别　号 | 年龄 | 籍　贯 | 职　　务 |
|---|---|---|---|---|---|
| 名誉教诲师 | 周公鼎 | 铭初 | 41 | 江苏无锡 | 宗教教诲 |
| 医　士 | 戴宝深 | 东池 | 25 | 浙江嘉兴 | 卫生 |
| | 周鹏年 | 湘东 | 54 | 江苏青浦 | 诊察 |
| 名誉西医 | 朱荣圣 | 字行 | 30 | 江苏上海 | 外诊治疗 |
| 主任看守 | 陈文炯 | 文经 | 36 | 江苏吴县 | 领置 |
| | 王继周 | 仲仙 | 30 | 安徽太平 | 收提纪律 |
| | 唐祖镐 | 景初 | 43 | 江苏上海 | 戒护 |
| | 王锡德 | 润齐 | 31 | 直隶天津 | 警备 |
| | 王海青 | 景湖 | 33 | 江苏仪征 | 戒护 |
| | 李立椿 | 伯纯 | 25 | 湖北汉阳 | 营缮 |
| | 施肇根 | 庆云 | 28 | 江苏吴县 | 作业司库 |
| 办事员 | 宋源熙 | 椿荪 | 50 | 江苏吴县 | 收发誊缮 |
| | 沈应铃 | 铎民 | 29 | 江苏江宁 | 名籍识别 |
| | 赵惟清 | 之山 | 36 | 浙江绍兴 | 会计物品保管 |
| 书　记 | 邓纪朴 | 质卿 | 28 | 湖北江陵 | 誊缮 |
| | 陆简 | 简庵 | 18 | 江苏崇明 | 誊缮 |

**表3　　1935年江苏第二监狱职员姓名表**

| 职　别 | 姓　名 | 别　号 | 籍　贯 | 到任年月 |
|---|---|---|---|---|
| 典狱长 | 胡仁清 | 叔珊 | 浙江吴兴 | 1935年4月 |
| 第一科主科看守长 | 金绍丞 | | 江苏武进 | 1934年7月 |
| 第二科主科看守长 | 丛世垲 | 爽仲 | 江苏如皋 | 1935年9月 |
| 第三科主科看守长 | 刘立三 | | 江苏淮安 | 1935年11月 |
| 看守长 | 严寿中 | 孕春 | 安徽宿松 | 1934年9月 |
| | 刘怀珍 | | 江苏兴化 | 1934年9月 |
| | 陆大铭 | 紫美 | 江苏太仓 | 1935年9月升任 |
| 候补看守长 | 章耀枢 | 朗斋 | 福建建阳 | 1935年6月 |
| | 田恩需 | 云亭 | 河北宛平 | 1932年12月 |
| | 薛中育 | 畅仙 | 湖南益阳 | 1935年12月 |

(续表)

| 职　别 | 姓　名 | 别　号 | 籍　贯 | 到任年月 |
| --- | --- | --- | --- | --- |
| 候补看守长 | 卢德文 | 精兹 | 浙江永康 | 1935 年 |
|  | 周颂贤 |  | 浙江吴兴 | 1935 年 4 月 |
|  | 赵家驹 |  | 河北故城 | 1935 年 9 月 |
| 技　士 | 徐寿生 | 志鸿 | 浙江吴兴 | 1935 年 4 月 |
| 教诲师 | 汪祖武 | 炎午 | 湖北阳新 | 1935 年 7 月 |
| 教　师 | 范有道 |  | 四川荣县 | 1934 年 10 月 |
| 中医士 | 顾　泽 | 润生 | 上　海 | 1935 年 7 月 2 日 |
| 西医士 | 李立群 |  | 江苏江宁 | 1933 年 9 月 13 日 |
|  | 廖裕勤 | 瑾轩 | 湖南常德 | 1935 年 2 月 |
| 药剂士 | 赵元英 | 小宋 | 江苏武进 |  |

资料来源:《上海市年鉴》(1936 年版),司法,G210—211 页。

### (三) 看守

看守是监狱管理人员的主要成员,民国期间大体可分为主任看守、看守、见习看守等,系直接管理犯人的群体。江苏第二监狱对管理人员实行奖惩制度。1928 年,奖惩项目有:进级、年功加俸、加给津贴、记功、记名升用;惩戒项目有:扣俸、记大过、记过、警告。惩戒理由:违背誓言、违背职务、废弛职务。惩戒处分有:褫职、降等、减俸、停职、记过、申诫。1932 年,奖励为:奖词、记功或赏金、记名升级或进级;惩戒:申斥、记过或罚薪、降级或免职。在记功一项中,还分为记功、记大功、记异常劳绩等三类。记异常劳绩的事项:奉职勤慎 2 年内,毫无过失,并督励因人工作课程而逐渐增加,制品亦逐渐精良者。能与反狱越狱及一切逃走罪犯之密谋而预为防止,经长官查有实据者;遇有重要人犯逃走,即时捕获者。记重大过失的事项:违误要公者;所管内之区域重要罪犯,有预谋逃走而不知者;与在监人有私通或密谋不正行为者;藐视长官或对长官咆哮无状者。同时规定,记功一次者传令嘉奖,三小功同一大功,记大功一次者,赏洋一圆;记大功二次者,记名升级或进级;记大功三次者,遇缺尽先升级;如遇有异常劳绩者,得超叙等级或给予特别赏金,其金额由典狱长临时酌定之。记过一次者,严加申斥,三小过同一大过;记大过一次者罚薪一圆,记大过二次者,降级;记大过三次者,免职。如遇有重大过失,触犯刑章者,除免职永不录用外,并移送法庭侦察法办。①

江苏第二监狱看守人员的来源比较复杂。有的与司法部官员、典狱长沾亲带故，其中不少通过私人关系介绍；同时也有登报进行公开招考的，如吴棠、丁磊任典狱长期间，媒体上刊登过多条漕河泾监狱招考管理人员的消息。1921年，江苏第二监狱自吴直喃（吴棠）典狱长到任以来，感到原有女看守内多没有受过教育，文化水平较低，对于教导女犯工读等事殊不能称职，特禀准上官在苏州招考曾受教育之妇女数名，派充女看守员。11月7日，吴棠亲往苏州考取计报名者有12名，临考未到者2名，经考试之下，得正式录取4名、备用录取1名。据说她们曾出任过小学教员，年约三四十岁。②

1924年11月—12月的《申报》，曾刊登了两次监狱招聘广告，1934年5月14日的《申报》也刊文刊登监狱看守的招聘广告。招聘人员条件概括为：(1)大致年龄在20岁以上，40岁以下；个别也有35岁以下，女监主任要求在40岁以上。(2)身家清白，品行端正，身体好、通文字、无嗜好、无刑事处分。(3)有铺保，填具志愿书。(4)有一定文化，需考试。漕河泾监狱对录取的看守曾进行一定的训练，最后进行考试。表4系1934年9月3—6日的一次考试课程表。

**表4　江苏第二监狱看守训练所日版训练班毕业考试课程表（1934年）**

| 日　　期 | 上　　午 | | | 下　　午 | |
|---|---|---|---|---|---|
| | 6—7时 | 7:30—9:00 | 9:30—11:00 | 1:00—2:30 | 3:00—4:30 |
| 9月3日 | 军事操练 | 法院组织法 | 三民主义 | 刑事诉讼法 | 监狱规则 |
| 9月4日 | 军事操练 | 监狱原理 | 看守服务规则 | 刑　法 | 算　术 |
| 9月5日 | 国　术 | 监狱处务规则、看守所章程 | 作业规则 | 身份簿 | 卫生学救急法 |
| 9月6日 | 礼式服装 | 簿记统计法 | 看守点检规则、看守使用公物、戒具使用法 | 公　文 | 指　纹 |

资料来源：江苏省档案馆档案：档号1047-1625。

1935年3月，漕河泾监狱管理人员有：典狱长1人、看守长3人、主任看守16人、候补看守长6人、看守160人、备补看守11人，教诲师、工师、技士、教师、医生、药剂士、办事员各1人，监丁12人，总计242人。

---

① 江苏省档案馆档案。
② 《漕河泾监狱考取女管理员》，1921年11月8日《申报》。

### （四）管理人员的工资、待遇及服装

漕河泾监狱管理人员中,典狱高层人员与下层的待遇和工资收入悬殊很大,如:1929 年 7 月—11 月,典狱长 150 元,主科看守长分 150 元、125 元、100 元三档。候补看守长 50 元,看守分 13 元、12 元、11 元、10 元、9.5 元、9 元、8.5 元、8 元、7 元、6 元 10 档。监丁分 7 元、6 元两档。最高工资与最低工资相差 25 倍。次高工资与最低工资相差 16.6 倍。

1929 年 7 月—11 月,漕河泾监狱管理人员的工资收入:典狱长吴魁 150 元,主科看守长邵振玘 100 元,主科看守长蒋凤仪 125 元,主科看守长邢源堂 150 元。候补看守长杨用宾、陶铨 50 元。看守吴宜郎等 3 人,每人 13 元;看守何连通等 10 人,每人 12 元;赵子祥等 10 人,每人 11 元;杨中和等 5 人,每人 10 元;彭清等 3 人,每人 9.5 元;范家禄等 6 人,每人 9 元;屈家棠等 19 人,每人 8.5 元;赵金海等 12 人,每人 8 元;陈广福等 10 人,每人 10 元;夏瑞珍等 10 人,每人 6 元;史关福 4 元,监丁周文 7 元,监丁何骏才等 4 人,每人 6 元。①

1933 年,漕河泾监狱科长分三档,如第一科科长邵振玘 60 元、第二科科长蒋凤仪 55 元、第三科科长邢源堂 50 元。候补看守长分两档,如第一科候补看守长杨用宾 30 元、第二科候补看守长陶铨 30 元、第二科候补看守长常惠川 28 元、第三科候补看守长姚翙 30 元。教诲师和医士 30 元、药剂士 17 元。主任看守分 21 元、20 元、18 元、16 元、15 元、13 元 6 档。教诲师乔恂如 30 元、名誉教诲师周公鼎不支付工资,医士戴宝深 30 元、药剂士顾乾善 17 元。主任看守杨维善 21 元,贺明庄等 2 人各 20 元,程剑强等 3 人各 18 元,蒋德成 16 元,程亨元等 4 人各 15 元,任集成 13 元。女主任看守黄侠 20 元。②

漕河泾监狱的官佐、士兵服装承袭北洋政府规定,夏季白色,其余黑色,是学生装领,不是中山装领。官佐、看守长则在裤子上左右两边加一条金黄色直条线,袖口均加一条横线和单线、万字形图案,帽子是法国式,高硬形,前后左右一条金黄色直线沿四周到帽顶上,缝成一个万字形图案,科长则是两道,典狱长为三道线。裤子上面直线,科长是二道、典狱长是三道。看守士兵也发帽子,不过帽上为一道黑色横线,主任看守为二道黑色横线,制服袖口士兵为一道黑线,主任看守是二道黑线。

---

①② 江苏省档案馆资料。

# 上海监狱第一分监的女性管理者

上海监狱第一分监(简称第一分监)位于长阳路111号,是一座独立建制的女子监狱,1945年12月启用,1949年5月被上海市军管会接管。监狱主建筑为一幢4层的监楼,四周被高墙所包围,带有一个院子,四周种花木,辟菜园,约2亩许。

第一分监管理人员均为女性。1945年12月25日成立时,仅有管理人员15人。[1]后来陆续增加,至1946年1月下旬共有19人,其中分监长、看守长、候补看守长、会计员、助理会计各1人,主任看守2人,学习主任看守、看守各6人,预备助理看守1人。第一分监自成立以来,到1949年5月先后共有4名分监长,她们都有高等学历,均有在教育领域从教的经历。其基本情况如表1所示。

表1 上海监狱第一分监历任分监长综合情况一览表

| 姓　名 | 出生年份 | 籍贯 | 学习经历 | 主要工作经历 | 任职时间 |
| --- | --- | --- | --- | --- | --- |
| 陈咏声 | 1901 | 湖南长沙 | 上海女青年体育师范学校毕业、美国伯纳女子大学毕业 | 上海中西女中、工部局女中、沪江大学体育教师等。 | 1945年12月25日—1946年1月30日 |
| 狄润君 | 约1909 | 江苏溧阳 | 苏州东吴大学文学院毕业 | 上海第一特区法院翻译、国立广西大学副教授、上海高等法院主科书记官 | 1946年2月6日—1947年11月25日 |
| 李梅魂 | 约1899 | 江西临川 | 扬州慕尔理女子中学高中毕业、北平女子文理学院肄业 | 江苏省扬州小学、镇江、南通女校教员,江苏第二分监主任看守兼教师,第一特区地方法院看守所候补看守长、教诲师 | 1947年11月26日—1948年1月24日 |
| 柯俊杰 | 约1911 | 江西瑞昌 | 南京金陵女子大学文学院毕业 | 江西省九江儒励中学教师、上海地方法院翻译 | 1948年1月2日—1949年5月 |

---

[1] 《上海监狱狱务日记》,上海档案馆档案:档号Q177-1-667。

表2　　　　上海监狱第一分监1946年初管理人员名录

| 职　务 | 姓　名 | 年龄(岁) | 籍　贯 | 学　历 |
|---|---|---|---|---|
| 分监长 | 陈咏声 | 45 | 湖南长沙 | 略,见表一 |
| 看守长 | 李梅魂 | 46 | 江西临川 | 略,见表一 |
| 候补看守长 | 李德心 |  | 北　平 | 辽宁省立女师毕业,国立师大肄业 |
| 会计员 | 陆善漪 |  | 浙江平湖 | 复旦大学会计系毕业 |
| 助理会计师 | 张明华 | 24 | 上　海 | 复旦大学会计系毕业 |
| 主任看守 | 马映波 | 40 | 浙江宁海 | 浙江省立女师毕业 |
| 主任看守 | 徐文琼 | 26 | 江苏吴县 | 苏州振华女中毕业 |
| 学习主任看守 | 王琼 | 23 | 浙江杭州 | 浙江省立浙西临中毕业 |
| 学习主任看守 | 郭惟允 | 23 | 广东番禺 | 广东俾文女中、立信会计 |
| 学习主任看守 | 蔡宛琼 | 24 | 上　海 | 东南女中 |
| 学习主任看守 | 徐雪春 | 22 | 江苏吴县 | 五德中学 |
| 学习主任看守 | 孙瑞村 | 27 | 江　苏 | 爱国女中 |
| 学习主任看守 | 屈银萱 | 31 | 江苏常熟 | 常熟县立乡师 |
| 看　守 | 陈绮云 | 37 | 福建同安 | 务本女中 |
| 看　守 | 梁佩芳 | 32 | 广　东 | 广东公立小学 |
| 看　守 | 俞宝庆 | 26 | 江苏常熟 | 常熟石梅小学 |
| 看　守 | 汤秀玉 | 28 | 江苏嘉定 | 嘉定户立学校 |
| 看　守 | 王秀梅 | 32 | 浙江宁海 | 端本小学 |
| 看　守 | 唐志乐 | 28 | 广　东 | 广东公立小学 |
| 助理看守 | 孟金娣 | 30 | 上　海 | 不详 |

资料来源:杨庆武博士论文:《民国时期的上海女监研究》(1930—1949),第461—462页。

表3　　　　上海监狱第一分监1947年初工作人员名录

| 职别 | 姓名 | 年龄(岁) | 籍贯 | 职别 | 姓名 | 年龄(岁) | 籍贯 |
|---|---|---|---|---|---|---|---|
| 分监长 | 狄润君 | 37 | 江苏溧阳 | 一级看守 | 徐雪春 | 23 | 江苏吴县 |
| 看守长 | 李梅魂 | 46 | 江西临川 | 一级看守 | 唐志禾 | 28 | 广东中山 |
| 看守长 | 林晓明 | 37 | 福建厦门 | 一级看守 | 程问春 | 23 | 上海金山 |
| 看守长 | 马映波 | 44 | 浙江宁海 | 一级看守 | 赵取义 | 39 | 上　海 |
| 候补看守长 | 于文燕 | 29 | 浙江宁海 | 一级看守 | 濮钱燕 | 24 | 浙江绍兴 |

(续表)

| 职 别 | 姓 名 | 年龄（岁） | 籍 贯 | 职 别 | 姓 名 | 年龄（岁） | 籍 贯 |
|---|---|---|---|---|---|---|---|
| 教诲师 | 齐国湘 | 45 | 江西婺源 | 二级看守 | 陈琦云 | 38 | 福建桐安 |
| 教 师 | 任培辰 | 29 | 湖南长沙 | | 程洛平 | 22 | 上海金山 |
| 助产士 | 梁碧云 | 34 | 上海松江 | 三级看守 | 许慧萍 | 20 | 江苏南京 |
| 会计员 | 陆善漪 | 26 | 浙江平湖 | | 李雪梅 | 24 | 广 东 |
| 办事员 | 施淑卿 | 27 | 浙江余姚 | | 张玉根 | 18 | 江苏徐州 |
| 办事员 | 刘剑英 | 27 | 广东龙门 | | 吉梅君 | 29 | 江苏丹阳 |
| 雇 员 | 郭雄元 | 24 | 广东番禺 | | 芦书珍 | 24 | 山东登州 |
| 雇 员 | 李琴箴 | 20 | 江苏常熟 | | 冯玉英 | 19 | 天 津 |
| 作业导师 | 葛启钰 | 25 | 湖南常德 | | 俞蕙娟 | 20 | 浙江上虞 |
| 统计员 | 欧远兰 | 22 | 湖北汉口 | 三级看守 | 王莲清 | 27 | 江苏南通 |
| 主任看守 | 宋善芬 | 27 | 上 海 | | 周诗贤 | 16 | 上海嘉定 |
| | 王剑秋 | 24 | 上 海 | | 袁秀娟 | 24 | 湖南安乡 |
| | 戴甫琴 | 30 | 江苏常州 | | 李音蓉 | 25 | 湖南南县 |
| | 黄乾中 | 23 | 江西萍乡 | | 李文俊 | 21 | 江苏江宁 |
| | 陈又瑾 | 20 | 浙江嘉兴 | | | | |

资料来源：1947年上海监狱第一分监职员看守通讯录。

**表4　　上海监狱第一分监1947年底工作人员名录**

| 职 别 | 姓 名 | 年龄 | 籍 贯 | 文化学历 |
|---|---|---|---|---|
| 分监长 | 狄润君 | 37 | 江苏溧阳 | 东吴大学文学院 |
| 看守长 | 李梅魂 | 47 | 江西临川 | 扬州慕究理女子中学高中毕业、北平女子文理学院肄业 |
| 候补看守长 | 林晓明 | 37 | 福建厦门 | 首都女子法政讲习所 |
| | 马映波 | 44 | 浙江宁海 | 浙江省立女子师范学校 |
| 作业导师 | 李德心 | 37 | 北 平 | 辽宁省立女师、国立师大肄业 |
| 会计员 | 陆善漪 | 26 | 浙江平湖 | 复旦大学会计系毕业 |
| 雇 员 | 郭惟允 | 24 | 广东番禺 | 广东俾文女中、立信会计 |
| | 李琴箴 | 19 | 江苏常熟 | 常熟中山中学高中部 |
| 统计员 | 欧远兰 | 22 | 湖北汉口 | 上海政法学院财政金融组 |

(续表)

| 职　别 | 姓　名 | 年龄 | 籍　贯 | 文化学历 |
|---|---|---|---|---|
| 军训教导员 | 齐国湘 | 43 | 江西婺源 | 南通女师 |
| 教　师 | 任培辰 | 29 | 湖南平江 | 衡阳女中师范班 |
| 代理医师 | 梁碧云 | 32 | 江苏松江 | 上海中德高级助产学校 |
| 主任看守 | 王剑秋 | 24 | 上　海 | 启务女中 |
| 主任看守 | 宋善芬 | 27 | 上　海 | 正行女中 |
| 主任看守 | 孙瑞村 | 28 | 江苏宝山 | 爱国女中 |
| 主任看守 | 葛启钰 | 25 | 湖南常德 | 中国中学高中部 |
| 主任看守 | 戴甫琴 | 30 | 江苏常州 | 常州洪福小学 |
| 试充主任看守 | 陆森尧 | 28 | 浙江绍兴 | 浙江省立师范学校 |
| 录　事 | 黄乾中 | 23 | 江西萍乡 | 萍乡女子师范学校 |
| 甲等看守 | 徐雪春 | 23 | 江苏苏州 | 五德中学 |
| 甲等看守 | 江显弗 | 20 | 安徽旌德 | 安徽庐江女中 |
| 甲等看守 | 蒋洁光 | 20 | 湖南湘乡 | 春元中学 |
| 甲等看守 | 程问春 | 23 | 江苏松江 | 启秀女中肄业 |
| 甲等看守 | 唐志禾 | 28 | 广　东 | 广东公立小学 |
| 甲等看守 | 赵取义 | 39 | 上　海 | 江苏二监看守班 |
| 甲等看守 | 孙馥燕 | 24 | 江苏松江 | 怀文女中 |
| 乙等看守 | 程洛平 | 22 | 江苏松江 | 晓明女中肄业 |
| 乙等看守 | 陈绮云 | 38 | 福建同安 | 务本女中 |
| 丙等看守 | 俞惠娟 | 20 | 浙江绍兴 | 南阳中学肄业 |
| 丙等看守 | 李雪梅 | 21 | 广　东 | 崇德女中 |
| 丙等看守 | 张玉根 | 18 | 江苏徐州 | 上海杨树浦中心小学 |
| 丙等看守 | 黄传耀 | 20 | 湖南平江 | 岳群联立中学高中部 |
| 丙等看守 | 许慧萍 | 20 | 江苏南京 | 民立女中初中部肄业 |
| 丙等看守 | 冯玉英 | 19 | 河北天津 | 高小 |
| 丙等看守 | 吉梅君 | 29 | 江苏丹阳 | 丹阳县立小学 |
| 丙等看守 | 卢书玲 | 24 | 山　东 | 中国商业学校小学部肄业 |
| 丙等看守 | 周诗贤 | 36 | 江苏嘉定 | 嘉定女子高小 |
| 丙等看守 | 袁秀娟 | 24 | 湖南安乡 | 私塾四年 |
| 丙等看守 | 王莲清 | 27 | 江苏南通 | 南通金沙小学 |

资料来源:杨庆武博士论文:《民国时期的上海女监研究》,第461—462页。

1949 年 2 月,上海监狱第一分监部分管理人员:分监长:柯俊杰;看守长:李梅魂;候补看守长:李德心;会计员:陆善琦和雇员张明华。主任看守:马映波、徐文琼、屈纪萱。一等主任看守:郭惟允、王琮、徐雪春、蔡婉琼、孙瑞村、宋善芬;二等主任看守:陈绮云、汤秀玉、梁佩芳、俞宝禾、王秀梅、唐志禾、程洛平;三等主任看守:孟金弟。监丁:王永兴。[1]第一分监管理人员调动变化较大,以江苏、浙江人为主,其中大多数为 20—25 岁。她们的来源,一是由提篮桥监狱及第一分监管理人员的亲朋好友之间介绍、推荐,如欧远兰由其在提篮桥会计室工作的婆婆韦佩琳介绍,张玉根(张仪明)由其邻居提篮桥的看守长赵英盛介绍,李雪梅由其姐姐李雪珍介绍;二是从北浙江路看守所调动到此,如蔡苑琼等;三是第一分监自行招聘吸收的。第一分监的管理人员总体上讲,有如下特点:一是普遍较年轻;二是大多具有一定的文化水准,中学以上占了一半左右;三是大多未婚;四是籍贯系江苏、浙江两省的占较大比例。

第一分监管理人员均为女性。每人都发有一枚徽章,她们进出分监均需在上衣佩戴徽章,以便识别检查。该徽章系圆形,蓝色白底,直径 13 厘米,圆中心是一个繁体的"瀘"字,"司法行政部直辖上海监狱第一分监"15 个字环绕"瀘"字一圈。女监在管理上对管理人员严格规范。每天上班、下班均需在签到簿上签名,签到簿每日上午 8 点 40 分送分监长校阅。女看守、女职员进出监狱要搜身,防止为犯人夹带物品。平时门禁森严,职员看守因事外出,须在出入簿上详细填写出入时间、事由。科室人员不得随便到监舍去,女看守也不准随便进入办公室。看守必须穿着统一的制服,夏装米黄色的裙子,冬装麻袋呢裙子,藏青色。看守 4 个小时一班,上午 8—12 点,下午 12—4 点,4—8 点;晚上 8—12 点。每天工作 8 小时,晚上要做夜班。科室人员不做夜班。管理人员建有奖励、处分机制。奖励为嘉奖、记功、记大功、晋升、提升等 5 种;处分为申诫、记过、记大过、降级、除名等 5 种。

1949 年 5 月,上海解放后,第一分监与提篮桥监狱、监狱医院由上海市军管会派员接管,时有女犯 56 人,其中外籍犯 7 人。不久撤销第一分监的编制,并入提篮桥监狱,作为提篮桥监狱的下属部门。1949 年 9 月 21 日,上海人民法院监狱正式挂牌成立后,女监设在监狱十字楼内,第一分监的多数管理人员被留用,继续在原单位工作,原第一分监分监长柯俊杰为解放后的首任女监监长。[2]部分未婚者人员后来与南下干部或新参加监狱工作的同志结婚成家。除了个别人员后来被调往人民法院、教育部门等外,不少人员一直在上海监狱系统各单位工作到退休。

---

[1] 上海市提篮桥监狱档案。
[2] 柯俊杰于 1950 年下半年调到上海市人民法院工作,后去北京某幼儿园工作;林晓明于 1950 年 8 月离开女监。

# 旧监狱管理人员中的裙带关系

旧监狱的监狱管理人员,俗称狱吏、狱卒。《水浒》中称"牢头禁子",苏州评弹中称"禁班头儿"①。他们"位卑而责重,易孽亦易福焉。"②民国时期的监狱主要分为两类。一是新监,一般设在省会或通商要埠;狱中设典狱长、看守长、候补看守长、技士、教诲师、教师、医士、药剂士及看守若干人。二是旧监,大多系前清遗留下来的旧屋,设管狱员、书记及少量看守。监狱管理人员,有时候简称"员守",即职员与看守。简单来说,坐办公室的称职员,第一线管犯人的为看守,当然具体还有不同的等级和分工,还有监丁,相当于勤杂人员。

根据民国初年制定的《监狱官制》《监狱规则》《监狱教诲师教师医士药剂士处务规则》等规定,监狱的组织机构是"三科两所"(第一科、第二科、第三科,或称总务科、警卫科、作业科;教务所、卫生所)。1940年,国民政府公布《监所组织条例》,其官制其实并没有实质性的改变。1946年,实施《监狱条例》后,"三科两所"改为"五课"(一般称总务课、警卫课、作业科、教务课、卫生课),科长改为"课长",但其职掌基本相同。根据《监所职员任用暂行章程》《修正监所职员任用暂行章程》等规定,监狱长一般由司法部或司法行政部任命,官阶为荐任、委任;看守长、候补看守长、教诲师、技士等一般为委任或委任待遇。从各地监狱长的任职名单看,典狱长一般在全国范围内调任。看守一般年龄在25岁以上,小学文化以上,身体健康者。虽然监狱看守社会地位较低,经济待遇不高,但是监狱看守毕竟是一个社会职业,具有相对固定的薪金,有时候还有一些灰色收入。所以,在旧上海监狱的看守对下层的社会群体来说还有一定的吸引力。

旧上海监狱的管理员守人员的来源比较复杂,大体上有以下几个来源:通过熟人亲戚朋友的介绍、典狱长的安插或调任、警察局及司法部门之间内部调动、登报进行公开招考录用。当时被介绍进入监狱工作的一般要有人具保,并写具保书,以防今后万一发生情况以负连带责任。民国期间《申报》上刊登过多条漕河泾监狱及招考管理人员的消息。如1924年11月19日的消息称:"……本监

---

① 吴宗锡主编:《评弹文化词典》,汉语大词典出版社1996年版,第297页。
② 张秀夫主编:《提牢备考译注》,法律出版社1997年版,第172页。

看守现因缺额甚多,亟应招考,以资顶补。其工资自 8 元至 13 元止,其需要招考正额 30 名,预备看守 20 名。"江苏第二监狱分监等在《申报》上也发过公开招考的消息。提篮桥监狱也在《华美日报》上刊登招聘看守的消息。

典狱长为了有利于管理发号施令,为了解决亲朋好友或其子女的就业,平衡处理各种利益关系,旧上海各监狱典狱长与科室及基层一线的管理人员中形成错综复杂的人事关系,往往在监狱的要害部分或重要岗位上安排自己信得过的人员。俗话说:"甜不甜,家乡水;亲不亲、故乡人。"在传统观念中往往特别注重"乡谊",其中属于同一个县(市)的称大同乡,属于同一个省的称小同乡,如:民国初期,位于上海县城内的上海监狱典狱长李灈,别号莼荪,湖北天门人,其 1914 年 9 月任职,监狱下属的主要职员,除了第三科科长周椿珊,别号春山,是湖南长沙人外,其余均是湖北人,第一科长张祖芝,别号蘭生,湖北沔阳人;第二科长魏英,别号鹏举,湖北汉阳人;教诲师吴光浔,别号凫汀,湖北黄梅人;医士邓秉楹,别号稼农,湖北江陵人。①而且从地域上讲,湖北、湖南关系密切,清末这两省,统称湖广。

江苏第二监狱分监(女监)各分监长当权时,往往任用自己的亲信或同乡人。1920 年 12 月—1921 年 12 月,浙江吴兴人的黄馥任分监长时,监狱的中层管理人员不少是浙江吴兴人。除了第一课看守主任陈涛是江苏吴县人、第二课看守主任刘宾霖是直隶宛平人以外,第三课看守主任虞连俊、工场看守主任王锦江和教诲师王德鉴,都是浙江吴兴人。谢福慈出任江苏第二监狱分监长以后,把他的哥哥谢宝慈委任候补看守长。赵凤贤接任分监长以后,将其亲属赵万增委任分监的主任看守,负责办理监狱的会计和庶务事项,后来又把他提拔为候补看守长。广东顺德人黄培汴接任分监长后,大批使用其亲属故旧等广东籍人员到分监任职,并在狱内形成一个"广东帮"的小团体。黄培汴任职伊始委任广东番禺人陈镜池为分监主任看守,办理庶务,负责采购囚粮,安插其姻亲胡陆氏到分监担任炊场主管看守,安排其友人之妻兼同乡杨帼雄接任分监药剂师,对原任的药剂师张永絮以办事不力为由令其去职,安插广东同乡周锦屏、潘郁昙、黎英等人为分监看守,周锦屏到岗未及两月就提升为带班看守。黄培汴任用广东派系人员一事,后因与分监候补看守长方剑白闹矛盾,互相控告而暴露。上述人员经被江苏高二分院勒令解职辞退。即使颇为清廉且有学识才干的孙雄出任上海第二特区监狱典狱长时,到任以来短短时间内,已将旧有的职员、看守、警卫等撤换,任用新人 30 余名,包括其女儿孙恪英、舅子崔广岛、外甥黄柏刚、黄鸣君等都在该监狱任职。②孙

---

① 江苏省档案馆档案:档号 M55-311-5-17-2226。
② 杨庆武博士论文:《民国时期上海女监研究》(1930—1949),第 458—460 页。

雄任典狱长时还任用了不少湖南省的人员,如主科看守长湖南浏阳人的邵振玑、衡阳人欧阳森、长沙人的教师王昌鹏、宁乡人的药剂士刘慧英。①

第三任漕河泾监狱典狱长吴增善,江苏吴县(今苏州)人,他任职期间任用了不少吴县人,如:看守长兼科长高凤冈、候补看守长黄肇庆,主任看守陈文炯、看守施肇根、宋源熙均是吴县人;同时还任用不少江苏籍的人员,如青浦的周鹏年为医士、崇明的陆超然为教诲师,还有常熟的鲍祖寿、仪征的王海青、江宁的沈应铃、崇明的陆简等人。第四任漕河泾监狱典狱长吴棠,江苏江阴人,监狱的第二科看守长兼科长彭巽成、第三科候补看守长邢源堂、名誉医士方谈、主任看守缪文桂等人均是江苏江阴人。其中,邢源堂是典狱长吴棠的表兄弟,候补看守长姚翊系吴棠的亲戚,监狱小厨房的主管看守吴宜郎是吴棠的侄子。②邢源堂、姚翊当吴棠调任后,在下任典狱长邵松龄时离开了。此外,曾任漕河泾监狱的看守长第三科科长的夏镇伯是时任司法行政部部长魏道明的亲戚,后调任浙江第二监狱(宁波监狱)典狱长。

1943年8月公共租界名义上收回后,特别是抗战胜利后提篮桥监狱自中国人管理期间,由中国人出任典狱长,在职员看守的人事上盛行裙带关系,如:沈关泉出任提篮桥监狱副典狱长、典狱长时,他的堂弟沈关荣为监狱作业科副科长,其亲戚沈仁元也在监狱谋事;王慕贤1944年底任助理典狱长时,其儿子王永江也在监狱工作,曾任外人监文书、看守长等;湖北汉阳人徐崇文在1946年6月—1947年10月任提篮桥监狱典狱长时,任用了不少湖北省籍的人员,如作业科(第三科)科长徐遇昌(徐崇文亲戚)、第一科科长冯登云(又名冯彩亟)和教诲师黄明程都是湖北汉阳人,教诲科科长肖俭修湖北天门人,候补看守长肖家炳湖北钟祥石牌人,候补看守长潘洁和候补看守长何有道都是湖北汉川人,看守徐善治是徐遇昌的族侄,在第三科管理材料账,看守许士钊湖北汉阳人,监狱军训员徐敏是徐崇文的堂兄弟,一名主任看守是徐遇昌的女婿;③孔祥霖在1947年10月—1949年4月出任典狱长时,他的亲戚朋友等都在提篮桥监狱重要岗位上工作,并把他胡姓小老婆的家人及亲属如胡敏树、胡敏谦调到监狱,④孔祥霖的儿子孔令士、堂弟孔祥余等人都在狱中担任要职。有的家庭中两代人先后多在一所监狱里任职,如提篮桥监狱总务科科长邓志君的父亲邓愚卿、伯父及堂兄均曾在提篮桥监狱工作。⑤

---

① 孙雄:《江苏上海第二特区监狱三年来工作报告书》,第13—14页。
② 笔者曾对关押于漕河泾监狱的离休干部孙诗圃的采访记录。
③ 旧提篮桥监狱科长徐建侯(原名徐遇昌)提供的材料。
④ 提篮桥监狱原看守长骆文笃提供的材料。
⑤ 徐家俊:《上海监狱的旧闻往事》,上海社会科学院出版社2021年版,第291页。

旧监狱管理人员中派系林立，人事关系错综复杂，有时候一个典狱长的调动和任用，将会影响到一批人员的变动，正应了"一朝天子一朝臣"这句古话。有时候一个新典狱长上任，就会罢免一批人，任用一批人，带来一批人，上到科长、看守长，下到厨师、勤杂员。如浙江新登人王慕曾 1949 年 4 月 25 日出任提篮桥监狱代理典狱长时，就从浙江带来 10 多人，包括他的妹夫、浙江东阳人曾是医生的赵伯勋任卫生课长，组成他的工作班子。当时提篮桥监狱的管理人员中浙江人就占有较大的比例，如：人事室主任郑保基玉环人；会计室主任陆仲坚绍兴人；总务课长张宝琛、作业课长周廷立多是浙江人。监狱课员中，黄克雄余姚人，丁景新义乌人，钱仲华嵊县人，董幼霖、汪可容、胡保周、刘劭琳（女）、吴凤悟、陈士望等均是浙江人。

任人唯亲、裙带关系这是民国时期监狱人事制度及官场上的普遍现象，也是千百年来中国历史上选人、用人渠道上的一个潜规则。

（本文原载《犯罪与改造研究》2023 年第 7 期）

# 丑陋的旧监狱看守

看守是监狱基层第一线的管理人员。从总体上看,民国期间监狱的看守人员素质较差,文化程度较低。尽管政府主管部门、各监狱也制定颁发过不少制度,对看守有不少禁止性的条文,如果发现轻则训诫,重则开除。但是不少看守仍然我行我素,利用各种方法索取好处,甚至触犯法律被判刑入狱,不少人员被媒体曝光。本文以上海地区的部分监狱为例予以披露。

## 一、跑条子 获好处费

所谓跑条子,就是看守人员拿了在押犯人写的纸条到其家里通风报信,或为犯人带进物品到狱内,从中索取财物及好处。在租界时期提篮桥监狱内还有一个"切口",叫"跑大黄",因为那时犯人身边没有纸张,他们只能写在大便用的黄草纸上。如果事情办成,看守可到犯人家中酒肉相待,同时赠与看守半个月或一个月薪金的钱财。该行为在旧监狱的各种制度中也是明令禁止的。如1906年《上海工部局监狱人员规则》就明确规定:"一概不准为犯人将无论何项之银钱、信件、衣服、食物、烟纸及别种何物携带进出,……不论何等人员犯此规则,立当被总狱吏黜革其职。"1936年中英文版《工部局监狱华职员规例》也有相关规定。由于丰厚的好处,往往让人铤而走险,难以根除,成为旧监狱机体中的"牛皮癣"、看守中的"潜规则"。特别是抗战胜利后,监狱中关押了不少汪伪时期的省部级高官政要及汉奸、富翁,有的看守就抬高价格,水涨船高,对他们跑条子的"要价"很高,有时候跑一次竟要一根金条。

那时候除了犯人主动要看守跑条子外,还有看守伪造条子,向犯人家属索要钱财。如爱多亚路92号德兴板箱店小开、浦东人陈永年,因盗窃罪案发,被法院判短刑关押在提篮桥监狱。1933年2月,39号看守青浦人郁进山,用犯人陈永年的名义,以狱中生病向其家中写了一张纸条。他做贼心虚,不敢亲自出面,以2块大洋的跑腿费委托另一名王姓看守取钱,但遭到拒绝后,他亲自到陈永年的家里,找到陈犯之妻秦氏,以陈犯生病后需要购买营养品补身体为由,索取大洋17块。文化程度不高的秦氏信以为真,就如数交送。但秦氏粗中有细,留有心眼,那封书信没有丢弃,一直保存在家里。不久陈永年刑满出狱回到家里,秦氏告诉丈夫某一天监狱看守拿了你写的书信,以生病住院需要营养之名,委托取走17块大洋的事情。陈永年发觉妻子上当受骗,好在伪造的条子还保存着,留下了证据。当时17块大洋也属不小的数字,陈永年就向监狱当局告发,经查对监狱看守的花名册及纸条上的笔迹,很快查到作案人郁进山,并将郁交送汇山捕房处置,后解送上海第一特区地方法院审理。当年9月3日,由该法院推事萧燮棻开庭审理。主犯郁进山,当事人陈永年及证人王姓看守均到庭。王姓看守供述,他以前曾在提篮桥监狱充当看守,警号84号,现已辞职另谋他业。当时确系郁进山将信交我,嘱托我前往德兴板箱店取洋17块,事成后给好处费2块,我知道这种事情犯法,所以我不愿前去,之后郁自己去取钱的。法庭上陈永年也详细供述了被害经过,对此郁进山也供认不讳。法庭当庭判决看守郁进山有期徒刑6个月,并科罚金100元。①

## 二、索贿受贿　吞没物品

看守向犯人及其家属索贿名目繁多、形式多样,如遇到清明、端午、中秋、春节等传统节日,索要钱财,甚至还要新年年费。当然看守也要看人头办事,挑选家庭殷实富裕,有利可图者。1947年底1948年初,提篮桥监狱看守盛自强,在1947年12月下旬,向监内两个家庭经济条件不错的犯人索要年费,其中向2440号犯人费荣昌索取95万元年费,向4762号犯人姚德云索取90万元年费。这两个犯人因身上没有现钱(狱中禁止犯人藏有现金),于是要他俩写便条嘱咐盛自强到两犯家中取款,姚德云并要求盛到家中随带3针606针剂。盛自强拿了纸条就到费、姚两个犯人家中各拿到95万元、90万元钱款,还从姚德云家里拿到3支606针剂。

606针剂是一种含砷的抗梅毒药,系德国医生保罗·欧立希经过第606次试验、在1909年的春天取得成功,被人称为"梅毒的克星"。在二十世纪三四十年代,606针剂属紧俏药品,如果转手倒卖获利不少。看守盛自强拿到所谓的年费后,却吞没了3支606针剂,转卖所得放入自己的腰包。时隔一段时间后,姚德云不见动静,就询问盛自强所带的606针剂,盛总是借各种理由推脱。后来费和姚两人即举报。监狱当局经调查情况属实,就将盛自强扣留,依贪污罪移送地方法院讯办。1948年3月30日,该案由上海地方法院由梅尔和推事在刑八庭

---

① 《看狱华捕向狱囚家属索作判罪》,1933年9月4日《申报》。

初次公审。检察官依《惩治贪污条例》第3条第5款提起公诉。盛自强当庭承认确有此事,但说3支606针药属于保管性质,他一时事情繁杂,忘记此事没有及时交给犯人,并非吞没,而对于索要年费一事予以抵赖。①法庭经过初次侦讯后,将该案改期调查后再讯。后来看守盛自强受到应有的法律惩处。

## 三、利欲熏心　仗势欺人

拿人钱财,为人办事,遇到意外情况总得有一个交代。这是民间百姓通行的惯例。但是有的时候也有人不按常规出牌,监狱看守中就有此一个案例。

曹小二,江苏泰县人,20岁因犯盗窃罪,于1913年由江苏高等审判厅判处有期徒刑20年,在嘉定县监狱执行。经过16年的关押,到1930年已经36岁的曹小二听人说起,按照民国时期的监狱假释法,凡执行刑期超过2/3的,得由典狱长官呈请上级予以假释,曹小二便请求监狱假释。为了早日假释出狱,就恳求嘉定县监狱的主管即监狱管狱员韩焕文,在家属探监时带上200元交送韩焕文。韩焕文获好处费后,马上吩咐手下人员为曹小二书写假释报告,并送上级法院审核。由于种种原因上峰没有批准,韩给曹小二办理假释的事情没有兑现,而曹小二送上的200元也不退还。之后,曹小二便向韩焕文要回200元。韩焕文表面上应允,连连点头,答应几天后马上给你,还理直气壮地说,堂堂一个典狱官,难道还会赖你不成?可是几天后,韩焕文却吩咐手下人将曹小二移押漕河泾的江苏第二监狱。后来韩焕文又一不做、二不休,通过监狱的朋友,把曹小二调往更远的镇江监狱。他自以为手段高明,不怕你一个服刑中的犯人,今后再找他要回钱款。

"多行不义必自毙"。这句古语用在韩焕文身上十分合适。由于那时候嘉定监狱管理混乱,积弊丛生,该监狱的看守长张洪被人告发,经审理,被嘉定县法院判处徒刑。张洪不服判决,上诉到上级法院,并牵出韩焕文敲诈犯人曹小二钱财之事。法院几经转辗,把关押在镇江监狱的曹小二提押到案作证。曹小二就供明前情,称自己初到监时,被嘉定监狱管狱员韩焕文索取大洋187元,后来把我调往江苏第二监狱时,我曾向狱方提出,他们答应过后即办,但是以后杳无音信。②法院根据看守长张洪的举报、被害人曹小二的证词,对嘉定监狱的管狱员韩焕文予以惩处。

---

① 《监狱看守贪污　盛自强昨日受审》,1948年3月31日《申报》。
② 《管狱员索取贿赂发觉》,1930年12月15日《申报》。

## 四、沾花寻柳　宿奸女犯

清末民初期间的监狱可分为两大类。一是新监,大多在省会或中等城市新建或改建,设施和管理比较现代,其主管称典狱长、分监长等,对女犯有女性人员直接管理。二是旧监,主要系清代遗留下来的县衙监狱略加改建而成,这类监狱大多简陋、陈旧,规模较小,收押管理粗放,其主管称管狱员。当时有些旧监男看守甚至还兼管女犯,常发生调戏、侮辱女犯的丑闻。如南汇监狱的管狱员臧汝鑫,一面利用职权拉拢看守丁海珊、朱瑞山等人合伙克扣囚粮,贪污钱款,纵容犯人翁耀南在牢狱中欺压犯人成为牢头狱霸;另一方面他时时关注狱中略有姿色、年轻的女犯,并色胆包天,调戏奸污女犯,后来臧感到在狱中调戏女犯容易招人耳目,直接以提审为名把女犯带押出狱,到旅馆或家中宿奸。1921年10月19日,臧汝鑫将女犯冯陈氏带到家中藏窝奸宿,风流放荡。该触犯法律之事被该女犯的姑妈冯王氏知道,于22日下午带了几个亲朋好友到臧汝鑫家里责问要人,臧不得不让家中保姆扶女犯冯陈氏出来,带回监狱。该丑闻闹得满城风雨,舆论哗然。冯王氏等人书状向当局举报。同年11月初,上海地方检察厅派员到南汇监狱调查臧的劣迹,将臧汝鑫及其在押犯人翁耀南,看守丁海珊、朱瑞之等带回检察厅侦办;11月29日,开庭审理,臧汝鑫及看守丁海珊、朱瑞山犯等到案。根据犯罪事实,当庭宣判臧汝鑫数罪并罚,判处有期徒刑4年,判处看守朱瑞山有期徒刑1年,丁海珊有期徒刑10个月,加处犯人翁耀南有期徒刑1年2个月。[①]

## 五、甜言蜜语　引诱私奔

漕河泾监狱看守赵玉山,利用在监狱从事食物采购活动中,故意采用赊账方法,拖欠各商号货款,有时候收取商号的回扣及好处,还对镇上的一些女孩不怀好意,平时施行一些小恩小惠或者赠送厨房内的鱼肉博得她们的好感,并与她们搭讪闲聊、调戏侮辱。有一年的农历二月二十日晚上,赵玉山打点好自己的行装,通过一番甜言蜜语,把涉世不深的漕河泾镇居民张雪生的女儿阿囡引诱卷逃私奔。阿囡虽未成年,但已经父母之命许配给漕河泾镇上的蒋家为媳,只是没有正式过门拜堂。张雪生闻悉后惊恐万分,感到自己脸面扫地,向警所请求查缉。警所立即通知漕河泾监狱典狱长协查。由于当时看守在监狱谋业需要有"铺保",即有开店铺的人具保做保证人;如果该人发生不端行为或经济纠纷则要保

---

① 《南汇县狱管员等判决有罪》,1921年11月30日《申报》。

证人负责。典狱长把赵玉山携女逃跑之事告诉保人，向保人施加压力索要赵玉山，同时组织人员对赵玉山的亲朋好友处寻找线索。由于赵玉山携带阿囡行途不远，次日即在赵的一个远房亲属家里查获。赵玉山带回监狱受到严厉处罚。尽管看守赵玉山引诱少女私奔的事情尘埃落地，但是却衍生出蒋姓与张姓两家的纠纷。由于张姓之女已经受聘蒋姓家，赵玉山引诱少女私奔，并与她发生性关系的丑闻已被夫家蒋姓人家查知，在蒋家也成了大事，张、蒋两家互相指责，亲家变成了冤家。

# 看守为犯人提供鸦片

鸦片俗称大烟，是麻醉人的毒物。晚清民国期间曾有大批人抽吸。吗啡系1803年由法国医学家塞昆首次从鸦片中提取，虽然有止痛镇静的作用，但又具有毒副作用，能成瘾。鸦片、吗啡等毒品危害极大，祸国殃民，许多吸食者家破人亡。上海有几首竹枝词，十分形象地描绘了当时的情景："杀人无血一烟枪，煎海干灯豆吐光。烁尽赀财吸精髓，弱民贫国促华亡"；"万里眠云次第开，横陈衾枕好徘徊。一灯深夜犹相守，几许黄金化作灰。"在烟雾泛滥的情况下，国民政府也公布了《禁烟实施办法》《禁毒实施办法》，规定凡饮食或运送鸦片等毒品均属犯罪行为。据统计，1930年，上海第一特区地方法院审结一审鸦片案件1 359件；1933年，上海地方法院受理鸦片案3 173件；1936年上海地方法院审结烟毒案1 473件。[1]1936年，全国烟毒案1 294人被判处死刑。[2]上海各监狱内烟毒犯占有较大的比例。

1935年，上海第二特区监狱看守贾福叶（江苏宿迁人）、吴鹭（江苏扬州人）在广慈医院病监负责看押犯人、上海天蟾舞台老板顾作轩。顾属青帮中通字辈的人物，比杜月笙高出一辈。1935年的一天，荣记大世界经理唐嘉鹏在大世界门口遭人暗杀，成了上海滩轰动一时的刑事案件。不久，公共租界捕房抓获了刺杀唐嘉鹏的凶手王兴高，被判处徒刑20年。王兴高系顾作轩的门徒，顾也受到牵连，同年9月10日被法租界巡捕房拘捕判刑5年，关押在法租界马斯南路监狱。不久，他通过各种关系移押到条件较好的广慈医院的病犯监舍。

作为江苏盐城人的顾作轩与江苏宿迁人的看守贾福叶接触后，一听顾的苏北口音，马上与他拉老乡关系，因为盐城与宿迁相隔不远，乡音相近，两来三去，打得十分火热。在江湖上混迹多年的顾作轩深知钱能通神。顾作轩出手大方，贾福叶受之不得。刚开始，贾福叶及吴鹭在生活上对顾作轩给以方便，如把他的床位安在窗边，空气清新，平时对顾放任不管，还为他购买美味佳肴，后来在高额金钱的利诱下，竟然把鸦片带入监舍，并让顾作轩在病监内吸食。叶、吴两名看

---

[1] 滕一龙主编：《上海审判志》，上海社会科学院出版社2003年版，第242页。
[2] 董玉整等著：《毒祸论》，中国工业大学出版社1999年版，第74页。

守收受了犯人的贿赂,将顾奉为上宾。贾、吴两人目无法纪的行为,有人在病监内向管理人员、医务人员反映,有人出狱后于1936年2月向法院告发。后经司法部门查证属实,当年4月被法院依渎职罪对贾福叶、吴鹭各判处有期徒刑。顾作轩以吸食鸦片罪被加判8个月,褫夺公权1年,送第二特区监狱执行①。贾福叶、吴鹭不服一审,提出上诉,最后经过三审,对贾福叶、吴鹭各判处有期徒刑5年,褫夺公权5年。②

尽管前有人重罪重判,但后者仍紧步后尘。1939年9月间,上海第二特区监狱看守李汉(48岁,南京人)、涂坤两人不但合资在外贩卖吗啡、香烟等,而且把吗啡、香烟等带入狱中高价卖给在押犯人金明泉。金明泉获得吗啡、香烟后,不仅自己吸食毒品,他还转手加价倒卖给同监犯人吸食。不久,李汉、涂坤以及金明泉的犯罪行为被看守长发觉,并从金明泉所在的监舍里搜出吗啡,报告监狱主管,将看守李、涂两人及犯人金明泉移送上海第二特区检察处;检察处经初步调查后,允准看守李汉、涂坤取保候审。李汉尚听话待命,而涂坤脚下抹油,畏罪脱逃。经检察官依渎职罪对李汉、涂坤两看守,依贩毒罪对犯人金明泉提起公诉,并对在逃的涂坤发出押票通缉在案。

1939年12月7日上海第二特区法院初次开庭审理。李汉把违法行为的责任完全推卸已经在逃看守涂坤身上;金明泉还自我辩解,我深陷大牢,两眼抹黑,如果没有看守给我提供物品,我不可能抽烟喝辣,所以罪魁祸首是涂坤,他是主管,我是犯人。12月13日法院继续开庭,宣判李汉以帮助吸食鸦片罪判处有期徒刑3年,褫夺公权3年;在押犯金明泉以帮助贩卖毒品罪、吸食毒品罪,数罪并罚,加处有期徒刑20年,褫夺公权8年;对涂坤下达通缉令,进行抓捕。暂停审判,另案处理。③

监狱的管理人员向在押犯人传送鸦片实属荒唐,其实早在清代光绪年间的刑部提牢主事赵舒翘编著的《提牢备考》中记载:"如有禁卒人私行传递,或代买鸦片烟与犯人吸食者,发极边、烟瘴充军,赃重者,计赃以枉法从重论。失察之该官交部议处。"当时对私自传递或代买鸦片给犯人吸食的看守将发配到边远地区充军,对主管官员并附有连带责任,交刑部议处,可见其处罚的严酷程度。

---

① 《顾作轩声请以全部羁押日数抵鸦片案刑期》,1936年8月30日《大美晚报》。
② 《两看守三审判决》,1937年4月14日《申报》。
③ 《囚犯贩毒吸毒徒刑念年　看守渎职徒刑五年》,1939年12月14日《申报》。

# 狱事拾遗

# 《申报》与旧上海监所的广告

  报纸是新闻的窗口、时代风云的记录、广博知识的海洋、历史春秋的荟萃。《申报》是近代中国历史的资料宝藏,为近代中国发行时间最久、具有广泛社会影响的报纸。1872年4月30日(同治十一年三月廿三日)由英国商人美查创办,它是旧中国在上海出版历时最久、影响最大的报纸,1949年5月27日(上海解放后的次日)停刊。《申报》前后历时78年,共出版25 600期。历经晚清、北洋政府、国民政府等3个时代,在中国新闻史和社会研究史上都占有重要地位。由于《申报》见证、记录晚清以来中国曲折复杂的发展历程,被人称为研究中国近现代史的"百科全书",其中除了记录政治、军事、文化、经济等新闻、评论以外,还刊登了各类广告,并占据了报纸的相当篇幅。据考证,《申报》最初刊登的广告是戒烟丸与白鸽票(发财票与彩票),以后逐渐出现商行与货品的广告。1872年9月

申报馆大楼

28日(同治十一年八月二十六日)刊登戏剧广告,当时广告上只有戏院名称与戏目,后来才出现演员名字。1880年以后,开始出现婚丧启事、遗失声明、寻人之类的人事广告。19世纪初,《申报》的广告约占报纸全部版面的50%—60%,1910年以后,又扩大至60%—70%。1925年《申报》首创分类广告。即按广告内容分门别类刊出。①收入成为报馆的主要经济来源。

  民国租界时期,在上海司法系统,先后建有厦门路监狱、提篮桥监狱(又称华德路监狱、工部局监狱等)、江苏第二监狱(又称漕河泾监狱)、上海第二特区监狱(又称薛华立路监狱、马斯南路监狱),还有若干看守所。军事系统还有陆军监狱、战犯监狱等。近半个世纪内,《申报》上曾经对旧上海各监狱、看守所刊登过各种内容的广告,本文撷取其中部分资料,以若干内容分类阐述。原文的繁体字统一改为简体字,中文数字大多改用阿拉伯数字,部分文字作了一定删节,用"……"标出,标题使用【 】,文后注明《申报》刊发的年月日(有多日多次连续刊登广告者,只选用其中最早的一天)。通过搜集、阅读这些为监狱、看守所的广告内容,可以为我们研究近代上海监狱史提供许多鲜活的史料。

《申报》实样(部分)

## 一、《申报》上刊登的上海各监所的广告

### (一) 监舍建造

【上海新监招工投标】 本处定于本月15日起20日止,为投标之期,愿意投

---

① 贾树枚主编:《上海新闻志》,上海科学院出版社2000年版,第661页。

标之水木作来电报名，准期投标，俟本处达部核定后，对于合格之标另行通知。所有投标章程来处看可也。英界孟纳拉路永年里上海监狱工程筹备处。(1916年12月15日)

【陆军监狱招人承造】 淞沪卢护军使前以陆军监狱附设于上海县地方监内，与使署距离甚远，解犯监禁殊多不便。爰拟于使署之旁建筑陆军监狱，曾经呈部核准在案。兹悉所扩建筑陆军监狱，现已择定于署内马房间左边，共造60间。业经绘成图样，……即饬招匠，按图开取工料价格清单，送候核准。(1918年12月5日)

【工部局工程处招请投标】 兹工程处招请投标、承办在华德路监狱扩充处建造狱屋。标信限于9月10日上午11时前交到本局总办处，至于投标时详细情形请向汉口路工程处询问可也。1928年8月27日，代理总办麦基。(1928年8月31日)

【上海法公董局通告】 本局现需招人投标承包下列建筑工程，(一)福履理路营盘附近房屋两座，(二)扩大薛华立路监狱，欲得该项工程图样及详章，自9月16号起可至本局总办间询问可也。上项建筑即须兴工，故标信须于9月25号星期三下午5时投到本局开标事务所。代理总办夏侯鲁奉命启。(1929年9月13日)

(二) 监狱看守的招考

【第二监狱招考看守】 上海江苏第二监狱典狱长吴棠，以本监看守现因缺额甚多，亟应招考，以资顶补。其工资自8元至13元止，其需要招考正额30名，预备看守20名，报名期限自即日起，凡年龄在25岁以上，40岁以下为合格，身体健全而无嗜好者；报名者均有须妥实店保；俟报名足额尚须定期考试。(1924年11月19日)

【监狱招考看守】 江苏第二监狱近因男女看守不敷服务，特添招男女数十名，资格须温和毫无家累，男须年在25岁以上，粗通文字，习谙操法，绝无嗜好，每月10元。考试处漕河泾江苏第二监狱。(1925年11月9日)

【江苏第二分监看守训练所续招考女学习生】 凡年龄在25岁至40岁，小学以上毕业或有相当程度，身体健全者皆可应试报名，随缴4寸半相片，随时考试，期限至6月30日止。此布。地址北浙江路。所长孙雄。(1933年6月22日)

【江苏第二分监招考男看守训练生】 江苏第二监狱分监，前以监狱看守人员，不敷分派，曾招考男看守训练生，于训练毕业后，分派住用。现新任监长王宝三，以此项看守人员目下仍不敷用，特开办第二次训练班，招考男看守训练生16名，训练暂定3个月，毕业后，依照名次，派充该监看守。凡有意投考者，可于即

日起至本月 22 日止,向公共租界北浙江路江苏第二监狱分监报名云。(1934 年 5 月 17 日)

【漕河泾监狱招考女看守】 漕河泾江苏第二监狱自丁磊接任该监典狱长后,锐意整顿,闻该监近因女犯拥挤,原有看守不敷支配,现招考女看守数名,程度为初中毕业或同等学历。报名自即日起,须带 2 寸半身相片及证书等证件,至于 24 日上午在该监狱署举行考试,录取后训练 3 个月,即予正式任用,月薪自 10 元起云。(1936 年 9 月 19 日)

(三)聘用技术人员及中高层监狱管理人员

【招请印刷工师】 本处印刷工场现有 9 开印书机三部,平名线机一部、脚踏架二部,工作概由人犯担任,但须请指导印刷工师一位,月薪 18 至 20 元,愿就者请至漕河泾江苏第二监狱第三科接洽。(1926 年 6 月 2 日)

【监狱招女主任】 本埠漕河泾监狱招考女监主任一员,须文理精通,品行端正,身体强健,年龄在 40 岁以上者,无家室之累,曾在学校或他机关办事 3 年以上,有证明者为合格。月薪 20 元以上。如愿就者,投函报名,候期考试。(1927 年 9 月 21 日)

【公共租界工部局聘仕副典狱长】 公共租界工部局现拟聘用副典狱长一员,管理各监狱事宜。该员年龄须在 28 岁至 40 岁之间,最好尚未结婚,并须具有陆海军、警务或狱务之经验。惟年龄已在 25 岁以上者,非有特别资格,毋庸陈请。按此缺地位崇高,原由西籍人员充任。现则不拘国籍,我国人士倘学识优长,具有上列之资格,并能操英语,自问能胜任愉快者,即可向该局陈请任用。欲知一切任用条件及服务详情者,可向福州路警务处代理处长询问一切,凡一切询问函件,亦可径致该代理处长云。(1935 年 12 月 14 日)

(四)承办犯人伙食

【工部局公告(招人承办犯人伙食)】 欲招人承办犯人伙食,自 1922 年 4 月 1 日以 3 个月或 6 个月为限,每月应送西牢及巡捕房各物如下:糙米 320 担(以 200 磅为 1 担)、麦 45 担(以 133 磅为 1 担)、扁豆 45 担(以 133 磅为 1 担)、赤豆 45 担(以 133 磅为 1 担)。……(1922 年 2 月 28 日)

【上海法公董局招人投标广告】 本局现欲招人包办 1925 年份本界监狱犯人粮食,每季粮食约需糙米 350 担,……麦 24 担,每担计重 132 磅 3 分 3。以上所开均系约数,包办一季、半年或全年均可。承包几月标给须详明,欲知详章可至本界捕房总巡处询问,需用之物将来随时由总巡签单送薛华立路监狱。应用账目每月结清,标信封因加盖火漆印,投本局总办处,随带银 25 两,除猪肉、咸鱼

外,均须随带货样,礼拜三午刻截止,标价高下本局自有权衡,此布,总办雷上达启。(1924年11月28日)

【工部局警务处招标】 本处现欲招商投标承办华德路监狱华人囚犯所需下开各项食品。自1937年3月1日起,为期一年或半年,按月约需数量如下,但或须增加或减少百分之十五。投标截止日期为2月16日上午11时,投标须附货样,并须缴存保证金500元。欲知详情及索取标单者,可径向华德路147号工部局监狱典狱长接洽。物品名称及每月约需数量:蔬菜、洋葱……(1937年2月1日)

【供给上海监狱囚粮事】 为布告事:查本署现拟招商招标供给上海监狱囚粮,自本年6月1日起至8月30日止为期3个月。标单及投标须知可向长阳路(旧称华德路)147号该监狱索取,随缴保证金,计华籍监犯部分国币500元,外籍犯部分国币100元。标函至迟应于本年5月15日上午11时投送到江西路209号本署秘书处128号办公室核收。……(1944年5月7日)

(五)招标犯人用品

【工部局布告】 本局招人投标西牢犯人所用之棉毯1 330条,计长80寸、宽48寸,连头在内计重5磅。投标之信及货样限于1924年10月3日上午11时以前送局总办处。详情可赴华德路59号本局西牢管理员处询问。(1924年9月25日)

【工部局招人招标承办监狱囚犯布料(第301号)】 今欲灰色斜纹布450匹,每匹重自14至15磅,29寸长、40码,1月10日交到华德路59号工部局监狱。关于投标详情可向典狱长前办事房询问一切,惟标信、货样均须向华德路监狱于本年11月29日前交到。(1926年11月20日)

【工部局招请投标】 本局警务处欲招人承办华德路监狱所需粪纸2 000捆,信标及货样限止于3月27日前交到本局办事处,至投标详细情形请向华德路59号监狱副巡司询问可也。爱德华。(1928年3月17日)

【上海公共租界工部局布告第6085号(为监狱招标事)】 ……本局监狱现欲招标,承办狱犯所用毡毯3 500条,标函至迟须于本年10月7日上午11时送到。欲知详情及索取正式标单可向华德路147号本局监狱代理典狱长接洽。(1942年9月19日)

(六)物品出售拍卖

【江苏第二监狱广告】 本监蓬莱路分监业已归并漕河泾,本监所有分监成品材料、器具等项,如毛巾、缎带、线袜、丝经、棉纱、毛巾、织带、织袜等存积甚多,定于阳历3月19日起至3月21日止,在老西门蓬莱路。本监售品所一律迁移在即,所有新出毛巾、线席、皮鞋、布鞋、红木花架、藤竹木器等亦同时廉价出售,以广招徕。此布。在本监门前减价拍卖。(1924年3月20日)

【上海监狱标卖各色碎纸脚公告】 兹有各色碎纸脚共约万余斤,悉数标卖。凡愿标买在4月22日前取阅纸样,投函本监第三科附缴保证金5万元;不得标退回。并定于4月24日下午2时,在本监当众开标。特此公告(1946年4月18日)

### (七)募集囚衣被服

【特区及漕河泾监狱为狱囚募捐衣被】 本市法租界第二特区监狱及漕河泾监狱二处,近因冬季将至,囚犯孤居铁窗,不耐冬寒。故特代向各方请捐助冬季囚犯衣被。因各犯在狱中只穿囚衣一袭,别无御寒之物。每夜入睡,亦无蔽身之物,厥状颇为凄惨。每届隆冬,有各犯因争夺一被而互殴,情殊堪悯。现漕河泾牢狱中,有囚犯达2 000余人,第二特区狱中亦有一二千人,共领衣被约4 000套左右,如有捐助者,可至送该狱云。(1932年10月13日)

【第二监狱请捐助棉衣济囚】 现查敝监收禁之人犯超过定额,总计男女已有2 600余名,异乡贫乏衣服不完者,十居八九,现在天气严寒,各囚冻状实堪悯恻。敝监经费竭蹶,添制衣服,极感困难,救济无方,奈何徒呼。……无论何项棉衣各絮褥,量予捐募,……如蒙金诺,并乞先函示知,或请派员莅监直接散放,尤为德便云云。并闻该会一俟经费有着,即行购制棉衣散放。(1934年1月1日)

【思南路看守所囚人衣服匮乏,田所长呼吁捐助】 思南路看守所羁押人犯数逾二千,超出定额一倍以上,其中无家属接济者,约占十分之八。囚粮实报实销,饮食尚可无虞,唯为经费所限,衣被极为匮乏,时已隆冬在押囚犯,单衣瑟缩,状殊堪悯。该所田立勋所长昨特致函本市各界名流,暨各大公司商号,呼吁捐助。(1947年11月26日)

### (八)坟地迁移

【扩充第二监狱 定期发给圈定地价】 江苏第二监狱购地委员会通告云:为通告事,案奉司法行政部令扩充江苏第二监狱,组织购地委员会购买民地,所有应收本监狱东北相连地亩,业经本会圈定,订立标志,并议决照土地局估计,每亩给价三百元。准于3月21日下午1时,在漕河泾区市政委员会办事处给价,仰该地内各业户携带执业证,届时亲自来本会缴证领价,其地内坟墓统限4月5日以前迁竣不得违误,除饬地保按户通知外,特此通告。江苏第二监狱购地委员会委员李兆铭、陈光钊、沈锡庆、楼英、杨心正、吴棨、田荆华。(1933年3月19日)

## （九）组织参观监狱

【青年会明日参观第二监狱】　四川路青年会定明日（周六）参观漕河泾江苏第二监狱。该监狱为沪上新建筑，设施备周，……内有工厂、教育、卫生各科，诚为吾国惟一之模范监狱。当今收回治外法权之时，吾人当留意参观，以资研究，闻该会定20人，车资自备，现有余额，有欲加入偕往者速向该会报名。(1926年5月17日)

## （十）遗失证章

【李允文遗失声明】　前为旧历四月二十七日请假来沪，假孟渊旅社办喜事。有小皮包一个，匆忙之际不觉何时遗失，内有银行储蓄折3本，江苏高等检察厅饬委上海第二分监长公文一件，上海分监空白钤领一纸，已过期钤领一纸、名片数张，零星信件数纸。除储蓄折已向江苏银行声明上兑外，所有委饬钤领各片，诚恐遗失在外，有招摇情事，特此声明布告。上海分监长李允文谨启。(1915年6月15日)

【遗失徽章声明】　兹有江苏第二分监38号徽章一只，被氏遗失，嗣后被他人拾得作为无效，特登申、新两报声明，以昭慎重，看守方贵氏启。(1931年12月18日)

【忻元华遗失符号声明】　前遗失江苏第二监狱警备看守第132号符号一张，除呈报本监注销作废外，特登报声明。(1937年9月4日)

【分类广告】　兹遗失上海监狱第86号证章86号，除申请补发外，特此声明作废。吴有才。(1947年5月16日)

【分类广告】　兹遗失上海监狱每193号证章一枚，声请作废。李用霖启(1949年4月14日)

## （十一）鸣谢启事

【上海地方法院看守所为致谢扬子建业股份公司捐助本所大量金印牌DDT并莅院所喷射消毒启事】　……本所羁押人犯逾二千，设备简单，医药缺乏，坐是病菌、蚤虱交相，侵扰人犯安全，在堪虞际时令之溽暑，正彷徨而忧惧，乃荷扬子建业公司仁心在抱，慈惠为怀，于上月25日起，派员携带大量所经理之美国宝威尔公司出品金印牌DDT到所，喷射普遍消毒，工作历时一周，虫类尽绝。从此人犯酣眠，无宵起爬抓之苦，病菌消除，无传染散布之虑。此固足证公司之出品准确，功效卓著，泽惠群囚，功德无量。除呈部请奖外，谨此鸣谢。所长田立勋。(1946年6月16日)

【上海监狱医院鸣谢启示】　敬启者：滑稽名家程笑飞、筱刘春山、俞祥明、筱快乐剧团杨笑峰、袁一灵、姚慕双、周柏春等先生联合凯旋电台发起,于1月17日假该电台为本院病犯空中劝募寒衣棉被,并烦张治儿、时筱芳、钱无量、筱乐弟、诸先生担任报告,古道热肠,至深钦佩!输捐君更痌瘝在拘,惠及囹圄,劝募所得寒衣143套、棉被100条,除如数接收转发各病犯领用外,特登报鸣谢。并将诸君台衡,按捐助先后,以征信实,并扬仁风。此启。院长孙遂方。(以下捐物人员名单及物品数量从略)(1948年3月1日)

### (十二)对报刊报道的文字更正

**【江苏第二监狱来函】** 闻本日贵报本埠新闻栏内,载有典狱长电请释囚一节,查敝监自昨晚战事发生后,人犯安静如常,电部释囚之事,并非相应,备函更正。即希察照至纫公管。江苏第二监狱署启。一月十二日。(1925年1月13日)

**【江苏第二监狱分监来函】** 本月21日闻贵报登载《第一特区女监参观记》一则,"未有囚犯虽与日俱增,而囚粮犹是以往一百数十口之定额,故于支配上颇感觉相当困难"一节。查敝监囚粮一项,原预算规定170名,如遇人犯超过,其逾额粮款,向系按照名额请领,于支配上并无困难。相应函请更正为荷,此致上海申报馆。江苏第二监狱分监启,五月二十四日。(1933年5月25日)

### (十三)报丧

**【孙雄去世】** 上海第二特区监狱长孙公拥谋,于本月14日下午1时疾终沪寓,定于本月16日(星期六)午后4时在上海徐家汇台拉斯脱路口上海殡仪馆举行大殓,恐报未周,特此奉闻。孙宅治丧委员会干事邵振玑谨启发,办事处法租界马斯马路第二特区监狱第三科。(1939年12月15日)

**【第二特区典狱长孙雄病逝沪寓 今日在上海殡仪馆大殓】** 上海第二特区监狱典狱长兼看守所孙雄,字拥谋,今年49岁,湖南人。学仪优良,曾庶任复旦、东吴、持志暨法政学院各大学教授,著有监狱学、犯罪学、神经变态、狱务大全等书籍行世,莅任七载。因"八一三"以后,应付现下特殊环境,乃致积劳成疾,病榻缠绵已历4月。近又患心脏病与腰子病,医治罔效。于14日中午在金神父路由义坊8号寓邸逝世。……定于今日下午4时举行大殓。灵柩暂厝殡仪馆丙舍,俟时局平靖运回故乡安葬。(1939年12月16日)

**【赵典狱长今日举殡】** 原任上海第二特区监狱长兼看守所长赵新宇氏,于民国29年2月,自渝飞抵上海,接事后整顿狱政,不遗余力,……讵延至本月5日晨6时半,竟不治身故。兹悉定于3月6日下午2时,在武定路安乐殡仪馆大殓,并悉身后极为萧条。赵氏略历:查赵新宇,号德载,湖北荆门人,现年54岁,湖北法政大学毕业,历任内政部总务司长,湖北光化及大冶县县长,湖北司法厅科长,江苏第三分监监长,湖北第一监狱典狱长,南京第一监狱典狱长,司法院法制委员会委员,贵州第一监狱典狱长,调任上海第二特区监狱典狱长。(1940年3月6日)

(十四)招领失物

【招领本票】 查本监看守张梁祥于8月10日下午在8路电车上拾得银行本票7张,票面各为一千万元,遗失者须说明出票银行及其号码,于7月内来监具领,逾期即拨充慈善费用。相应函请贵报惠登社会服务栏为荷。此致申报馆。上海监狱启。(1948年8月13日)

(十五)悬赏缉拿逃犯

【赏格】……8月7日虹口提篮桥西牢内越狱逃去犯人王莲生,即周桂生,年18岁,镇江人,身长5尺5寸,右眼上有白疤1条,曾经犯案3次,今年7月13日因犯窃断押3年。并同犯人张阿三,19岁,无锡人,身长5尺4寸,右面有红疤,于1907年6月1日断押5年,均越狱脱逃,如能将该犯拿获者,每名立赏洋50元。(1908年8月10日)

【奉贤县悬赏缉拿逃犯】 浦东奉贤县监狱逃去监犯17名,……悬赏缉拿,内分三等,甲等每名60元,乙等每名40元,丙等每名20元。兹将逃犯籍贯、犯案、刑期录下:沈德玉,浙江人,盗案;朱林生,松江人,盗案;吴根生,奉贤人,杀伤案;以上3犯均判无期徒刑。宗志沛、李锦堂、陈庆祥……以上8犯,奉贤人,均犯盗案,判14年至10年不等……。(1923年5月13日)

## 二、通过各类广告可以了解及追踪与监狱相关的内容

广告,顾名思义即广而告之、广泛劝告。广告有广义和狭义之分。广义的广告包括非经济广告(如各种公告、启事、声明等)、经济广告(即商业广告,以营利为目的的广告)。民国时期上海各监狱、看守所在《申报》等媒体上刊登的广告少部分为经济广告,大部分为非经济广告。广告是主动的、有目的的向特定对象传播有关信息,它与新闻的传播方式及其作用有相似处,两者都要凭借一定的传播媒体,传播信息、扩大影响;两者的影响与作用又互相渗透,即广告具有一定的新闻作用,新闻又具有一定的广告作用。广告与新闻也有区别处:首先,两者之间有着有偿服务与无偿宣传的区别,广告需要支付费用;其次,两者服务对象不同,新闻面向全社会的所有读者(听众、观众),广告却有具体受众对象;再次,在传播方式上有区别,新闻报道一经播出不再重复,而广告可以多次重复刊

登。民国时期,上海的媒体数量庞大,品种多样,其中既有主流媒体,也有非主流媒体;既有外国人办的媒体,也有中国人开办的媒体。广告的篇幅占了媒体的很大版面,广告的收入曾是许多媒体的重要收入。民国期间的上海,除了报刊广告外,还有路牌广告、无线电广告、霓虹灯广告、电影广告、招贴广告、邮递广告、空中广告等。

广告带有时代烙印,记录着以往的足迹,映照着社会的侧影。我们可以从中读出历史的脉络,知晓时情民风,寻觅点滴细节。从一定角度看,民国时期《申报》上刊登的有关上海地区监狱、看守所的有关广告,也为后人展示了一幅幅上海狱所的场景图,我们可以从这一特定的视角来了解、剖析民国期间上海狱所的有关情况。

### (一) 反映了监狱管理人员的来源及工资水准

民国时期上海华界地区的监狱,如江苏第二监狱(漕河泾监狱)、江苏第二监狱分监(浙江路女监)、上海第二特区监狱及各看守的部分来源主要通过登报招考的形式来录取,无论男、女看守均要求年龄在25岁以上,40岁以下,身体健全而无嗜好;而对文化程度要求不高,有的仅须粗通文字,凡曾受过低级教育小学或高小以上毕业、小学以上毕业或有相当程度即可;录取看守的月工资,20年代8—13元,或10元左右,到了1940年代有所提高,每月薪金14—20元。对于技术人员,如指导印刷工师月薪18—20元,女监主任的工资待遇相对普通看守要高,如漕河泾监狱女监主任须文理精通,品行端正,身体强健,年龄在40岁以上者,无家室之累,曾在学校或他机关办事3年以上,月薪20元以上。凡报考者均均需投函报名,候期考试。

### (二) 反映当时监狱犯人的伙食待遇及行政经费的状况

民国时期监狱的行政经费严重短缺,犯人的生活条件很差。囚粮、伙食、囚衣、囚被等基本物品都无法保证,监狱往往通过社会人士的捐款捐物来弥补,但是其作用也往往是杯水车薪,无济于事。如漕河泾监狱和第二特区监狱,前者囚犯达2 000余人,后者亦有一二千人,共需衣被约4 000套左右。"近因冬季将至,囚犯孤居铁窗,不耐冬寒。监狱特向各方捐助冬季囚犯衣被。因各犯在狱中只穿囚衣一袭,别无御寒之物。每夜入睡亦无蔽身之物,厥状颇为凄惨。每届隆冬,有的囚犯因争夺一被子而互殴,情殊堪悯。如有捐助者,可至送该监狱。"再如上海监狱第一分监同样行政经费入不敷出,通过广播电台,邀请上海滑稽界的知名演员,为分监女犯募捐衣被。通过这些广告内容反映国内大都市的上海,各监狱、看守所管理经费普遍缺乏,他们不得不利用社会力量,为监狱、看守所募捐、募集物品、钱款等活动,那么一些经济条件较差地区的监狱、看守所的状况更是怨声载道。

### (三) 披露部分典狱长的生平

民国时期,监狱管理人员,包括典狱长等人社会地位普遍不高,许多人物辞典、地方志书等书刊上较少能寻找有关人物的生平、履历等资料。但是通过报刊上刊登的讣告、启事等文字,亦查到有关人员的资料。如上海第二特区监狱长赵新宇、孙雄的生卒年份、籍贯、任职年月及生平履历等。根据多年前孙雄的儿子孙孚九、儿媳于竹明向笔者提供的孙雄《讣告》:孙雄属龙,生于清光绪十八年六月初九,公历为1892年7月2日,根据报载"孙雄于1939年12月14日下午因病在家中去世,49岁"。因此孙雄在世47年又7个月,虚岁49岁。但是目前许多网站及书籍对孙雄的在世年龄往往少算了3年(岁)。如2005年8月郭明著、中国方正出版社出版的《中国监狱学史纲》,商务印书馆2011年9月重印出版的孙雄的《监狱学》,对孙雄的人物介绍中,对他的在世年龄都少算3年(岁)。再如,由中国政法大学副教授、历史学博士、法学博士后黄东勘校,2014年北京大学出版社重印出版孙雄的《狱务大全》封面折页对孙雄的简介,对孙雄的在世年龄也少算3年(岁)。

### (四) 揭示监狱管理中的各种细节

如当时监狱管理人员每人都有一个警号,有的警号就标在肩章上,还有的监狱管理人员每人有一个编号的警徽、警夹。这些警徽、警夹不能遗失,如果遗失需要登报,告失注销。有的监狱对管理人员平时不叫姓名,称呼为某某号看守,或者称某某号某某(姓名)。当时各监狱的管理者比较关注媒体对本单位的报道情况及舆论宣传,对具体事实及文字用语等,发现某些错差马上向媒体提出,或作出更正。

## 三、各类广告给后人提供了一条研究晚清民国时期监狱的途径

一般来说,当前我们了解及研究晚清民国监狱史的资料大多源自档案、书籍、报纸、期刊,碑刻,司法判例、实地遗址考察,当事人的口述资料,以及报刊上的消息报道以及学术论文等,但往往忽略了广告这一途径。有时候通过各类广告也能与档案、新闻等文字资料起到互相补充、印证的作用。所以查阅广告,解读广告,也可以给我们提供一条研究民国时期监狱的途径。当然,民国时期报刊上的广告,五花八门,林林总总,其中有的高雅、有的低俗,有的仅有文字,有的图

文并茂。有的时候一些广告甚至占了当日报纸的一半左右的版面,当时报纸的主要收入也来源于广告。我们要善于区分,善于鉴别,并结合其他材料进行分析,予以取舍,吸取其中与司法、监狱管理的相关内容,为我所用。

## 四、善对广告、善用广告

当前,我们进入了信息化时代,在经济全球化和惊涛骇浪的市场经济活动中,广告成为社会组织、企业活动中赢得公众的重要法宝,国内外许多知名单位及公司企业非常重视广告的作用。面对众多的社会活动、琳琅满目的商品,公众有时显得无所适从,广告成为不可或缺的向导。"跟着广告走"也成为现代人的从众心态。广告不仅是一种商业文化,而且是一种社会文化。从一定意义上讲,在现代社会中,人类活动的时空中,弥漫着广告的气息,其中有的属于显性广告、有的属于隐性广告,人类生活的各个方面都在不同程度地表现出广告文明、广告文化。在信息时代,广告的社会功能、经济功效日趋突显。

目前,广告已成为一门跨学科的专业,不少高等学校开设广告学专业,出版《广告学概论》《现代广告学》《现代广告策划》《现代广告案例》等著作。在20世纪八九十年代,在监(狱)企(业)合一的体制下,不少监狱企业也利用刊物、报纸,书籍,甚至电视、广播、年鉴等媒体介绍本单位的概况及产品,加强宣传,并取得较好的社会效益及经济效益。近年来,各监狱构建以现代化警务机制为核心的监管改造体系,推进监狱警察正规化建设,实现警务活动信息化、集约化。各监狱都非常重视人才的吸收和引进,如每逢每年大学生毕业分配求职时,有的监狱或监狱管理局印制本单位、本系统图文并茂的概况资料;有的还去招聘现场、人才招聘会、高等院校进行新民警的招录活动。如上海市提篮桥监狱在1990年3月5日《人才开发报》上以《欢迎您,人才》为标题,刊登监狱的招聘启事。启事中介绍了监狱的历史及现状、交通路线、招聘干警的要求条件。2015年5月,上海监狱管理局党委正副书记带队到北京大学、浙江大学、武汉大学等名校开展新民警招录推介活动,并取得较好的成效。从一定意义上讲,以上活动也是一项综合型的广告。我们要充分发挥电视、广播、报刊、互联网等传媒的作用,增强监狱外宣工作的有效性和影响力,我们要关注舆情,加强舆情监控和引导工作。充分展示监狱机关在维护社会稳定中的重要作用和执法形象,让社会更好地了解、支持监狱工作,促进监狱工作的发展。

20多年来,笔者通过不间断地翻阅30本《申报》索引及400本《申报》缩印本,有目的、有重点地查找有关上海监狱系统的各类消息报道,积累了丰富的资料,并结合采访调查、口述历史、档案资料及文物遗址,为上海监狱史志研究走出一条途径,先后出版了《提篮桥监狱》《上海监狱的前世今生》《上海监狱的旧闻往事》等书籍。多年前,曾从提篮桥监狱的扩建、犯人调押、犯人死亡、狱中事故等15个方面进行归纳整理,曾写过《〈申报〉与提篮桥监狱》一文,载《中国监狱学刊》2016年第2期,并收录于《上海监狱的旧闻往事》一书中。如今换一个角度,从《申报》上刊登的有关上海监狱、看守所广告这一视角,为进一步利用《申报》的历史文献作点尝试。

(本文原载《中国监狱学刊》2022年第6期)

# 民国时期各界人士参观上海监狱

　　清末上海地区建有多座监狱关押各类犯人。1898年(清光绪二十四年)5月24日,日本律师小威金与一名英国警官参观上海公共租界会审公廨男女押所,这是目前查到上海历史上有文字记载的最早一次外国人士参观上海监狱场所。[①]1899年10月13日、10月25日,上海公共租界工部局英美籍市议员及美国巴契特博士先后参观厦门路监狱[②];1902年4月19日,法国驻沪副领事龙仁参观上海县监狱;1907年4月28日公共租界工部局董事雷福森参观上海公共租界会审公廨押所;[③]1907年4月清法部郎中韩兆藩参观考察提篮桥监狱;[④]1910年7月10日俄国驻沪领事偕译员参观上海县监狱。[⑤]

　　1911年10月武昌首义,1912年1月中华民国政府成立。1913年(民国2年)1月5日,北京政府司法部曾颁布《监狱参观规则》,规定:凡欲参观监狱者须请由典狱长或典狱许可后给以参观证方准入内,参观者须于参观簿内记明其姓名、年龄、籍贯、职业及参观之目的。参观时须衣服整齐、静肃,不得吸烟、不得携带刀剑及伞杖之类,对于在监者不得交谈及接收物品。未成年者、酒醉及精神病者不准参观。民国监狱时期,上海地区的部分监狱曾向社会开放,当时被参观的监狱主要有提篮桥监狱(华德路监狱)、江苏第二监狱(漕河泾监狱)、上海第二特区监狱(薛华立路监狱)等。参观人员主要大致有以下几类情况。

## 一、政 府 官 员

　　1911年6月3日　　上海县知县田宝荣参观法租界会审公廨监狱。[⑥]
　　1915年4月12日　　司法部监狱司长王文豹、江苏省高等检察厅长徐声全、

---

[①]　麦林华主编:《上海监狱志》,上海社会科学院出版社2003年版,第624、640页。
[②]　《上海公共租界工部局年报》(1899年)。
[③]　麦林华主编:《上海监狱志》,上海社会科学院出版社2003年版,第655页。
[④]　《司员考察牢狱》,1907年4月17日《申报》。
[⑤]　《俄领参观监狱》,1910年7月10日《申报》。
[⑥]　《参观外国监牢》,1911年6月4日《申报》。

地方检察厅长林仲立、地方审判厅长袁钟祥参观提篮桥监狱。①

1918年2月底　北京总检察厅检察官戚运机参观上海模范监狱。②

1918年3月5日　安徽高等检察厅长袁凤仪参观上海模范监狱及建造中的江苏第二监狱。③

1920年9月20日　新任上海地检厅长谭幸震参观江苏第二监狱。④

1922年2月6日　京师第一监狱长王元增参观提篮桥监狱。⑤

1922年3月13日　司法部司长王绍荃、江苏高等检察厅厅长许受衡参观江苏第二监狱。⑥

1922年11月6日　司法部前总长张耀曾参观江苏第二监狱。⑦

1923年3月3日　江苏高等审判厅长朱献文、新任江苏检察厅长周诒柯视察参观江苏第二监狱、江苏第二监狱分监。⑧

1923年9月26日　江苏高等检察厅长周诒柯参观江苏第二监狱。⑨

1924年4月17日　哈尔滨东省特别区警察总管理处秘书长瞿绍伊参观提篮桥监狱。⑩

1925年1月11日　法国新任驻华公使马戴尔参观法租界会审公廨监狱。⑪

1926年3月4日　江苏高等审判厅长、检察厅长，上海审判厅长、检察厅长参观江苏第二监狱。⑫

1928年10月2日　上海临时法院院长何世桢参观提篮桥监狱。⑬

1931年4月4日　江苏高等法院院长林彪、首席检察官王思默等视察参观江苏第二监狱。⑭

1931年7月31日　江苏高等法院第三分院院长梁仁杰、上海第二特区法院院长应时视察参观薛华立路监狱。⑮

---

① 《部员参观西牢》，1915年4月13日《申报》。
② 《北京检察官参观法庭监狱》，1918年3月1日《申报》。
③ 《皖省高等检察长参观监狱》，1918年3月6日《申报》。
④ 《谭地检厅长参观第二监狱》，1920年9月21日《申报》。
⑤ 《京师第一监狱长参观华德路西牢》，1922年2月7日《申报》。
⑥ 《部员察勘法庭监狱记》，1922年3月13日《申报》。
⑦ 《福开森参观漕河经监狱》，1922年11月8日《申报》。
⑧ 《高等厅审检两厅长来沪调查》，1923年3月4日《申报》。
⑨ 《高检厅长来沪考察监狱》，1923年9月27日《申报》。
⑩ 《瞿绍伊参观租界警务》，1924年4月17日《申报》。
⑪ 《法新任公使抵沪之欢迎程序》，1925年1月12日《申报》。
⑫ 《漕河泾江苏第二监狱参观记》，1926年3月4日《申报》。
⑬ 《何院长昨日考察西牢》，1928年10月3日《申报》。
⑭ 《林院长赴沪调查第二监狱》，1931年4月5日《申报》。
⑮ 《昨日接收法公廨》，1931年8月1日《申报》。

1933年2月10日　国民政府外交部长兼司法行政部长罗文干、司法行政部次长郑天锡、上海地方法院法院院长郭云观视察参观厦门路监狱、提篮桥监狱及上海第二特区监狱。①

1933年9月7日　江苏高等法院院长林彪视察参观江苏第二监狱。②

1934年1月16日　江苏高等法院第二分院院长沈家彝参观视察江苏第二监狱。③

1935年2月26日　司法行政部监狱司司长王元增视察参观上海第二特区监狱。④

1936年1月20—21日　司法行政部部长王用宾视察参观江苏第二监狱、上海第二特区监狱和建造中的司法行政部直辖第二监狱。⑤

1944年1月9日　汪伪司法行政部部长张一鹏视察参观江苏第二监狱分监、提篮桥监狱、上海地方检察署看守所。⑥

1946年9月13日　司法行政部部长谢冠生视察参观提篮桥监狱。⑦

1946年10月11日　上海第一绥靖区司令官李默庵视察参观提篮桥监狱。⑧

1946年11月27日　司法行政部监狱司长朱维明视察参观提篮桥监狱。⑨

1947年2月22日　司法行政部部长谢冠生视察参观提篮桥监狱。⑩

1947年8月29日　司法行政部监狱司司长叶在畴视察参观提篮桥监狱。⑪

1948年6月15日　司法行政部调查团团长庞德、副团长杨兆龙视察参观提篮桥监狱。⑫

## 二、中外专家、学者、律师

1921年11月3日　国际律师协会各国会员参观江苏第二监狱及看守所等。⑬

---

① 《罗文干昨晚返京　昨日视察两区监狱》，1933年2月11日《申报》。
② 《苏高院长林彪赴沪，昨视察漕河泾监狱》，1933年9月8日《申报》。
③ 《司法行政公报》第50号，1934年1月31日。
④ 《司法行政部监狱司长参观监狱》，1935年2月27日《申报》。
⑤ 《司法部长王用宾视察苏沪监狱》，1936年1月27日《申报》。
⑥ 《张部长视察沪市司法机关》，1944年1月11日《申报》。
⑦ 《谢冠生由京抵沪视察各司法机关》，1946年9月13日《申报》。
⑧ 《李默庵来沪视察》，1946年10月12日《申报》。
⑨ 《监狱司长今视察上海监狱》，1946年11月27日《新民晚报》。
⑩ 《司法部长谢冠生昨视察上海监狱》，1947年2月23日《申报》。
⑪ 《叶在畴抵沪　巡视监狱看守所》，1947年8月30日《申报》。
⑫ 《司法调查团一行视察上海监狱等》，1948年6月16日《申报》。
⑬ 《律师公会招待各国律师》，1921年11月3日《申报》。

1922年2月6日　司法部法律馆顾问日本人岩田一郎参观江苏第二监狱。①

1922年11月7日　英国福开森博士参观江苏第二监狱。②

1924年3月7日　日本法院检察长关□半及检事尾田满、幸村市太参观江苏第二监狱。③

1933年5月14日　上海律师协会执监委员组团参观江苏第二监狱。④

1933年6月11日　国家立法院刑法委员盛振为、瞿振泽、赵琛等10余人参观江苏第二监狱。⑤

1936年2月19日　中华民国律师协会第七届代表大会部分会员参观提篮桥监狱。2月20日参观江苏第二监狱、上海第二特区监狱。⑥

1936年7月12日　上海律师公会执监委员会委员沈钧儒,汪曼云,毛云等30余人参观江苏第二监狱。⑦

1947年10月23日　英国议会访华团一行参观提篮桥监狱。⑧

1948年9月3日　美国监狱专家阿尔哥,偕美国总领事馆的史密斯等参观提篮桥监狱及女监。⑨

## 三、国际组织官员、公共租界工部局有关人员、外国议员等

1926年5月23日　法权调查会各国代表参观上海地区华界、租界的法庭及监狱。⑩

1926年10月5日　国际治外法权委员会官员参观提篮桥监狱。⑪

1927年10月26日　美国参议员和临时法庭主席参观提篮桥监狱。⑫

1927年12月5日　英国"视察英国犯人委员会"主席佩奇·普蓝参观厦门路监狱。⑬

1932年2月25日　上海公共租界工部局总董事长参观提篮桥监狱。⑭

1933年1月26日　日本贵族学院侯爵四条隆德、河健秀等参观第二特区

---

① 《北京司法部法律馆顾问岩田一郎调查监狱及看守所》,1922年2月7日《申报》。
② 《福开森参观漕河泾监狱》,1922年11月8日《申报》。
③ 《日法官昨参观第二监狱》,1924年3月8日《申报》。
④ 《律师公会组织参观监狱团》,1933年5月13日《申报》。
⑤ 《立法委员视察监狱》,1933年6月12日《申报》。
⑥ 《中华民国律师协会昨开四次大会》,1936年2月20日《申报》。
⑦ 《律师公会执监委会员昨晨参观第二监狱》,1936年7月13日《申报》。
⑧ 《英访华团参观监狱》,1947年10月23日《新民晚报》。
⑨ 《美国监狱专家来沪参观女监》,1948年9月4日《和平日报》。
⑩ 任建树主编:《现代上海大事记》,上海辞书出版社1996年版,第279页。
⑪⑫⑬⑭ 麦林华主编:《上海监狱志》,上海社会科学院出版社2003年版,第655页。

监狱。①

1933 年 12 月 13 日　英国妇女活动家费赖伊参观提篮桥监狱。②

1938 年 7 月　法国卫生与协助署参观上海第二特区监狱。③

1943 年 1 月 25 日　日本贵族侯爵四条隆洼参观上海第二特区监狱。④

1948 年 3 月 15 日　美国援华联合会端纳参观提篮桥监狱。⑤

1948 年 7 月 7 日　上海市参议会人权保障委员会参观提篮桥监狱。⑥

## 四、训练班学员、大学生、高中生

1925 年 7 月 24 日　日本明治大学法政科学生山本圭四郎，东京帝国大学学生大规文平，东洋协会学校学生宫崎专等 3 人参观江苏第二监狱。⑦

1926 年 4 月 25 日　上海民强中学丙寅级公民科学生参观江苏第二监狱。⑧

1930 年 3 月 11 日　中央海陆空军监狱训练班部分学员由教务主任胡立章带队参观提篮桥监狱和江苏第二监狱分监。⑨

1932 年 10 月 25 日　国立暨南大学法律学生 100 余人参观江苏第二监狱分监。⑩

1933 年 5 月 14 日　中国公学史学、社会学系部分学生参观江苏第二监狱分监。⑪

1933 年 12 月 26 日　上海建国中学部分学生参观江苏第二监狱分监。⑫

1934 年 12 月 23 日　上海市高中优秀生联谊运动举行第二次远足龙华。上海的敬众、务本、民立、南洋、浦东、大同、同济、沪江、光华、复旦、复实、南模、南高、新民、正风、新陆、开明、华华、培明、育青、麦伦、中华职业、大公职业、新亚、青年会、立达、持志、上幼、清心、建国、智仁勇、民光、光夏、裨文、华东等 30 余校高中二三年级的 180 余名学生参观江苏第二监狱。⑬

---

① ② 　麦林华主编：《上海监狱志》，上海社会科学院出版社 2003 年版，第 655 页。
③ 　［荷］冯克：《近代中国的犯罪、惩罚与监狱》江苏人民出版社 2022 年版，第 395 页。
④ 　《日贵族院侯爵参特二监狱》，1943 年 1 月 26 日《申报》。
⑤ 　麦林华主编：《上海监狱志》，上海社会科学院出版社 2003 年版，第 655 页。
⑥ 　《市参议员参观看守所监狱》，1948 年 7 月 7 日《申报》。
⑦ 　《日本学生参观法庭监狱》，1925 年 7 月 25 日《申报》。
⑧ 　《民强学生参观法庭监狱》，1926 年 4 月 25 日《申报》。
⑨ 　《中央参观监狱团昨日参观租界监狱》，1930 年 3 月 12 日《申报》。
⑩ 　上海档案馆档案：档号 Q177-5-211。
⑪ 　《参观苏二监狱记》，1933 年 5 月 17 日《申报》。
⑫ 　上海档案馆档案：档号 Q177-5-260。
⑬ 　《高中优秀生昨举行二次联谊运动　远足龙华参观江苏监狱等》，1934 年 12 月 24 日《申报》。

1935 年 4 月　　上海崇礼女子学校部分学生参观江苏第二监狱分监。

1935 年 5 月 14 日　　中国公学法律系学生 46 人参观江苏第二监狱。①

1936 年 11 月 16 日　　民立中学参观江苏第二监狱。②

1936 年 11 月 11 日　　上海大夏大学法律学会会员 10 余人参观江苏第二监狱。③

1946 年 6 月 27 日　　上海警察局训练所女警班 50 余人参观提篮桥监狱。④

1946 年 10 月 2 日　　三青团上海支部部分团员参观提篮桥监狱。⑤

1946 年□月 28 日　　国立暨南大学法律学生百余人参观提篮桥监狱,女学生另参观女监。⑥

1947 年 3 月 3 日　　国立复旦大学法学系学生 101 人分四批参观上海监狱第一分监。⑦

1947 年 5 月 28 日　　上海政法学院学生 60 人参观提篮桥监狱。⑧

1948 年 6 月 14 日　　上海私立培成女子高中部学生 30 余人参观上海第一分监。⑨

## 五、社会各界的参观

1926 年 5 月 18 日　　上海四川路青年会组织 20 人参观江苏第二监狱。⑩

1926 年 12 月 10 日　　上海市乞丐游民教养院筹备处主任凌伯华、副主任秦槐新参观江苏第二监狱。⑪

1934 年 11 月 22 日　　经济旅行社组团 50 人参观江苏第二监狱。⑫

1935 年 10 月 12 日　　上海青年会组织 20 人参观江苏第二监狱。⑬

1935 年 10 月 19 日　　上海青年会组织 20 人参观提篮桥监狱。⑭

---

① 《参观苏二监狱记》,1933 年 5 月 17 日《申报》。
② 《教育简讯》,1936 年 11 月 17 日《申报》。
③ 《大夏周报》1936 年第 12 卷第 36 期。
④ 上海档案馆档案:档号 Q177-1-156。
⑤ 《三青团上海支部派员参观上海》,上海市档案馆档案:档号 Q177-1-156。
⑥ 《法律学系全体同学参观上海监狱》,《国立暨南大学校刊》。
⑦ 上海档案馆档案:档号 Q177-1-452。
⑧ 上海档案馆档案:档号 55-1-156。
⑨ 上海档案馆档案:档号 55-1-69。
⑩ 《青年会明日参观第二监狱》,1926 年 5 月 17 日《申报》。
⑪ 《上海教养院凌、秦主任参观第二监狱》,1926 年 12 月 10 日《申报》。
⑫ 经济旅行社消息·漕河泾,1934 年 11 月 23 日《申报》。
⑬ 《会务消息·参观漕河泾第二监狱》,《上海青年》1935 年第 35 卷第 33 期。
⑭ 《会务消息·参观提篮桥特区监狱》,《上海青年》1935 年第 35 卷第 34 期。

1935年11月10日　中华妇女社第四届社员大会部分社员几十人参观江苏第二监狱。①

1937年4月19日　恒社社员参观江苏第二监狱。②

1947年3月4日　上海通讯社、中央通讯社上海分社、《申报》记者三人组团参观上海第一分监。③

参观江苏第二监狱

各界人员参观监狱的主要目的，大致有：考察了解监狱的有关情况（主要系部分官员）；了解情况，向监狱赠送部分防暑药品，如行军散、十滴水、中国宝丹、臭药水等（主要系律师公会、律师等）；结合教学，了解法律知识，有的还对监狱组织及囚犯生活状况等作详尽的调查统计（主要系法律系统的大学生等），参观各处监狱，以资实习研讨。

上海监狱第一分监（独立编制的女监）于1945年12月建立启用后，有大批人员前往参观。据档案记载1946年91批次，1947年67批次，1948—1949年3月336批次。依照《监狱参观规则》的规定，入监参观者不得携带照相机，禁止在监内拍照。但是这一规定，在部分情况下并没有认真执行，如1946年9月23日，军之友社刘社长不但携带相机来上海监狱第一分监参观，而且还在分监工场、监房拍摄了不少照片。④1947年《墨梯》杂志也刊登5张照片，反映当时社

---

① 《中华妇女社昨开社员大会》，1935年11月11日《申报》。
② 《恒社社员郊外聚餐会盛况》，1937年4月20日《申报》。
③ 上海档案馆档案：档号 Q177-1-447。
④ 《上海监狱狱务日记》，上海档案馆档案：档号 Q177-1-666。

女性参观上海监狱第一分监的情况。①民国期间，许多媒体记者参观上海各监狱，并发表了大量有关监狱的报道。提篮桥监狱在20世纪40年代曾建有剪报本，把来访参观的各媒体记者的名片及有关对提篮桥的各类报道均剪贴下来，并注明日期，笔者多年前还在上海档案馆看到当时的原件。

1946—1948年，在参观上海监狱第一分监（女监）的过程中，有些人看到监狱以及女犯的困难情形，向犯人捐赠一些钱款或食品，作为救济。比如1946年4月10日，善后救济总署上海分署赈务组儿童福利会两位女士向随母在监的幼童捐助饼干90包；1947年10月11日，中国驻意大利公使薛光前夫妇捐助国币50万元，律师乐俊伟捐助100万元，允中中学教职员捐助脱脂奶粉3桶半；1948年4月22日，司法行政部首席参事陈顾民夫妇及同乡友人捐助国币3 500万元，给监狱添置教育用品和贫病女犯的医药费用、营养品。②各界人士对上海监狱第一分监的参观，各方评价不一，有为之赞扬，"改造罪人的灵魂和品行，这种工作是伟大的""整肃有序、静洁不紊、教化有方""好似小型学校，也像家庭""这里住食均舒适，可谓黑暗中的光明""没有想象中那样黑暗，也许是弱者的庇寒所"等等；也有对其不足提出相应的批评及建议。

这里还需指出，当时参观监狱还有个别纯属假日探奇观光或商业活动（如个别社团作上海郊外旅行项目，青年会、旅行社组织的活动等）。1935年10月12日，上海青年会组织20人参观江苏第二监狱。该会事先发布通知，称："定于10月12日下午2时前往漕河泾江苏第二监狱参观……有意者请于是日下午一时三刻在新会所集合二时出发，每人需缴纳大洋五角，名额30人；即日起报名至11日至，额满不收。"③同年10月19日，上海青年会组织20人参观提篮桥监狱。该会事先发布通知："……，车资每大洋二角，回程自理，名额限20人，……报名时随交车资。"④

---

① 《墨梯》第1947期，第119页。
② 华东师大杨庆斌博士论文：《民国时期的上海女监研究》（1930—1949），第634—635页。
③ 《会务消息·参观漕河泾第二监狱》，《上海青年》1935年第35卷第33期。
④ 《会务消息·参观提篮桥特区监狱》，《上海青年》1935年第35卷第34期。

# 漕河泾监狱白条案

民国时期的上海,素称远东地区的大都市,市面上商业繁荣,车水马龙,但在闪烁的霓虹灯下暗藏了许多社会污垢。1930年9月,上海地方法院的民事审判庭内,一场旷日已久的官司正在进行。原告是两位商店的老板,被告是漕河泾监狱的第九任典狱长董长民。这场官司的被告也许有点特殊。

## 一、商人控告典狱长　赢得官司

位于上海西郊的江苏第二监狱俗称漕河泾监狱,启用于1919年9月,在20世纪30年代初期,也属名声显赫的单位,是上海华界地区一座大监狱,最多的时候关押犯人3 000多名。典狱长由司法部(1928年为司法行政部)任命。这座监狱曾被国民政府吹嘘为"模范监狱",上海的《申报》还用大量篇幅予以介绍报道,如1925年10月的《参观江苏第二模范监狱记》、1926年3月的《漕河泾第二监狱参观记》等,把这所监狱说得花好稻好,典范、卫生、整洁,其实都是表面文章,绣花枕头一包草。

江苏第二监狱的典狱长自1919年9月起到1937年7月监狱撤销,如同走马灯似地共轮换了15任。邵松龄(江西九江人),于1929年9月出任漕河泾监狱第七任典狱长,任职仅3个多月,年底他留下监狱的大印,不告而别,擅自离职。监狱职员看守的人事管理、犯人的狱政管理,包括监狱的经济账目一概没有移交,他撇下不管,一走了事。邵松龄的出走,使监狱短时间内乱成一团糟。狱中管理群龙无首,监狱马上向上峰汇报告急,当月司法行政部就任命梅光辅出任典狱长;狱外的一些商家闻悉,急忙向新任典狱长索要前任官员拖欠或赊账购买的钱财。可是到任后的梅光辅对于上门索讨监狱欠款的商家,吩咐下属周旋应付,遇到实在应付不了的情况,他则唱唱高调,使出老江湖的手段,还以各种借口故意拖延搪塞。半年以后典狱长梅光辅又调走。1930年7月,新上任的典狱长董长民,系河北南皮人,是清末朝廷大员张之洞的同乡,也是一个混迹司法系统的圆滑之徒。面对上门要账索要钱款的商号,面对白纸黑字的证据,董典狱长对自己前任的前任留下的债务也置之不理,以监狱财政紧缺为由无法偿还,还振振有词地说,新官不理旧账,要出流氓加文痞的手段。

在律师姚永励的帮助下,忍无可忍的两家商号经理联袂向上海地方法院交出诉状。原告之一恒兴协米号经理张志庆(家住上海南市万聚码头里马路463号)称:江苏第二监狱典狱长邵松龄于1929年10月31日—12月25日向恒兴协米号连续购买食米供给囚粮,欠洋2 572.9元;原告之一协和兴煤号经理高星熙(住上海南市公义码头路18号)称,典狱长邵松龄于自1929年11月14日—12月31日向其购买烧煤,除已付款外,还欠洋1 254元。以上均由前典狱长邵松龄经手,收货方江苏第二监狱均有收条为凭。邵松龄出走后,由梅光辅出任典狱长,梅光辅调走后,1930年7月董长民接任典狱长。被告:邵松龄(缺席,下落不明),被告:江苏第二监狱。法定代理人:典狱长董长民。漕河泾监狱也聘请了律师,有代理人任恩济律师、特别代理人周城律师。1930年,地方法院也受理了这起民事诉讼官司。主持审理者是一位经验丰富的资深老推事,经调查及原、被告两方的辩护,认为该民事案件事实清楚,证据确凿,程序规范。上海地方法院于1930年10月28日作出判决。两位原告胜诉,被告江苏第二监狱败诉。判决书的文号为:(民国)十九年民字第474号。主文:被告江苏第二监狱应付还张志庆货款2 572.9元,付还高星熙货款1 254元。诉讼费由被告江苏第二监狱负担。[①]

## 二、官司虽赢  但无法兑现落地

虽然恒兴协米号经理张志庆、协和兴煤号经理高星熙赢了官司,但是张志庆应追讨到的2 572.9元的钱款,高星熙应追讨到的1 254元钱款,却迟迟不能到手。上海地方法院的判决书成了一纸空文。江苏第二监狱典狱长邵松龄留下的债务究竟从哪个渠道去筹款、去归还,使判决的内容真正落地。江苏第二监狱、江苏高等法院、司法行政部、江西高等法院、安徽高等法院检察处等几个部门之间互相推诿,各讲各的理由。接下来又是一场无休无止的公文旅行。

上海地方法院的判决书下达后,江苏第二监狱典狱长董长民向江苏高等法院作了书面报告,江苏高等法院又向司法行政部汇报。司法行政部接报后,即向江苏高法院长林彪发出一份没有明确态度的第1517号指令,把工作推给了江苏高等法院。全文如下:"令署江苏高等法院院长林彪。呈一件。呈报第二监狱前典狱长邵松龄所欠货款债权人、诉经上海地院判决该监付该检送院判决请核示由。呈及判决书均悉。江苏第二监狱如不服上海地方法院就张志

---

[①] 江苏档案馆档案:档号 M55-347-574。

庆等与该监狱因货款涉讼一案判决,自应依法上诉至邵松龄任内溢支经费,前据呈称有无侵占情事尚难断定,仰即逐项彻查明晰,据实呈报,再行核示。判决书存此。令。"

由于第二监狱前典狱长邵松龄是江西人,为此江苏高等法院向江西高等法院发去公函,请求调查邵松龄在江西的财产,拟从邵的财产中支出。江西高等法院接到公函后,由九江地方法院派书记官廖敏及涂乃刚、魏中林等前往调查。经查邵松龄下落不明,也查不到在他在江西的财产。1932 年 6 月 4 日,江西高等法院经梅光羲院长核准,以第 882 号公函回复江苏高等法院。江苏高等法院又听人说起,邵松龄在安徽某地定居生活,又向安徽高等法院检察处发函,请求调查。但是经调查,1932 年 4 月 25 日,安徽高等法院检察处经首席检察官王树荣核准,以公函字第 4899 号回复江苏高等法院:"屡限罔应请转饬各院县,一体严缉,并调查其在皖财产,查封备抵。相应先行函复。"①

江苏高院—江西高院—安徽高院—江苏高院,司法公文绕了一圈又回到了江苏高院,看上去忙忙碌碌一场,还是没有实质性的进展。到头来苦了恒兴协米号经理张志庆、协和兴煤号经理高星熙两位商人,打赢了官司,一场折腾,耗费精神,耗费时间,又支付了律师的费用,垫付了诉讼费,真是赔了夫人又折兵。

### 三、飘荡不定的 76 元 8 角诉讼费

按照民国期间民事诉讼的惯例,原告先提交举证资料,并垫付诉讼费,最后由官司败诉方支付诉讼费。上海地方法院于 1930 年 10 月 28 日下达的判决书中,该民事诉讼中被告方江苏第二监狱败诉,76 元 8 角诉讼费由江苏第二监狱支付。但是由于种种原因,这笔诉讼费一直拖了 1 年半还没有交出。直到 1932 年 5 月 19 日,江苏第二监狱典狱长董长民还向江苏高等法院院长林彪请示。请示中说:"因呈为请示遵事,窃本监与张志庆等货款涉讼,经上海地方法院判决偿还在案。(董)长民当以是项欠款系邵前任私人所欠,即缮具诉状不服上海地方法院判决,提起上诉。嗣奉最高法院令,开饬上告人应缴审判费银 76 元 8 角,方能受理等因。奉此查本监经常费内各项预算均系额定,并无其他款项可以挪缴,此项应缴之讼费如何办理。本监无法应付,合备文呈清仰祈。钧长鉴核,俯赐指令,祗遵瑾呈。"这种无赖的、言下之意请江苏高院拨款支付诉讼费的做法,使江苏高院哭笑不得。江苏高院院长看后非常生气,那有下级机关败诉后,由上级部

---

① 江苏档案馆档案:档号 M55-347-574。

门来支付诉讼费的道理。江苏高院又下文训令,这是江苏第二监狱前任酿下的苦果,应有继任者自行解决,系铃人还得解铃人,并打电话狠狠地训斥了一顿。

从这起两名商店老板与号称模范监狱的江苏第二监狱久拖不决、遥遥无期的民事诉讼结局来看,起码说明:旧监狱典狱长的贪婪、以权谋私、假公济私;旧监狱行政经费稀缺;法院的判决书犹如一纸空文,执行难、落地难;司法部门的办事效率低下,文牍主义盛行。

漕河泾监狱岗楼

(本文原载《档案春秋》2023年第7期)

# 虚报囚粮款　多名分监长获刑

囚粮,顾名思义指供给犯人的食粮;囚粮是犯人的生命延续,是监狱管理者的重要工作。但是在旧中国的诸多监狱中,囚粮也成为监狱管理者手中的一块肥肉。正如清代赵舒翘在《提牢备考》中所说:"监内所需不一,惟囚粮为大宗,丛弊亦惟囚粮最深。"[1]不少典狱长往往在犯人的囚粮上动脑筋,做文章,例如降低标准、克扣囚粮、偷梁换柱、虚报冒领、开阴阳发票,手法多种多样。不少典狱长也在囚粮的管理中倒下,成为狱中的囚犯。

今天上海市静安区境内的靠近七浦路的浙江北路191号内,拥有一群建筑物,该处曾是被老上海称为"新衙门"的地方,原是上海会审公廨的所在地,以后还是上海地方法院和江苏高等法院第二分院的所在地。1930年4月,院内一幢大楼组建为江苏第二监狱分监,主要收押上海第一特区法院判决的女犯及部分未决女犯。该分监监舍的直接管理人员均为女性,分监长均为男性,自1930年4月—1932年11月初,先后由谢福慈、赵凤贤、黄培汴等出任分监长。

1933年11月11日,陆绍训经司法行政部委派接任分监长,次日《申报》上还刊发了一条短讯;但是相隔40多天以后,即1933年1月20日的《申报》又刊登了一条消息:《分监长浮报囚粮价目判罪》,该两条消息均指向同一个人——陆绍训。这让人感到出乎意外,前后反差太大。事情还得从头说起。陆绍训,广西桂林人,与首任分监长谢福慈是同乡;事前他在南京的司法行政部工作。旧监狱的管理人员往往是"一朝天子一朝臣",随着典狱长(分监长)的调动,监狱(分监)中层的管理人员往往有所变动。当时监狱大多设"三科两所"(即庶务科、戒护科、作业科,教务、卫生所)。这次陆绍训从南京调到上海,带来他的得力亲信夏和璞,委任他为主任看守,主管监狱的庶务,其分管的业务很广,涉及工作人员的管理及行政经费的开支、囚粮的采购等。

陆绍训曾在司法系统混迹多年,熟知黑白两道,是一个官场"老江湖",深谙靠山吃山、靠水吃水的门道,感到管理监狱的油水很大,其中犯人的囚粮是个大项。作为敛财高手,陆绍训走马上任后,首先与前任分监长黄培汴进行交接,除

---

[1] 张秀夫主编:《提牢备考译注》,法律出版社1997年版,第4页。

了管理人员、在押犯人、财物账册的基本情况外,精通英文、法文的黄培汴向陆绍训移交了监狱的库存囚粮42石。陆绍训细细清点,感到这号称42石囚粮,实际数量不足,就抓住前任分监长黄培汴的"软肋",向黄索要钱财,两人经讨价还价,黄拱手交出了20元大洋,作为囚粮不足的补偿。陆绍训毫不客气地放进自己的腰包。陆绍训上任后,到分监巡视一番,熟悉一下基本情况后,他又去监狱周围一带走走,他去了几家米店,看看上海米粮的行情。一天他来到七浦路434号协泰米店,与店主桂荣春一番寒暄,而后陆绍训亮出自己是江苏第二监狱分监长的身份。老道精明的店主桂荣春,暗暗欣喜,一定要抓住这一大主顾,揽下这笔大买卖,对陆绍训敬烟送茶,百般殷勤;该米店的司账兼跑街李裕芳也从中撮合,陆绍训与协泰米店店主桂荣春暗暗串通勾结,提出虚开米价,从中渔利的要求,两人在谈笑风生中形成了默契。嘱咐该号虚开11月18日售米5石、但高出实际粮价的发票,证明每石价洋10元2角。陆绍训吩咐夏和璞具体操办。

第一次陆绍训尝到甜头;11月27日,陆绍训又叫夏和璞向协泰米店购米10石,每石实际价格为8元1角,但要求米店所开的发票为每石10元2角,作为囚粮的报销凭证。这样10石囚粮,他就可以从中获取21元。(当时物价较低,普通看守每月的工资一般6—8元,所以21元相当于一个看守3个月的工资)。12月3日,分监长陆绍训又命夏和璞向协泰订购米50石,议定每石价洋8元2角,仍要米店店主桂荣春虚开每石9元8角的发票,这50石的囚粮,陆绍训、夏和璞又可以获取80元的"外快"。

当时江苏第二监狱分监与上海地方法院、江苏高等法院第二分院(简称高二分院)同处于浙江北路一个大院内,而且江苏第二分监行政上属高二分院领导,其一切财政收支出纳,概归高二分院主管。院长沈家彝(字季让,曾留学日本,在北洋政府时期曾长期担任法学教育和司法审判工作,新中国成立后受聘为中央文史馆馆员)[1]对其下属各单位各种款项出入,亲自顾问及稽核。他感到江苏第二分监所开囚食的价目,相较市场的价格高出不少,开始曾经提醒过陆绍训,要求他注意予以核减,但陆绍训等人仍然我行我素,不听劝阻。为此,沈家彝遂令书记官戴鸿暗中下去核查。戴鸿携带当月21日第二分监进货的米样到了多家米店,经查该米当日市价仅8元2角—8元3角,而第二分监购入的米价却要10元2角,高得离谱。戴书记官便向院长汇报了调查的全过程。沈院长感到第二分监在采购囚粮中存在猫腻,初步断定有人从中渔利,便决定函请高二分院检察官就此囚粮问题再进一步深入核查。几天后,高二分院的检察官来到协泰米店,假扮为市场稽查处的身份,检查协泰米店近期米粮进出的情况及其账本。米店

---

[1] 《上海文史资料存稿汇编·社会法制》,上海古籍出版社2001年版,第14页。

店主桂荣春一面敬烟送茶好言接待,一面布置司账兼跑街李裕芳临时涂改账本,立即把多日来卖给江苏第二分监阴阳账目、开阴阳发票的 8 元 2 角米价改为 10 元 2 角,使其进出账的数额齐平,当即交出 3 本账簿,后又续交 2 本。由于时间匆促,只改动部分账目,而所改动的地方墨色尚未全干,旧字码隐约可辨,没有改动的地方(即原始账目)则与发票及该监账簿所付之数完全不符。高二分院检察官经过调查,确认江苏第二分监长的陆绍训、庶务夏和璞与协泰米店店主桂荣春及司账李裕芳互相勾串营私舞弊,证据确凿。据此,高二分院沈家彝院长下令对陆绍训撤职拘捕,监狱庶务夏和璞发交第一特区法院检察处查办,同时呈经司法行政部委派孙雄继任江苏第二分监分监长。

1932 年 12 月初,上海第一特区法院(简称特一法院)检察处由首席检察官汪祖泽首先对陆绍训、夏和璞开庭侦讯,暂予看管。当月 14 日,法院承办检察官将协泰店主桂荣春票传到案,并把该店账簿亦调取到庭。并命该店主交保,听候查办。

1933 年 1 月 14 日下午,特一法院由刑庭庭长钱鸿业偕书记官长关志良开庭提讯相关人员。陆绍训聘请张效曾、沈钧儒律师,桂荣春聘请朱希方律师为他们辩护。法庭开庭后,首先由检察官钟清宣读对陆绍训、桂荣春的起诉书。起诉书详细论述了陆绍训、夏和璞与协泰米店店主桂荣春及司账兼跑街李裕芳相互勾结,串通一气营私舞弊的有罪证据及经过情况,要求法庭予以追究。在法庭上,面对犯罪事实,几名被告都找出种种理由,互相推诿,推卸罪责。陆绍训说自己是广西桂林人,长期在司法行政部充当科员,奉命派遣初来上海,对上海市情地情不熟,采办囚粮之事完全由夏和璞办理,我全然不知。夏和璞供认,我是经办人员,按照分监长的布置,只凭协泰米店的发票向米店付款,银货两清。桂荣春说:我虽然身为店主,没有文化,目不识丁,所有账目交易均系司账兼跑街李裕芳管理,所以涂改账目亦不知悉。而协泰米店的李裕芳听到风声后已经远走高飞。法庭上,几名被告所聘请的律师也作了发言,钱庭长宣告辩论终结,准予被告交保候判,并让他们交出保证金,其中要陆绍训交 1 000 元,桂荣春交 400 元。

1933 年 1 月 19 日上午,特一法院开庭对陆绍训、桂荣春进行宣判,依照《中华民国刑法》第 42 条、第 44 条、第 136 条等法条,江苏第二监狱分监长陆绍训、庶务夏和璞,共同侵占公务持有物,各处有期徒刑 8 个月;协泰米店店主桂荣春帮助侵占公务上持有物,处徒刑 2 个月,缓刑 2 年。陆绍训认为自己确有舞弊行为,但总体金额不大,事后已经全部退还,向上级法院即江苏高二分院提起上诉。后来被法院驳回,维持原判。①

---

① 《监长舞弊案上诉驳回》,1933 年 3 月 19 日《申报》。

特一法院检察处在查办陆绍训贪腐案的过程中，发现前任分监长黄培汴及主任看守陈镜池在囚粮采购中也有侵占渎职的重大嫌疑。通过查阅有关米店的账簿，如黄培汴在1932年10月25日向米店购囚米60石，米店记账价格每石8元8角，而监狱进货的账本为10元4角，两者差距每石1元6角，这一笔粮款就贪污96元。其他几笔囚粮款也有同样的问题。法院决定对黄培汴、陈镜池及米店的李裕芳予以拘缉，侦查法办。但他们已经听到风声，改名换姓逃走外地。江苏高二分院呈请司法行政部核准后，发布通缉令予以在全国通缉，同时法院还指令办案人员设法追回公款。1933年2月7日，特一法院提出对黄培汴居住在上海北四川路余庆坊151号的财产及其黄原籍广东顺德的财产予以冻结扣押，抵偿他所侵占的公款。但是法院民庭办事拖拉，一直到10天以后，即2月17日才核准，20日派人执行。然而极有心机、早有预感的黄培汴家属却于2月18日连夜把家中值钱的东西携卷一空，逃之夭夭，不知去向。为此特一法院与广州市公安局、广州市地方法院顺德分院拍电报联系，希望他们紧急扣押黄培汴在广东的财产，但是结果却同样一无所获。对于黄培汴之帮凶陈镜池的缉获及财产的扣押也没有任何结果。因此，法院对黄培汴、陈镜池的刑事及民事的追究也就不了了之。同年3月，河北高等法院听说黄培汴、陈镜池居住在河北。省法院检察署于3月11日发出法字第3270号训令，在全省通缉黄培汴、陈镜池两人。但是通缉令发出，犹如泥牛入海，毫无反应。

黄培汴的前任，即江苏第二分监分监长赵凤贤也因囚粮而涉及贪腐案。比较清正的高二分院院长沈家彝遂会同首席检察官王震南，训令特一法院院长郭云观、首席检察官汪祖泽，另派警员前往江苏省武进县移提赵凤贤归案究办。特一法院也把相关证据转到武进县地方法院。此时赵凤贤已调任江苏省武进县监狱管狱员，其在分监长任上的亲信、沾亲带故的时任主任看守的赵增任也在武进监狱当看守。1933年2月15日，赵凤贤、赵增任被停职，逮捕法办。同年5月13日，他们两人以"共同连续侵占公务持有之物"的罪名，各判处有期徒刑10个月。①

从购买囚粮的账单为线索，挖出了民国期间短短几年内江苏第二监狱分监几任分监长勾结米店老板前赴后继营私舞弊、坍方式的贪腐典型连环案。后来，上海华界司法系统对各监狱囚粮的采购也采取措施，细化了管理工作，弥补其中的漏洞，成立囚粮采购委员会，通过一个集体机构来管理囚粮的采购事宜，从制度上保证、约束监狱囚粮的采购及管理。

(本文原载《档案春秋》2022年第10期)

---

① 上海档案馆档案：档号 Q181-1-845。

# 旧上海监狱发生的犯人脱逃案

旧监狱管理上狱政腐败,危机四伏,经费匮乏,管理人员素质低下,典狱长像走马灯似转换,例如:漕河泾监狱从1919年7月启用,到1937年8月撤销,这18年中典狱长共计更换15人,任职最长近2年,最短的3个月;提篮桥监狱从1943年8月至1949年5月,近6年内典狱长更换了10任9人,任职最长2年多,最短仅40多天。上海市郊的监狱、看守所更是设施简陋,管理粗放,伙食极差,牢头狱霸横行,在押犯人经常脱逃,少则一二人,多则一二百人,通过各种方式脱逃。本文介绍其中若干典型案例以飨读者。

## 一、抢夺钥匙　持枪越狱

1920年3月21日(星期六),农历二月初二,俗称龙抬头的日子。夜幕笼罩,漕河泾监狱值日看守长张佩应率各监看守点名收封。在义字监内,当班看守缪均正对监内清点犯人人账和收封。突然监房内冲出王道清、张德胜等几个犯人,其中一人从背后一把抱住看守缪均的腰部,一人把一团破布迅速塞入他的嘴巴,还有一个犯人用一根铁杆猛击缪的头部,使其倒卧在地。犯人夺取了他手中的监舍钥匙,打开监舍内部分已经收封上锁的牢门,王道清、张德胜煽动性大声喊叫"大家冲啊,要出去的跟我来",冲向监狱的大门。他们又打开了仁字监、智字监和礼字监的大门,煽动犯人一齐冲向监狱大门。一个犯人把看守王某击伤,剥去王身上的制服套在自己身上,同时冲出监舍的犯人又扯断拉掉监狱内的电线,使监狱处于黑暗。一犯人击倒警卫看守,夺到一支步枪、一排子弹,他又召唤其他犯人到监狱的枪械库去抢劫枪支弹药。[①]

当夜监狱的值班长张佩应来到监狱大门口,看到100余犯人冲来,他一面布置大门看守,加强警卫,一面对着犯人,大声喊话,希图挽回局面阻止哄监越狱,却被犯人一枪击中,倒地身亡。监狱某科长率一批看守前来处置,尽管部分看守举枪还击,击伤犯人多人。但是看守人少,犯人人多势众。仁、义、礼、智、信五座

---

① 《江苏第二监狱罪犯越狱记》,1920年3月23日《申报》。

监舍一半以上的犯人都涌了出来,总计有300余人,不少犯人有的手持木棍,有的手持砖头石块,人潮如涌。大批犯人看到南门(监狱正大门)看守人员已作准备,持枪严阵,他们就乘机打开监狱备用的东门、西门、北门等几扇边门脱逃,也有一些犯人面临枪弹飞舞,害怕受到伤害又返回监舍。该次越狱系犯人经过充分准备的集体行动。事后据监狱初步统计,3月21日,漕河泾监狱共逃脱犯人180多名,在越狱时,也有部分犯人中枪死亡,其中在监狱周围留下多具尸体,事后也抓获到部分犯人。同年5月,对越狱后捕获的40多人进行开庭审理,其中1人判处死刑、4人加判无期、30多人加判有期徒刑。[①]当时上海各媒体作了大量报道,轰动上海滩。

## 二、锯断铁栅　翻越围墙

上海中央银行的金库保管员陈元盛,浙江镇海人。1946年5月他监守自盗,把库房内一块重达543两并镌刻有英文的"满洲国中央银行"的金砖偷盗外出,抵押给钱庄,换取大笔钱财后,投机做股票买卖,企图获利后再赎回金砖。由于股市失利,押期已到,但又缺钱赎回金砖,他就铤而走险,吩咐钱庄把金砖融化为54根每根10两重的金条。当年5月22日,因上级部门要检查金库,他闻讯后便潜逃外地,在杭州逍遥挥霍。有一次曾包下10多名舞女共同游乐西湖的山水风光,后经人举报而在浙江上虞被捕。同年10月,陈元盛以盗窃罪被上海地方法院判处无期徒刑,收押提篮桥监狱。入狱后,陈元盛在管理人员面前认罪态度"诚恳",有时还痛哭流涕,表示自己罪有应得,在狱中度此残生。后来陈被分配在监狱医院做"工犯",晚上住监狱医院5楼牢房。"工犯"平时干些杂活,活动范围大,消息灵通。日子一久,他摸清了提篮桥各幢监楼的方位和防范情况。当时由于监狱财政开支严重短缺,为了紧缩经费,撤下监狱高墙四周岗楼的值勤人员,医院晚上只有一个人值班。陈元盛利用监狱及医院管理上漏洞,就跟同监犯王海良、姜吉祥和刘阿六暗中策谋越狱计划并做好各种准备。以让犯人做轮船模型为名,让护士带入两根钢锯锯条,还把监房窗口上的一根铁栏锯断。为防止被人识破,就在铁栏断口处用胶布裹好,外蘸墨汁以作伪装。他们偷拿医院的医用绑带,暗中绞成绳索;又向医院借得一把老虎钳。此外,陈元盛又买通医生为其开了一张患重病行动不便,需要特别接见的假证明。其姐姐就凭此证明,进入医院带入若干现金。

1948年8月24日凌晨,大雨倾盆。陈元盛、王海良、姜吉祥借助于恶劣天

---

① 《越狱犯昨日宣判》,1920年5月12日《时事新报》。

气,在监狱医院5楼监室内,扳开早已锯断的铁栏,冒雨钻出窗外,攀缘墙壁处的落水管,滑降而下。同监犯刘阿六本来也想一起越狱,因闻知本人将改判或假释而放弃脱逃。陈元盛等3人从5楼顺着水管滑到1楼,悄悄来到监狱东南角的3层高岗楼前。陈元盛一伙用事先准备的钢锯,锯断岗楼铁门上的门梢,沿着盘旋而上的楼梯,登上岗楼的3楼,又用医用纱布制成的绳索拴在铁栅上,3人越出窗口沿绳而下,到达围墙外再翻越一堵竹篱笆后来到狱外。①3人落地后叫了一辆出租车,吩咐司机冒雨疾行,到新开河时他们分作两路,姜吉祥等两人摆渡去浦东,陈元盛一人独行。事发后,8月26、27日,警员先后将姜吉祥、王海良捕获。8月30日深夜11点,陈元盛在今瑞金二路金谷村弄口束手就缚。②

锉断铁栅越狱脱逃在旧上海各监所也发生过多次,如:位于浙江北路的上海地方法院看守所4楼的某监舍中,关押了4名犯人,系日本人市原薰、酒井雄次,韩国人申定均,上海人朱一萍,这四人均因强盗罪或杀人罪,分别被判处徒刑5年以上。本要送押提篮桥,因临春节,暂押看守所。他们将监房后面的铁栅锉断,于1946年2月7日上午用绑索自窗口下垂逃遁,最后一名图逃的韩国人,在缘绳下滑的时候,控制不住重心而跌落,受伤躺在地上,动弹不得,后来为警员所获。其他3人则逃之夭夭。案发后警察局于2月11日仅抓到一名日籍犯。

### 三、深挖地道　向外潜逃

世界名著《基度山恩仇记》中曾有一段故事,青年水手唐台斯被告密而遭迫害被押入一个海岛的监狱里。他通过不懈努力,深挖地道,经一老者的指点及帮助逃出牢笼,化名基度山伯爵,后来报恩复仇。该书揭露了法国七月王朝时期一些上层人物的罪恶发迹史,暴露了当时法国司法制度的黑暗。这不过是小说家法国大文豪大仲马虚构的一个离奇故事。但是民国时期的川沙县看守所却有一个真实版的脱逃案例。

1946年11月初,防护设施较差的川沙县看守所关押了不少犯人,其中有判处死刑的盗窃犯张根福、潘小方、蔡占清及判刑10年的张金生、判刑5年的钱仲达,还有一名未决犯曹福昌。川沙县看守所设施简陋,监舍地坪没有铺设水泥,有的仅铺一层砖块,有的甚至是泥地,加上看守人员责任性不强,平时很少看管巡察,值勤时喝酒赌钱。对张根福、潘小方等犯人的看押放松警惕,总认为他们已经上了脚镣手铐,成了死老虎,犯人除了每天的吃喝拉撒及海侃神聊外,在狱

---

① 《上海监狱三犯越狱》,1948年8月25日《申报》。
② 《上海监狱越狱三犯全部弋获》,1948年8月31日《申报》。

中翻不起风浪。可是，被押的犯人利用放风等机会，一方面捡拾金属碎片及坚硬的石块，带入牢房，一方面仔细观察监狱的布局及地形地貌，几个犯人日日夜夜、轮番作业在牢房地下挖地道，而且该地道穿过监狱围墙；挖出的泥土则堆放在监舍的角落或平铺于地坪。1946年11月20日凌晨2时许，夜深人静的时候，张根福、潘小方等犯人钻入地道，经过监狱隔壁的宋姓竹篱笆向外潜逃。到次日早上发放早餐时，看守才发觉该牢房内没有一个人影，地上丢弃了若干毁坏的脚镣。经禀报典狱长才发觉一伙犯人集体脱逃。经事后检视，牢房内的地道尽管狭小，但长达几米，挖掘至为艰难，非一二日所能完成，而且没有铁器利用，更属不易。其牢内之洞口，为卧床遮蔽，而看守人员未能发现。这些犯人均铐有脚镣，但越狱时均已去除。后来虽经监狱报警追捕，但早已杳无踪影。

## 四、朝天打开洞口　通过屋顶脱逃

吴福生系一胆大妄为的惯犯，1946年3月13日在国际饭店附近抢劫行人金某手上戒指，遭到金的抗拒，吴开枪将其击毙，当场被警察捕获，被地方法院一审判处死刑，羁押于上海第三看守所。该看守所是一幢砖木结构传统式的楼房，每层设有几间牢房。看守人员每天履行公事，粗粗一看，兜一圈子了事。1948年2月初，正逢阴历年的十二月，没有几天即将春节。该4楼（顶层）中的一间牢房里，除了吴福生以外，还关押了陆文彬、黄木香、叶妙春、陈长林、唐世根5个犯人，他们都经过上海地方法院的一审，除吴福生被判处死刑外，他们的刑期均在10年左右。春节以后将移押提篮桥监狱。

吴福生、陆文彬等犯人，人在牢房，心系社会，总想脱逃离开关押场所，重过花天酒地、放荡不羁的生活。他们深知即将关押的提篮桥监狱壁垒森严，设施精良，要想脱逃很难实现，便互相悄悄地商议，考虑对策。捕前曾是泥水匠的黄木香对着顶层牢房仔仔细细地端详一下，感到一阵幸喜，他出了一个主意，打通屋顶，从天越狱。他们把监舍里的床铺叠起来，黄木香首先爬上屋梁，立足好有利位置，毁去平顶的椽子，扒开部分屋面的瓦片，使屋子开启了一扇特殊的"天窗"，形成了一个越狱脱逃的洞口。为了确保越狱的成功，吴福生、陆文彬等6个人，精心挑选了一个特殊的日子，1948年2月10日清晨，即阴历正月初一；这天是春节，各家各户，不少人家正烧煮汤圆，而看守经过除夕夜的酒足饭饱，正处在酣睡中。春节当班的看守也警戒松懈。周围不少居民正燃放鞭炮，阵阵的烟火炮竹声也掩盖了越狱攀爬的声响。这六个犯人去掉脚镣，从屋顶洞中爬出，黄木香首当其冲，走在第一个，领头为大家探路。由于处在4楼的屋面，黄木香对其四周的地形地貌都不熟悉，再加上一夜露水，瓦片比较湿滑，他不慎失足坠地，从4

楼的楼顶跌到地上,受有重伤。其他 5 个犯人也不敢贸然行进,吴福生、陆文彬等步步为营,小心翼翼地爬至其他屋顶,企图通过迂回线路逃离看守所。

这 6 名犯人越狱行踪,屋顶上有多人走动,特别是犯人黄木香从 4 楼屋顶摔下,发出了沉闷的声响,被值班的看守所法警发觉,便吹响警笛,组织人员予以包抄搜捕,先将躺在地上、不能动弹受伤的黄木香控制住,并上屋面捕获了吴福生和陆文彬。叶妙春、陈长林、唐世根 3 个犯人见势不妙,马上退回原处,仍然从原洞钻回牢房。后来这六个越狱犯一起被收网,一场从屋顶脱逃的行动就此破产失败。1948 年 2 月 24 日经上海地方法院宣判,因犯吴福生杀人又越狱,罪上加罪判处死刑。其他各犯都受到相应的加重惩处。

无独有偶。川沙县地方法院看守所于 1947 年某月 24 日上午 3 点 50 分突发枪声数响。原来该所 3 号监房中被犯人毁去平顶椽子,有多名要犯脱逃,其中包括判处死刑的陆桂生,因盗匪、脱逃罪判处 10 年徒刑的万建国,还有强奸杀人犯张富元。案发后,尽管看守会同警察携枪追赶,迄未捕获。至于监房的毁损部分,系由逃犯立于铺板上动手破坏。因为逃犯陆桂生原为泥水匠,技术极精,且监房虽属新修,由于低矮不坚,故该犯可以得逞。当然最主要的是看守人员的失察失管。

## 五、穿着制服　蒙混出狱

监狱、看守所或其他临时羁押场所在工作、值勤期间一般多穿着相应的制服或特制的工作服,这不但是管理的需要,还是便于一个单位或部门对进出人员的管理及识别。但是如果这些制服被犯人穿着或利用、冒用,将会造成严重的后果。在公董局印刷所从事夜班作业的上海法租界会审公廨监狱 28138 号犯人,事先偷拿了一套该印刷所职工有特殊标记的衣服,悄悄藏起来。1926 年 7 月 16 日凌晨 1 时,该犯人脱掉自己的囚服,偷偷地穿了有特殊标记的衣服,俨然成为该印刷所的一名职工,逃过了夜班看守的视线,混出了印刷所的大门而逃跑。[①]

1946 年,上海警察局榆林分局司法股前股长刘紫苑因犯贪污罪一审被判有期徒刑 12 年,关押在位于思南路上海地方法院第一看守所。刘紫苑自以为过去自己好歹是一名警察,这次以贪污罪对他处刑太重。想想抗战胜利后,上海多少接收大员,假公济私,大捞金银财宝,票子、金子、房子、车子、女子"五子登科",仅仅有个别人受到处理,而自己数额不大,却判处 12 年。因此他心态极不平衡,企

---

[①] 《上海法租界公董局年报》(1926 年),第 66 页。

图越狱。一方面他又串通看守所的看守章汉生,与章交朋友,向其吹嘘他路道粗、交友广、办法多,抬高自己的身价;另一方面对章汉生行贿,通过其亲友家属向章送钱财,买通看守。过了一段时间,刘紫苑看到"火候"已到,请章汉生帮忙为其提供一套看守制服。几天后,刘紫苑在看守章汉生的帮助下,得到监狱的看守帽子及证章,冒充看守,大摇大摆,化装出狱,逃过了监狱门卫的眼睛。虽然刘紫苑一时逃出监狱,但是监狱每天都需要清点犯人"人账",新收几名、释放几名、在押几名,一个人不能多,一个人也不能少。所以刘紫苑的脱逃很快被发觉。刘紫苑在黄浦江畔逍遥数天以后,就被警方锁定目标,再次被捕。在审讯中,刘紫苑也带出了看守章汉生。事后看守章汉生也被捕关押。刘紫苑、章汉生一起经法院检察处送交地院刑庭法办。1947 年 8 月 29 日上午由谢志英推事开庭宣判。刘紫苑以脱逃罪,在原有 12 年的基础上加处有期徒刑 1 年,章汉生以故意便利人犯脱逃罪,判处徒刑 2 年 6 个月。

## 六、扭断手铐　跳车脱逃

民国初期,上海本地犯人的短途押送,最初往往两个犯人合铐一副手铐,每 10 个犯人为一组用绳子穿起来;押送地点较远的也曾使用汽车、轮船、火车组合使用,比如:漕河泾监狱的犯人如果移送苏州监狱,犯人先步行到新龙华站,再乘火车,到达苏州后,再步行到监狱;位于上海老西门的江苏第二分监犯人如果调往苏州,犯人先步行到黄浦江边的码头,乘小火轮到苏州河边的码头上岸后,步行到北站乘火车。该送押方法费时、费力,又不安全,主要受到当时的经济及交通设施的限制,后来才逐步改用汽车一步到位。

1947 年 10 月 21 日下午,思南路上海地方法院看守所移解已决囚犯 60 人送押提篮桥监狱,由看守长率领 5 名看守押解。由于汽车不是装备良好的警车、囚车,而是租用了一辆防护功能较差的普通运货卡车。押送 60 名犯人的卡车前后,也无任何车辆开道及殿后。这 60 名犯人面对这次关押场地的移动,心态不一,安分守己的有之,图逃"搏击"的有之。其中,已判徒刑 12 年的贩毒犯朱高全,更是蠢蠢欲动,感到机会难得,他频频向已判 7 年徒刑的盗匪犯陈金桃、已判 3 年徒刑的盗匪犯吴金有使眼色,陈、吴两人也都心领神会,于是在卡车上相互把手铐扭断,只待朱高全的发号施令。2 时许,载有 60 名犯人的货运卡车即将抵达外白渡桥的时候,由于来往的汽车及人流较多,车速放慢,随着朱高全的指挥,他们 3 人忽然从卡车上跳下,一路狂奔,企图脱逃。看守见状,一面紧鸣警笛,一面有 3 名看守跳下卡车随后追赶,卡车暂停在交通警察岗亭处。朱犯等 3 人逃至北京路四川路,被马路一边的警察截获,而后对他们 3 人加铐戒具,押回卡车严密看管。3时许押抵提篮桥监狱监禁。朱犯等3人将依脱逃罪加重处刑。①

## 七、看病住院　乘隙逃遁

姜云祺前因犯案经会审公廨判处有期徒刑4年,关押提篮桥监狱服刑。1910年5月,姜云祺因病送往位于海能路(今海南路)的工部局医院医治,监狱并派出甲乙两名华籍看守看管。这两人事先分工明确,每人一天休息、一天看管,日夜翻班。经过几天的看管,甲乙两名看守感觉犯人姜云祺听话,白天安稳,根据医生、护士的要求吃药打针,晚上按时睡觉,便慢慢放松应有的警惕,对姜云祺的看管有所宽松。5月11日晚上,姜云祺乘看守打瞌睡之时,忽然击碎没有安装铁栅栏的玻璃,跳窗逃遁。案发后甲乙两名华籍看守受到上级管理者的训斥,并拘押听候查办。

法租界会审公廨监狱在马路斜对面的广慈医院建有一座小型病房,生了重病的犯人经批准可以住院治疗,尽管那里也有铁栅,也有一定的防卫设施,但是相比监狱总是差了一截。有的犯人就利用医院的特殊环境脱逃出狱。如1913年7月25日深夜,两名犯人在一间监狱的浴室中掘挖洞穴潜逃。1923年1月23日早晨7时许,一名洗衣服的犯人在洗衣房中,他爬上放置工具的洗衣桶,抓住屋檐后,顺着一根水管下滑,出了大门后逃脱。案发后,捕房展开侦查,但没有缉获。②

## 八、外出劳役　伺机脱逃

民国时期,各监狱犯人的劳动作业,一般分为狱内作业及狱外作业。犯人的狱外劳动场所,点多面广,而且监狱需要派出相当多的警卫人员担任看管,虽然在狱外每两名犯人为一组,犯人的腰部都戴有1米多长、10斤左右重量的锁链,但是逃跑的事情时有发生。如1914年12月1日,上海法租界会审公廨监狱一个犯人在金利源码头搬运水泥管时,利用一根拾来的铁梗把铐在身上一节锁链撬断,乘机脱逃,几天后被缉拿归案。1922年7月8日下午,法租界监狱的法籍和越籍看守带领一批犯人在"法越小学"建筑工地搬运建筑材料,工场比较开阔、分散。两名戴锁链的犯人,经密谋商量,躲过看守人员的监视,乘机脱逃,但几天

---

① 《囚犯起解图逃　三犯扭断手铐　跳车仍被追获》,1947年10月22日《申报》。
② 《上海法租界公董局年报》(1923年),第86页。

后被巡捕房的巡捕及包探缉拿归案。

在公共租界的提篮桥监狱也发生过犯人外出服役时脱逃的案例。如1908年8月7日中午,提篮桥监狱内周桂生、张阿三、陈小栗子、高三4名犯人在作工时逃逸,并击伤监工印度人一名。当即报知各捕房,立饬通班西籍、华籍包探四出弋缉。①经查周桂生,即王莲生,年18岁,江苏镇江人,身长5尺5寸,右眼上有白疤一条,曾经犯案3次,当年7月13日因犯盗窃罪判处3年;张阿三,19岁,江苏无锡人,身长5尺4寸,右面有红疤,1907年6月14日判刑5年。案发后,公共租界工部局总巡于8月9日发布了悬赏通告,如能将该犯拿获者,每名立赏洋50元。②

## 九、犯人脱逃后有关人员的处理及其思考

清末民国时期,上海地区监狱及看守所曾屡屡发生在押犯人越狱脱逃。案发后,租界监狱则由巡捕房的巡捕、包探及监狱看守组织抓捕;华界监所则由警察局的警察及监狱管理者等组织抓捕。与此同时,租界当局还公开发布悬赏通告,初期每名立赏洋50元,后来提高到每名立赏洋100元。事后,有的逃犯被缉获,也有的杳无影踪。对被抓获的犯人则被加刑惩处,对相关的看守人员也要受到处理,轻者训诫、降职、免职,重者判刑。如20世纪初,华亭县监狱多次发生犯人团伙脱逃,典狱官程贻九擅离职守,不知防范,饬令免职;③漕河泾监狱1920年2月21日180余名犯人脱逃,典狱长敖振翔负有不可推卸的责任,同时还犯有侵吞公款等罪行,同年11月被上海地方审判厅判处有期徒刑3年。上海第二特区监狱1938年10月26日在押的俄籍犯人高尔洛夫、陶尔斯清晨越狱脱逃,不久,俄籍犯陶尔斯逃匿虹口被拘获。同年12月22日,法庭依陶尔斯系累犯,加处徒刑3年;看守张恩玉与警卫张和铨各处徒刑2个月。④

综上所述,上海地区监所犯人的脱逃,有单个脱逃及团伙脱逃,有的系经过较长期时期的准备,有的为偶发性的伺机脱逃。其脱逃的日子往往选择在节假日或周末、周日等特定的日子,时间往往是半夜、凌晨等夜深人静的时候。脱逃地点分别为:监所的关押场所,外出劳作的工地,患病治疗的医院,甚至押送的途中。犯人越狱脱逃案的发生也充分反映了当时监狱管理人员责任性不强,工作敷衍了事,长期不深入监舍,让犯人私藏违禁物品,有的甚至与在押犯人互相勾

---

① 《西牢逃脱犯人》,1908年8月8日《申报》。
② 《赏格》,1908年8月10—19日《申报》。
③ 《管狱员免职》,1913年3月29日《申报》。
④ 《逃犯与看守 讯明分别判罪》,1938年12月23日《申报》。

结;也有的监狱看守所由于行政经费缺乏,原有的或应有的防护设施不到位,如监舍简陋、围墙单薄、警卫力量不足等;更深层次的原因是狱政制度腐败、管理人员的素质低下。

从另一角度思考,犯人脱逃的动机及原因也是多种多样,如不服判决、寻求自由、逃避法律惩处、反抗社会等。其中还有一个原因是旧监狱的关押生活条件极其苦难,饥饿、疾病、劳役……生不如死。如1909年初,提篮桥监狱的逃犯朱阿四、陈阿荣、周桂生先后被捕获,当年4月14日经公共租界会审公廨讯究,朱阿四在原判刑期的基础上加押4年,朱、陈两犯各照原判加押一年。审判加刑后,他们坦言,在狱中每日由印度看守督做苦工,所给饭食不能充饥,夜间亦不能安睡。今日既然被抓获,我们情愿立时正法或请洋人用手枪击毙,不愿再入西牢。①

---

① 《英租界西牢苦况》,1909年4月15日《申报》。

# 漕河泾监狱：死刑犯处决地之一

租界、民国时期，上海执行死刑的场所曾有九亩地、西炮台、南车站路看守所、提篮桥监狱、宋公园、闸北刑场、浦东等多处。其中在20世纪30年代前后，位于上海西南的漕河泾监狱是申城执行死刑的一个主要场所，被执行的死刑犯，其案由主要是绑票、杀人、盗匪等。漕河泾监狱，正规名称为江苏第二监狱，1917年5月兴建，1919年9月启用。初期占地88亩，后来扩大至120亩，押犯最多的时达3000多人，系民国时期华界地区的一座大监狱。漕河泾监狱执行死刑分为绞决和枪决两种方式。

## 一、漕河泾监狱的刑场

漕河泾监狱死刑犯的执行地点有两处，一处位于一大门后、二大门前的空地；另一处在监狱西面围墙外面的刑场。最初监狱没有刑场，按照民国初期惯例，凡执行绞决的犯人尸体需昼夜暴露，24小时后才能由家属或慈善机构收殓，这样既妨害观瞻，又不卫生。1929年6月，第七任典狱长邵松龄向江苏高等法院院长林彪请示，提议在监狱的二大门西面围墙外的空地辟建一处刑场，死刑犯的执行就放在刑场，使监狱的功能及布局更合理。在刑场的东、西、北三面加筑围墙，拟在刑场的南面建一座执行庭。添建刑场的费用可在犯人作业费的余利中开支。该请示获得江苏高院批准后，邵松龄就立即组织施工。漕河泾监狱刑场长60尺，一边宽43尺、另一边宽38尺。总体呈梯形状。东、西、北三面围墙共计长128尺，高9尺，围墙内外粉刷白灰。刑场北面建监视室，监视室呈矩形状，地坪长20尺、宽6尺，地坪铺水门汀(水泥)。两椤上盖瓦片，下复松板。在刑场南面建一座行刑亭，地坪长10尺、宽5尺；檐高7尺。该刑场的建立，经过工匠核实估算，共需工料洋480元，当时的建筑资料比较便宜。笔者从档案中找到了原始账单，现抄录如下："一二寸青方砖2万1千块210元、石灰40担76元，纸筋8捆6元4角，三合土二方28元，水泥4包8元2角，瓦片3000张15元，黄沙一吨4元，石子半立方6元，洋松木料3丈13元8角，铁件6元，油漆材料8元，洋钉16磅1元6角，赏金约10元，迁移看守厕所各项材料30元。"建筑过程中使用了不少犯人,所以节省了许多人工费用的开支,同时工期短,速度快。

## 二、死刑犯的枪决

当时的媒体,也对漕河泾执行死刑的情况也作有简要报道。目前最早查到漕河泾执行枪决死刑犯的消息,系 1923 年 8 月 24 日《申报》的报道,《地检厅枪毙淫凶盗犯》案犯王纪昌昨在漕河泾江苏第二监狱枪决。从 1928 年 3 月起,《申报》执行死刑的报道逐渐增多,如:7 月 15 日的《枪决两盗犯》的报道称:"昨日上午临时法院将张美君、王正珊两犯提案,入漕河泾江苏第二监狱刑场,验明正身后执行枪决。……张美君,22 岁,宁波人;王正珊,27 岁,宁波人";9 月 27 日的《昨又枪决大批绑匪》称:"……昨日,绑票犯商云卿、王毛郎、刘来生、余周生、张金星、余子祥、周三、杨瑞春等 8 人押解漕河泾江苏第二监狱执行枪决。"经笔者对《申报》上公开报道的初步统计,在漕河泾刑场枪决的犯人 1928 年有 6 起,17 人;1929 年 9 起,22 人;1930 年 5 起,15 人;1931 年 6 起,12 人。因犯枪决有时候一起 1 人,如 1931 年 3 月 13 日,绑匪犯杨华年;[1]有时候为 2 人,如 1928 年 12 月 19 日,绑票犯苏文标 32 岁,绍兴人,史阿大 33 岁,绍兴人。[2]也有多人同时被枪决,如 1932 年 2 月 15 日有郑阿二、钱桃元、卢怡生、王子青、刘少卿、俞阿庆、洪阿根 7 人至漕河泾刑场上前 4 名,后 3 名,分两批执行枪决。[3]

死刑犯执行时需要验明正身,核对姓名、年龄、职业、案由、住址等基本项目,每一项目、每个字都不能发生差错。在漕河泾监狱执行时,也发生过因司法机关疏忽,死刑犯姓名写错,或多份资料姓名不对,应而延误死刑执行的事件。如绑票犯李夏坤,南通人,捕前系内外棉纱 14 厂铜匠,住柳云路万福街观音堂西隔壁,家中有 48 岁的母亲黄氏、年已 73 岁的祖母,并外祖母 2 人、3 个胞弟、无姐妹,父亲已病亡。因与张炳文等人掳架四马路华美药房小主人徐倪庭勒索被捕,奉省政府核准枪决。1928 年 7 月的一天,与张炳文等押送到漕河泾监狱执行枪决。在验明正身时,法警发现该犯死刑执行书上的名字是李夏坤,而死刑犯照片上的名字为"李华坤"。由于两者姓名不符,法警拒绝执行,退回法院重新核准。这一字之错,犯人多活了两天。当法院纠正了死刑犯照片上姓名差错后,在第二次押送到漕河泾监狱执行,死刑执行书的"李夏坤"的"李"字上面,多了一撇,写成了"季夏坤",把死刑犯的姓也弄错了。于是死刑犯又一次退回,经改正后次日

---

[1] 《绑票匪杨华年枪决》,1931 年 3 月 14 日《申报》。
[2] 《两绑票匪昨日枪决》,1928 年 12 月 20 日《申报》。
[3] 《七绑匪枪决》,1932 年 2 月 16 日《申报》。

执行；可是第二天是星期日，按当时的规定，星期天不执行死刑，结果又多活了两天。直到两天后，李夏坤经验明正身才在漕河泾监狱刑场执行死刑。①

## 三、死刑犯的绞决

漕河泾监狱对死刑犯执行除了枪决以外，还施行绞决，即绞刑。中国古代传统的死刑一般分为砍头和绞决。砍头后，人的头颅与身体分离，而绞决则保持完尸，所以在传统观念中，同样一个死亡，绞决比砍头显得轻。中国传统的绞刑与西式的绞刑完全不同，西式绞刑是使用器具或者在绞刑架执行。中国传统的绞刑一般在刑场上竖立一根粗木桩，让犯人双膝跪地，双手反绑在木桩上，刽子手另用绳索勒住死刑犯的脖子，并不断地绞紧，使其喘不过气，然后放松片刻，让犯人喘过气来；而后又再次收紧绳索，又放开绳索；最后第三次用绳索把犯人绞紧，这样通过"三收三放"的过程，使犯人饱受痛苦，进行不断的折磨，死去活来，最后让人窒息死亡。二十世纪二三十年代，漕河泾监狱也通过绞决的方式执行过多名死刑犯。当年的《申报》也有公开报道。如潘洪，30岁，广东新会人，受雇于海关英国人轨大特氏充当大司务的助手，因见轨氏有钱，家中豪华，起了谋财害命的恶念。7月19日午，乘轨氏在北四川路859号2楼卧室酣睡之际，持菜刀闯入该室将雇主当场杀害。后被法院判处死刑执行绞决。1930年9月18日下午2时，特区法院提押潘犯，驶往漕河泾监狱，验明正身后，将潘犯捆绑在木桩上，系绳围绕，徐徐绞之，历一小时才结束。经法医验明已死，由书记员官将绞棍粘贴封条，经第二日复验后，再行收殓。②

当时漕河泾监狱对死刑犯的绞决，除了传统方式（地上竖立木桩绞决）外，也仿效西方的方法，即用两个高大的木桩交叉竖立在刑场上，上端结以绳索，通过绳索扣住犯人的头颈，交叉的木桩下面，地上放置一个结实的方凳。绞刑执行的时候，首先对反绑双手戴有脚镣的死刑犯验明正身，然后用绳索扣住其头颈，押上死刑犯立于方凳上；随着一声令下，刽子手收紧脚架上的绳索，踢去死刑犯脚下站立的方凳，死刑犯则就身悬空中，犹如上吊自缢。如1929年7月29日对案犯陈春生、1933年4月5日对颜金标就用该方法执行绞刑的。

## 四、死刑犯执行地的余论

从犯人在漕河泾监狱执行死刑的实际情况，剔除其血腥的场面，至少可以说

---

① 《李夏坤终于昨日死矣　两次误名苟延残喘七天》，1928年7月15日《申报》。
② 《昨日绞决潘洪》，1930年9月18日《申报》。

明以下3个问题：

一是民国时期对死刑犯的执行，绞决重于枪决，绞决的过程长于枪决，临死前又要受到较长时间的痛苦折磨，死亡后还须暴尸一天一夜，次日经执行单位派人复验后，家属或慈善机构才能收尸棺殓。而且被绞决的犯人其犯罪行为，从人文伦理等方面重于被枪决者。如1929年4月19日被绞决者，系谋杀亲夫案的奸夫周小保、帮凶任阿成、杀人犯吴道清（女），在漕河泾监狱执行绞决。①1932年3月4日被绞决者，王松发，浙江奉化人，王先后杀害其近亲属，即他的叔父、婶母、叔侄子共三人。②

二是民国时期对死刑犯的执行，漕河泾监狱要早于、多于提篮桥监狱。旧上海曾有"购物八仙桥，枪毙提篮桥"的民谚。一般人员的心目中，提篮桥监狱往往是枪决犯人的场所。其实，提篮桥的室内刑场（绞刑房）建于1934年，启用于1946年4月22日，停止于1947年2月，共处决了5次8个人（6名日本战犯、1名中国人、2名印度人，其中1人未死亡改判无期徒刑）；提篮桥的室外刑场启用于1946年11月9日。而漕河泾监狱早于20世纪20年代中后期，执行死刑犯的人数也大大多于提篮桥监狱，但提篮桥被执行死刑者的职务及社会影响比漕河泾大。

三是20世纪二三十年代提篮桥监狱关押的死刑犯大多押赴漕河泾监狱执行，这在《申报》等媒体上均可得到印证，如："前充任巡捕之豫人麻其元28岁、刘福兴，苏州人34岁，1930年9月27日早晨从西牢提解押往漕河泾江苏第二监狱执行枪决"③；"1930年12月20日上午，江浩源、杨妙全、仇金甫三人自西牢提出，押解漕河泾监狱刑场执行枪决。"④再如前面提到的执行绞决杀害叔侄3人的王松发就是从提篮桥监狱提押至漕河泾监狱执行的。

---

① 《三凶犯验明尸体棺检》，1929年4月21日《申报》。
② 《王松发绞决》，1932年3月5日《申报》。
③ 《昨枪决两绑匪》，1930年9月28日《申报》。
④ 《三绑匪枪决》，1930年12月21日《申报》。

# 旧监所里发生的火情

在人类发展的历史长河中,火的使用是人类技术史上的一项伟大发明。燃尽了茹毛饮血的生涯,扩大食物范围;给人以光亮和温暖,点燃了现代社会的辉煌。古代世界各民族都有关于火的神话和传说。"燧人氏"无疑是我们祖先心目中的英雄;希腊神话中也有普罗米修斯背着天神宙斯,把火从天上偷来带给人间的故事。火具备双重的性格,火给人类带来文明进步和光明,但是失去控制的火,就会给人类造成损失及灾难。尤其在监狱、看守所一旦发生火情、火灾将事关重大。据资料反映:1930年4月21日,美国俄亥俄州感化院发生火灾,320人死亡;1994年1月3日,委内瑞拉巴里纳斯州的萨瓦内塔市监狱发生火灾,136人死亡。[1]

## 一、提篮桥监狱的火情

1903年5月18日,公共租界工部局提篮桥监狱狱内第一幢监楼启用,8月28日第二幢监楼启用,以后陆续建有其他一些附助理设施,占地面积10亩左右,拱形大门朝南,开设在华德路117号(今长阳路111号)。狱墙外还有西籍看守和印度看守居住的3层住宅大楼各1幢。1912年2月6日下午,狱墙外印籍看守的宿舍顶层住宅起火,火情起因于烟囱出了毛病。烟囱建造比较简陋粗糙,而且烟道的空间比较狭小,其内壁不平,不够紧密平整,存在缝隙,而且高度不够,烟囱冒出的火星引起屋顶木结构燃烧。开始火星还是星星点点,燃烧起来就变成熊熊大火,不仅烧毁了屋顶,而且涉及3楼的楼层,幸运的是当天仅仅微风吹拂,未酿成大祸。火情发生后,公共租界位于提篮桥周边的救火会马上到场救火,几根水管喷出水柱,很快将其熄灭。事后查明,该场火情焚毁印度看守宿舍楼的5间房间,屋内的衣被、桌椅等家具一片焦黑,有的已经化为灰烬,但没有人员受伤。[2]该次火情发生后,工部局立即组织人员分析起火原因,吸取教训,同时

---

[1] 《世界重大监狱火灾》,2012年2月17日《劳动报》。
[2] 《工部局董事会会议记录》第17册,上海古籍出版社2001年版,第588页。

加强防火措施,配备安装消防设备。

　　提篮桥监狱从1916年起又进行扩建改建。1930年9月竣工启用了5层高的大工场,由上海成泰营造厂承建。该楼呈南北向走向,建筑面积5 750平方米,楼顶是一个大平台;为了便于运送货物,大楼居中位置设有电梯,另在该楼的中部及南北两头各建有3个宽阔的水泥楼梯。这里是提篮桥监狱犯人的集中作业区,生产项目有印刷、木工、铁工、缝纫、洗濯等。20世纪30年代的《申报》馆印刷厂经史量才接收改进后是一流的,提篮桥监狱的印刷厂也是一流的,印刷机器都是外国进口设备,租界时期工部局的许多资料、办公文件均在监狱印刷的;此外还承接社会上各公司商家的一些印刷品。印刷工场专门聘用一名懂得印刷技术的外籍人指导业务。可是在汪伪时期,提篮桥监狱的各项管理制度松懈,人浮于事,由于操作不慎及电线短路等多种原因,1942年5月2日晚间监狱工场内的印刷工场失火,加上工场内堆满了成捆成堆的纸张,失火后纸张顿时燃烧起来,形成极大的火势并从窗户中冒出,黑烟弥漫了监狱上空,印刷排版制版上使用的铅字受损严重。值班人员发现火情时迅速报警,救火车开进监狱,多条水龙带压住火势,把火迅速扑灭。由于该工场系钢骨水泥建筑,十分坚固,仅表面有所熏黑,有轻微损害。由于印刷工场是晚间失火,管理人员及犯人都不在场,所以这次火情仅带来较大的经济损失,没有涉及到人员的伤亡。

## 二、上海地方法院看守所的火情

　　南车站路位于今日的黄浦区,北起陆家浜路,南至半淞园路,全长1 200多米,因上海火车南站而得名。该条马路始筑于1909年,以后又向南延伸。该处曾是民国时期上海地方审判厅、地方检察厅及看守所的所在地。最早在慈善机构同仁辅元堂捐赠的16亩的基础上,又购买了3亩多土地,由司法部技正贝寿同(苏州人、建筑大师贝聿铭的堂叔)、技士严治设计,汪森记营造厂承包,1917年12月落成启用。①看守所初为新式丁字形2层楼一幢,1923年6月、1926年4月,又经过改建扩建,监舍有所增加。1927年,上海地方厅改制为上海地方法院,看守所随称地方法院看守所。1937年11月上海沦陷,原上海地方法院被日伪侵占及使用。1943年2月,伪上海地方法院看守所时有人犯1 000余人,也组织犯人参加劳动作业,主要项目是制造草绳、草包。②当时看守所前面堆置了大量稻草,4月11时许,看守所一时火势猛烈,黑烟弥漫,经上海西区救火会及法

---

① 《建设地方审检厅之碑文》,1917年12月10日《申报》。
② 《地方法院监犯学习草包工艺》,1943年3月11日《申报》。

租界救火会开来多辆救火车,到场施救,始告熄灭。经查此次起火原因,据1943年4月13日的《申报》以《地院看守所稻草堆失慎》为题称:"……系人犯家属探视人犯后,所遗烟蒂为风吹至草堆所致,全部损失约二万元。"这也许是一托词,应付及平息一下社会舆论而已。对于看守所人犯是否受伤,以及看守所建筑物是否损害,该消息报道均没有提及,而且把起火的原因归结于"人犯家属所遗烟蒂"。司法常识告诉我们,监狱、看守所的家属探视区域与监狱、看守所的狱区(所区)分门进出,也与监所的生产场所相隔离。伪地方法院看守所稻草堆所遗烟蒂,也许就是来自看守所的管理人员,由于管理人员的乱扔烟蒂或者没有及时熄灭烟蒂,才形成了这场火情的燃烧。把火情的原因推向了人犯家属,也就是推卸了看守所的责任。监狱、看守所是人犯的集中关押场所,防火、防逃,确保监所安全,古往今来,概不例外。

(本文原载《知心》2022年第10期)

# 复杂微妙的犯人关系

旧监狱在押的犯人捕前职业五行十作，文化高低不一，不少人以地域、籍贯或职业为纽带，拉帮结伙，形成团伙；犯人案由五花八门，盗匪、抢劫、偷盗、杀人、伤害、强奸、贩毒、贪污、走私、有伤风化等；刑期长短不一，短的一两个星期、几十天，长的有期徒刑15年、20年、无期徒刑、终身监禁甚至死刑；性格脾气各不相同，暴躁、凶残、蛮横、狡诈、懒散、憨厚、沉郁。监狱中暗流涌动：牢头狱霸、逞强欺弱，江湖义气，称兄道弟、物物交换、地下交易，犯人与犯人之间形成微妙、复杂的人际关系。

## 一、心结芥蒂　滋事报复

俄国人勒文卿高、施本笃夫、爱应恭司当丁、希克金依望、司尼牙佛斯基、克罗脱等六人，因在法租界犯下窃盗、赌博等案，被法租界巡捕房拘获，解送上海第二特区法院审理，分别判处徒刑，在上海第二特区监狱服刑。这批俄籍犯在监狱服刑期间，颇不安分，经常在监舍或其他场合偷偷密谋越狱脱逃。经同押监舍的398号华籍犯许同吉发现，报告法籍、越籍看守，经看守并转报典狱长，监狱加紧防范，堵塞了管理上漏洞，制止了越狱案的发生。但后来这几个俄籍犯人知道事情的败露是由398号犯人许同吉的举报，所以他们对许怨恨甚深，常怀报复之心，并选择时机予以报复。1932年10月2日下午5时开饭的时候，许同吉根据看守的指派前去监舍分发俄籍犯的牛奶，勒文卿高指着瓶中的牛奶被许同吉偷吃，并对其咒骂；继而施本笃夫等6人将许同吉拳打脚踢，使许左肋右肩等处受伤，经管理俄籍犯的主任看守赵酉山出面制止也无效。俄籍犯还声势汹汹，并将木凳碰撞监房墙壁、铁门和地板，声响巨大。当经典狱长谢福慈与第二科科长等提讯俄籍犯，竟皆无理可说。为防发生意外，先将为首的俄籍犯勒文卿高、司尼牙佛斯基、克罗脱加钉脚镣，一面通知法租界警务处，由刑事长法国人率同俄文译员等往监调查时，这几个俄籍犯仍在滋吵不休。由典狱长谢福慈备文将勒文卿高等6名俄籍犯押送法租界总巡捕房解送法院处理。10月6日，上海第二特区法院开庭审理，被害人许同吉，证人廖具川、宋瑞生到庭，经审理，勒文卿高等

6人均受到应有的惩处。

## 二、暴躁多疑　胆大妄为

安徽人朱四因强盗案,被法院判处有期徒刑6年,在提篮桥监狱印刷工场切纸部服役。不久另一名被判处有期徒刑5年的山东籍犯人刘文武也被安排在印刷工场做工。他的劳作岗位就在朱四的岗位附近,两人天天见面、日日碰头,但两人的脾气均不好,暴躁多疑、爱钻牛角尖,常因琐事发生口角。1941年8月8日上午7时许,刘文武因生产业务上的事情找该印刷工场63号印籍看守交谈一阵,这本是很正常的事情,但朱四却怀疑刘文武向印籍看守说他的坏话。等到刘文武结束谈话回到自己的劳作岗位后,朱四手持一柄切纸刀走过去责问刘。刘文武不服气,就进行申辩:自己向看守谈生产之事,没做亏心事,没有背后搞小动作,没有说你朱四的坏话。但朱四却不罢休,提出要找63号印籍看守当面对质。当时两人火气都比较大,谁都不肯退让一步,顿时朱四举起手中的切纸刀用力向刘右腹猛刺,刘犯鲜血淋漓,痛极倒地呼救。该情景被17号印籍看守看见,当即将朱四控制,夺下刀具,马上向其上司管牢的西籍看守报告;西籍看守急忙电话通知汇山捕房;汇山捕房派华探张云笙来监狱,将朱犯带入捕房关押,同时雇车送受伤者刘文武至巡捕医院医治。

8月10日,汇山巡捕房将朱犯解送上海第一特区法院审理,同时还把提篮桥监狱印刷工场的有关犯人作为证人带到法庭。在法院的刑事审判庭上,黄姓推事主持开庭,捕房律师(相当于公诉人)蒋保廉提起公诉详述案情,并称刘犯的伤势很重,在医院肚肠流出数寸,恐怕有生命危险。在法庭上,提篮桥监狱印刷工场的17号犯人也详细证明了案发经过,在事实前面凶犯朱四后悔不已,知道自己做事鲁莽,火气太大,这是一起不该发生的伤害案。但是世上没有后悔药。朱四被法庭宣判加刑。[1]

## 三、肢体冲突　伤及要害

在提篮桥监狱服刑的宁波人桂根祥,身材高大,捕前系木匠,斧劈锯刨样样拿得出手。1938年,他被判处有期徒刑5年。狱方看到他身体健壮,力气大,就分配当劳役犯,打扫卫生,端水扛饭,干些体力活,但他脾气暴躁,处事比较粗野。1941年8月27日上午7时许,桂根祥与在押犯陶金根为了用水的琐事发生纠

---

[1] 《华德路西牢囚犯行凶》,1941年8月11日《申报》。

葛，开始仅仅是口头争吵，后来发生肢体冲突，桂根祥把陶金根的肾脏拉破，睾丸受制，陶犯痛极倒地，奄奄一息；后被看守发现，紧急送往监狱一墙之隔的巡捕医院医治。行凶者桂根祥暂被看守关禁闭，不久被关押在提篮桥周边的汇山捕房，等候惩处。经过一个月的治疗，陶金根虽然得到痊愈，但也留下一定的后遗症。桂根祥对此情况也后悔万分，责怪自己动作鲁莽，一时冲动，造成祸害。10月3日上午，桂根祥伤害陶金根一案，由上海第一特区地方法院开庭审理。最后判处犯人桂根祥在原判刑期的基础上加处徒刑2年6个月。①

## 四、两面三刀　欺诈行骗

煤油也称"火油"，俗称"洋油"。1896年首次国外进口。煤油具有使用方便、卫生的特点，中国一度进口骤增。20世纪20年代开设在上海一带有永昌火油、亚细亚、美孚洋油行等10多家。湖南人刘汉玉，年38岁，文化程度不高，在社会上推销洋油，生意不错。1929年6月的一天，刘汉玉因贸易供货乘长江客轮从汉口到上海，因身上藏有某银行的一些假币，被警察查获。这是扰乱金融秩序的犯罪行为，尽管数量不多，但还是被判处有期徒刑几个月，解送至漕河泾监狱服刑。在监狱里，他遇到同押犯人扬州人王玉章，他因伤害案，被法院判处有期徒刑几个月，先于刘汉玉关押在漕河泾。两人在狱中，天南地北神侃，从漕河泾监狱的地理方位、犯人的作息制度、应付看守的"秘笈"，到各人家中的情况，无话不谈，两人成了莫逆之交，并互留通讯地址。于是，王玉章深知刘汉玉的身世及不错的经济状况。当年7月，王刑满释放。事后，深藏鬼点子的王玉章伪造了一封以刘汉玉的名义书写的书信，并讲自己生病被关押在监狱，请寄40元大洋至上海南市油车码头荣升客栈内，由客栈账房先生转交刘汉玉。王玉章又赴该油车码头荣升客栈，预托其远房亲戚账房王寿松，告诉他现有友人刘汉玉因生病急需要用钱，但他是外乡人，上海没有固定住址，就寄40元大洋到荣升客栈，请烦代为收下，日后我来取拿。王寿松答应小事一桩，一定帮忙办到。

再说刘汉玉的家属，虽然认识几个字，也没有什么文化，接到这封书信，信以为真，就按照信上所讲的要求，把40元大洋寄到上海油车码头荣升客栈王寿松。王寿松在汇款单上盖上荣升客栈的图章，便到邮局取到40元大洋，并交给王玉章。王玉章非常欣喜，自己仅仅寄发了一封书信就得到40元大洋，这抵得上苦苦干上几个月的劳务。

当年9月间，刘汉玉刑期出狱乘轮船回到汉口家中，听到妻子讲起，今年7

---

① 《囚犯行凶　结果加判徒刑》，1941年10月4日《申报》。

月间你有信到家,说你生病需要营养,要我们寄去 40 元大洋的事情,并取出来信。刘汉玉大吃一惊,意识到妻子受骗,祸害的源头来自监狱服刑中的伙伴。20 年代生活水平较低,40 元大洋是不小的数目。刘汉玉当即买了船票乘轮船到上海,即向荣升客栈账房王寿松交涉。王寿松说这一切出自王玉章所为。刘汉玉方知其受骗,旋于晚上 8 时许,将王玉章扭获。王自知理亏,但还百般抵赖,在忍无可忍的情况下,刘汉玉把王玉章带到警察局核办。在警察局的干预下,终于取回被骗取的 40 元大洋。

# 日本人统治下的提篮桥犯人伙食

日本帝国主义始终把上海作为其侵略的一个重要目标,处心积虑,长期控制和掠夺。1932年"一·二八"淞沪抗战,1937年"八一三"事变,发动了对上海的第二次侵略战争。日军对上海城乡进行持续的空中大轰炸,大面积地纵火焚烧工厂、民宅和学校,大肆屠杀手无寸铁的无辜平民,对人类文明肆无忌惮地破坏和公然践踏。据统计,上海平民在此次战争中死亡人数不下10万人,闸北、宝山、南市、浦东、松江等地几乎被夷为平地。日军的侵略还使得数百万上海人民流离失所、妻离子散。

1941年11月太平洋战争爆发后,日本人独占上海。次年1月上海公共租界工部局警务处日籍助理处长菅井喜三郎率一批日籍警官接管华德路监狱(提篮桥监狱),并更名为"上海共同租界工部局华德路刑务所",菅井喜三郎任刑务所长(即典狱长)。2月,日本当局从外务省调本田清一等10人到华德路刑务所,本田清一任所长。菅井被调回工部局。本田来到监狱后,大大降低犯人伙食标准,使用苞米、高粱替代大米。据《上海公共租界工部局年报》(1941年)记载:本年在狱中"实行各种节省办法,其最重要者,为关于华籍囚犯部分之饮食。华籍囚犯早餐用之米,因价格高昂,经减少百分之五十,而代以等量之苞米及高粱。此种膳食,并不发生何种不良影响,故现又试验,早餐纯用苞米及高粱,而不用食米。苞米与高粱之价格,比米约低廉百分之二十"。由于犯人营养不良、饥饿,导致犯人死亡率上升。据《上海公共租界工部局年报》(1942年)记载:本年华籍囚犯死亡者共467名,比上年(1941年)多143名。

1942年1月至1943年7月底,日本人统治华德路监狱时期,对犯人实行两餐制,第一餐(早餐),供应稀饭;第二餐(午餐),供应干饭。具体反映在主食上,一半是米,一半是苞米、高粱等杂粮,把犯人的伙食标准分为上、中、下及病犯4个等级。如上等,是工囚犯(参加作业劳动的犯人)、中等,系普通犯;下等,系受处罚犯。病犯还细分为甲、乙两种供应对象。这样犯人的食物数量上大为减少,在质量上也大大降低。日本人为了测出准备今后对上海市民配给户口米的限量标准,他们先把在押的500名犯人当作试验品,使用数学的计算方法运用到这些犯人身上,规定被试验的500名犯人吃"磅饭"。所谓"磅饭",就是在犯人规定的囚粮基础上每天每人减少一两,并逐日减少,一直减到最低量,观察一个人所能承受的最低限度口粮,试验期为 3 个月,自 1942 年 9 月 14 日至 12 月 13 日。他们把这 500 名犯人集中到一个专门的监楼内,组织专门人员从事该工作,让犯人脱去鞋子,穿着单薄的衣服,每天在固定的时间给每人过磅称重,在印制好的表格上,将其体重记录在案,以观察每月犯人体重减少多少,直至不能支持为止。当时这些吃"磅饭"、被试验的犯人,个个面无血色,脸部发青,有的甚至在过磅时站不住就晕倒。据有关资料反映,这 500 名被迫试验的犯人平均体重减轻 6 磅。这种惨无人道的做法,虽然总体上犯人的囚粮有所减少,但是犯人的身体受到极大的损害。当时一位有正义感、知悉内情的监狱医院医生,从人道主义及医学角度出发,写了书面报告,呼吁主管监狱的日本当局慎重考虑,免于实施,但是日本当局根本不听,以致监狱犯人死亡率达到最高点。日本人这样的所作所为,与臭名昭著的日本 731 部队曾在东北哈尔滨的郊区平房地区,对部分中国、韩国、苏联人进行各种细菌、高温、冷冻试验,以获取所谓的科学数据,没什么两样。这是对中国人民又犯下的滔天罪行。

  1943 年,在日本人管理下的华德路监狱,对在押犯人仍然实行每日两餐制,下分甲、乙两等,平时仅供应蔬菜,每月逢 2 日、16 日供应肉类,逢 8 日、26 日供应咸鱼,每次均二两。同年 8 月,汪伪政府接管监狱时,全监 4 561 名犯人中患有各种疾病的有 1 068 人,当月死亡者就有 43 人。同年 9 月 10 日,华德路监狱犯人在陈诉痛苦、要求改良待遇呈的文中揭露:"监犯无不鸠首鹄面,形如病夫。食乏维他命,菜少叶绿素,鱼肉之携鳞带毛,牛皮之伤齿胃,饭盂之多污锈,等级分配之不均,更兼各管理人之公盗私窃油盐米肉之举,发案迭出。"

# 民国时期提篮桥关押的女犯

启用于1903年5月的提篮桥监狱,最初收押男犯;1905年1月4日起开始收押女犯,当年累计收押女犯302人,按其籍贯:苏州95人、宁波44人、江北29人、上海22人、浦东7人、其他地方105人。刑满释放287人、年底在押女犯15人。[①]女犯集中关押在"E"监内。该监楼是一幢坐北朝南的3层楼,每层12间囚室,共36间,囚室前为一排向阳的走廊。1906年内没有新接收女犯,原在押的女犯15人全部刑满释放,其中11月3日,最后一名女犯刑满出狱。[②]以后,上海公共租界区域内的女犯全部由北浙江路的会审公廨女监收押。此后,几十年来提篮桥监狱一直没有华籍女犯关押。从1935年9月起,狱内西人监(外人监)每年有少量的外籍女犯关押。1943年8月,汪伪政府名义收回租界,委派邢源堂(江苏江阴人)出任典狱长,当时提篮桥监狱的正式名称为"司法行政部直辖上海监狱",又恢复收押女犯,在当时的孝监、爱监、平监(即今天的2、4、8监)先后关押过女犯。由于女监附属在男监中,一个大门进出,在管理上也带来诸多不便。

1945年抗战胜利后,国民政府委派上海高等法院筹备处专员徐砥平(江苏南通人,毕业于法国格勒诺布大学,法学教授)接管提篮桥监狱,并出任代理典狱长(次年1月徐离职去暨南大学当教授)。徐砥平在时任上海高等法院院长郭云观的策划下,决定撤销附属在监狱内的女监,利用原专押外籍犯的西人监女监,单独设置了一座女子监狱,它与提篮桥监狱分门进出。该女子监狱定名为"司法行政部直辖上海监狱第一分监"。简称上海监狱第一分监或第一分监。陈咏声女士(湖南长沙人,毕业于美国伯纳大学)首任上海监狱第一分监分监长。

第一分监(女监)位于上海长阳路117号,它是一座独立编制的监狱,行政经费和人员调派由司法行政部负责,狱政管理上由上海高等法院代管,经济上独立核算。监狱下设第一科、第二科、第三科及人事室、统计室、会计室、教务所、医务所等职能部门。监狱主建筑为一幢4层高的监楼,建筑面积810平方米,其布局:1楼为职员办公室、犯人教诲室、接见室、贮藏室等;2楼、3楼为女犯监舍,共

---

[①] 《上海公共租界工部局年版》(1905)。
[②] 《上海公共租界工部局年版》(1906)。

12大间;2楼还有防暴监房(橡皮监)一间;4楼为生产工场和炊场;房顶系平台,可供犯人放风,作运动场。女监四周被高墙包围,带有一个院子,四周种花木,辟菜园,约两亩许。

上海第一分监对已决女犯的收押,凭法院的判决书,按捺指纹、编定番号、登记财物、填写相关表册、安排女犯卫生消毒、更换囚服等。女犯一般刑期较短,长刑期的较少。女犯入监后必须穿大襟式的囚服,夏装为浅灰色,冬装为深灰色。其番号布为菱形,缝在外衣的背上。截至1946年5月底统计,共新收女犯83人,其中毒品犯59人、汉奸犯10人、杀人犯4人、盗窃犯5人、伤人致死犯1人,其他刑事犯4人。女犯中,20—40岁占62%,大多数女犯不识字,初小文化程度占31%,高小文化程度占9%,没有初中以上文化者。第一分监1946年累计收押女犯1 468人,其中已决犯1 374名、未决犯94名;1948年底在押女犯209人。第一分监当时还关押过部分社会上的知名女士,如电影明星袁美云因吸食鸦片被地方法院判处徒刑6个月,于1946年6月中旬入监,番号81。①

抗战胜利后,国民政府曾多次颁布《罪犯赦免令》对部分犯人进行赦免。上海第一分监也有部分女犯被赦免,其中1947年1月21日有138名女犯获大赦出狱。截至同年1月29日,第一分监狱符合赦免条件的143名女犯大部分属盗窃犯、烟毒犯及妨害秩序犯。②1949年初,第一分监释放5年以上、10年以下的女犯,2月9日共释放35名,大部分是烟毒犯。③此外,第一分监狱还关押少量的外籍犯,如1946年9月有苏联、朝鲜籍女犯各1人,10—12月有苏联、朝鲜籍女犯3人。

表1　　上海第一分监1946年3月—1947年12月女犯统计表

| 日　　期 | 在监女犯 | 寄押女犯 | 在监婴孩 | 日　　期 | 在监女犯 | 寄押女犯 | 在监婴孩 |
| --- | --- | --- | --- | --- | --- | --- | --- |
| — | — | — | — | 1946年8月1日 | 181 | 69 | 7 |
| — | — | — | — | 1946年9月1日 | 206 | 51 | 5 |
| 1946年3月1日 | 38 | 1 | 4 | 1946年10月1日 | 228 | 48 | 5 |
| 1946年4月1日 | 38 | 2 | 4 | 1946年11月1日 | 200 | 11 | 5 |
| 1946年5月1日 | 48 | 8 | 5 | 1946年12月1日 | 227 | 13 | 5 |
| 1946年6月1日 | 88 | 8 | 5 | 1947年1月1日 | 229 | 13 | 5 |
| 1946年7月1日 | 122 | 26 | 5 | 1947年2月1日 | 101 | 16 | 5 |

---

① 《袁美云吸毒处徒刑》,1946年6月27日《申报》。
② 《军事性罪犯赦免办法　警备司令部正请示中》,1947年1月30日《申报》。
③ 《金潮案主角杨安仁昨出狱》,1949年2月10日《大公报》。

(续表)

| 日　　期 | 在监女犯 | 寄押女犯 | 在监婴孩 | 日　　期 | 在监女犯 | 寄押女犯 | 在监婴孩 |
|---|---|---|---|---|---|---|---|
| 1947年3月1日 | 102 | 16 | 5 | 1947年8月1日 | 221 | 18 | 4 |
| 1947年4月1日 | 121 | 28 | 6 | 1947年9月1日 | 218 | 15 | 5 |
| 1947年5月1日 | 155 | 29 | 6 | 1947年10月1日 | 220 | 14 | 7 |
| 1947年6月1日 | 211 | 27 | 7 | 1947年11月1日 | 214 | 13 | 7 |
| 1947年7月1日 | 225 | 22 | 4 | 1947年12月1日 | 222 | 13 | 9 |

资料来源：上海档案馆档案，档号 Q177-1-447、Q177-1-666。

表2　　　　上海第一分监1948年1月—12月女犯统计表

| 月份 | 总数 | 已决犯 | 未决犯 | 平均押犯 | 月份 | 总数 | 已决犯 | 未决犯 | 平均押犯 |
|---|---|---|---|---|---|---|---|---|---|
| 1 | 249 | 239 | 10 | 244 | 7 | 241 | 237 | 4 | 239 |
| 2 | 252 | 242 | 10 | 249 | 8 | 237 | 237 | 4 | 241 |
| 3 | 253 | 243 | 10 | 245 | 9 | 234 | 231 | 3 | 237 |
| 4 | 248 | 244 | 4 | 250 | 10 | 232 | 229 | 3 | 231 |
| 5 | 244 | 240 | 4 | 244 | 11 | 219 | 217 | 2 | 218 |
| 6 | 245 | 241 | 4 | 244 | 12 | 209 | 207 | 2 | 214 |

资料来源：上海市提篮桥监狱档案。

当时监狱允许收押怀孕的女犯，女犯在狱中生育婴儿可以请狱内医生接生，还允许女犯在狱中携带哺乳的孩童进监狱。婴孩随着母亲（女犯）的进出，所以在狱中流动较大。

表3　　　第一分监1947年12月13日造册的女犯随带婴孩一览表

| 母亲番号 | 母亲姓名 | 婴孩性别 | 婴孩年龄 | 备　　注 |
|---|---|---|---|---|
| 73 | 黄凤英 | 女 | 2个月 | |
| 122 | 徐　兰 | 男 | 5个月 | |
| 126 | 吴谢氏 | 男 | 6个月 | 自带入监 |
| 143 | 冯陈氏 | 男 | 4个月 | 因难产送往医院分娩，产后收监 |
| 148 | 夏张氏 | 男 | 7个月 | |
| 150 | 刘联英 | 男 | 8个月 | |
| 303 | 韩又杰 | 女 | 2岁 | 日本人，原名中岛成子，自带入监 |
| 307 | 李秉昆 | 女 | 10个月 | |

说明：备注中没有注明者，婴孩均系在监狱中生产。

上海第一分监女犯夏天每天早晨5点起床,冬天6点30分起床,然后盥洗、打扫卫生,7点开始劳动作业,10点左右早餐,下午3点或3点30分晚餐,下午5点30分收封(锁监舍门),冬天4点30分收封。女犯每天一般作业9小时左右。1946—1948年,女犯劳动作业项目有缝纫、编织、鞋子、刺绣、糊盒、西装、牙刷、洗濯、炊事、清洁、种菜等。对参加劳作的女犯,根据工作量完成的情况,有一定的奖励,一般为劳动作业利润的20%左右。但是对于有一定社会影响的汉奸犯则不用做工劳作,管理较宽松。第一分监也有少数女犯因病死于狱中。据统计,1946—1948年共死亡17人,死亡的疾病主要有心脏病、肺结核、伤寒等,以江苏籍为多,有9人,其次为浙江籍及上海本地的,均为3人,其余为外国人,分别是韩国人1人、日本人1人。死亡的日籍女犯为工藤井子,26岁,因毒品罪处徒刑1年6个月,禁戒6个月。该犯本系娼妓,入监时已患有梅毒性肠炎,腹泻一天10余次,身体虚弱,于1946年10月20日上午7时30分在监内病亡。[①]第一分监死亡的17人,遗体大多由慈善机构收殓,如普善山庄收殓9人、同仁辅元堂收殓1人,女犯家属收殓5人,情况不明的2人。

表4　上海第一分监女犯死亡年龄、案由统计表(1946年1月—1948年12月)

| 年 份 | 20岁以下 | 21—30岁 | 31—40岁 | 41—50岁 | 51—60岁 | 61—70岁 | 71—80岁 | 毒品 | 鸦片 | 掳赎 | 汉奸 | 合计 |
|---|---|---|---|---|---|---|---|---|---|---|---|---|
| 1946年 | 0 | 3 | 2 | 2 | 0 | 0 | 0 | 5 | 1 | 1 | 0 | 7 |
| 1947年 | 0 | 1 | 0 | 0 | 0 | 1 | 0 | 1 | 0 | 0 | 0 | 2 |
| 1948年 | 0 | 2 | 2 | 2 | 0 | 1 | 1 | 4 | 3 | 0 | 1 | 8 |
| 合 计 | 0 | 5 | 4 | 4 | 0 | 2 | 1 | 11 | 4 | 1 | 1 | 17 |

资料来源:提篮桥监狱档案资料。

表5　上海第一分监女犯死亡疾病、籍贯统计表(1946年1月—1948年12月)

| 年 份 | 肠炎 | 心脏病 | 结核 | 伤寒 | 肺病 | 梅毒 | 气管炎 | 江苏 | 浙江 | 韩国 | 日本 | 合计 |
|---|---|---|---|---|---|---|---|---|---|---|---|---|
| 1946年 | 0 | 3 | 2 | 2 | 0 | 0 | 0 | 5 | 1 | 1 | 0 | 7 |
| 1947年 | 0 | 1 | 0 | 0 | 0 | 1 | 0 | 1 | 0 | 0 | 0 | 2 |
| 1948年 | 0 | 2 | 2 | 2 | 0 | 1 | 1 | 4 | 3 | 0 | 1 | 8 |
| 合 计 | 0 | 5 | 4 | 4 | 0 | 2 | 1 | 11 | 4 | 1 | 1 | 17 |

资料来源:提篮桥监狱档案资料。

---

① 杨庆武:《民国时期上海女监人犯死亡问题述略》,《历史教学》2016年第16期。

**第一分监曾经关押过的部分有社会影响的人员**

佘爱珍，早年毕业于上海启秀女中，后加入黑社会，拜上海黑道人物季云卿为养父。后与上海流氓头子、汪伪76号警卫大队长吴四宝结婚。1942年吴四宝被毒死后，佘爱珍与汪伪政府中央宣传部常务次长胡兰成同居。1945年日本投降后，被捕入狱，判刑7年。1948年12月被保释出狱，在香港居留3年后，前往日本。1954年与胡兰成结婚，在日本定居。

夏佩珍（1908—1975），早年在上海一电影学校学习，在投拍《火烧红莲寺》中主演昆仑派女侠甘联珠，一炮打响，成为当时最红的第一位武侠女明星，当时与胡蝶、宣景琳等齐名。一生拍摄过电影近60部，代表作有《火烧红莲寺》《香草美人》等。1946年6月—1947年1月，因烟毒罪囚禁狱中。

袁美云（1917—1999），原名侯桂凤，浙江杭州人。童年学京剧，年少丧父。后过继给袁树德为养女，改名袁美云。1928年在上海新舞台登台演出。1946年赴香港，先后在大中华、永华等影片公司摄制的《欲望》《国魂》等影片中饰演重要角色。1948年后因病息影。曾组织良友影业公司，1986年回上海定居。代表作有《化身姑娘》《西施》《家》《红楼梦》等。1946年因烟毒罪囚禁狱中。

陈云裳（1921—2016），原名陈民强，生于香港，幼时随父母移居广州。1933年14岁时走上演艺之路。1936年因主演《新青年》成名。1939年前往上海新华影业公司拍戏，主演国语片《木兰从军》。当时曾与胡蝶、周璇齐名，获封第三届中国电影皇后。先后拍摄《秦良王》《苏武牧羊》《家》等。1946年因烟毒罪囚禁狱中。

李青萍（1911—2004），湖北荆州人。早年在武昌、上海美术专科学校学习。毕业后在上海及马来西亚的中学任音乐美术教师，1942年回国。先后在北京、南京、天津、上海、苏州、杭州、武汉、无锡、重庆、台北、香港以及日本等地举办个人画展。自1952年起她历经磨难，生活艰辛。1979年后平反恢复公职。随后曾任湖北省江陵县政协副主席、湖北省政协委员等，系中国美术家协会会员。2003年11月将100幅作品捐赠与上海美术馆。1947年因所谓的汉奸罪被关押9个月。

叶吉卿，浙江遂昌人，早年在上海复旦大学、上海法政学院读书，结识同乡李士群，后结为夫妻。抗战期间，李士群叛国投敌，成为日伪76号特务组织的实权人物，叶吉卿追随李士群一同投敌。抗战胜利后，叶吉卿以汉奸同谋罪逮捕入狱，1948年12月被保外释放。

詹周氏，江苏丹阳人，原名周春兰，自小是个孤儿，9岁时被周姓的养父带到上海卖给一典当作丫头，后由老板娘作主嫁给典当詹姓伙计为妻，家住新昌路酱园弄85号2楼。1945年3月，她不满丈夫长期的虐待及家暴，在忍无可忍的情况下用菜刀将其砍死，碎尸16段而轰动旧上海，一审判处死刑，抗战胜利后改判为有期徒刑15年，关押第一分监，直至1949年5月。

# 旧提篮桥华籍典狱长众生相

提篮桥监狱从1903年5月启用到1949年5月上海解放后被接管的40多年中,先后经历了上海公共租界工部局、日本人、汪伪政权和国民党政府的统治和管理。其中,在租界及日本的当政时期,监狱的主管前后为英国人、日本人,其中仅有一名中国人、法学家严景耀出任副典狱长。1943年8月1日起,汪伪政府名义上收回了上海租界,提篮桥监狱始由华人管理,但背后仍然是日本人当家,直到1945年8月抗战胜利后,真正由中国人管理。从1943年8月起至1949年5月上海解放,这近六年的时间内,先后由9人10任出任典狱长。多年来笔者通过查阅档案书报、函调,走访部分典狱长的子女亲属①等各种途径,把这期间的典狱长、代典狱长等生平情况基本厘清,如表1所示。

表1 提篮桥监狱历任华籍典狱长名录(1943年8月—1949年5月)

| 姓 名 | 字号 | 职 务 | 生卒年月 | 籍 贯 | 学 历 | 任职年月 |
| --- | --- | --- | --- | --- | --- | --- |
| 邢源堂 | 松庐 | 典狱长 | 1893年4月—1966年6月 | 江苏江阴 | 民国监狱学校 | 1943年8月—1944年4月 |
| 钱恂九 | | 代典狱长 | 1896年6月—1959年1月 | 江苏无锡 | 东吴大学法学院 | 1944年5—10月 |
| 沈关泉 | | 代典狱长 | 1903年—1952年7月 | 上海 | | 1944年10月—1945年2月 |
| 盛圣休 | | 代典狱长 | 约1900年—? | 安徽望江 | | 1945年2—4月 |
| 沈关泉 | | 典狱长 | 1903年—1952年7月 | 上海 | | 1945年4—8月 |
| 徐砥平 | | 代典狱长 | 1902年3月—1979年7月 | 江苏南通 | 复旦大学、法国格勒诺布尔大学 | 1945年9月—1946年1月 |
| 江公亮 | 奇吾 | 代典狱长 | 1895年—1986年9月 | 安徽旌德 | 中华大学法律系 | 1946年1—6月 |

---

① 笔者曾访问过多名典狱长的子女及亲属,如:邢源堂的儿子邢宝珊、江公亮的儿子江通、沈关泉的堂弟沈关荣、侄女沈桂英、沈佩芳,王慕曾的儿子王世宏、女儿王勉等。另外,还采访过提篮桥监狱助理典狱长王慕贤、二等刑务官李恬耕、总务科科长邓志君、柏其林及其他相关人员,并查阅了大量档案资料。

(续表)

| 姓　名 | 字号 | 职务 | 生卒年月 | 籍　贯 | 学　　历 | 任职年月 |
|---|---|---|---|---|---|---|
| 徐崇文 | 静盦 | 典狱长 | 约1897年—？ | 湖北汉阳 | 湖北省立法政专门学校 | 1946年6月—1947年10月 |
| 孔祥霖 | 迁僧 | 典狱长 | 1890年—1977年 | 江苏仪征 | 民国监狱学校 | 1947年10月—1949年4月 |
| 王慕曾 | 沂斋 | 代典狱长 | 1903年—1951年7月 | 浙江新登 | 浙江省公立法政专科学校 | 1949年4月25日—5月26日 |

## 一、检视提篮桥监狱华籍典狱长

1943年8月—1949年5月，有10任、9名出任华籍提篮桥监狱华籍典狱长，现将这9人的情况作一全方位的综合性介绍。

（一）任职年限

9名典狱长中，其中代理典狱长却有6人，他们的任期大多较短，为半年左右，如徐砥平、江公亮等人，更短的为2个月，如盛圣休，他们大都系辞职离开监狱。最短的为王慕曾，仅40多天。较长的是徐崇文、孔祥霖约一年半。有1人，即沈关泉先后出任过两次，第一次4个月，第二次也是4个月左右。

（二）籍贯

9名华籍典狱长中，籍贯基本以长三角地区为主，其中江苏省的有4人，邢源堂（江阴）、钱恂九（无锡）、徐砥平（南通）、孔祥霖（仪征）；上海市1人，沈关泉；浙江省1人，王慕曾（新登）；安徽省2人，江公亮（旌德）、盛圣休（望江）；湖北省1人，徐崇文（汉阳）。

（三）学历

10任9名籍典狱长中，大学文化3人，学历最高的是徐砥平，曾用名徐之冰，上海复旦大学毕业，后留学法国，毕业于格勒诺布尔大学，为法学博士。著有《法学津梁》《国际私法》《法国通论》，译著有《国际航空公法》《私法的变迁》《公法的变迁》等。江公亮，毕业于南京法政学堂和北京中华大学法律系。钱恂九，上海南洋大学土木工程系肄业，后毕业于东吴大学法学院。中等专科学校毕业者4人，徐崇文湖北省立法政专门学校毕业、王慕曾浙江省公立政法专科学校毕业。邢源堂、孔祥霖均为民国监狱学校毕业。学历尚不清楚者两人：盛圣休、沈关泉。

#### (四) 相关经历

10任9名籍典狱长中出任提篮桥监狱之前后,(1)曾先后在司法系统担任过法院推事(法官)、院长、检察官、检察长、典狱长的有多人,如邢源堂、盛圣休、江公亮、王慕曾等。(2)长期在司法系统工作的,如徐崇文,1923年起历任北京陆军监狱、京师第一监狱教诲师、江苏嘉定监狱管狱员兼看守所所长、江苏第三监狱看守长、江苏第一监狱看守长兼第一科科长、陕西第一监狱典狱长、陕西第二监狱典狱长、察哈尔第二监狱典狱长、司法行政部直辖首都监狱(南京老虎桥监狱)典狱长;再如孔祥霖,从1921年6月起历任江苏第二监狱候补看守长、江苏第三监狱主科看守长、吴县地方法院看守所所长、江宁地方法院看守所所长、江苏反省院管理主任、江苏第三监狱分监长、首都地方法院看守所所长、江西第一监狱典狱长、第二监狱典狱长、司法行政部直辖首都监狱(南京老虎桥监狱)典狱长兼首都高等法院看守所所长。①(3)担任过律师的有盛圣休、钱恂九。(4)在政府部门担任知事、县长的,有江公亮、王慕曾等。(5)担任过大学教授的有徐砥平(先后在上海法学院、厦门大学、暨南大学、上海法商学院任教),曾任厦门大学法律系主任。

#### (五) 抗战胜利后被国民政府通缉及司法处理的

盛圣休早年曾任律师,20世纪30年代起历任南通地方法院、无锡地方法院院长,汪伪时期出任上海地方法院首席检察官,首都地方法院院长。②1945年2—4月任提篮桥监狱代理典狱长。抗战胜利后在逃。1947年8月被江苏省高等法院特字第627号文,以汉奸罪被通缉。后来下落不明。③沈关泉,1946年11月以汉奸罪被一审判处有期徒刑10年。④沈关泉后经上诉,被最高法院改判7年。邢源堂,1947年6月以汉奸嫌疑罪被上海高检处起诉。

#### (六) 中华人民共和国成立后受到人民政府司法处理的

其中,判处有期徒刑的有2人,如沈关泉1952年4月因汉奸罪被上海市中级人民法院判处有期徒刑8年,6月5日入狱服刑,狱中番号6489;同年7月自杀于提篮桥监狱中;钱恂九,又名钱淳,1958年10月因反革命罪被上海市虹口区人民法院判处有期徒刑7年,同年11月6日入监,狱中番号5152,次年1月29日因病死于提篮桥监狱。⑤被判处死刑的有1人,王慕曾,1951年7月以反革

---

① 中国第二历史档案馆档案:档号七-360。
② 《地院新任首席检察官视事》,1943年6月27日《申报》。
③ 上海档案馆档案:档号Q188-2-1658。
④ 《为敌爪牙 奴役监犯 沈关泉徐泉源各科徒刑》,1946年11月15日《新闻报》。
⑤ 上海市公安局虹口分局钱淳(钱恂九)案卷;上海市监狱管理局档案。

命罪被上海市军管会军法处判死刑。1985年12月平反,作起义投诚人员对待。徐砥平,1951年被上海市军管会军法处以反革命罪判处有期徒刑3年,后保外管制3年;1957年10月被错定为右派(后得到改正);1958年7月被上海市虹口区人民法院判处管制3年(1979年6月撤销该判决)。①江公亮,1958年以反革命罪,判处管制3年(1983年平反改正)。

### (七)部分人员解放后的有关经历

孔祥霖,解放初期定居在上海,1966年5月迁居江苏省扬中县新坝公社新宁村,其间孔祥霖曾一度被扣"历史反革命"的罪名,遭到批斗。1977年11月在江苏扬中病逝。② 江公亮,1949年9月起历任北京新法学研究院学员、最高人民法院华东分院审判员、华东人民革命大学学员;1953年下放山东省淄博煤矿任管理员,1958年被辞退回家,定居上海;1980年加入中国国民党革命委员会(简称民革),1986年2月任上海市文史馆馆员。③徐砥平,上海解放后加入农工民主党,曾在上海外语学院授课教书。

### (八)目前部分细节尚不清楚的

徐崇文,于1947年10月调离提篮桥,复任首都监狱(南京老虎桥监狱)典狱长。1949年4月南京解放后,他去湖北原籍,1951年离开大陆,后定居台湾。

## 二、提篮桥监狱史上第一位华籍高官

严景耀,浙江余姚人,1905年7月24日生。家境贫苦,10岁随父到上海读书,1924年在姑母资助下,考上燕京大学社会学系,开始研究犯罪学、监狱学。1927年他在王元增、王文豹的帮助支持下,利用暑假时机,当一名志愿"犯人",到京师第一监狱调查,与犯人同吃同住同干活,亲尝铁窗生活,通过和犯人谈话交流取得了大量第一手资料,积累了200多个各类犯罪案例,绘制了大量的统计图表,写下了《北京犯罪之社会分析》《中国监狱问题》等多篇极有价值的论文。他曾经说过:"要医中国犯罪的病象和改良监狱的生活,先要明白目前实情;要调查实情,非到监狱去不可。"④大学毕业后,严景耀留在燕京大学当研究生兼任助教,继续研究犯罪学。有次他曾率领学生到河北、河南、山西、湖北、安徽、江西、

---

① 上海外国语学院徐砥平的人事档案。
② 向江苏省扬中县公安局新坝派出所的函调材料。
③ 江公亮治丧委员会:《讣告》,上海市文史馆编:《上海市文史馆馆员名录(1953—1988)》,第166页。
④ 《严景耀论文集》,开明书店1995年版。

浙江等20个城市的监狱,调查犯人及监狱管理情况,搜集300余种个案资料。1930年,中央研究院社会科学研究所聘任严景耀为研究助理,从北京来到南京。由于他工作的出色和学术的精深,中央研究院总干事杨杏佛推荐严景耀代表中国政府参加在捷克斯洛伐克举行的国际监狱会议。当年8月,严景耀来到美国进入美国芝加哥大学攻读博士学位,博士论文为《中国犯罪问题与社会变迁的关系》。此后,他来到英国、苏联工作及讲学。1935年6月回国,在燕京大学任教。1936年夏天来到上海。

为了便于管理,上海公共租界工部局决定提篮桥监狱首次公开招聘一名华籍副典狱长,并在1935年12月14日的《申报》上刊发消息,其条件是"年龄须在28—40岁之间,最好尚未结婚,须具有陆海军、警务或狱务之经验,唯年龄在25岁以上者非有特别资格毋庸陈请。按此缺地位崇高,原由西籍人员充任。现则不拘国籍,我国人士倘学识优长,具有上列之资格,并能操英语,自问能胜任愉快者,即可向该局陈请任用。"严景耀在他的老师郭云观的推荐下,竞聘副典狱长。截至1936年3月底,警务处共收到竞聘书74份,即有74个人争当一职位。经过几轮筛选,最后定格在两个人,一是华人学者严景耀;一是外籍海军军官,两人各有优势。1936年4月8日工部局董事开会研究,会议开得十分激烈,双方各持充足的理由,最后经过综合考虑,决定聘用31周岁尚未结婚的严景耀。[①]1936年9月,严景耀出任提篮桥监狱历史上第一任华籍副典狱长,主要分管狱内少年犯的教育管理。任职期间,严景耀还兼任东吴大学法学院教授,并与赵朴初等人一起研究少年犯罪问题。

上海"孤岛"时期,由胡愈之、王任叔、郑振铎等人创办社会科学讲习所,严景耀应聘在该所教授"社会运动史"。1938年除夕,讲习所方行等7位同学被敌伪逮捕(当时称为新"七君子")。严景耀和地下党联系,利用提篮桥监狱副典狱长的身份,全力营救这七位同学。[②]严景耀在提篮桥监狱任职5年多,1943年离开监狱。1945年严景耀和马叙伦、雷洁琼等共同倡议成立中国民主促进会,为反内战争取民主运动,作出积极贡献。1947年初,严景耀重返燕京大学任教。1949年1月,严景耀、雷洁琼与中国民主同盟(简称民盟)的费孝通、张东荪应中共中央的邀请,来到河北省平山县西柏坡。毛泽东等领导与严景耀、雷洁琼亲切交谈,向他们阐述了全国解放后经济问题和科学文化事业的发展问题。新中国成立后,严景耀出席了中国人民政治协商会议第一次会议,参与国家政治活动。1956年8月,严景耀当选为第一届全国人民代表大会代表。同年,严景耀担任民进中央常委、组织部部长。之后,严景耀又当选为第二、三届全国人民代表,参

---
① 《工部局董事会会议记录》第27册,上海古籍出版社2001年版,第473页。
② 民进中央会史工作委员会编:《民进会史资料选辑》第一辑。

与共和国国家机构制度的法制建设。严景耀参加了筹备北京政法学院工作,任政法学院教授;为培养中国法学人才教书育人做了大量工作。1957年5月初,严景耀以全国人大代表的身份,视察提篮桥监狱、上海少管所及杭州有关监所。回京后写下《中国新监狱制度》一文,发表在1957年英文版的《中国建设》上。1976年1月因病去世,享年72岁。严景耀的夫人雷洁琼(广东台山人,1941年7月与严景耀在上海结婚)曾任民进中央主席、全国人大常委会副委员长、全国政协副主席。2011年1月逝世,享年106岁。①

## 三、提篮桥监狱的首任华籍典狱长

邢源堂,又名邢松龄,号松庐,江苏江阴人。1893年4月生,早年从民国监狱学校毕业。曾任湖北宜城县署稽征员,福建南平、光泽会计员兼代光泽县管狱员。20世纪20年代起历任江苏第二监狱(驻地上海)、江苏第三监狱(驻地苏州)看守长,江苏第二监狱、第三监狱科长,宜兴监狱、江苏第五监狱(驻地无锡)典狱长。抗战时期一度离开司法界,去日伪南京维新政府任职,后任浙江第一监狱(驻地杭州)典狱长。

汪伪司法行政部长罗君强到杭州视察,认为浙江第一监狱管理较好,就把邢从杭州调任上海,于1943年8月1日,出任伪政府时期的上海提篮桥监狱典狱长。1943年8月初,日本人向汪伪政府接收人员简单的移交仪式在监狱大院举行。日籍刑务所长(典狱长)本田清一事先写了一篇日文材料,鼓励监狱管理继任者好好工作,好好服务一类套话。由翻译人员译成英文,并予宣读。新任典狱长邢源堂用中文作了一个发言。会后,本田清一只交了一串办公室钥匙给邢源堂,账册、资料等均没有。实际上邢源堂接收的是一个烂摊子。过去提篮桥监狱行政上属公共租界警务处管辖,接管后改归司法行政部领导。从1943年8月1日起,名义上提篮桥监狱由中国人管理,但是其背后仍然是日本人当家。

邢源堂到提篮桥监狱后,从杭州浙江第一监狱只带来一名沈泰平,出任提篮桥的总务科长,另外他聘用了朱刚(原上海的老监狱官,苏州人)为副典狱长。当时提篮桥监狱管理人员中,构成人员较复杂,除中国人外,还有日本人、俄国人、印度人和其他一些国家的人员,提篮桥监狱各科室、监房的班子都是原来的。邢源堂虽然对监狱业务较熟悉,但他不懂英文,对原来租界时期,包括英国人、日本人主管监狱的一套措施不太了解,所以提篮桥监狱的一些管理人员不太听从邢源堂的调度指挥,工作较难开展。邢源堂对在监狱工作的印度籍看守采取了"只

---

① 《雷洁琼同志逝世》,2011年1月10日《文汇报》。

出不进"的措施：即允许印度籍看守辞职，或调走，但不准印籍人员调入，使华籍职员和华籍看守在管理人员中的比例有了较大幅度的提高，并在管理办法上作了一些调整。把监狱司法文书西文（英文）改为中文，改掉原来 AB、CD 监等 8 个用英文名称的监房，为忠、孝、仁、义、信、爱、和、平。接收初期，在押犯人约有 2000 多人，提篮桥监狱只开启使用 5 座监楼。邢源堂在任期间，恢复了自 1905 年以来提篮桥停止接收、关押女犯的情况，先后在今天的 2 号监、4 号监、8 号监作为专押女犯的监舍。

由于邢源堂、沈泰平不识英文，加上监狱职员、看守人员的人事关系难以协调，所以工作 8 个月左右，邢源堂就打报告，辞去典狱长职务，1944 年 4 月被调任司法行政部报务司司长一职。报务司主要管理犯人刑满释放后的出路问题，是一个虚职。以后又历任浙江监狱典狱长、上海法租界地方检察院看守所（思南路看守所）所长、提篮桥监狱副典狱长（沈关泉任典狱长时期），邢仅仅挂个名而已，基本上不来工作。抗战胜利后，邢源堂改名换姓，匿居于南汇县看守所，于 1946 年被人举报入狱。1947 年 3 月又有一被害人潘某向上海高院检举。① 同年 6 月邢源堂以汉奸嫌疑罪，被上海高等法院检察处提起公诉，②一度关押在提篮桥监狱。解放后邢源堂定居上海，1966 年 6 月病逝。

## 四、两次判刑的典狱长沈关泉

沈关泉，又名沈冠亭，上海人，1903 年生。早年在上海金陵路从事印刷业。1920 年 9 月进上海公共租界工部局任职，后曾在上海警察局工作。1944 年 2 月 7 日—4 月 30 日任提篮桥监狱助理典狱长；同年 5 月 1 日—11 月 30 日任副典狱长；同年 12 月 1 日—1945 年 2 月 5 日任代典狱长；1945 年 4 月 5 日—8 月任典狱长。他在日本人的威逼下，调用囚犯三批，共计 650 名，押往舟山群岛泗礁山等处，为日本人修建鱼雷洞、汽车洞、炮台等军事设施，其中有 50 余人因不堪折磨而死亡，还有一部分人因病造成后遗症。此外，沈关泉还串通监狱作业科长徐泉源盗卖狱中所存的生产资料，其中包括大批纸张、白布、废铁、紫铜等物。如 1944 年 7 月下旬，沈盗走镍 24 块，计 400 磅，新铅皮 41 张、油漆 11 桶（每桶 100 磅）；12 月，盗走监狱紫铜 1500 磅、黄铜 600 磅，盗走给市警察局制作制服的呢 23 匹，美国产的白纸 10 多车、囚犯衣料斜纹布 74 匹等。以上所得钱款除了少数用于监狱管理人员的福利外，大部分落到沈关泉私人钱袋。沈关泉还利用职权克扣犯人囚粮，对犯人的释放、保外就医收取犯人家属的好处费。抗战胜利

---

① 《南汇伪典狱长再被检举》，1947 年 3 月 6 日《文汇报》。
② 《五汉奸案提起公诉》，1947 年 6 月 12 日《申报》。

后,提篮桥监狱多名管理人员联名举报沈关泉的各项罪行。上海高等法院受理该案,于 1946 年 4 月 23 日初次开审,旁听席上坐满监狱的职员看守。在法庭上沈关泉一味狡辩,推脱责任,并请来两位律师进行辩护。同年 11 月,沈关泉以汉奸罪被一审判处有期徒刑 10 年。《申报》《新闻报》均刊发新闻,予以报道。① 沈关泉后经上诉,被最高法院改判 7 年,关押在提篮桥监狱,1948 年底保释出狱。上海解放后,沈关泉再度被人举报,于 1952 年 4 月收押,因汉奸罪被上海市中级人民法院判处有期徒刑 8 年,再次关押提篮桥监狱,同年 7 月 10 日上午自杀于 3 号监,走完他 49 年的人生之路。

## 五、提篮桥监狱的末任典狱长

王慕曾,字沂斋,生于 1903 年,浙江新登县长盘村(今永昌镇)人。② 祖父王亦城勤劳,家境渐兴。父亲王用章(俊卿),清末廪生,当过地方官吏。

王慕曾早年就读于新登公立高等小学、嘉兴秀州中学,后于浙江省公立政法专科学校毕业。1926 年起历任浙江省寿昌县政府管狱员,浙江内河水上警察局科员,浙江嵊州警察所所长,德清县公安局局长,杭州市公安局署员,南京首都警察厅司法科科员,江西省牯岭管理局公安科科长,陕西省西安公安局东街分局分局长,咸阳专员公署秘书长,陕西临潼、沔县、宁强县县长,汉申专员公署秘书长等职。1946 年辞职回乡经商。1947 年曾在当地竞选为"国大代表"。后来王慕曾通过其妹夫赵伯勋的牵线,由赵的堂叔司法行政部副部长赵琛接上关系。1949 年 4 月初,提篮桥典狱长孔祥霖坚请辞职获准,司法行政部部决定派王慕曾接任典狱长。③ 当月 10 日左右,王慕曾从杭州抵达上海,25 日正式接任提篮桥监狱代理典狱长。王慕曾在任职期间接受中共地下党的策反。1949 年 5 月 17 日,淞沪警备司令部司令陈大庆下达密令,要将提篮桥监狱内在押的 50 名政治犯(革命人士)迅速押往舟山群岛,密谋杀害。王慕曾以缺乏交通工具、行政经费、人员不足等理由,采取明拖暗保等方法来保护 50 名政治犯的安全,同时把他们调往狱中条件较好的感化院关押,并在生活管理上给予一定的照顾。1949 年 5 月 24—26 日,中共监狱地下党在赵英盛的指挥下,打开枪库、拿起枪支,开展护监斗争,控制通讯设施,关闭监狱大门,严禁一切人员进出。对此情况,王慕曾也不加干涉,为保护狱中在押的 50 名革命人士起到应有作用。上海解放后,王

---

① 《为敌爪牙 奴役监犯 沈关泉徐泉源各科徒刑》,1946 年 11 月 15 日《新闻报》。
② 新登县 1958 年并入桐庐县,1961 年改属富阳县。
③ 《上海监狱典狱长部派王慕曾继任 孔祥霖坚请辞职获准》,1949 年 4 月 8 日《申报》。《司法行政部穗部人(一)第 471 号》上海市档案馆档案,档号 55-1-63。

慕曾向上海市军管会的监狱接收人员完整地移交了有关物品,后被上海市人民法院留用,担任公设辩护人(公职律师)。法院系统并为王慕曾一家住入市中心的公寓房子中华新村(新闸路1010弄)38号。

1951年后在"镇压反革命"运动期间,王慕曾因在民国期间陕西一带担任县长期间,当地革命人士被害与他有牵连,受到群众检举,患有血债,1951年7月以反革命罪判处死刑,执行枪决。上海市高级人民法院于1985年12月16日,以(84)沪高刑申字第726号刑事判决书,撤销原审判决,对王慕曾按作起义投诚人员"既往不咎"的政策对待。

# 提篮桥监狱关押的外籍犯

1843年11月17日上海开埠,1845年英租界开辟后,入住租界的外国侨民仅50人左右。1853年9月小刀会攻陷上海县城后,大批华人涌入租界避难,打破"华洋分居"的禁例,形成"华洋杂居"的格局。公共租界的外侨数量1865年达3 180人,1900—1905年从6 774人剧增至11 497人,1910年有13 536人;法租界有1 476人,合计15 012人,其中涉及英、美、日、法、德、俄、葡、丹、瑞、荷、比、挪、印度等国。在沪外国侨民最多时曾达到58个国家,还有些无国籍人员,1942年上海外籍人口数量为9.6万人。[①]他们从事着各种职业及营生,与此同时也带来了不少刑事案件。在上海,各国外籍犯关押比较复杂,一般关押在各国领事馆的监狱(看守所),重刑犯则送往外国或香港等地,也有关押在巡捕房、厦门路监狱及提篮桥监狱。本文主要记述提篮桥监狱的关押情况。

## 一、关押外籍犯的3个时间段

提篮桥监狱从1903年5月启用以来,关押了大批犯人,是上海地区关押犯人数量最多、关押犯人类别最多的一座监狱。其中不但有华籍犯,同时也有外籍犯。100多年来,历史上关押外籍犯曾历经3次变化。

第一次,提篮桥监狱于1905年起开始关押外籍犯,停止于1925年8月。当年8月21日外籍犯全部移押到厦门路监狱关押。

第二次,提篮桥监狱于1935年8月恢复关押外籍犯,停止于1937年8月。其背景是1935年提篮桥监狱经过扩建改建后,扩大了关押场所,新建了专押外籍犯的监楼,于是同年8月撤销厦门路监狱,厦门路关押的外籍犯全部移押到提篮桥监狱,提篮桥监狱又恢复关押外籍犯。1937年8月13日,日本侵略者侵犯上海,淞沪抗战爆发,提篮桥监狱周围一度处于中日作战区,曾有炮弹击中监狱围墙,造成部分犯人伤亡。在紧急形势下,关押外籍犯的监楼暂时关闭。外籍犯全部释放,轻刑犯提前释放或假释,重刑犯移送香港等地。

---

[①] 史梅定主编:《上海租界志》上海社会科学院出版社2001年版,第110—113页。

第三次,1937 年 11 月 30 日再次恢复关押外籍犯。1949 年 5 月 27 日上海全城解放。次日,市军管会派员接管监狱,狱中还留有少量外籍犯,监狱经过改造、整顿后,继续关押外籍犯。1996 年 10 月上海市女子监狱启用后,外籍女犯全部移押到女子监狱。1996 年 12 月 30 日,提篮桥监狱关押的外籍男犯,全部移押到监管设施比较现代化的青浦监狱关押。从 1997 年 1 月起提篮桥监狱无外籍犯关押。

## 二、外籍犯的关押场所

提篮桥监狱初建启用时,占地面积仅 10 亩左右,初期主要有两幢 4 层高的监楼,以后经过扩建,到 20 世纪 20 年代末,监狱拥有 5 幢监楼,1 500 多间监室;其中 A、B 监(又名东监)、C、D 监(又名西监)关押长刑期的犯人,E 监关押少年犯,F、G 监(又名南监)关押判处 2 年以下的犯人,H、I 监(又名北监)关押初犯和短刑期的犯人。[①]外籍犯基本按刑期长短等情况,分押于各监楼内。1935 年,提篮桥监狱经过扩建和改建后,又新建了部分监楼,占地面积达 60.4 亩,整个监狱分为华人区和外人区(又称西人区)两大块。两者有围墙分隔,分门进出。

外人监男犯区:男犯楼,高 6 层,建筑面积 5 600 平方米,设有电梯,装有与外人监女监区两座监楼共用锅炉的中心地下室。该楼各层内部又细分为领署法庭判决和地方法院判决、不同宗教信仰的犯人所使用的设施。大楼建筑为十字式,分东南西北四翼,解放后称十字楼。

1 楼。东翼:探访和律师接待室、宗教服务和教诲师室、盥洗室、储藏室;南翼:工作人员办公室、图书馆、审讯室、警卫室、军械室和储藏室;西翼:办公室、医务室、诊疗室、浴室、更衣室、药房、照片和指纹室、储藏室;北翼:有顶棚的放风场院。

2 楼。东翼:锡克教、伊斯兰教犯人和西籍犯分别使用的浴室和盥洗室;南翼:领署法庭和地方法院犯人使用的厨房、餐室和储藏室;西翼:供领署法庭犯人使用的设施,其中有 4 间民事案犯双人囚室和 2 间民事案犯单人囚室;北翼:锡克教和伊斯兰教犯人使用的厨房、餐室、储藏室和盥洗室。

3、4、5 楼的设施相同。东、南、北各翼各楼层分别有 12 间单人囚室,共有 36 间供地方法院犯人使用;西翼有多间供领署法庭犯人使用的囚室。每间囚室内均有抽水马桶、通风设备、固定的铁床、凳子和小桌。此外,各楼层还有洗衣房、看守用盥洗室和储藏室。在 3 楼绞刑房处还设有一间待执行死刑犯的专用

---

① 徐家俊:《上海监狱的前世今生》,上海社会科学院出版社 2015 年版,第 33 页。

囚室。

6楼。东翼：地方法院犯人工场和盥洗室；南翼：3间单人囚室和一间4人大囚室可容纳外籍少年犯。此外，还配备一间教室和工作间以及独用的餐室；西翼：病犯分隔间、浴室和盥洗室，两间防暴监（橡皮监）；北翼：领署法庭犯人工场、洗衣、烘干室和盥洗室。东、南、西、北四翼楼顶都有放风场地。

西人监女犯区　楼高4层，建筑面积810平方米。1楼：盖有顶棚的放风场院、接见等候室和盥洗室；2楼：照片和指纹室、办公室、医疗室、浴室、更衣室和盥洗室；3楼：8间地方法院犯人用的单人囚室，以及英领署法庭犯人用的两间单人囚室和一间双人囚室。每间囚室都有抽水马桶、通风和照明以及不能移动的家具；4楼：工场、洗衣房兼烘干室、餐室兼娱乐室、盥洗室和储藏室之用。1楼与2楼间还有一间防暴监（橡皮监），楼顶为放风场兼晾衣场。1945年12月，独立建制的司法行政部直辖上海监狱第一分监（女监）组建后，原押西人监的外籍女犯，同中国籍女犯共押在一幢监楼内。

从1945年12月起，原关押外籍犯男犯的十字楼作为关押日本战犯的专用监楼；1947年2月，日本战犯移押到江湾殷高路，该监楼又改为关押汉奸犯的上海高等法院临时看守所，外籍犯被分押到各监楼。

1949年5月，上海解放以后，外籍犯基本分押到各监楼，但有时也相对集中，如外籍女犯关押在女监，外籍男犯大多关押在2号监、3号监，生病的外籍犯关押在医院或病监。

## 三、民国时期对外籍犯的收押和管理

由于西方帝国主义者的入侵，旧上海分为公共租界、法租界和华界三大行政区域、三大司法体系。提篮桥监狱从1905年起，开始收押公共租界区域内的外籍犯，但是人数不多。据统计，1909—1925年，监狱关押的外籍犯涉及20多个国家（日本人和法国人除外），案由为：杀人、抢劫、伤害、盗窃、诈骗、强奸、纵火、私藏军火、伪造货币、海盗、流氓、吸毒贩毒、酗酒闹事等30余种，但是收押外籍犯的刑期普遍较短，进出较频繁。按外籍犯判决单位区分，主要有两类：一为领事署法庭判决的；二为上海地方法院判决的。这两类外籍犯关押的监舍，包括伙食标准和管理都有区别，而且又分开统计。

1935—1938年，提篮桥监狱累计收押数外籍犯分别为286人、226人、237人、562人，其中：领事署法庭判决的分别为53人、78人、29人、21人，上海地方法院判决的分别为233人、148人、208人、541人。1940—1941年，提篮桥监狱外籍犯收押数334人、281人，其中：领事署法庭判决的为28人、19人，上海地方法院判决的为 306 人、262 人。1942 年,外籍犯的收押数创最高纪录,当年入狱 438 人,释放 362 人,平均每天在押外籍犯 127 人。

表 1　　　　　1933—1935 年提篮桥监狱外籍犯关押人数

| 年份<br>月份 | 1933 最少人数 | 1933 最多人数 | 1934 最少人数 | 1934 最多人数 | 1935 最少人数 | 1935 最多人数 |
| --- | --- | --- | --- | --- | --- | --- |
| 1 月 | 58 | 61 | 61 | 68 | 61 | 67 |
| 2 月 | 52 | 62 | 61 | 69 | 60 | 71 |
| 3 月 | 52 | 68 | 67 | 73 | 63 | 75 |
| 4 月 | 54 | 64 | 57 | 80 | 54 | 64 |
| 5 月 | 53 | 68 | 69 | 81 | 52 | 59 |
| 6 月 | 60 | 69 | 66 | 74 | 48 | 59 |
| 7 月 | 61 | 76 | 62 | 76 | 42 | 52 |
| 8 月 | 65 | 75 | 64 | 71 | 43 | 50 |
| 9 月 | 63 | 69 | 65 | 75 | 38 | 53 |
| 10 月 | 60 | 67 | 67 | 81 | 33 | 44 |
| 11 月 | 62 | 70 | 60 | 70 | 37 | 44 |
| 12 月 | 62 | 68 | 59 | 67 | 34 | 43 |

资料来源:《上海市年鉴》1935 年版,第 73 页。

提篮桥监狱根据领事署法庭和上海地方法院的不同判决单位,犯人的管理费用的来源出自两个不同的渠道。领事署法庭判决的犯人管理费用由各国领事署开支,上海地方法院判决的犯人的管理费用由上海公共租界工部局开支。所以,外籍犯在提篮桥监狱内形成了两种伙食标准,前者标准高,后者标准低。如有的年份甲种伙食标准为每天每人面包 1.5 磅(1 磅合 0.453 6 千克,合 0.907 2 市斤)、茶 0.5 盎司(1 盎司约合 28.35 克)、糖 2 盎司;乙种标准每天供应牛排 8 盎司、饭和汤 1.5 品脱(1 品脱约为 0.56 升)、蔬菜 8 盎司、盐 0.5 盎司,犯人还可以对伙食分量是否足量提出异议,监狱为此设专职官员予以校核。

1943 年 8 月 1 日,汪伪政府名义上收回租界,其中原公共租界改称上海第一特区,法租界改称上海第二特区,但其背后仍然是日本人当家作主。汪伪政府接收派典狱长邢源堂接收提篮桥监狱时,监狱在押外籍犯共计 94 名(女犯 6 人),其中领事馆寄禁的外籍犯 28 人(女犯 1 人)。1945 年 8 月抗战胜利后,上海才真正收回租界,形成统一的行政和司法管理体系。据 1947 年 2 月统计,当时提篮桥监狱关押的外籍犯有 72 人,其中:朝鲜 19 人,日本、苏联各 17 人,德国 3 人,法国、葡萄牙、匈牙利、印度各 2 人,美国、英国、意大利、罗马尼亚、奥地利、瑞士、西班牙、立陶宛各 1 人。[①]还有无国籍犯若干人,个别人为 2 次以上服刑,如无国籍犯马蒂土司·茄克曾先后服刑 3 次。个别人员甚至有 10 多次被判刑,如无国籍犯波诺维夫一贯以盗窃为生,先后判刑 10 多次(新中国成立后又因盗窃罪在天津判刑 2 次,刑满出狱后到上海,又因盗窃罪被判刑,关押提篮桥监狱内)。

## 四、民国期间 4 名较有社会影响的外籍犯

1936 年 9 月,法国作家格罗克洛德因在来华行李中夹有假护照在北平被逮捕,由法警乘飞机押犯至上海,囚禁提篮桥监狱 3 个星期。该案被法租界当局核查。格氏因久羁狱中殊不能耐,情绪暴躁,于 10 月 15 日起开始绝食,引起法国当局与提篮桥监狱的重视。格罗克洛德称,我不知道自己的行李中有这份假护照,必定有人栽赃陷害,所以我在狱中愤而绝食,并说不释放出狱决不进食,希望有关当局把事情调查清楚。[②]但是该事情没有这么简单,对于他连续多日的绝食,监狱一方面对其采取了一定强硬措施,如插胃管灌食等;另一方面对其说服劝告,使其安稳情绪。经有关部门查核,法国人格氏还犯有侵占法国某妇女法郎 10 万和犯有私藏军事文件的罪行,为此,法国驻沪领事馆于 1937 年 1 月 23 日派员把格罗克洛德从提篮桥监狱提押出狱,押入法国的"约翰拉波号"轮船,将其解往法国殖民地的越南河内作进一步的审理。

上海人口语中将货币里的硬币称为角子。20 世纪初市面上流通的角子有银制和镍制的多种面值。所谓"吃角子老虎"是一种赌具,它体积不大,外形方正像一只匣子,上面有一个可塞进角子的小孔,下面有一个大漏斗状的出口。它本是美国市场上出售糖果的自动售货机,后经改装成为赌具,风靡欧美。将这种赌具运进上海,骗取中国人钱财的就是杰克·拉莱。该人是个无业流氓,曾被判刑坐牢。后来他孤身一人来到上海。开始在一家外国人开的酒吧间当服务员,又在饭店打杂差,后来他看到上海赌风盛行,便于 1926 年从美国偷运来一台"吃角子老虎",在街头摆了个赌摊。当时的上海人,从未见过这种新式机器赌具,出于好奇心.不少人都掏出角子试试运气,结果大多数有去无回,由此他发了一笔小财。接着又从美国运来几台该赌具,当时中国海关禁止赌具进口;为了逃过海关

---

① 《上海监狱罪犯有十七种国籍》,1947 年 2 月 24 日《申报》。
② 《法著作家格罗克洛德绝食已近九日》,1936 年 10 月 23 日《申报》。

的稽查,他将机芯拆散混装在行李里,运抵上海后再装配。他这样经常拆拆装装,对机器构造已相当熟悉,便自己投资设厂在上海生产制造,这样大批的"吃角子老虎"就成群结队地出笼。到了20世纪30年代已遍布上海舞厅、戏院、咖啡馆、游乐场等公共场所。杰克·拉莱成了"吃角子老虎"大王。他从一个穷流氓变成了腰缠10万美元的富翁。后来经人举报,1941年初,美国按察使署依杰克·拉莱经营赌博罪,判处有期徒刑18个月,暂押提篮桥监狱,将乘美国轮船离开上海,押解美国麦克尼尔岛监狱。美国轮船"克利夫仑号"轮长则担任杰氏押解美国当局的任务。

1941年初,驻沪美国海军第四陆战队一等兵22岁凯司门,变态地杀害一名年仅3个月的中国婴孩,引起华人的愤怒,舆论大哗。经美按察使海尔密克审讯属实,犯罪人对犯罪事实供认不讳,判决凶犯解回美国麦克尼岛监狱服长期徒刑,并按美国法律规定,入狱5年始有宣誓开释的资格。凯司门于同年4月8日被美陆战队当局除名,次日上午晨8时转押提篮桥监狱外人监;22日,凯司门被提押出狱,押解美国"柯立芝总统号"轮船,由驻沪美副领事披埃斯负责押返美国。[1]1941年8月10日,美国驻华按察署副执行官铁德尔庞氏,因没有将美按察署的枪械遗失若干支的重大事故及时报告给美国当局,被美方怀疑为他有作案嫌疑及其他不良动机,因此突然被拘捕提篮桥外人监,拟进一步深入侦讯。[2]

此外提篮桥监狱不仅收押上海地区的外籍犯,同时也收押少数外地判决的外籍犯,如驻华北英国兰开夏联队士兵索尔氏,麦克茄里氏等三人之妻,因堕胎罪由驻华英按察署在天津开庭,于1937年3月23日分别判处有期徒刑9月、6月、3月,而后乘船押解到沪,入提篮桥监狱执行。[3]

## 五、解放后对外籍犯的收押和管理

1949年5月上海解放以后,市军管会接管了提篮桥监狱,当时狱中在押犯人共计650人,其中外籍犯11名。以日本人最多,内有千里政二(案由强盗)、上山悦郎(杀人)、中山开雄(盗匪)、田村喜代藏(盗匪)、饭伏德佛(盗匪),井上勇(强奸),英国人却利·阿却(强盗杀人),朝鲜人朱弘明(强盗)、胡德成(盗匪)、油野政子(女、盗匪)、陈金生(窃盗)。军管会接管监狱后,经过对旧监狱的整顿、清理和改造,同年6月开始收押犯人,7月开始收押外籍犯。从1949年7月至

---

[1] 《美兵杀害婴孩 定期解美》,1941年4月16日《申报》。
[2] 《美按署副执行官突被拘押西牢》,1941年8月10日《申报》。
[3] 《英妇堕胎获罪处徒刑送西牢执行》,1937年4月2日《申报》。

1996年底，提篮桥监狱共收押外籍犯（含无国籍犯）435人，其中近20人是女性；共涉及近40个国家和地区，内有英国、法国、德国、挪威、南斯拉夫、瑞典、波兰、西班牙、意大利、瑞士、葡萄牙、罗马尼亚、比利时、希腊、爱尔兰、匈牙利、以色列、苏联、朝鲜、韩国、印度、日本、巴基斯坦、印度尼西亚、泰国、伊朗、菲律宾、蒙古、缅甸、美国、加拿大。从国籍看，无国籍犯最多81人，其次是朝鲜、苏联、日本、南斯拉夫、美国等。涉及的案由有40余种：反革命、间谍、特务、杀人、伤害、抢劫、盗窃、强奸、流氓、破坏经济秩序、贩卖军火、涉毒、运毒贩毒、走私、诈骗等。[①]这435人中，按时间段统计，1949年7月—1960年12月，收押361人（其中相当数量为未决犯），占1949年7月—1996年12月收押总数的88.9%；1961—1970年21人，占5.2%；1971—1980年5人，占1.2%；1981—1990年6人，占1.5%；1991—1996年13人，占3.2%。20世纪50年代收押的外籍犯中，间谍、特务、反革命各占1/3。1981—1996年收押的涉毒、诈骗等占有一定比例。[②]

上海解放以来，提篮桥监狱在对外籍犯的管理中坚持贯彻与华籍犯同等管理的原则，并根据外籍犯的生活习惯，在伙食及日常生活管理上给予一定的照顾。根据《劳改条例》《监狱、劳改队管教工作细则》《监狱法》以及最高人民法院、最高人民检察院、公安部、外交部、司法部、财政部等有关外籍犯的管理规定，就外籍犯的收押、生活、医疗、监外执行、通讯、会见、邮送物品、劳动、教育、考核、奖惩、刑满释放等作了具体的规定。外籍犯在中国监狱服刑期间一律穿囚服，佩戴罪犯标志，其伙食标准和零用钱略高于华籍犯人，并适当照顾不同国籍、不同宗教信仰犯人的生活习惯，在放风、洗澡、生活用水等方面给予一定的照顾。监狱为外籍犯订阅外文版的《中国日报》等报刊，配备电视机和一批外文书刊，为他们创造良好的学习条件。根据外籍犯远离家乡，具有不同的文化背景、生活习惯等特点，在严格执法的前提下给予照顺。对外籍犯的贵重物品，由监狱刑务部门登记造册，代为保管；并保证外籍犯夏季能每日洗澡，其他季节洗澡每周不少于2次；外籍犯每月可以会见亲属或外籍犯所在国驻华使馆、驻沪领馆工作人员，每次会见时间为半小时；外籍犯的通信，次数不限，来往信件须由监狱检查；外籍犯自有的外币由监狱管理部门代为兑换或存入银行；监狱不干涉外籍犯的宗教信仰，允许个人自习教义，坚持礼拜，但不得在狱内传播教义，不得集体进行宗教活动、举行宗教仪式；在外籍犯刑满释放时，监狱干部负责为其办理签证手续；等等。

监狱组织外籍犯参加适量的劳动，并享有与华籍犯同等的劳动保护的权利，

---

[①] 徐家俊：《提篮桥监狱》，中国文史出版社2011年版，第22页。
[②] 麦林华主编：《上海监狱志》，上海社会科学院出版社2003年版，第476页。

劳动表现好的可以发给奖金。监狱为外籍犯提供有关报刊,组织他们学习汉语和外国语。允许他们自费购买有关书刊和学习、生活用品。监狱也创造条件努力发挥外籍犯的专长,如 1950 年 1 月监狱开办俄文训练班,让苏联籍犯人尼仁每周二、四、六晚上对犯人教授俄文①。同年 4 月起,监狱组织外籍犯学习《共同纲领》《社会发展史》等,将 34 名外籍犯分为两个小组:一是欧美组,含苏联、美、英、法、南斯拉夫等国籍,共 15 人;二是东洋组,含日本、朝鲜等国籍,共 19 人。②1956 年 1 月中旬,上海监狱系统专门组织 9 名外籍犯外出参观上海机床厂、上海工人文化宫、曹杨新村等 10 多个单位。这是上海解放以来首次组织犯人外出的参观活动。监狱还对外籍犯宣传中国的有关法律,制定外籍犯计分考核的有关规定,用外文向外籍犯公布,调动他们接受监管和教育的积极性,平时经常组织外籍犯开展球类和文娱活动。英国籍犯人罗伯特·戴维斯用不太熟练的汉语对前来采访的记者说:这里很好,饮食也习惯。以前不懂汉语,进来后开始学的,有中文教材和视听设备,管教工作态度很好,有什么问题只要提出来,随时都可以解决。他还买了一把吉他,以前不会弹,现在基本上学会了。③

上海外籍犯的医疗保健由监狱医院(后更名为劳改局中心医院、上海市监狱总医院)负责;需住院的由医院单身病房收治。如苏联籍犯人谢尔盖·伊凡诺维奇,1967 年 4 月逮捕。他患有心脏病,监狱为了医治其疾病,1981 年下半年让他住院 2 个多月,还两次带他去狱外的医院检查,对其认真治疗,恢复了健康。同年过圣诞节时,监狱充分考虑到该国的风俗习惯,为他准备了较丰盛的晚餐,使他十分感动。对外籍犯因病死亡狱中的,除按规定通知其国外亲属及所在国的领事馆外,尸体予以火化,骨灰盒可移送该犯所在国的领事馆或国际红十字会等组织,再转送给他的家属。外籍犯的遗物和钱款,由监狱造出清册,通知有关部门按规定领取和处理。

对服刑期间确有悔改、立功表现的外籍犯予以减刑、假释,对身患疾病的外籍犯予以保外就医,如:解放后提篮桥监狱第一次获得裁定减刑的外籍犯,是朝鲜女犯人油野政子(女),于 1957 年 5 月 3 日裁定减余刑释放,提篮桥监狱第一个获得假释的外籍犯是英国人却利·阿却于 1956 年 6 月 23 日假释;又如日本籍间谍犯深谷义治,1915 年 6 月生,1937 年随侵华日军来到中国,先后在济南、北平宪兵队充任军曹、曹长等。抗战胜利后,他冒充中国人潜伏到上海开设银号,曾化名尤志远,牛振业,从事间谍活动。1958 年 6 月被捕,后被判处无期徒

---

① 《监牢里办训练班　自新人学俄文会计》,1950 年 1 月 24 日《新民晚报》。
② 《结合实际的学习》,1950 年 4 月 27 日《文汇报》。
③ 《上海监狱中的外籍犯》,1994 年 6 月 19 日《新民晚报》。

刑。在服刑期间能遵守监规,有认罪悔改表现,1978年10月经上海市高级人民法院裁定宣布减去余刑释放。释放前,监狱管理人员还组织深谷义治外出参观上海市容。此外,其他被宣布减刑及减去余刑释放的还有日本籍犯人中岛正义、德国籍犯人高华德、希腊籍犯人姆·米·赛乌多罗斯、以色列籍犯人马克·西格尔等。1957—1996年,提篮桥监狱外籍犯被减刑提前释放的共有20余名,假释3名,保外就医6名。

  由于提篮桥监狱一贯对外籍犯依法文明管理,产生很好的效果。1991年一名荷兰籍犯人在电视中看到安徽地区发生特大水灾,他深表同情,主动捐款5 000元人民币和40 000比利时法郎,要求狱方将钱款转交给灾区人民,略表自己的心意。还有一名英国籍犯人在刑满释放那一天,用监狱里学会的汉字工工整整地写下了他的服刑感受:"监狱警官,我触犯了中国的法律,我对此无比痛心和后悔,出狱后我要彻底忏悔,我要记住你们对我的恩德,直到永远。"[①]

---

[①] 麦林华主编:《上海监狱志》,上海社会科学院出版社2003年版,第484页。

# 东方奥斯维辛的恶鬼走上提篮桥的绞刑房

## 一、中国的"奥斯维辛集中营"

臭名昭著的奥斯维辛集中营位于波兰南部小城,是纳粹德国建立的"死亡工厂",从1940年4月—1945年1月,共杀害了30个国家25个民族大约150万人,其中被害最多的是犹太人。奥斯维辛旧址于1947年7月辟为殉难者纪念馆,1979年被列为世界文化遗产。

中国的"奥斯维辛集中营"——奉天战俘营,它是1941年12月太平洋战争爆发后,日军俘虏英、美等盟军近20万人,在东南亚各国建立的115处集中营之一,时称奉天俘虏收容所。成立于1942年11月奉天(沈阳)的北大营,1943年7月移迁到今沈阳市大东区地坛街。它东西长约320米、东西宽约150米,占地面积4.9万多平方米,四周建有高大的围墙,墙上布有电网,围墙四角建有巡视岗楼。战俘营内主要设有3栋2层监舍楼、1栋医院及战俘厨房,还有厨房、水塔、仓库、医务所等。日本人后来又在吉林省的双辽、辽源建立两个分所。据统计,1942年11月—1945年8月,奉天战俘营及其第一、第二分所共关押美国、英国、澳大利亚、荷兰、加拿大、新西兰等盟国战俘2 018人,其中校级以上军官523人,准将以上军官76人(其中中将4人、少将23人、准将49人,他们当中美军19人、英军41人、澳大利亚4人、荷兰12人),还有香港总督杨慕琦等。这些将军战俘被不断变换羁押地点,从马尼拉到台湾,再到奉天,每一次转移的时机与路线,都与战场形势有着紧密的内在联系。其中在此死亡的达200多人,战俘死亡率超过16%。奉天战俘营是第二次世界大战中亚洲最大的集中营。[①]

奉天战俘营的第一号官长是松田元治大佐,二号人物系石川上尉,其他管理人员还有村田中尉、安藤中尉、三木中尉、医官桑岛恕一大尉等人。战俘营管理人员初期有61人,后来增加至150多人。1945年8月随着日军的投降,战俘营被解散。目前奉天战俘营的部分遗址得到了保护和复原纪念,2008年列为辽宁省文物保护单位,2013年列为全国重点文物保护单位,为世人保存了日军所犯

---

[①] 沈阳"九一八"历史博物馆:《沈阳二战盟军战俘营史话》,辽宁人民出版社2011年版,第29—31页;王铁军、高建:《"二战"时期沈阳盟军战俘营研究》,社会科学文献出版社2011年版,第2页。

战争罪行的铁证。2016年2月,笔者去沈阳参观了复原后的奉天战俘营遗址。

## 二、苦难的战俘营生活

奉天战俘营的管理是日军践踏国际准则,违反人道主义、国际公约的残暴行为。盟军战俘在战俘营期间必须从事繁重的劳役,他们的劳役大致分为三种:一是直属劳役,即在日本宪兵的看押下,每天步行往返10千米,去"满洲工作机械株式会社"劳役;二是派遣劳役,即到战俘所指定的工厂劳役;三是营区劳役,即在营区内从事厨房、勤杂、清扫、理发、养殖、搬运等工作。同时,战俘还要经常遭受日军看守的训斥、殴打。有时日本看守还会命令战俘在烈日、大雨、严寒下罚站,并忍受各种非人的惩罚。

在奉天战俘营里,日军有专门的惩罚制度,如"重营仓"(单独关禁闭)和"重谨慎"(集体关禁闭)等,使战俘备受欺凌。最让战俘胆战心惊的是"重营仓",即一个人关押在用木头做的小屋内,人站不起来,也躺不下去。被禁闭者必须在禁闭室内连续不停地从一角走到另一角,巡逻的日本哨兵不让你歇下来。如果你停下,哨兵就用刺刀捅你,让你不停地走路跑步。这个地方夏天闷热窒息,冬天潮湿阴冷,到了晚上最可怕,屋子里四面透风,非常冷。这种单独禁闭最少是3天,最长是30天。那时,能活着从"重营仓"出来就已经是不幸中之万幸。战俘中许多人均受战俘营第二号长官石川上尉的毒打。此人身材矮小,仅1.5米,腰围2尺7,满脸横肉,脾气极坏,经常打人,战俘在背地里为他为起了一个外号叫"公牛",是一个十足的恶棍。

战俘营中战俘的伙食非常差,量少质差,饥饿时刻袭扰着关押人员,他们千方百计地寻找食物。有一次,一条穿梭中的野狗引起了他们的注意,战俘开始捕杀野狗,这是战俘营里能够额外搞到的有营养的食物,附近的野狗都成为战俘猎杀的目标。后来狗猎杀光了,甚至连鸟、猫、蚯蚓也成了战俘餐桌上的美味佳肴。

## 三、战俘集中营的虐待狂

战俘营的军医桑岛恕一大尉是一个虐待狂。他生于1916年5月30日,日本山形县人。早年曾在东京医专(今东京医科大学的前身)、陆军军医学校学习,毕业后赴满洲奉天陆军医院任职,1941年获军医中尉军衔,1942年12月—1944年10月任奉天战俘营医务官,期间晋升为大尉。1945年8月,他在济南航空队服役,同年12月他按照一般战俘的身份被遣送回日本,逃过一劫。随着调查工作的深入,1946年5月8日,桑岛恕一因战犯嫌疑被逮捕,关押在东京巢鸭监狱；6月10日，由飞机引渡到中国，关押于上海提篮桥监狱。

桑岛恕一毫无医德、心如蛇蝎，其看病方法更是花样百出、残酷无情，寒冷的冬天，就让战俘裸体站在0℃以下的户外接受检查；为了诊断病人是否患了痢疾，桑岛竟让病人光着脚在零下十几度的操场上跑步，如果病人没有出现虚脱或者拉肚子，认为没有患病，就让他去干活。原本是普通的痢疾在战俘营成为置人死地的杀手，100个痢疾的病人中只有一个不大的便盆，很多人不得不钻出被子冒着严冬去户外上厕所，继而患上肺炎死去。1944年1月18日，8—10名战俘在集体就诊时摔倒，其中有3人是脚趾冻伤，脚趾末端变黑。桑岛要求他们脱去袜子，赤脚站在冰块上，当时气温低于−21℃。奉天战俘营几乎每天都有人死亡，第一个冬天就死了100多人。

桑岛恕一玩忽职守，对伤病者麻木不仁，故意不给治疗，还苛刻地控制药品的发放，隐匿红十字会送来的药品。如1944年1月，国际红十字会的首批救济药品抵达战俘营，交给日本人负责管理和发放；同年5月，国际红十字会的第二批救济药品也送达，但是桑岛恕一却在几个月后的8月首次开包启用，11月才允许给战俘使用。桑岛恕一还使用过期的药品给战俘治病，如1944年2月15日，一名叫布利斯特的战俘在劳动时间受伤，在动手术时需提供血浆，可是桑岛提供他的却是已经失效、保质期为1935年的血浆，最后导致这名战俘死亡。战俘爱德华·S.考雷中士在禁闭室关押31天后，阑尾炎发作，3天后被送进战俘营医院就医，桑岛参与手术。手术结束前，麻醉的效力已过，考雷疼痛不已，但是桑岛拒绝再给麻药，每当考雷喊叫呻吟的时候，桑岛恕一肆意殴打，并命令他"不许说话"；桑岛还故意刁难考雷中士，让他从手术台上爬下睡在担架上。诸如此类的虐待不胜枚举。战俘营中的1700余俘虏因病死的达141人。

自1942年11月第一批战俘来到奉天，到1945年8月战俘营被全部解散，长达34个月，日军在此的暴行从未间断过。长期以来虐待和极端恶劣的生存条件造成了战俘营的高死亡率。战后，据美国退伍军人管理局统计，盟军战俘在德国纳粹战俘营死亡率为1.2%，而在奉天日军战俘营死亡率高达16%，共有250名战俘死亡，是德国战俘集中营死亡率的13.3倍。[①]

## 四、审判群魔

1945年8月日本投降，1946年1月起，美军在提篮桥监狱组建军事法庭，并通过各种途径追捕日本战犯。为非作歹的奉天战俘营的所长松田元治、管理员

---

[①] 沈阳"九一八"历史博物馆：《沈阳二战盟军战俘营史话》，辽宁人民出版社2011年版，第47页。

三木遂、军医桑岛恕一也先后受到法律的惩处。

战俘营所长松田元治，在沈阳盟军战俘营解散前夕，化妆为一个中国的平民百姓，藏身于一座民宅内。后来被人举报，身份暴露，1945 年 9 月被盟军美国某救援队捕获，次年 5 月 10 日从沈阳由飞机押到上海受审。① 奉天战俘营的管理员三木遂、军医官桑岛恕一也很快被人抓获关押。曾经百般虐待战俘、称为"公牛"的日军上尉石川，却在战后失踪了，多方查找杳无踪迹。

美军军事法庭针对日本战犯虐待、虐杀战俘事件进行调查和审判。1946 年 3 月，美军法庭首先对 30 岁的奉天战俘营管理员三木遂进行审讯。据查，三木遂于 1942 年 11 月—1943 年 12 月，对战俘营内美俘横行虐待，无恶不作，曾杀害美籍侨民钟氏。经庭审，被美军军事法庭判处有期徒刑 25 年，监禁期间罚做苦工。②

同年 8 月，美军军事法庭对松田元治大佐与桑岛恕一的恶行组建审判机构，由陆军丹尼·H. 麦伦上校任庭长，詹姆士·B. 里尔中校、C. 拉德福贝里中校、斯戴尔·沃特中校为审判官，威廉·J. 富勒尔少尉为检察官。瑞兰德·A. 科尔比为辩护律师。③1946 年 9 月 5 日—16 日的 11 天的庭审期间，法庭共收录副本证据 7 项、检方证据 35 项，其中包括温莱特将军等多名前奉天战俘营战俘提供的书面证据。9 月 16 日，军事法庭作出判决，认定松田元治作为奉天战俘营的最高官员，没有对被关押的战俘给予应有的待遇和保护，没有提供足够的食物、衣服及药品，没能制止其下属人员多次施行殴打和暴行。特别是在 1944 年 12 月 7 日，奉天战俘营遭到空袭轰炸，由于松田元治处置不当，造成 17 名战俘死亡、30 多名战俘受伤。据此，美军军事法庭判处松田元治大佐有期徒刑 7 年（1947 年 1 月，松田被押送日本东京的巢鸭监狱服刑）。法庭认定桑岛恕一大尉作为战俘营的医官，玩忽职守，非法蔑视且没有履行其医务官的职责，故意违法对战俘施行残忍的、非人道的暴行，导致大量美国战俘死亡和长期患病，违反战争法则；其主观恶意已经超过了战场上许多日本将军和战俘营的日军官长，故判处桑岛恕一死刑。④

1947 年 1 月 27 日，美国驻华军事顾问团团长卢卡斯将军批复了对桑岛恕一大尉执行绞刑的决定。2 月 1 日上午 8 时半，美军军事法庭在提篮桥监狱对其执行绞刑。⑤桑岛恕一是继镝木正隆、藤井勉、增井庄造、松井耕一、白井与三

---

① 《沈阳第一号刽子手　松田飞沪受审》，1946 年 5 月 10 日《华侨晚报》。
② 《日战犯三木遂今日受审》，1946 年 3 月 11 日《神州日报》；《三木遂昨日宣判　处廿五年苦工监》，1946 年 3 月 15 日《申报》。
③ 杨竞：《盟军战俘在中国，奉天战俘营口述纪实》，人民出版社 2016 年版，第 273—274 页。
④ 《日战犯川岛判处死刑》，1946 年 9 月 17 日《救国日报》；《被俘盟军备遭荼毒，日战犯川岛判处绞刑》，1946 年 9 月 17 日《申报》。
⑤ 《沈阳集中营日医官桑岛执行绞决》，1947 年 2 月 2 日《申报》。

郎在 1946 年 4 月 22 日上海执行绞刑后的第 6 个日本战犯。①桑岛恕一执行前，美军法庭为其作了一个极其简单的宗教仪式。随后，桑岛被美军宪兵先用绳索把其脚扎住，然后用黑布大口袋把整个头部罩住，再用绞架上的绳索扎紧其颈部。桑岛站在活动地板上，随着监刑官一声口令，闸门一推，"轰"的一声，活动地板向两侧分开，桑岛双脚悬空，整个身体被颈中的绳索死死地吊挂在房顶的绞架上，瞬息间窒息而亡。随后，尸体通过 3 楼、2 楼的方孔，用绳索吊入下面的停尸房。其他无关人员和新闻记者一律禁止入内，谢绝参观和采访。次日，上海有关媒体也作了报道。原沈阳战俘营看守野田荣一以虐待盟军战俘罪，后被美军横滨军事法庭判处有期徒刑 20 年。②

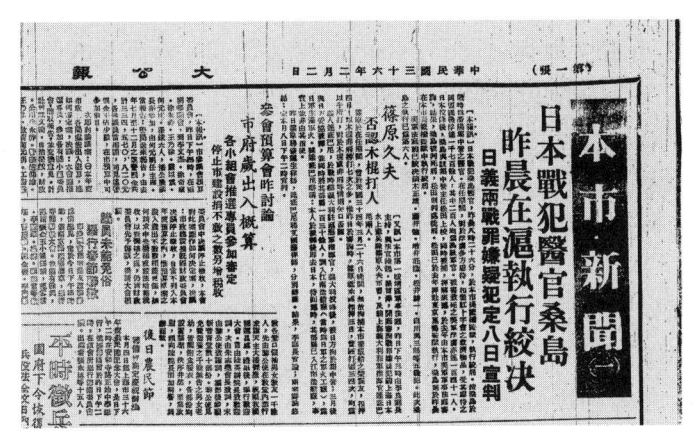

《大公报》对桑岛恕一处绞刑的报道

日升月移，光阴似箭，70 余年过去了。然而位于提篮桥监狱内、当年处决桑岛怒一大尉、镝木正隆少将等 6 名日本战犯的绞刑房却依然保存至今，成为见证盟军处置日本战犯史实的一个重要组成部分。

（本文原载《审判从这里开始，日本战犯在上海的审判》，生活·读书·新知三联书店 2022 年版）

---

① 《日本战犯医官桑岛昨晨在沪执行绞刑》，1947 年 2 月 2 日《大公报》。
② 沈阳"九一八"历史博物馆编：《沈阳二战盟军战俘营史话》，辽宁人民出版社 2011 年版，第 196 页。

# 百年来提篮桥监狱的电话

电话,是现代的通讯工具,是近代工业的产物,现代社会的"神经"。1875年6月2日,出生于英国苏格兰的美国人亚力山大·格雷厄姆·贝尔(1847—1922)发明了电话。1881年,上海开始使用电话,英籍电气技师皮晓浦从上海十六铺沿街到广东路正风街铺设了一条电话线[①],架起一对露天电话,两端各设一个通话室,这是中国的第一部电话,成为当时的娱乐工具。一些赶时髦的上海人付了36文制钱后,相约在两端相互说说笑笑,感到十分有趣。时人还编竹枝词形象地描写当时的情景:"两地情怀一线通,有声无形妙邮筒;高呼狂笑呈憨态,独立倾听德律风。"1882年2月,丹麦大北电报公司在上海外滩办起我国第一个电话局,用户25家。同年夏天,皮晓浦以"上海电话互助协会"名义开办了第二个电话局,有用户30余家。年底英商"东洋德律风"公司兼并上述两电话局经营,用户300家。1900年,经英租界工部局批准,一些洋行大班与工部局董事,合伙创办了"华洋德律风公司",在上海市区经营电话业务,分设东、西、北、中央

上海早期的电话机之一

---

① 《上海文史资料存稿汇编·市政交通》,上海古籍出版社第203页。

等6处人工接线区。这是上海第一家具有现代意义的电话公司。1927年11月20日,上海租界的电话号码由4位数升为5位数。

上海华界于1902年在南市创建电话局,1909年又在闸北设立电话局,但华界用户较少。华界与租界的电话分属两个电话网,不能互相直拨打通;1926年2月开始可以拨通,电话用户大量增加。1945年,上海电话号线5.89万线,其中营业电话3.64万门。[①] 上海解放前夕存在两家电话公司:美商上海电话公司和上海电话局,前者电话设备总容量71 810线,后者电话设备容量5 930门,用户4 353家;各有9个局所。

提篮桥监狱也是中国各监狱内最早使用安装电话的监狱之一。目前看到的文字资料,最晚在1906年5月提篮桥监狱已经安装使用了电话。监狱里如有情况即可通过电话向外界联系。从1936年3月1日起,提篮桥监狱新的电话联络系统投入使用。当时规定在任何情况下,监狱所有管理人员不准把监狱电话用于私事,违者将受到处分。那时,监狱电话接线员备有一本登记簿,由负责大门和钥匙的看守保存。下午5点后值勤人员使用电话将记录在册,内容包括打电话者的部门、时间和电话内容。所有打给警察总部和市警察局的电话则由另一系统完成。夜间监狱向外打电话,均由电话间值班电话接线员拨打,需要打电话的人应向接线员提供他的姓名和电话内容。当监房押犯生病需要医务人员抢救或治疗时,晚班或夜班看守负责人,可通过电话通知值班医生,并在工作记录簿上记录打电话的确切时间。1937年提篮桥监狱的几部电话,它们的号码分别为52231、52232、52233。[②]

抗日战争胜利前后提篮桥监狱设立电话总机,属监狱总务课管理,总机号码为52233;总机电话间设在二大门内,在办公楼2楼朝西的方向,可以看到监狱三、四大门。各监房和办公室各科室都有电话分机。晚上工作人员下班后,总机分机都不使用,电话总机线就接到监狱钥匙间,电话由钥匙间掌管,钥匙间就是监狱向外联系的重要部门。电话间原有个女接线员,平时娇滴滴的。1949年5月上海解放前夕,形势十分紧张,这个女接线员不告而别,不来上班了。当时监狱地下党员根据党支部书记赵英盛的布置,每人发了一块红布,绑在左臂上,每人还发了枪,有10发子弹。赵英盛根据监狱实际情况,对岗哨、大门、钥匙间等要害部门作了布置安排,都有地下党成员控制。地下党成员翟云龙被赵英盛分配在电话总机间,掌握监狱的对外联系。当时监狱只有这一部电话总机,没有其他电话。外面的电话可以打进来,但是如果没有地下党的赵英盛的批

---

① 中共上海市委组织部等编:《上海通志干部读本》,上海人民出版社2014年版,第409页。
② 《上海工部局市政便览》,1937年。

准,监狱一律不准向外打电话。从 5 月 23 日晚上到 27 日,翟云龙一个人一直守在电话间里,直到上海解放后,军管会提篮桥监狱接管专员毛荣光等同志接管监狱为止。

　　长阳路 117 号的上海监狱第一分监(女监)自 1945 年 12 月建立启用后,也安装了一部电话。此部电话除用于公务往来以外,职员、看守亦可使用办理私人事务。最初并未向使用电话的人员收费,但时间一长,每月电话费耗费不低,据 1947 年 11 月 9 日—12 月 9 日的统计,一月内电话次数达 629 次,超过定额甚多。为此,第一分监于 1947 年 12 月 24 日发布公告,自 25 日起,"发电者不论公私,指定门警负责登记发电次数,藉资统计",收取费用,取消免费私人电话的福利。1948 年 3 月 25 日,第一分监决定从本月 26 日起,"公务电话改至监长室发电,私人电话先向总务科登记,每次暂收电价国币五千元,月终在各位同仁薪津下扣除",7 月 1 日又决定公私电话由门卫负责。

　　1949 年 5 月上海解放,由军管会派员接管后的提篮桥监狱,经过清理、改造、整顿,于 9 月 21 日正式挂牌成立"上海市人民法院监狱"。1952 年 6 月,上海市公安局劳改处成立,原位于监狱的电话总机属劳改处管理,不久,提篮桥监狱的电话总机,设在监狱一大门的大楼内,该电话总机为大院内的多个单位共同使用。20 世纪 90 年代,长阳路 147 号大院内有 3 个独立的部门,即上海市监狱管理局、提篮桥监狱、监狱总医院。多年来 3 个部门除了增添了不少外线电话外,仍然保留统一使用同一部电话总机;同时,该电话总机的设备也不断更新,从解放初期的 50 门人工交换机,到后来的 100 门、200 门的人工交换机,电话间有几名同志日夜轮流值班,另配备专职技术人员给予维护管理。2013 年前后,该电话总机改为 400 门程控交换机。程控电话具有接续速度快、业务功能多、效率高、声音清晰、质量可靠等优点。

　　上海解放后,电讯系统不断发展,1949 年底市内电话交换设备总容量 72 060 门;1957 年 9 月 1 日 0 时 01 分,上海市电话实现了统一的 6 位号码;到 1965 年末增长到 88 506 门,拥有电话局所 29 个。长阳路 147 号大院内提篮桥监狱等 3 个单位共用的电话总机"52233"号码,在原有的电话号码前添加"6",即成为 652233。1989 年 11 月 12 日 0 时 02 分,上海首先在全国实现电话 7 位号码。劳改局机关、提篮桥监狱、监狱医院的电话总机号码改为为 5419233。1995 年 11 月 25 日零点,上海的电话号码实现 8 位号码制,上海成为世界第四、中国第一个实行 8 位电话号码的城市。①提篮桥监狱等单位的电话总机也在原来的号码前加上 6,其电话号码 65419233。20 世纪 90 年代末,提篮桥监狱、监狱医院

---

① 中共上海市委组织部等编:《上海通志干部读本》,上海人民出版社 2004 年版,第 412 页。

与监狱管理局机关合用总机号码为35104888。2007年7月26日,监狱总医院从长阳路147号搬迁到浦东周浦繁荣路。不久,提篮桥监狱与监狱管理局机关分别设立电话总机,其中监狱管理局的电话总机为35104888,提篮桥监狱的电话总机为55589900。2016年5月起,上海市监狱管理局机关从长阳路147号迁往徐汇区新址,正门为建国西路648号,边门为吴兴路225号,电话总机为24029888。

  电话系现代化的通讯工具,随着社会和科学技术的发展和普及,电话的种类及功能也在不断发展和更新,电话的普及与发展也反映了一个国家、一座城市、一个单位发展变化的概貌。提篮桥监狱百年来的电话也是提篮桥监狱管理的现代化、信息化的一个缩影。

(本文原载《上海警苑》2023年第4期)

# 提篮桥监狱的窨井盖

1999年12月29日,在一片管乐声中,位于提篮桥监狱内的"上海监狱陈列馆"正式开馆迎客,其内容立足上海,辐射全国,是一座通过各种实物、图照、场景、表格等,反映100余年来监狱专题的行业博物馆。其场地特殊、题材别具一格,内容鲜为人知,各界人员对此兴趣盎然。开馆不久,一位上海历史博物馆的领导,对提篮桥陈列馆的不少具有监狱特色的展品很感兴趣,其中对两只窨井盖特有情感,甚至多次向笔者提出希望捐助给上海历史博物馆,作为上海市政建设的历史文物,供博物馆保存,给更多的人观看。这看似普通的窨井盖,其中究竟蕴涵了什么玄机?

我国许多大中城市地面上高楼大厦,建筑物鳞次栉比,地下蛛网密布,普遍埋设许多地下管道,如下水道、电力、煤气、雨水、自来水、通讯、国防等管道。这些管道每隔一定距离,都有一个通向地面的出口,由管道到地面的这一段称为窨井,用来遮盖窨井的盖子,叫窨井盖。窨井盖通常用水泥、金属、强化塑料等材料制成,窨井盖上一般都注明井下管道的用途和管养单位甚至电话等信息,如有的窨井盖就标有"雨水""上水""电信"等字样。窨井种类繁多,但窨井盖却几乎"千城一面",绝大多数都是黑乎乎的一个铁盖,而提篮桥监狱的窨井盖却有特别之处,狱内拥有众多窨井盖,从形状看,有圆形、方形两大类。但每个井盖上都镌刻着各种文字,有中文、英文。英文常见的有 S.M.C./P.W.D 等,这些窨井盖上反映了多种信息,其中 S 为上海的英文的首字,M 为工部局英文的首字,G 是监狱的英文首字。S.M.C./P.W.D,就是上海公共租界工部局工务处的英文缩写。也有中文,如"上海市监狱",但其书写顺序,与目前的从左到右相反,它是从右到左。我曾经对提篮桥监狱目前使用中的窨井盖作过一次微调查,发现狱中监狱现有窨井盖若干种,多个类型;就大小而言,圆形的直径为54厘米,正方形的边长为49厘米。这些窨井盖也是提篮桥监狱的实物档案,它留下了历史的痕迹、文化的基因。

这些镌刻着上海经典建筑的窨井盖,在担负着市政工程使命的同时,充盈着浓浓的人文气息,给提篮桥监狱历史增添了一缕淡雅的古典风情。好多次,我陪同参观的人群中,一些熟悉上海历史,又通晓英文的学者、师生,在不经意间发现脚下这些窨井盖上的文字,这些另类的风景给人平添了一份意外的惊喜。

20世纪90年代,上海的《新闻报》、上海电视台"智力大冲浪"节目,曾做过寻找上海最早窨井盖(以铸有年份的为准)的活动,1996年11月24日《新闻报》头版发文:"保存现代文明的印迹,上海人搜寻最早的窨井盖"。铺在东大名路永定路口的铸有"1921"者列为第一,前10名者均在"1925"以前,而且几乎全部集中在虹口大名路一带。近年来,不少城镇广开思路,利用花草植物,利用高墙、堤岸,利用城市的边角空间,甚至窨井盖上做文章,宣传城市的历史,介绍乡村的变迁,他们在窨井盖上镌刻城市优秀建筑,描绘城市文化特色或指示路标、公共设施,可以使原来平淡无奇的窨井盖,将市政设施功能、传承文化功能、公众服务功能等诸多功能集于一体,成为市民生活中不可或缺的温馨存在。在欧美一些国家的窨井盖扮演着多面手的角色:它们既担负着提示及防护窨井出入口的传统作用,又起着美化城市道路景观的城市文化作用,将一些指示公共设施、街区、景点等标牌做在位于人行街道上的窨井盖上,引导人们通往各自的目的地;日本许多县市都以当地的名胜、市花、市树或特产等来构思窨井盖图案,突出本地特色。

提篮桥监狱的部分窨井盖

窨井盖,这是城市安全网络体系中的重要节点,也是历史的先辈为后人留下的普通物件,但是在一些违法人员眼中又成为偷盗换钱的香馍馍。为此,2020

年 4 月最高法院、最高检察院、公安部联合发布《关于办理涉窨井盖相关刑事案件的指导意见》,规定:对于明知会造成人员伤亡而实施盗窃、破坏致人受伤或死亡的窨井盖者,以故意伤害罪、故意杀人罪定罪处罚。黄浦江畔素有上海标志性建筑之一的提篮桥监狱,犹如一个步履蹒跚的历史老人,走过了 120 年的岁月,它不但具有司法功能,系闻名中外的刑罚执行机构,而且还是具有很高的文化历史价值,1994 年 2 月被市政府列为上海市第二批优秀建筑保护单位,如今监狱除了大家熟知的橡皮监、风波亭及各种铁窗、铁门、锁具外,还有消防设施和窨井盖都具有文物价值。

(本文原载《上海法治报》2023 年 3 月 24 日,收入本书有补充)

# 提篮桥监狱的五张文化历史名片

位于黄浦江畔的提篮桥监狱,是一座上海近现代的地标性建筑,又是承载上海百年兴衰沧桑的符号,历史底蕴深厚,文化博大精深。在它占地 60.4 亩的土地上,目前拥有五张区、市和国家级的文化历史名片,分别是虹口区革命纪念地、上海市优秀历史建筑、上海市抗日纪念地点、全国重点文物保护单位、国家级抗战纪念设施遗址,该密集分布的情况不仅在上海罕有、在全国也属鲜见。

## 一、上海市虹口区革命纪念地

虹口是上海近现代工业文明的摇篮,也是西学东渐的桥头堡,是海派文化发祥处、文化名人聚集地。在这块 23.45 平方千米的土地上,不仅诞生了中国历史上第一条铁路、第一个电影院,产生了上海近代史上最早一批教堂和西式学校、医院,也是中共第四次全国代表大会的所在地和左翼文化运动的大本营。虹口区目前拥有全国重点文物保护单位 4 个、历史文化风貌区 4 处,风貌保护街坊 22 个,遗迹遗址、名人故居、文物点 300 多处,位于提篮桥监狱内的王孝和烈士就义处就是其中的一个革命纪念地。

王孝和,祖籍浙江鄞县,1924 年 2 月生于上海虹口,1941 年 5 月加入中国共产党。1943 年 1 月进入美商上海电力公司发电厂,1948 年 1 月被工友选为厂工会常务理事。2 月,王孝和带领杨树浦发电厂工人抗议反动派的暴行,4 月 21 日王孝和被敌人秘密逮捕,并对其严刑拷打。6 月 29 日王孝和被判死刑。1948 年 9 月 30 日在提篮桥监狱刑场英勇就义,时年 25 岁。王孝和就义处于 1992 年 7 月被列为上海市虹口区革命纪念地。1994 年 9 月 30 日,虹口区人民政府、上海市电力工业局和提篮桥监狱等 3 个单位联合在当年王孝和英勇牺牲的地方,隆重举行了"王孝和烈士就义处暨塑像揭幕仪式"。上海有关领导、各界人士及王孝和烈士的妻子忻玉英及女儿王佩民、王佩琴等 150 余人出席。1998 年 9 月 29 日提篮桥监狱又隆重举行"王孝和烈士塑像重建揭幕仪式",并辟建"孝和广场"。

## 二、上海市优秀历史建筑

建筑是凝固的音乐,历史的见证,更是一座城市不同发展阶段的缩影和标志。上海的各类建筑是中西文化融合的结晶,体现了不同风格及流派,深受广大市民和国内外专家的关注。为此,上海市政府于1989年起公布了第一批优秀历史建筑61处,后来又于1994年、1999年、2005年、2015年共公布了1 059处上海优秀历史建筑,其中第二批175处、第三批162处、第四批234处、第五批426处,包括市政公用、银行、商业、文化教育、旅馆、宗教、公寓里弄、名人住宅、娱乐场所等各种类型的建筑。通过这些优秀历史建筑,我们可以认识、欣赏它们的设计特色及艺术风格,寻找上海的建筑文脉,打开尘封已久的历史窗扉。提篮桥监狱,1901年底由公共租界工部局建造,1903年5月启用,后又陆续经过改建、扩建,到1935年定型,形成一个高楼型的建筑群,计有牢房近4 000间,还有办公楼、工场、炊场、医院、室内刑场(绞刑房)、室外刑场、橡皮监(防暴监)、风波亭(禁闭室)等。监狱四周建有5米多高的围墙,并建有多座3层高的岗楼,建筑面积7万多平方米。监狱建筑规模宏大,设备精良,号称远东第一监狱。关押人数在20世纪30年代曾一度高居世界第一。提篮桥监狱于1994年2月被公布为第二批上海优秀历史建筑,并在长阳路147号的大门处挂有铭牌。

优秀历史建筑铭牌

## 三、上海市抗日纪念地点

上海作为中国的大都市，在全国抗战中有着极其重要的地位，发生过两次淞沪战争，上海是全国抗日救亡运动的重要中心，抗日战争的军事战略重镇和主要战场之一，是抗战文化的发源地，抗日战争特殊的后勤基地，联接世界的主要纽带。抗战胜利后，提篮桥监狱从 1945 年 12 月起关押过大批日本战犯，它是抗战胜利后中国境内最早审判日本战犯的场所。1946 年 1—9 月，先后有 47 名日本战犯分成 10 批在狱中受到盟军美军军事法庭的审判，内有侵华日军第 23 军司令、日本驻香港总督田中久一中将，侵华日军第 13 军司令官泽田茂中将，台湾第十军参谋长谏山春树中将，华南派遣军第 23 军参谋长富田直亮少将，第 34 军参谋长镝木正隆少将，汉口日本宪兵队司令福本龟治大佐等。其中判处死刑 11 人（实际执行 7 人）、无期徒刑 6 人、有期徒刑 28 人、无罪释放 2 人。1946 年 4 月 22 日和 1947 年 2 月 1 日，分别有镝木正隆少将及沈阳战俘营军医桑岛恕一大尉等 6 人在狱中执行绞刑。1947 年 8 月 12 日—1948 年 9 月 9 日，黑泽次男、富田德、芝原平三郎等 14 名日本战犯在监狱刑场被中国军警执行枪决。此外，还有侵华日军第十方面军司令官、台湾总督安藤利吉大将于 1946 年 4 月 11 日深夜在监狱中服毒自杀，他是日军在华死亡的最高将领。侵华日军第六方面司令官冈部直三郎大将，于 1946 年 11 月 28 日在监狱患脑溢血死亡，他是因病死亡在中国的日军最高将领。

1997 年 8 月，经过上海市人民政府批准，提篮桥监狱日本战犯关押、审判、执行处列为"上海抗日纪念地点"。① 目前，上海地区共有 8 处抗日纪念地点，分别为：位于宝山庙行镇东南泗塘二中内无名英雄纪念墓、位于金山石化街道南安路金山卫侵华日军登陆地、位于宝山海滨街道塘后路吴淞炮台抗日遗址、位于宝山罗泾乡小川沙海塘小川沙侵华日军登陆地点、位于宝山罗店镇罗店中学内的罗店红十字纪念碑、位于金山城内横街的金山卫城侵华日军"杀人塘"、位于静安区光复路的八百壮士"四行仓库"纪念馆、位于虹口长阳路提篮桥监狱日本战犯关押、审判、执行处。

---

① 《提篮桥监狱内日本战犯关押处等被列为上海市抗日纪念地点》，1997 年 8 月 19 日《解放日报》。

上海市抗日纪念地点

## 四、全国重点文物保护单位

全国重点文物保护单位,是由国务院所属国家文物局对不可移动文物所核定的最高保护级别。根据我国《文物保护法》第13条规定,国务院所属的文物行政部门(国家文物局)在省级、市、县级文物保护单位中,选择具有重大历史、艺术、科学价值者确定为全国重点文物保护单位。全国重点文物保护单位的保护范围和记录档案,须由省、区、市人民政府的文物行政部门报国务院文物行政部门备案。申报原则为价值优先,突出强调文物在中华文明中的标志性地位和全国性意义;突出重点,以完善全国重点文物保护单位体系结构、填补空白为主;确保质量,坚持真实性和完整性原则。第一批全国重点文物保护单位1961年3月4日公布,共180处。

2013年3月5日,由国务院批准的1943处"第七批全国重点文物保护单位"在国家文物局官网公布,上海提篮桥监狱早期建筑名列其中。提篮桥监狱基本保持历史原貌,具有丰富的文化历史价值,这是全国监狱系统 600 多座监狱中唯一被定为"全国重点文物保护单位"的司法实体。截至 2019 年 10 月 16 日,国务院已公布八批全国重点文物保护单位,总数为 5 058 处。其中上海有中共一大会址、广富林遗址、豫园、外滩建筑群、上海邮政总局、龙华革命烈士纪念地等共 40 处。

## 五、国家级抗战纪念设施遗址

中国是最早遭受日本侵略的国家,曾伤亡 3 500 万人,4 200 万难民无家可归,930 座城市被占领,经济损失 6 000 亿美元。全体中华儿女坚持抗战 14 年,万众一心、众志成城,取得了抗日战争的伟大胜利,并为世界反法西斯战争做出特殊贡献,同时在中华大地留下许多抗战历史设施遗址。这些设施遗址是抗战历史的载体,承担着唤起民族记忆、弘扬民族精神、加强爱国主义教育的作用。

2014 年 9 月 1 日,经党中央、国务院批准,国务院公布第一批 80 处国家级抗战纪念设施遗址名录。2015 年 8 月 13 日、2020 年 9 月 1 日分别公布第二批 100 处、第三批 80 处国家级抗战纪念设施、遗址名录。其中上海监狱陈列馆列入第一批 80 处国家级抗战纪念设施遗址名录。陈列馆位于提篮桥监狱一座 6 层高的监楼内,该处原有租界时期关押外籍男犯的地方,抗战胜利后成为关押审判日本战犯的场所。在社会各界的帮助及支持下,上海市监狱管理局建起第一个全国省级的监狱博物馆——"上海监狱陈列馆",1999 年 12 月对外开放,接待团体参观。陈列馆陈展了各类具有铁窗特色的锁具、钥匙、囚衣,还有珍贵的监狱遗物,整修了处决日本战犯的"绞刑房",收集旧监狱的部分实物,给社会提供一个特殊的课堂,各媒体曾有大量报道。

目前上海有 6 处国家级抗战纪念设施遗址,首批为上海监狱陈列馆、上海淞沪抗战纪念馆;第二批为上海国歌展示馆、"四行仓库"抗日纪念地、金山卫城门侵华日军登陆地;第三批为侵华日军罗泾大烧杀遇难同胞纪念地。

提篮桥,在上海地区不仅是监狱代名词、黄浦江畔一座地标性的建筑,还是一个具有丰富历史积淀和文化底蕴的宝库。值得欣慰的是,提篮桥监狱拥有的五张文化历史名片中,除了上海优秀历史建筑和国家级抗战纪念设施遗址由政府有关部门拟定外,其余 3 处均由笔者执笔整理了申报材料,经领导批准,报经有关部门审核,其中"上海市虹口区革命纪念地"和"上海市抗日纪念地点",系当年申报,当年分别经虹口区政府及上海市政府批准公布;"全国重点文物保护单位"系 2007 年底申报,2013 年 3 月经国务院批准公布。

全国重点文物保护单位铭牌

(本文原载《上海法治报》2022 年 7 月 22 日,收入本书有补充)

# 一个理想的影视拍摄场地

提篮桥监狱系近代中国一座著名的西洋式的"古典监狱",1994年2月被列为上海市第二批近代优秀建筑,2013年3月经国务院批准列为第七批全国重点文物保护单位。其经度为31度151分429毫,纬度是121度30分307毫。提篮桥监狱不但具有重要的司法功能,而且是影视单位理想的拍摄场地。上海解放以来,特别在20世纪70—90年代,上海及外地的电影制片厂和多家电视台先后到提篮桥拍摄了诸多电影故事片及电视连续剧。

早在1949年7月上海刚解放时,北京电影制片厂和苏联电影代表团访问中国,到提篮桥监狱补拍了曾经关押于狱中的"政治犯"(即革命同志)在地下党组织的营救下,于上海解放后的次日,在各界群众的热烈欢迎下光荣出狱的镜头。后来这些影片资料被分别收录于大型彩色历史文献片《解放了的中国》和《中国人民的胜利》中,前者由北京电影制片厂和苏联高尔基电影制片厂联合摄制,导演C.格拉西莫夫、伏尔克,文学顾问周立波,后者由北京电影制片厂和苏联中央文献电影制片厂联合摄制,编导瓦尔拉莫夫、鲁金斯基、文学顾问刘白羽,在1950年、1951年获得斯大林奖金。

第一部到提篮桥监狱拍摄的故事片是《铁窗烈火》,由上海天马电影制片厂于1958年摄制。编剧柯蓝、导演王为一;影片主角张少华,其原型就是上海杨树浦发电厂工人、共产党员王孝和。1948年9月30日,王孝和经特刑庭审判后,英勇就义在提篮桥监狱刑场。

八一电影制片厂拍摄的《陈赓蒙难》《陈赓脱险》,主要反映我军老一辈革命家陈赓于20世纪30年代在上海开展地下活动时被敌人抓获,后来移押到南京秘密关押,后从监狱脱险的故事。影片编剧王军,导演严寄洲;由杨绍林饰陈赓,任广智饰鲁迅,肖惠芳饰宋庆龄,赵恒多饰蒋介石,徐金金饰玛丽。电影制片厂根据剧情需要,把狱中多幢监楼作为当年南京蒋介石关押陈赓的牢房,在一幢监楼的门前,临时铺设了轨道,让摄影机随着轨道慢慢地移动;在另一幢的监楼组织了一批群众演员,穿着破烂的囚衣,挥动手臂呼叫,模拟旧监狱里闹监的场景。该两部影片中,化妆后的陈赓与宋庆龄,既有近景特写,又有中景及远景。杨绍林经过化妆师的精心化妆后,静静地坐监室内,根据导演的拍摄要求进入角色,一遍遍地认真拍片,举手投足,一丝不苟。戏中每一个镜头,几乎都要拍上三五遍。

其他曾在提篮桥监狱拍摄的故事片还有上海电影制片厂(简称上影厂)摄制的《好事多磨》(编剧叶丹、王进,导演宋崇),深圳影业公司摄制的《少年犯》(编剧王静珠、张良,导演张良),上影厂摄制的《子夜》(编剧桑弧、傅敬恭,导演桑弧)、《深渊情恨》,上影厂和香港泰吉影片公司、台湾金鼎影业公司联合摄制的《中华警花》(导演张旗、杨阳,编剧顾笑言、张旗),珠江电影制片厂摄制《魔鬼与天使》,北京电影制片厂摄制的《好人合算》(编剧、导演肖峰),峨眉电影制片厂摄制的《秘密战》(编剧茅毛、罗共和,导演大纲),新疆电影集团摄制的《孽缘》。其中《好事多磨》《少年犯》《孽缘》等影片的内容涉及监狱和犯人。

我国第一部科学幻想故事片是由上影厂摄制的《珊瑚岛上的死光》(编剧童恩正、沈寂,导演张鸿眉),不少外景、内景资料均摄取于提篮桥监狱。狱内一座高6层的十字楼,大楼中心是一个直径为13米的广庭,广庭的顶部是呈"米"字形的屋架,上面嵌有明瓦,气势壮观,楼层间还布有层层铁丝网。这幢楼不用任何装饰,就成了《珊瑚岛上的死光》中"疯人院"的场景,摄影师在乔奇等人经过惟妙惟肖地表演,再现了剧情的发展。

电视连续剧是20世纪80年代以来兴起的一个演剧形式,它兼容电影、戏剧、文学、音乐、舞蹈、绘画、造型艺术等诸因素,随着电视的普及而为大众喜爱,主要有警匪、战争、伦理、青春、农村、知青等题材。1980年2月5日,中央电视台播出9集的《敌营十八年》,这是新中国第一部电视连续剧,具有曲折的情节,融戏剧性、惊险性于一体,广受观众喜爱。第一部到提篮桥监狱拍摄的电视连续剧是上海电视台拍摄的《代价》,紧随其后分别有:上海电视台和香港大圣国影业集团的《一代枭雄》(导演陈关泰),南京电视台和江苏电视台的《密探》(编剧钱志成,导演小岛),上海电视台的《孽债》(编剧叶辛、梁山,导演黄蜀芹、夏晓昀),《若男和她的女儿们》《外行》《商战没有夜晚》等,中央电视台和上海电视台的《潘汉年》,上影厂的《一号机密》《何须再回首》《罪犯与女儿》《谁本无情》《情长路更长》,永乐集团的《情感阴谋》,东上海影视公司的《进城》,等等。其中,电视剧《狱中曙光》就是反映提篮桥地下党在1944年—1949年5月的斗争史实。该片根据作家树棻所创作的长篇小说《活着和死去的人们》所改编,由薛英俊导演,许贻来、黄海芹编剧,上海电视台拍摄。严晓萍等在该片中任主角。在提篮桥监狱内拍摄反映提篮桥监狱内容的电视剧,其现场感则显得更为真切。

多年来,乔奇、梁波罗、张辉、向梅、朱曼芳、郭凯敏、高博、龚雪、肖惠芳、严晓萍、杨绍林、张闽、张芝、武珍年等都先后到提篮桥监狱内参加过各类影视片的拍摄,塑造出各种不同的人物形象。编剧黄允、王静珠等人还先后到提篮桥监狱同在押犯人进行座谈,对他们开展各种形式的教育活动。

曾经以提篮桥监狱为部分外景的电影故事片海报

专题类纪录片是指围绕某一领域或某一方面,集中、深入地通过非虚构的艺术手法,真实地表现客观事物的纪实性电影或电视。多年来在提篮桥监狱内拍摄过不少专题类纪录片,如20世纪90年代由中央新闻纪录电影制片厂拍摄的

《大墙内外》,许多内容都撷取于提篮桥监狱,近年来有中央电视台摄制播放的《记忆》《西行囚车》《远东第一监狱》、上海电视台拍摄的《三天两夜》《亚太平战争审判》、东方电视台拍摄的《狱殇》《罪犯习美》等。

20世纪八九十年代以后,各影视部门为了拍摄工作的需要,先后在各地建立影视拍摄基地,如无锡太湖,浙江横店、象山,松江车墩,宁夏镇北堡等,大大小小的已经超过1 000座以上。自20世纪90年代以来,提篮桥监狱除了接待有关单位拍摄专题片以外,很少接待各影视单位在狱内拍摄电影故事片及电视连续剧了。

# 革命人士在狱中

# 龙华监狱革命志士的狱中斗争

淞沪警备司令部军法处看守所(俗称龙华监狱)的前身是北洋政府松沪护军使署的陆军监狱拘留所,兴建于1916年。1926年7月重新修缮后,作为五省联军总司令部驻沪军法处监狱。1927年改为淞沪警备司令部看守所。看守所有高墙围绕,内设男牢房共三栋,由南往北排列,女牢房在男牢房的西南,共三间平房,外面有一口水井。1927—1937年,龙华监狱关押了大批共产党人及革命人士,他们通过各种活动,在狱中谱写了一曲曲可歌可泣的英雄壮歌。

## 一、监狱里的秘密斗争

龙华监狱管理严厉苛刻,生活极端艰苦,却摧不垮革命志士顽强的意志和乐观向上的生活态度。监外的党组织(公开以"济难会"出面),也时时配合在监者,在极其困难的条件下,进行巧妙而坚决的斗争,如:利用军阀派系的矛盾和个别头目、看守的腐败和贪婪,除了花重金搜集情报和营救未暴露身份的重要干部外,中央"特科"还派员打入警备司令部侦查队,甚至到监狱充当看守,或者找到"策反"对象为我所用,从而及时掌握和传递被捕、审讯信息和狱中相关情况。

在"放风"时机,在押人员利用和看守士兵拉老乡关系、重金酬谢等手段,让他们递送物品、转接信函、购买书报、传送口信、安排见面等。当时监狱的士兵中有个班长是广东人,曾经参加过海陆丰农民运动。大革命失败后,跑到上海来投亲,通过哥哥的关系,进了龙华监狱当班长,管12个士兵。彭湃的记性很好,一看这个班长就觉得很面熟,就与他拉老乡关系,启发他的觉悟。于是,彭湃就趁该班长当班的时候,隔着上了铁锁的牢门,通过门上的小窗口和那个班长对话,让他给其他政治犯传话,带去三条嘱咐:"我是彭湃,被捕了,请同志们一定要注意:第一,绝对不要暴露自己的身份;第二,在狱中不要急躁,务必要忍耐,不要为一些生活上的小事找当班看守们的麻烦、加重处罚;第三,我们的党一定会胜利的,大家一定会见到光明的,对革命的前途一定要有胜利的信心,如果外面有社会关系,就尽量通过关系保释出去,继续努力为党工作。"事后,那位班长就把彭湃的三条嘱咐向全体男女政治犯们分别作了传达。狱中,彭湃还通过那个班长联系到黄慕兰,该班长就在他那个班士兵值夜班的时候,自己拿出钱让其他值班的士兵去打牌赌钱,安排黄慕兰隔着牢门的窗口与彭湃同志见了一面。狱中,政治犯(革命者)还利用女犯为犯人洗衣服的机会,在衣服的口袋中,放入用铅笔写在草纸上的纸条,暗中联络,对应口供,传递消息。①

那时从狱中传给地下党组织或家属的信件,都按照事先的约定送到互济会开设的一家店铺里。互济会的前身就是济难会,是北伐战争时期由国共两党共同发起组织的。大革命失败后,济难会改名互济会,成为共产党领导的专门负责营救被捕革命同志和慰问救济被捕、遇害同志家属的一个组织。互济会的交通员接到狱中传出的信,通常会给送信的人5块钱作为酬劳。那时士兵的月饷只有3块钱(可买一担大米),班长也只有5块钱。所以他们每个月替革命者向外送一封或两封信,不但是帮助做了一件好事,而且也是一种外快收入。当时龙华监狱的看守人员大都是保安队派去的,其中不少人同情革命,他们对政治犯唱国际歌、囚徒歌,往往听而不闻,对政治犯殴打叛徒往往视若无睹;当看守长等来察看时,他们还经常用敲窗子或打招呼等手法给政治犯报警。有一次张恺帆被提审,坚贞不屈,一个看守人员知道他是政治犯后,表示敬佩,说张是敢作敢为的人。②

狱内的秘密斗争,主要是建立狱中特别党支部和"同难会",以组织的集体力量保护自己、掩护政治身份。龙华监狱有秘密特别支部,存在时间约在1928—1931年,嗣后被撤销(停止活动)。在1930—1931年担任过特别支部负责人的先后有宗孟平、宋文彬、吴丹凤、焦光华、谢宣渠。

谢宣渠任龙华监狱特别支部负责人时,支部成员有关向应、刘晓、何孟雄。该支部有几件值得书写的事情。一是成功地配合外界党组织,隐蔽和保护了当时在狱的中共中央委员、长江局书记关向应;二是针对狱中关押者的复杂情况,组织了狱中统战性质的"同难会"。20世纪30年代,龙华监狱在押人员中政治犯约占40%(又说60%),余为刑事犯(杀人、盗窃、绑票、贩毒等)。在政治犯中,又有因党内斗争而产生的持不同派别观点的人。与此同时,政治犯与刑事犯之间也有矛盾,新入狱的政治犯往往要受到刑事犯的虐待与欺负。因此,陈为人入监后,在关向应的介绍下,他们改选了狱内的特别支部,提出了"狱中人都是同难人""犯人维护犯人"的口号。在组织内部决定:狱中不应再搞派别斗争,并争取狱外多方接济(如亲属、济难会等),所得接济大家共享,患病及困难者优先。这样,使狱中气氛改变,同难人变成大家的口头语,团结了狱内同难群众,一致应对监狱当局。③

---

① 《黄慕兰自传》,中国大百科全书出版社2012年版。
② 张义渔主编:《上海英烈传》第九卷,百家出版社1997年版。
③ 吕芳人:《陈为人在龙华监狱》,《上海党史研究》1999年第3期。

## 二、把死的威胁留给自己

1927年六七月间,中共江苏省委机关不断遭到破坏,领导人不断遭到逮捕。就在中共江苏省委书记陈延年被捕牺牲后不久,因同时被捕的原省委秘书长兼宣传部长韩步先叛变,代理书记赵世炎也遭逮捕,关押在龙华监狱。这时,富有斗争经验的赵世炎一口咬定自己是湖北商人,因避家乡土匪而到上海做买卖,敌人滥施毒刑,他坚持不改口供。敌人一时无计可施,于是放出空气说可以花钱保释。

1928年2月,中共江苏省委和上海总工会机关第二次遭到大破坏,省委组织部长陈乔年和上海总工会负责人郑复他、许白昊等20余人被捕。党中央组织局主任罗亦农亲自组织营救。他通过社会关系弄清了被捕者中间每个人被判刑的情况,想利用军阀矛盾和重金买通司法当局,将已判死刑的改判有期徒刑,刑期长的改判短的,刑期短的争取释放,但是没能成功。由于被捕人员中间出了叛徒,他先后在上海总工会和中共江苏省委机关工作过,因此把许多被捕人的姓名职务如实端出,致使狱内的努力和狱外的活动无法奏效。不过有几个人敌人无法搞清楚身份,一个是陈乔年(化名陈友生)。陈乔年虽然是陈延年的弟弟,但兄弟两人相貌悬殊,一个白净,一个黝黑,敌人无法判定。还有一人是周之楚(又名林伯英,广东梅县人),交通大学的高才生。

已明确死刑而等待执行的有陈乔年、郑复他和许白昊。可笑的是,到底谁是陈乔年,敌人还没彻底弄明白。郑复他代表党组织和周之楚商量,由周出面,要求法官提审,承认自己是陈乔年以顶替陈乔年去牺牲。作出这样的决定,无论是代表组织提出要求的人还是当事人,心里都很明白,面临这样抉择,将付出的是什么代价。然而,周之楚却豪爽地答应了。生命,对任何一个人来说,都是宝贵的,他心中只想着,让党的损失越小越好,而牺牲自己是微不足道的。敌人果然相信,将周之楚原判有期徒刑4年,改判为死刑。但是,周之楚的父亲是南洋的一位有名巨商,周之楚被捕后,曾给父亲一信。父亲得知爱子遭难,很着急,拟通过熟识的国民党要人出面营救,便委托周之楚的叔伯兄弟到上海经办此事,因为此人和淞沪警备司令钱大钧是同学。他来到上海,找到钱大钧疏通,结果使周之楚的真实身份暴露,由死刑仍改为有期徒刑4年,转到漕河泾监狱关押。陈乔年的身份也就无法隐蔽,由有期徒刑4年恢复死刑。不久他与郑复他、许白昊三人就义遇难。

两年后,周之楚的父亲从南洋到上海,找到曾任京沪卫戍司令兼上海警备司令的陈铭枢,一起到监狱看望周之楚,经过陈铭枢出面斡旋,周之楚被父亲带出牢房。父亲把他安顿在上海东方旅社,要他调养好身体离开危险的环境。但已许身革命的周之楚,在赴南洋的半途上,和父亲不告而别,又回到上海,找到党组织要求分配工作。后来,他曾任中共闸北区委书记;次年,他又遭逮捕。周之楚在漕河泾江苏第二监狱中,担任过中共秘密(特别)支部书记(一说党支部宣传委员),组织狱中斗争,受尽了残酷的折磨,非人的待遇使他不幸瘐死狱中。[1]

## 三、营救关向应及其他同志

1931年5月,中共中央委员、中共长江局书记关向应被上海公共租界巡捕房逮捕,并被引渡给国民党政府关押在龙华监狱。狱中他化名为李世珍,虽然受尽敌人的酷刑拷打,但始终没有暴露自己的身份。当时顾顺章叛变,虽说关向应被捕是在顾顺章离开上海之后,但万一给顾察觉,关必死无疑。所以营救关向应摆上了十万火急的位置。

营救关向应的工作是分多条线索进行的。一是关向应被捕以后,主持中共中央特委的周恩来即责成在中央特科工作的陈赓设法营救。陈赓等人通过杨登瀛和各种社会关系,掌握关向应被捕的时候,被敌人抄去了一大箱文件。陈赓的营救就先从这些文件入手。首先要把其中的重要文件抢出来,才能避免泄露党的重要机密,使党少受损害;其次只要能把其中的重要文件搞走,使敌人无法判断关向应的身份,就更容易把他营救出来。当时巡捕房的英国人看见那么多的文件而无从入手。陈赓找到杨登瀛,由杨到巡捕房去后获悉,关向应被引渡后,国民党还想把这一批文件弄走,被巡捕房拒绝。陈赓要杨登瀛去找英国巡捕房西探长兰普逊,告诉他这一批文件很重要,同时表示愿意帮助巡捕房来鉴别这些文件。兰普逊正想从中挑出重要文件,据为己有,就对杨登瀛说,那就交给你来鉴别吧!杨登瀛推说自己事情忙,没有工夫,他在陈赓等人的安排下,把刘鼎作为他的"专家"介绍给兰普逊,并且把他带到巡捕房存放文件的房间。刘鼎仔细检查了全部文件,把其中的复写文件抽出来藏在身上。后来,陈赓就叫杨登瀛告诉兰普逊:被捕者是一位学者,从他家里抄出来的这些文件,都是学术研究资料。结果,就把英国人敷衍过去。[2]

二是党组织安排中共党员吴德峰、黄慕兰,找到上海大律师陈志皋(其父陈

---

[1] 方国平等编著:《百个爱国主义教育示范基地丛书·龙华烈士陵园》中国大百科全书出版社1998年版;张义渔主编:《上海英烈传》(第2卷)1987年版,第53—54页;《中国济难回革命互济会在上海》知识出版社1992年版,第170—171页。

[2] 穆欣:《关向应传略》,中共中央党校出版社1992年。

其寿,曾在上海法租界会审公堂当过18年的刑庭庭长,是老同盟会会员),由陈通过军法处及看守所的头儿,打通关节,做好关的交保释放手续。①

三是看守所在押的革命同志的掩护。狱中党支部对未暴露身份的关向应特别加以保护,有意地不布置他做任何工作,以防敌人识破。关向应在牢房里装得很平庸无为,不被人注意,而抓紧一切可以利用的时间读书。关向应被捕后始终没有暴露自己的身份,让关在军法处及监狱"要犯"的视线中消失。关向应在龙华监狱的时候,1931年11月,第一次中华苏维埃共和国工农兵代表大会在江西瑞金召开,关向应当选为中央临时政府执行委员会委员和中国工农红军革命军事委员会委员。1931年底,关向应出狱后即被党组织派往湘鄂西苏区工作。②

当时共产党、共青团组织还通过各种关系把革命者营救出狱。如1928年,何成湘调任共青团江苏省委书记。这年夏天,团机关遭破坏,何成湘被捕,押在龙华监狱近两个月。因既无证据,又无口供,团中央通过人士关系用1 000多元钱,将他营救出狱。③1931年4月,刘晓被国民党当局被捕。后来,组织上花了几百银圆,由蔡叔平买通了警备司令部里的关系,将刘晓交保释放。④

## 四、千方百计传出狱中遗书

龙华监狱留存下来的遗物,最珍贵的莫过于烈士遗书。那些遗书,都是极其真实的历史,记录了烈士的片片丹心。在放风时机,在押人员利用和看守士兵拉老乡关系、重金酬谢等手段,让他们递送物品、转接信函、购买书报、提供笔墨纸张等。许多先烈的遗书遗墨,如郑覆他的《致父亲》《致妻子》遗书,彭湃、杨殷的《致党中央》两封信及彭湃给妻子的遗言;柔石的《致冯雪峰》《致王清溪》等都是通过关系传送出来的,如今都是弥足珍贵的革命历史文物。

黄竞西烈士是在1927年6月26日和陈延年等一起被捕的,6月29日他在临刑前留下了6封遗书,分别给同志、爱妻和亲朋好友。在"互济会"的努力下,这几封遗书因刊入1929年编的《牺牲》刊物而得以保存。黄竞西是江苏丹阳地区中共党组织的创始人之一,蒋介石"四一二"反革命政变后参加中共江苏省委工作。他本来可以安心经营父亲留给他的家产——一个规模不小的中药店,过较为富足的生活,但他都把精力放在自己追求的救国救民事业上,店务就交给亲属,有时活动经费不足,还时常到店中挪借。在生死诀别的时刻,黄竞西一再表

---

① 吴基民:《营救关向应始末》,《名人传记》1993年第7期。
② 穆欣:《关向应传略》,中共中央党校出版社1992年版。
③ 《中共党史人物传》第52卷,陕西人民出版社1994年版,第267页。
④ 刘晓:《十年内战初期江苏省委领导下的一些斗争》,《党史资料丛刊》1982年第1期。

示自己的心迹:"为党牺牲,是我心愿,我愉快的,惟望你们继续前进,万勿灰心";"弟虽负先,却未负党,为党牺牲,本我素志。"当然,烈士也念及妻子、儿女,也有亲情、爱情。但是,他们的家庭生活往往和革命事业血肉相连。

郑覆他是印刷工人出身,担任过中华全国总工会执行委员会常委、上海总工会委员长、中共江苏省委常委等职。1928 年 2 月 17 日被捕后,又成为狱中斗争的主要组织者。在他已知被判死刑时,仍斗志不减,极力营救和掩护陈乔年。牺牲前,他留下两封遗书,催人泪下。一封是给爱妻的;一封是留给钟爱自己的年迈父亲的。在遗书中,出于保守党的机密,既不能尽言,又不能实告,字里行间,他毫不掩饰自己的襟怀,有的是真情的流露,是死得其所的快慰。"你不必纪念我,不过此次被捕,何日得能出,这是不能预料的";"在现在的世界,坐狱本不算什么,就是枪毙,也是很平常的,本来一个人有生亦有死,只不过怎样死罢了。如果你能认得清,当然不会悲哀的了。"

在烈士遗书中,还有一种充满斗争智慧,反映革命者在那个特定的年代和特殊环境中的斗争片断。像彭湃、杨殷的《狱中致党中央》、恽代英的《狱中致党中央》等,都是弥足珍贵的革命文献。在这类遗书中,他们已不把个人生死看得很重。而是以保存和爱护革命力量为己任。营救工作也不是单纯的求生,而是作为一种克敌制胜的斗争艺术和斗争策略,显示出革命者的大智大勇。在这些遗书中,我们可以洞察到一个革命家的襟怀坦白和高风亮节。①

在龙华监狱直接被杀害的共产党人与爱国志士,经长期调查考证有真名实姓者,至今也仅获 100 余名,这远远小于实际数字。但是,就在 100 余名的牺牲者中间,就有中国共产党创建时期的重要领导人,其中:中央政治局委员 4 人,中共中央委员、中共候补委员 6 人,中央军委 4 人,省市(军)以上负责人 30 多人。他们的职务之高,数量之众,超过任何地区的同类监狱。②

革命人士龙华监狱(枫林桥)枪决,基本上分为两大类:一是公开判决,并张贴布告,在看守所上绑,押上汽车,到外面公开枪决,有的还通过报纸公开报道,如:1927 年 7 月 5 日《申报》《铲除共党巨憝》③、1928 年 4 月 22 日《申报》《共产党罗亦农昨日枪决》;1929 年 8 月 1 日《民国日报》《警备部枪决四共党汤久芳、陈雨生、李有臣、箕福生》;1929 年 9 月 14 日《申报》《澎拜等明正典刑》④、1930 年 9 月 11 日《申报》《警备部枪毙共犯两名》⑤。还有是秘密执行,如:杨匏安、肖保璜

---

① 《百个爱国主义教育示范基地丛书·龙华烈士陵园》,中国大百科全书出版社 1998 年版,第 29—33 页。
② 朱济民主编:《旧监狱寻踪》,上海书店出版社 2014 年版,第 204 页。
③ 指时任中共中央政治局候补委员、中共江苏省委书记陈延年。
④ 指澎拜、杨殷、颜昌颐、邢士贞 4 人于 1909 年 8 月 30 日在龙华就义,但《申报》是在 9 月 14 日报道的。
⑤ 指崇明施纪麟、蔡昌同志。

的执行;林育南、何孟雄、胡也频等龙华24烈士的执行。

这里还需说明:一是龙华监狱关押的革命人士不少多使用了假名或化名,如当时澎湃化名孟子安、陈延年化名陈友生、杨殷化名吕云峰、颜昌颐化名安菊生、关向应化名李世珍、方毅化名方斯吉、恽代英化名王作林、黄鼎臣化名黄芸、张维桢化名张梅生、徐迈进化名徐建三、张恺帆化名王文乔、刘晓化名王民权、陈为人化名张明、桂蓬化名黄育贤、李干成化名张启民、左洪涛化名左微波、匡亚明化名陈明芝、邢子陶化名尹阿根、陈一诚化名周康、孙海光化名沈贯苏、顾卓新化名陈广和、杨超化名李季俊、武少文化名武翰章、田汉化名陈哲生、于岩化名王惕之、陆维特化名陆铭真等。①以上人员除部分人员被暴露,大部分未暴露。二是龙华看守所关押的革命人士,经过军事法庭宣判有期徒刑或无期徒刑以后大多送押到附近的江苏第二监狱(漕河泾监狱)服刑。据不完全统计,先押龙华监狱,后押漕河泾监狱的,主要有恽代英、方毅、李初梨、王新元、黄鼎臣、张维桢、徐迈进、李逸民、林李明、张恺帆、桂蓬、何成湘、刘锡五、李干成、左洪涛、匡亚明、邢子陶、陈一诚、孙海光、俞保元、罗国仕、黄似林、蒋径开、周之楚、周有义、袁锡、杨振铎、张松柏、张曙、陈洪等人。②

## 五、"扪虱诗社"和狱中诗

"扪虱诗社"诞生于20世纪30年代龙华监狱,它是由热爱文学的"政治犯"自发组织起来的。经过多批革命志士不懈的斗争和爱国宣传,监狱待遇稍有改善,看守人员对某些禁令也放松了。每幢牢房内各个囚室,犯人白天也可以相互走动、串联,因此,这就使部分喜欢赋诗填词的革命青年获得了机会。他们聚在一起,或相互唱和,或命题述志,创作的大多是纪念烈士、追求理想、互相鼓舞的内容,有时也把各人在监狱、缉查队、刑讯室看到和听到的诗作佳句回忆、诵读,甚至书写在囚室墙壁上。

狱中诗有的抨击和嘲讽革命队伍里的软骨头,也有赞颂先烈的。前者如"劝告新朋友,切勿去自首,如有此行为,丢尽人间丑。就是自首后,也不会长久,既不能做人,又不能做狗";后者如"烟囱无语对黄昏,坐拥寒衾哭也频,墙外桃花红十里,长留颜色照英灵"。这是一首纪念胡也频的诗。

狱中传颂的诗,有的因年代久远,今天已难以知其全貌,但有些还能从当年

---

① 徐家俊:《上海监狱的前世今生》,上海社会科学院出版社2015年版,第132—133页;华校生、陈宏申主编:《不灭的星》,上海人民出版社1991年版,第73页。
② 徐家俊:《上海监狱的前世今生》,上海社会科学院出版社2015年版,第70—72页。

的幸存者那里获得吉光片羽,有的只要听听诗题,就会肃然起敬,如在刑讯室的板壁上,就曾留下过中日文书写的《红旗歌》。虽然经过半个多世纪岁月的冲洗,老同志还能留下这些清晰的记忆:鲜艳的红旗高高举起,我们都是革命的战士啊!卑怯者啊!赶快的滚出去!向着它的指处,努力向前驱!

一首《囚歌》可能是龙华看守所传唱最普遍的一首长歌了,它从龙华监狱一直传唱到漕河泾监狱,一批又一批接着唱,唱了好多年。事隔50年,那些幸存者,解放后很多都是在党和国家领导岗位上工作的老同志,每忆及此歌,记忆还是那么清晰,情绪还是那么激动而忘情。①

1933年10月下旬,因叛徒告密,时任中共沪西区委书记的张恺帆在上海被捕,一度关押在龙华监狱。当时,张恺帆和同狱的刘金吾、李一清、彭国定(即左洪涛)、朱天纵、陈晶秋、陈宝箴、沈蔚文、黄简、苏华等10多秘密组织了一个诗社,并戏称"扪虱社",他们经常聚在一起,写诗填词,以诗言志,互相激励,互相联吟唱和,抒发革命情怀,其中有白话诗,也有旧体诗词。当张恺帆获悉苏区红军取得第三次反围剿胜利时,即兴作了两首绝句,其中一首这样写道:"狂潮推得武潮来,赤日埋云雪满阶;人去春回风更烈,会看急雨撼楼台。"

诗社中有的同志认识柔石、殷夫、胡也频等烈士,谈起这些烈士就牺牲在这所监狱的围墙里,牺牲时如何英勇的情况,大家听了都很感动。于是,他们几个人便在一起(1934年春)创作了一首纪念柔石等烈士的诗:"龙华千古仰高风,壮士身亡志未穷。墙外桃花墙里血,一般鲜艳一般红。"诗成之后,张恺帆把它写在床头的墙上。他睡的是双层铺的上铺,较为隐蔽,别人不易发现,故未被敌人破坏,因此被保留下来。上海解放后被人发现了这首诗,误认为是烈士遗作,著名诗人萧三把这首诗编进《革命烈士诗抄》署名"佚名"。《革命烈士诗抄》出版后,了解上述情况的同志看到了这首"遗诗",即向中国青年出版社作了反映。该诗是张恺帆所写。萧三曾写信给张恺帆致歉,说对不起,不知道你就是这首诗的作者。张恺帆回信说:"我是幸存者,能获烈士称号,当不胜荣幸,何谦之有?"

当时,抄录在墙上的诗词很多,有些好诗,大家反复吟诵。其中有一首很长的白话诗,是左洪涛为送别同狱谢武潮、陈宝箴两同志而作的,写得很有感情,一时广为传诵,脍炙人口,虽事隔多年,大意还记得,这里记下几段:"阴惨惨的恐怖笼罩着这座古老的囚城,/血淋淋的屠刀在每个人的项上闪动。……/但我们却有崇高的理想和信心,/却有着如火如荼的战斗热情。/这是一座庞大的家庭,/

---

① 方国平等编著:《百个爱国主义教育示范基地丛书·龙华烈士陵园》,中国大百科全书出版社1998年版,第33—25页。

但我们比手足还亲;/这是一座通红的炉火,/那钢铁又哪有意志这般的坚韧。/历史的车轮在急剧地转动,/愿我们努力与郑重,/今日的囚徒,/就是明日的主人。"这些诗篇,充分表现了革命志士在反动派的酷刑屠刀之下坚贞不屈的高尚情操,抒发了共产党人誓为共产主义献身的崇高理想。在为实现四化而奋斗的今天,重读这些诗篇,更觉亲切,它将激励我们在新的长征中奋勇前进。①

当年张恺帆曾把大家创作的诗词汇编成集,题名《牢骚集》,给当时出狱的苏华带走,请他转交给交通大学工作的胡斯新保存。胡斯新冒着极大的风险,一直保留到张恺帆1937年出狱。不幸的是,张恺帆在"文化大革命"中遭难,《牢骚集》书稿被抄走,以后一直下落不明。②

(本文系《龙华国民党淞沪警备司令部旧址演变探索》文中的一部分,原载《英烈与纪念馆研究》第16辑,上海教育出版社2019年版)

---

① 张恺帆:《龙华狱中诗的由来及其他》,上海人民出版社《党的生活》1980年第3辑。
② 张义渔主编:《上海英烈传》第九卷,百家出版社1997年版,第315页。

# 龙华千古仰高风
## ——龙华监狱囚禁部分志士名录

龙华监狱，时称淞沪警备司令部看守所。1937年抗战以后被废弃毁坏。1988年1月，淞沪警备司令部部分建筑、24烈士就义地和龙华看守所遗址所在地的上海市龙华烈士陵园被国务院列为第三批全国重点文物保护单位，已成为全国百家爱国主义教育示范基地，红色旅游景点。

龙华监狱这是一个杀人如麻的魔窟。从1927年至1937年数以千计的共产党人和革命志士，在这阴森恐怖、暗无天日的囚牢内被羁押，受酷刑，遭杀害。龙华监狱的关押人员，从数量看，仅1928年1月间，据当时上海警察局内部报告，被搜查过20多个秘密机关，在公共租界有125名C.P（共产党英文缩写，下同）被捕，在法租界和大上海区域有186名C.P被捕。

1929年底，记录在册的至少有295名C.P拘捕。1930年，上海警察局报告统计的C.P被捕数是572名。这年，党的左倾路线领导，仅五一暴动中一次就有107人遭逮捕。1931年度，有案可查的也有345人被捕；1932年7月，仅沪西"共舞台案"就有88人被关进龙华。1933年是共产党秘密机关被破坏最频繁、被捕人数最多的一年，但还未发现较为确切的数字。1934年之后，几乎没有发现有具体记载和统计数据。[1]

## 一、在龙华及枫林桥的遇害人员[2]

（1）中共中央委员候补委员、中央监委委员等。中共中央政治局候补委员、中央农委书记、中共江苏省委军委书记彭湃，中共政治局候补委员、江苏省委书记陈延年，中央政治局候补委员、中央军事部部长杨殷，中共临时中央政治局委员、常委兼组织局主任罗亦农，中共中央委员、中共中央组织部副部长陈乔年，中

---

[1] 朱济民主编：《旧监狱寻踪》，上海书店出版社2014年版，第204页。
[2] 麦林华主编：《上海监狱志》上海社会科学院出版社2003年版，第687—702页；江怡、邵有民主编：《上海中共党志》，上海社会科学院出版社2001年版，第649—743页。下述人物资料的出处，除另外注明出处外，其他资料均来源这两本志书。

共中央候补委员、全国苏维埃区域代表大会秘书长林育南,中共中央监察委员、上海总工会组织部长和党团副书记许白昊,中共中央军委委员颜昌颐,中共中央军委和江苏省委军委干部邢士贞,中共中央组织部干事彭砚耕,中共早期马克思主义理论家杨匏安,中央军委技术书记奚佐尧。

(2) 中共地方一级的领导。中共南京市委书记恽雨棠,中共山东省委组织部长王青士,中共上海区委军委委员钟汝梅,中共上海区委候补委员张佐臣,中共沪中区委书记蔡博真,中共上海沪西小沙渡部委、沪西工联会主任佘立亚,中共川沙县独立支部委员王剑三,中共闸北部委书记宣中华,中共沪西、沪中、沪东区委书记何孟雄,中共沪西部委组织员糜文浩,中央交通处"内交"主任、主管党中央档案张宝泉,中共兵委书记刘道盛,上海各界人民自由运动大同盟主席兼党团书记龙大道,上海总工会委员长、中共江苏省委常委郑覆他,中共丹阳独立支部书记黄竞西,中共奉贤县委组织部长李主一,中共东海中心县委组织部长杨光銮,浙江《民国日报》主编兼民运部秘书姜天巢,中共如皋县委员汤士佺,中共如皋县委负责人汤士伦,中共崇明县委书记俞保元,中共崇明县委组织部长施季麟,中共奉贤庆行支部委员吴大龙,中共上海沪中区委秘书段楠。

(3) 各级工会、农会、共青团等团体领导及其他同志。如码头总工会副委员长、码头工人纠察队总指挥陶静轩,上海总工会副委员长刘华,上海工人第三次武装起义浦东工人纠察队大队长陈博云,上海总工会青工部长欧阳立安,上海工联会领导成员朱国平,上海邮政职工罢工领导人周颙,中华全国总工会执行委员张佐臣,中共党员、沪西地区估衣业工会总干事汤久芳,上海市郊农民协会委员长刘瑞洲,参加过南昌起义、上海总工会秘书肖保璜,无锡农会主席安友石,如皋县农民协会会长张连生,嘉定农民协会委员张松柏,团中央南方局书记李求实,共青团闸北区委书记伍仲文(女),共青团上海闸北、江湾区委书记黄珊臣,共青团杨浦区委书记李有臣,共青团南通县委书记袁锡麟,共青团上海杨浦区委委员陈雨生,左翼作家、"左联"工农兵文学委员会主席胡也频,黄埔军校政治部主任和总教官、北伐时任国民革命军总政治部后方留守主任孙炳文,上海《劳动》月刊主编薛卓忠,参与领导上海估衣业"罢工委员会"工作篑福生,先后在《红旗报》机关、上海市政工会等处任机要工作李文(女),从事党的地下工作刘争,中共党员、参加上海工人三次武装起义韩学铭,崇明从事工农运动的陆圣清,中共地下工作人员王连生、孟湘鉴,中共沪东区华德小学支部委员贺治平,中共城市秘密工作者王连元,从事革命活动的陈元达,"左联"作家殷夫、柔石、冯铿(女),中共党员、上海特别市临时政府委员何洛,中共党员、南京浦镇铁路工会秘书王再生,中共党员、英美烟草公司二厂工人顾锡麟,中共党员包公毅,上海振华布厂工人丁迟岑,安徽临怀火柴厂工人高鸿荣,浦东英美烟草公司工人顾锡麒等。

## 二、龙华看守所关押，后移押外地监狱遇害的[①]

在南京遇害的有中共中央委员、宣传部部长恽代英，"沪西共舞台事件"13烈士：上海闸北区民众反日救国分会发行部部长萧万才、上海市政总工会负责人柳日均、中共上海同兴纱厂党支部书记徐阿三、上海民众反对停战协定援助东北义勇军联合会青年部长曹顺标、上海内外棉三厂党支部书记陈三、老闸捕房巡捕许清如和陈山、上海闸北区工人反日救国会领导人许金标和钟明友、中共沪西区委"特科"成员邱文知、公益纱厂工人王得盛、闸北区委秘密交通杨小二子、上海码头工人崔阿二。中纺工人陈士生在南京遇害。曾参加南昌起义的于以振在南京监狱折磨致死。早年参加北伐、后从事上海工人运动的倪朝龙，后在南京监狱折磨致死；共青团江苏省委秘书长陈志正，后在南京陆军军人监狱折磨致死。中共特科成员方德志因刑伤在南京监狱瘐死。

## 三、龙华看守所释放后在上海或外地病故及遇难的

中共中央第六届中央委员、中央政治局候补委员关向应出狱后在延安病逝，中共满洲里临时省委书记兼秘书长陈为人出狱后在上海病逝，上海闸北部委组织部长陈育生出狱后在开封遇难，上海沪东、沪中、吴淞、闸北区委书记宗孟平出狱后在福建龙泉牺牲，上海码头总工会委员长孙良惠出狱后在湖北遇难，中国社会科学家联盟党团书记、上海中央局宣传部长朱镜我出狱后在皖南事变中牺牲，中共武进县委书记周之祯出狱后牺牲，中共沪西区委组织部长党维榕出狱后遇难，帅肇令出狱后因策划土匪部队"兵变"时遭杀害，中共镇江县委书记袁世钊在镇江遇难，音乐家张曙出狱后在桂林遇难，中共沪西区委工作的田鹤鸣出狱后在江西遇难，中共皖浙赣省委书记兼军区政委关英出狱后遭误杀，曾参加中央特科工作的王志清出狱后在延安病逝，在党中央机关工作的邓小平夫人张锡瑗出狱后在上海病逝，左联作家彭家煌出狱后在上海病逝。

## 四、曾囚禁于龙华、解放后在党政军部门担任重要职务的[②]

（1）中央及部级领导：廖承志（中共中央政治局委员、全国人大常委会副委

---

[①]《南京英烈》，南京工学院出版社1987年版。
[②]《上海监狱志》《上海中共党志》及龙华烈士纪念馆档案资料等。

员长),王稼祥(中联部部长、中共中央书记处书记),张爱萍(国务院副总理、国防部部长、开国上将),方毅(国务院副总理),李初梨(中联部副部长),刘晓(外交部副部长),章夷白(内务部副部长),刘鼎(重工业部副部长),李逸民(解放军总政治部文化部部长、开国少将),周而复(文化部副部长),黄鼎臣(致公党中央名誉主席),章夷白(内务部副部长、第五届全国政协副秘书长),陈祖荛(文化部副部长),武少文(农业机械部副部长、国务院农村发展研究中心副主任),张维桢(全国总工会书记处书记),温济泽(中国社会科学院研究生院院长、中央广播事业局副局长),许涤新(中共中央统战部秘书长)。

(2) 省、区、市级领导:张恺帆(中共安徽省委书记),顾卓新(中共安徽省委书记),夏征农(中共上海市委书记),汪道涵(中共上海市委书记、上海市市长),惠浴宇(中共江苏省委书记、省长),杨超(中共四川省委书记、副省长),李丰平(中共浙江省委书记、浙江省省长),李干成(上海市副市长、上海市政协副主席),杨思一(浙江省副省长),何成湘(浙江省副省长),桂蓬(安徽省副省长),谢克东(江苏省人大常委会副主任),张忍之(浙江省政协副主席),李宗林(四川省成都市市长、四川省政协副主席),陈同生(上海市政协副主席),尹子陶(浙江省人大常委会副主任),熊宇忠(中共成都市委书记),李一平(中共广西省委秘书长、中共长春市委书记),吕文举(湖北省人大常委会副主任),叶进明(上海市人大常委会副主任),孙海光(中共江苏省委监委副书记)。

(3) 大专院校及社会团体领导:匡亚明(南京大学党委书记兼校长),陆维特(厦门大学党委书记),石昌杰(四川音乐学院党委书记兼院长),陈企霞(作家,作家协会浙江分会副主席),王朝闻(中央美术学院教授、中国艺术研究院副院长),草明(女,东三省作家协会分会副主席),柯仲平(作家、中国作家协会副主席),陈微明(中央戏曲学院党委书记、副院长)。

(4) 其他各级领导:吕锡元(辽宁省大连市计委副主任),李沐英(女、大连市监委副主任),胡瑞英(女,江西省总工会副主席),吕镇中(上海市政府副秘书长),马义生(上海市杨浦区人大常委会副主任),赵冬垠(广东省社会科学院副院长),陈展(上海市物质局局长),苏生(北京市粮食局局长),丁冬放(中国科学院上海分院党委书记),姜维新(上海市人民法院监狱副典狱长),谢宣渠(中央人民政府情报总署专员、内务部参事),陈琮英(女、任弼时的夫人,全国政协委员、全国妇联常委),缪伦(军委某部副处长),叶紫(作家)等。

## 五、龙华关押过的其他部分人员

曾任中共上海区委军委主任李震瀛(后脱党),中共地下工作者黄慕兰(女),

王明的妻子孟庆树,博古的妻子张月霞,任弼时的女儿任志远,王首道的妻子易均纪,革命烈士孙炳文的女儿孙宁世,革命烈士何孟雄的妻子孙哈芳及子女何重九、何小英,上海法学院教授李剑华,桂家鸿(黑龙江文史馆馆员)①,许幸之(中央美术学院教授,新四军臂章设计人之一),姜豪(上海文史馆馆员),王若望(华东局宣传部文艺处副处长),以及王西凡、叶天池,复旦大学学生蒋宗鲁、江男俊、楼伯鹏、包毅等。

关押过的人员中,还有中共中共总书记向忠发(后叛变)、中共中共宣传部副部长罗绮园(后自首)、上海帮派大头目黄金荣、向忠发的姘妇杨秀贞等。

复建后的上海龙华看守所

(本文系《龙华国民党淞沪警备司令部旧址演变探索》的一部分,原载《英烈与纪念馆研究》第 16 辑,龙华烈士纪念馆,上海教育出版社 2019 年版)

---

① 系中华人民共和国成立后担任的主要职务,下同。

# 韩托夫同志在狱中

韩托夫，原名韩财元。海南文昌湖山乡湖塘村人，1909年11月21日生，教育界知名人士。1926年3月加入中国共产主义青年团，同年在广州市中山大学中文系读书。1927年夏到泰国曼谷育民小学教书。次年春被派回海南岛参加革命武装斗争，历任文昌县中共党团秘书长、文昌县赤卫队党代表、万宁县苏维埃政府党团成员兼秘书长、琼崖特委常委、中共上海闸北区委宣传部干事、中华艺术大学党支部书记。[①]在革命斗争中，韩托夫在上海曾经分别坐过法国人、英国人在华设立的牢房。

韩托夫同志肖像照

1930年，法租界巡捕房对上海某工厂的工人罢工运动进行镇压，开枪打死一名工人。消息经披露，上海各区在党组织的领导下纷纷成立后援会。担任闸北区后援会主席的韩托夫在被打死工友的出殡日，全上海组织反帝示威游行，其和闸北区青工联主任等人一起参加。走在队伍前面的韩托夫等多人不幸被捕，其中还有中共上海法南区的书记及干事。韩托夫等最初被关押在法租界巡捕房，他们没有暴露自己中共党员的身份，在审讯中法租界当局也抓不到任何证据，但又不肯轻易放人，10多天后以"扰乱租界治安"的罪名判处韩托夫有期徒刑1年，关押在法租界会审公廨监狱。

该监狱位于马斯南路285号（今思南路99号）。监狱始建于1910年7月，1911年10月8日启用，1930年监狱扩建，占地面积7亩多，分设男、女监各一幢。男监为4层楼监房，每层有监房85间，共计340间；女监有2层楼监房，每层有监室17间，共计34间。此外还有病监和外籍犯监若干，监狱共有近400间监室，每间监室面积仅2.8平方米，可关押犯人1000名左右。监狱四周有围墙，围墙内有巡逻道，围墙东西隅各有瞭望楼一座，中间设有一座教诲堂，整个监狱成四方形。监狱由法国人出任典狱长，安南（越南）人任看守。当时监狱的政治

---

[①] 《文昌县志》，方志出版社2000年版，第942页。

犯与小偷、强盗等刑事犯混合关押。狱中伙食很差,禁止犯人吸烟,有的犯人曾通过各种非法途径带入板烟、香烟,拟过烟瘾。狱中有个法国看守很坏,鬼点子也多,经常在晚上巡监抓捕吸烟者。他的鼻子也特别灵验,他走到哪里都能闻到烟味,对吸烟者一顿打骂,有时候出手很重甚至可以把人打伤或者打死。当时法国看守打死中国犯人也要受到处罚,但罚金却只是 5 块大洋。所以,韩托夫等人感到非常气愤,难道中国人的一条人命只值 5 块大洋,外国看守欺人太深,草菅人命。有一次韩托夫晚上睡不着觉,他站起来活动一下身子,那天正好被那个法国看守巡查时看到,不由分说即对韩托夫打了一棍,该棍子铁心外用橡皮包裹,一棍下去虽然外表没有伤痕,但身体内部的脏器却受到伤害。

不久韩托夫患病,在一位好心人的帮助下,他住进了马路斜对面广慈医院的病犯监狱,该处的条件比监狱略有改善,囚饭虽然要比监狱好一些,但是饭菜大多系医院里吃剩下多余的东西。那里基本没有什么医疗手段及药品,主要依靠自身的恢复能力。当时病犯监狱甚至还把没有断气、奄奄一息的病犯拉到太平间了事。韩托夫凭借自己年轻的优势战胜了病魔,同时通过监狱淬火的磨炼,更坚定了革命的信心,并团结狱友与法籍看守、安南看守进行有利、有理的斗争。

1931 年,韩托夫刑满走出监狱,继续从事革命活动,1932 年起先后担任中国社会科学家联盟研究部部长、中共江苏省委文化工作委员会党团成员兼社会科学研究会党团书记等。1933 年的"五一"劳动节,韩托夫以文化界的身份参加了示威游行,不幸被公共租界巡捕房逮捕。当时一起被捕的共有 6 人,除了韩托夫外,一位是台湾记者,当天被解到日本驻沪公使馆;一位系青年工人后被释放;另两人是工人,中共党员;再一位是示威游行活动的群众旁观者被释放,4 个人先后过堂审讯,韩托夫判处 5 年徒刑,其他 3 人判处 2 年半,后一起送押提篮桥监狱。当时韩托夫等 4 人属于一审判决,按法律规定,被判者名义上还有上诉的权利,但是上诉需要一笔可观的费用,韩托夫等人一下子也拿不出这笔钱,故未上诉。

提篮桥监狱将政治犯与刑事犯的关押区域分离,当时监狱关押的政治犯大约 60 人,每人一间,后来最多时达 100 多人,他们中大多数是中共党员、共青团员,也有部分群众,文化程度高低不一。政治犯全部由英国人及印度看守管理,不让中国看守接触。监狱当局如此安排,一方面害怕刑事犯受到政治犯的影响,引起闹事;另一方面又担心华籍看守被政治犯拉拢策反。对此,政治犯则采取相应对策,他们通话的方式也多种多样,如与左右相邻的牢房直接通话、用外籍看守听不懂的各地方言及暗语通话,利用晚上看守下班后传递消息;如果听到看守巡查的皮鞋声,靠近楼梯的牢房负责"放哨"的狱友,就发出特殊的暗号。政治犯之间如果某人因为"违反监规"受到处罚减少饭量,取消小菜,相邻的牢房则给以饭菜支援。政治犯在狱中除了物质稀少外,最渴望学习,希望有图书阅读。有一次一个英国籍的高官来到这座监楼的楼面巡查,韩托夫就用英语提出要求自费购买图书,并报上若干书名,不久经审查获得批准,首次由看守代购了两本书,分别是乌里扬诺夫(列宁)的《唯物论与经验批判论》和米丘林的心理学著作。通晓英语的韩托夫、许亚等同志,根据有的印度看守想学习英语的迫切要求,在狱中教他们英文,并与印度看守搞好关系,向他们宣传革命道理,其中特别还与第78号印度看守建立了特殊的异国友谊。

不久,提篮桥政治犯监舍区域押进4名托派成员,他们在狱中公开宣传其主张。如何应对这样的局面,有人认为他们也是政治犯,我们应该和平共处,维持现状,但多数人认为要与他们明辨是非,展开斗争。在一个月内,韩托夫、杨放之、彭康等人利用晚上时间,与托派成员就以下几个问题展开辩论:(1)中国社会的性质;(2)中国革命的性质;(3)中国革命的动力;(4)中国革命的前途。比如对于"中国革命的动力"这一问题,托派成员认为,中国革命的动力只有无产阶级、农民及城市小资产阶级都不是革命的动力,韩托夫等人认为无产阶级、农民及城市小资产阶级都是革命的动力,都是反帝、反封建的主力军。

1935年前后国民政府与公共租界当局勾结,规定在狱中的政治犯刑满后都要引渡给华界,送往苏州反省院继续"反省"。某一天,监狱高层管理者向政治犯宣布,凡判无期徒刑满7年,判有期徒刑满刑期1/3的可以申请去反省院,反省院的吃住条件比提篮桥优越自由。对此规定在政治犯中引起很大风波。个别人员说,反正刑满释放后都要去反省院,晚去不如早去;中国人不应坐英国人管理的监牢,应坐中国人管理的牢房。韩托夫等人清醒地认识到,尽管今后都去反省院,但两者情况完全不同。刑满释放后是强制性被动去的,自己申请主动去反省院,就是放弃自己的信仰,向敌人投降。这是监狱当局分化瓦解在押政治犯意志的伎俩。韩托夫等人对要不要主动申请去苏州反省院的问题开展讨论,在政治犯中开展革命气节教育,进行反自首斗争,揭露敌人的真相。当时除了托派成员及个别人外,绝大多数同志都意志坚定,坚决不申请主动去反省院。

1938年11月,韩托夫期满出狱,提篮桥监狱的78号印度看守请韩托夫到监狱附近的咖啡店小坐,并送给他5元钱以暂渡难关。半个世纪后过去了,当韩托夫回忆这段往事时,仍然显得非常激动:"5元钱,只是一笔小数目,但对当时身无分文的我来说,无疑是雪中送炭。"[①]

韩托夫出狱后,在组织的安排下到香港,担任香港琼崖华侨服务团训练班主

---

[①] 中共上海市委党史研究室、中共上海市劳改局党委编:《升腾的地火》,学林出版社1991年版,第81页。

任,不久调中央机关工作。1940年春赴延安,历任延安鲁迅艺术学院干部处处长兼教员、中共中央宣传部干部科科长、中央军委英文学校教员,外事组干部、中央政策研究室编译组组长,新华社国际宣传部主任,中央广播电台部主任。新中国成立后,韩托夫历任政务院财经委员会国际经济处处长、交通部专家工作室主任兼编译室主任、人民交通出版社社长、安徽大学副校长、暨南大学副校长、中共广东省顾问委员会委员等。1992年因病去世,著作有《过渡时期的交通运输》《交通运输和工业化》;译著有《谁掌握美国》《人民民主几个问题》等。

# 熊宇忠同志在狱中

熊宇忠,原名熊启楚,四川省邻水县坛同镇人。1910年10月21日生于一个书香之家。6岁时,祖父给他发蒙读书;读书之外,从小在家里参加农业劳动。15岁到新式学堂读书,每次考试总获第一名。他读高小时,关心时事,当重庆发生学生惨案后,就热血沸腾地拟写了《为渝城学生革命惨案致各省学校学生会要求援助通电》。1928年成都反动当局残暴杀害共产党员、革命青年14人的"二·一六"惨案发生后,熊宇忠不畏强暴,奋起组织"邻水青年励进社"的进步团体,并为该社的《鋈光》杂志写了《农民苦》等文章。小学毕业后,熊宇忠去成都求学,他先在省立第一师范,后入国立成都师范大学就读,在这两座学校,他都靠当图书管理员挣点学费来维持学业。

年轻时的熊宇忠

1930年9月正当白色恐怖十分猖獗的时候,熊宇忠在成都师范大学加入中国共产党。次年2月,他积极配合曹荻秋领导的"汉洲兵变"革命活动,为其作宣传舆论工作。读书期间,他就上了四川统治当局的黑名单,并遭到通缉。经过亲友、家族的掩护及经济上的资助,1931年2月熊宇忠来到北京,在北京的私立民国大学继续读书,其间他经常去北京图书馆看书学习,接受革命思想,并积极参加抗日宣传活动。1933年6月,熊宇忠来到上海,参加党的地下活动,从此成为职业革命家。他先在党的外围组织"上海科学家联盟"(简称社联)工作,任沪西社联宣传部长兼发行,负责联系大夏、光华和暨南大学,还领导一个"新人学会"。由于他的出色表现,被选为上海市党组织出席全国苏维埃第二次代表大会代表,后来因为交通中断,无法前往江西瑞金出席会议。此后调做工会工作,任上海码头港务总工会秘书兼宣传部长。[①]

---

① 熊复主编:《熊宇忠文集》,成都科技大学大学出版社1992年版,第3—4页。

1934年2月春节前夕,熊宇忠在上海的一次活动中,因叛徒出卖被国民党反动派逮捕。在敌人审讯中,他机智勇敢,坚贞不屈,没有暴露自己的真实身份。第二天,熊宇忠被押到龙华警备司令部看守所,一个月后又被审讯了一次,最后判处无期徒刑,关押在漕河泾江苏第二监狱。入狱后,被按捺指纹,剃去黑发,戴上重重的脚镣,穿上囚服;囚衣上缀一块圆布,写有"961"的番号,还发了一块手掌般大小的白色番号布,也写着"961"号码。

江苏第二监狱的男监舍的建筑呈放射形,分为甲、乙、丙、丁、戊、己、庚七翼。甲字监、庚字监系专押政治犯的牢房,其中甲字监是大牢房、庚字监是小牢房。熊宇忠被关押在庚字监,牢房共关押3个人,其余两人,一人系汪剑华,江西九江人,新中国成立后曾任林业部人事司司长;另一人系赵兴才,出狱后在八路军驻武汉办事处工作,坐船途中遭敌机轰炸而牺牲。汪、赵两人比熊先入牢房,在他们的引导下,熊宇忠用布条把脚镣上的铁链裹住,免得把皮肉磨破;睡觉时用布把双脚间的铁锁包住,以便翻身;把棉裤内裆拆开钉带,就可以很方便把裤脚穿在一个镣铐内脱出,这就是他囚犯生活的第一课。当时按规定,犯人每月囚粮伙食号称3元,但监狱当局扣除1元,剩下2元,又经过层层克扣,实际只吃到1元。一日三餐,早上一碗稀饭,中午和晚上,两餐干饭,带点水煮菜。米是变了质发了霉大家叫它"四子饭",即石子、谷子、沙子、秕子。旧监狱是非常黑暗的地方,敌人把监狱当作不流血的屠场,想尽办法折磨囚犯,使人身体衰弱,意志消沉,成为一个废人,而革命者则把监狱当作熔炉,当作战场,锻炼自己的革命意志,使之更坚毅、更顽强、更成熟。面对恶劣的环境,熊宇忠等尽可能进行体育锻炼,戴着脚镣行走,做俯卧撑、仰卧起坐等。

进入监狱,生活上是一个考验,意识形态上更是一场斗争。监狱当局发给政治犯一本《圣经》,狱中设有专职的教诲师,每周给他们讲解一次《圣经》,对囚犯实施"洗脑""感化",还对囚犯封锁政治社会消息,不让阅读书报。熊宇忠等同志在监狱中学文化、学理论,自己学,也帮助别人学。学习是多样的、巧妙的。当时社会上推行拉丁化新文字和世界语,这两种文字很管用,因为看守不认识,可以用来互相写便条,传递消息。另外,他们也学外语,从外语中也可以接触到进步的文化。为了争取改善生活条件,取下镣铐、阅读书报以及使用笔墨等待遇,政治犯首先组织起来,最后发展到全监狱的犯人都参加,进行多次的绝食斗争。如1934年7月29日开始的绝食斗争坚持了5天,监狱当局采取了高压手段,毒打了几十人,他们没有一个人屈服,经过大家的努力,终于取得某些条件的改善,如开镣、增加放风时间、允许带入书报等。熊宇忠等人在狱中读了《新哲学大纲》《反杜林论》《费尔巴哈和德国古典哲学的终结》等。1935年冬天,熊宇忠为主编,另一位同志协助,用新文字和世界语办了一个刊物《监狱之友》,系手抄

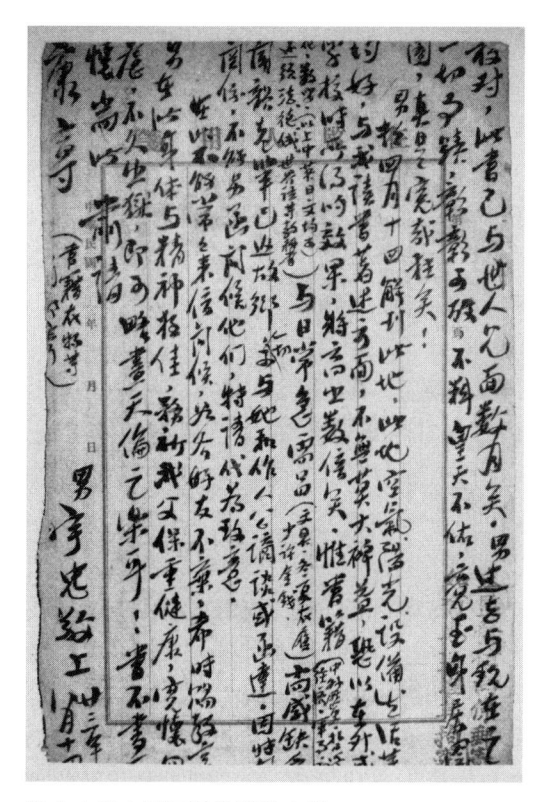

熊宇忠发自漕河泾监狱的家信

本,用竹筷削尖做笔,以锅灰煤烟做墨,用《圣经》的空白做纸,一字一字抄写成册,在难友中传阅,内容有诗歌、散文、学习体会等,不过只出了3期就停刊了。1936年,熊宇忠还用半个月的时间,站着把《社会主义从空想到科学的发展》写在《圣经》的空白上,手写肿了,脚也站肿了。

　　熊宇忠等人在监狱里还积极地做人的工作,无论刑事犯、看守等,都是政治犯争取的对象。比如对看守,一般是搞好关系,也给他们一点金钱上的好处,有的看守可以帮忙代购书报,或者带点东西进出。有个李广田的看守,经过在押者的工作,接受革命道理,端正人生走向,后来赴延安参加革命。漕河泾监狱有一年轻的教诲师胡渝州,他在革命者的工作下,从同情、理解政治犯,到支持政治犯,帮助狱中革命者传递消息,带送物品,后来参加了共产党,1943年在苏北盐东解放区任六区副区长,后随军解放大西南,曾任重庆建工学院马列主义教研室主任。[①]

　　1936年10月,熊宇忠等40多名政治犯解押到位于苏州盘门外的江苏陆军

---

① 熊复主编:《熊宇忠文集》成都科技大学大学出版社1992年版,第16页。

军人监狱,又称苏州陆军监狱。该狱设有"改""过""自""新"4个监舍,还有一个病监。熊宇忠与其他共产党员一起坚持革命活动,被敌人毒打后加戴脚镣,仍然坚贞不渝,并鼓励其他同志坚持斗争。狱中没有笔墨纸张,他们就用一块黑布填上牙粉,用扫帚的竹签,在布上写字,写完后擦掉,又重填重写。1937年"七七"事变后,狱中停止了一切活动。8月16日,苏州遭到日本飞机轰炸,形势严峻,政治犯向监狱当局提出:立即全部释放政治犯,保障人身安全。半小时后,一些提出要求的人惨遭拷打,说他们是造谣惑众。但是当天下午3点左右,监狱开始放人。自8月17日、18日、19日,苏州陆军监狱分三批释放囚犯。熊宇忠与张恺帆、孙海光等20多人系19日出狱,没有办理任何出狱手续,每人发了一个通行证走出监狱大门。当时苏州到上海的火车、汽车、轮船已经中断,沿途都是逃难的人群,熊宇忠步行整整走了一天两夜,于21日到达上海,不久与组织接上联系,又投入新的战斗。

从1937年9月起,熊宇忠历任中共上海教育界工委书记、鄂北中心县委委员兼宜昌区委书记、重庆城区区委书记、新四军后方政治部支部书记、盐阜区委巡视员、盐东县委书记、华中十一地地委宣传部长、中共无锡市委组织部长等。新中国成立后历任中共四川璧山地委副书记。从1952年起,熊宇忠任铁道部第二工程局局长和党委书记,成为我国铁路建设的一个指挥员,他指挥几十万筑路大军,先后主持或参与建设了宝成铁路、成昆铁路和川黔铁路,几条贯通大西南的大动脉。他后任贵州省建委党组书记、西南局计经委第一副主任、成都市委书记、成都市政协主席。1983年,他主动退出领导岗位。1991年1月9日,在成都去世,享年80岁,走完他光辉的人生历程。[①]

在20世纪90年代,笔者几经周折联系到熊宇忠的夫人张明华,她热情地向我提供了熊宇忠于1934年8月从漕河泾监狱利用监狱的专用信封及信纸寄往四川邻水县他父亲熊达国的一封书信以及他若干手迹的复印件,为我们研究中国监狱史及中国邮政史提供一份颇有价值的实物资料。这些资料大多刊印于公开出版的《上海监狱志》的彩页上。

---

① 1991年1月17日《成都晚报》。

# 陈一诚同志在狱中

陈一诚,又名陈义成,别号宪夫。湖南省湘乡市人,1907年2月20日出生于湘乡县乐善乡(今毛田乡竹园村)大塘冲一个佃贫农的家庭,7岁进入本地乡绅创办的小学读书,1923年春以优异成绩考入湘乡东皋书院乙种师范,1925年转入省立长沙师范,加入共青团。次年春,被党组织选调参加湘江中学农运干部训练班。结业后,以农运特派员身份回乡秘密组织农民协会,转为中共正式党员。1927年马日事变后,他领导农民自卫军阻击许克祥部,在与上级党组织失去联系的情况下,率领部分农民

陈一诚同志肖像照

上山坚持武装斗争。同年8月,陈一诚到达上海,几个星期后,被党组织派往苏联学习,从上海乘轮船到海参崴,然后转乘火车横跨西伯利亚到达莫斯科的东方劳动大学学习。1928年3月陈一诚转入中国共产主义劳动大学。学习期间曾遭受王明宗派集团的打击,1930年9月回国,分配在全国总工会去重建上海五金工会,并在虹口五星机器厂当了铜匠。

1931年4月间,陈一诚突然在五星机器厂门口被捕。新党员苏某先他被捕,苏某与他同住一室,苏被抄出一些俄文版书籍和中共党的刊物《实话》。陈一诚先关押在公共租界提篮桥巡捕房,化名周康;拒不承认是中共党员。两天后被引渡到华界的南市国民党警察局,陈一诚利用与苏某关在一起的机会,教苏某装作文盲,坚持说报纸和书籍是在厂门口捡到的,准备把它当作废纸卖掉,换几个零钱用。

国民党的警察局是残酷的人间地狱。敌人紧逼陈一诚承认是中共党员,要他招供出党的组织机构和有关人员。陈一诚誓死不供,绝不承认自己的党员身份。敌人对他动用"老虎凳""山上吊"等重刑,把他折磨得死去活来。他咬紧牙关,始终没有吐露真情,恼羞成怒的敌人在既无证据和口供也没有律师辩护的情况下,根据所谓《危害民国紧急治罪法》,以"宣传三民主义不相容的主义"的罪名,判处有期徒刑10年,押解龙华警备司令部看守所,后来又转入漕河泾监狱。

1932年1月28日,淞沪战争爆发,国民党当局害怕漕河泾监狱的政治犯闹事,决定以"避难"为由,把他们转押到杭州监狱。当陈一诚等人通过火车押到杭州以后,在杭州车站对围观的群众积极宣传共产党的抗日主张,发表演说,有的高唱《国际歌》。淞沪战争结束后,陈一诚等人从杭州监狱调押到漕河泾监狱,关押在乙字监。为了改善环境与生活条件,政治犯向狱方提出要求到犯人工场做工。经过一番交涉,陈一诚到了袜子工场作业。参加这样的劳作可以活动一下身体,相对呼吸一些新鲜空气。尽管狱中的生活条件非常恶劣,但陈一诚还是利用一切可以利用的条件,抓紧时间与难友一起学习文化、学习理论,成为难友们学习上的老师。据人回忆,当时有个难友对"宗主国"的意思不理解,陈一诚就从"宗主国"一词,讲到帝国主义、殖民主义、殖民地和中国被几个帝国主义分割的现状,对大家启发很大。有位同志出狱后,曾多次到监狱探望陈一诚,并给他送去鱼肝油、大饼、大头菜和萝卜干等食品,陈一诚对此十分感激,但是他更重视学习,希望该同志能够为他带入俄文版的图书和俄文辞典,继续学习俄文。因为当时寄送到漕河泾监狱的书籍有严格的规定,如《三国演义》不能看,看了怕犯人会设法逃跑;《水浒传》也不能看,看了怕犯人会造反闹监,进步的政治书刊更是严格禁止,只能偷偷地递送。但对于辞典特别是外文书籍,看守们看不懂,检查不出来,所以可以寄送进去。当陈一诚拿到一本俄文辞典后,他如获至宝,非常高兴。

1933—1935年,漕河泾监狱"甲"字监的政治犯先后多次开展绝食斗争,陈一诚是组织者之一,又是参加者之一。他主张坚定,态度积极。20世纪30年代国民党上海市党部和上海特别市政府派出大员到漕河泾监狱,对政治犯进行宣传鼓动,胡说什么上面非常关心你们的生活与学习,你们年纪轻轻,在这里吃了很多苦,希望你们自愿申请到苏州反省院去,苏州反省院生活待遇好,伙食比漕河泾监狱好,比较自由,可以看报,6个月一期,反省合格者可以释放。陈一诚等同志保持共产党员的本色,意志坚定,及时识破敌人的阴谋诡计,拒绝自愿申请去反省院。

1936年6月,陈一诚等政治犯从漕河泾监狱解押到苏州盘门外的陆军监狱1年多。1937年7月全面抗战爆发,"八一三"以后,战火逐步内移,苏州城内多次遭到敌机轰炸,危在旦夕。苏州的国民党当局正慌忙逃难,在此情况下,监狱当局才允许无条件释放政治犯,每人发了一张路条和几元路费,陈一诚才获释。当时昆山正在打仗,苏沪之间的火车不通,陈一诚就乘小客轮,从苏州到杭州,但不幸染上痢疾,病情严重。到达杭州后,服药1个多月,才勉强好转。不久,他接上组织联系。1938年秋去皖南参加新四军,先后任军政治部宣教部教育科长、苏北抗日军政大学大队教导员、中共盐阜区党委党校主任、盐阜地委组织科长等。解放战争时期,历任中共华中局五地委组织部长、苏北区党委组织部长、华中工委组织部副部长等。新中国建立后,历任中共苏南区党委组织部副部长、上海榆林区委书记,上海市委党校党委书记、常务副校长,中共上海市委第二、三届委员。中共十一届三中全会后,先后担任中共上海市委组织部顾问、中共上海市委纪律检查委员会筹备组成员等。1983年4月29日病逝,终年76岁。在陈一诚逝世10周年的时候,后经许多老同志提议,在各界人士努力下编辑出版了《真如青松白似雪——陈一诚纪念文集》,于1995年4月,由文汇出版社出版。张爱萍题写书名,王尧山作序,陈国栋、胡立教、汪道涵、韩哲一、陈沂、夏征农等老领导题词。

20世纪90年代,笔者曾向陈一诚原籍的湖南省湘乡县党史研究部门联系,并寻访到家住上海泰安路的陈一诚妻子、离休前曾任上海市徐汇区人大常委会副主任的尹蒙同志,她不但热情接待了我的采访,并提供了我有关资料,在此特向她深表感谢。

# 许亚同志在狱中

许亚同志肖像照

1936年春季的某一天,提篮桥监狱新押入两位政治犯,他们都是20岁出头的青年,通过验明身份、身体检查、理发、更换囚衣等入监手续后,被押到R.D.监的5楼,关入3个多平方米的监舍内。这两人中,一位叫许亚,原名徐耀华,化名陈英,江苏沙洲(今张家港)人;还有一位四川江津人,化名李文新,又名李中的邹泽沛。他们都是于1936年4月1日被捕,属于同一个案件,初押于公共租界的新闸捕房,尽管在他们住处被查到几箱书籍,许亚推说这是朋友寄放的东西,四次提审坚持口供不改,再加上法庭不清楚许亚和邹泽沛的真实姓名和职业,他们两人都以"危害民国罪",被判处有期徒刑8年。面对监狱这样特殊的环境,几经风雨磨炼的许亚异常镇静。他透过重重铁门铁窗,遥望狱外蔚蓝的天空,陷于沉思。他生于1915年,父亲是个铁匠兼做小生意。1931年"九一八"事变后,作为省立苏州中学高才生的许亚,曾卧轨拦截火车,赴南京请愿,投身中共领导下的革命学生运动,并参加苏州"世界语者协会"。高中毕业后考入由江苏土地局设在苏州工业专科学校的三角测量班。1933年9月加入共青团,任苏州特别支部委员。同年年底,曾被敌人通缉的许亚来到上海,初任共青团江苏省委秘书处交通员,次年9月起先后出任共青团江苏省委巡视员、组织部长、代理书记、书记,领导纱厂、袜厂、烟厂的团员、青工开展经济斗争和抗日救亡运动。

在革命烽火中诞生的共青团,从1932年11月起,共青团中央曾四次遭到破坏。第一次是1932年11月,第二次是1933年2月1日,第三次是1934年10月下旬,第四次是1935年7月24日。共青团江苏省委与团中失去组织联系后,经济来源断绝,许亚等人积极募捐筹措活动经费,继续出版宣传资料。1935年重建共青团江苏省委,许亚历任代理书记兼组织部长、团省委书记。同年7月,共青团江苏省委有沪西、沪东、法南、闸北等6个区委;50多个团支部,300多名团员。1936年春,成立了共青团临时江苏省委(1937年9月根据党中央指示,解散了共青团江苏省委,团员到新的工作岗位上分头转为中共党员)。

面对提篮桥监狱中专押政治犯的监区,许亚心底坦然,尽管这里管理严格,一个人关一间监室,不准犯人看书籍报纸,不准参加狱内的作业。狱方害怕政治犯向华籍看守进行宣传活动,特地派了印度看守对政治犯"死守严防",企图利用语言上的隔阂来设置政治犯与看守交流的屏障。但是最好的篱笆总有缝隙。政治犯常有到5楼平台楼顶放风的短暂机会,还有在夜深人静的时候,政治犯就可以悄悄地敲响隔壁的监室,与同伴轻轻通话。当时被关押的政治犯有工人、学生、平民,既有共产党员(后来知道建有狱中党支部),还有共青团员、赤色群众。有的政治犯警惕性很高,表面上只谈起衣食住行,实际上在等待时机,以利再战;也有一些叛徒及托派人员。个别人面临严酷的生活条件,产生悲观情绪,担心今后病死狱中。许亚发现该情况后,认为很有必要秘密建立一个组织,把青年人团结起来。当时共青团江苏省委的不少人员都关押在狱中,除了同案的邹泽沛外,还有化名张明勋的团省委秘书长徐建楼,以及商纪连、张海帆等人。许亚在征求先期入狱的中共党员化名张云卿(曹荻秋)等人的意见下,积极慎重地组织起来成立了狱中共青团支部,许亚任团支部书记。

开始,团支部成员间有猜忌及观望的现象。许亚就与邹泽沛商议,利用狱中放风等机会,在团支部内开展对党忠诚老实活动。邹泽沛曾就读于复旦大学教育系,他具有出色的演讲能力,首先严于解剖自己,他说自己刚到上海,工作较艰苦,思想有所动摇,曾离开团机关一个星期,偷偷住到朋友家,后来经过思想斗争重新主动回到革命队伍;又有一次在放风时,邹泽沛还谈到,1936年春共青团沪东区委机关被敌人破坏,代理书记商健民被捕后,巡捕房派了暗探在该处守候。自己不知情况有变,4月1日上午他踏进机关发现情况异常,随即退出,但已被敌暗探注意,并尾随自己的走向。由于缺乏斗争经验,无意中把"尾巴"带到了许亚的工作地点,造成自己和许亚先后被捕,自己愿受组织处分。邹泽沛的坦率诚恳,也感动了其他同志,大家纷纷向组织交心,总结教训,振奋斗志,努力在狱中锤炼自己。

接着,团支部开始筹划下一步工作,发起成立了一个群众性的组织"同难社",团结难友开展斗争,通过合法斗争逐步改善生活条件,要求准许政治犯利用狱中的存款购买书籍、允许家属为政治犯送入书籍,经过多次说理斗争,终获得狱方同意。政治犯与狱方斗智斗勇,发动家属先送些《三国演义》《水浒传》等作试探,而后就逐渐送来哲学、经济学等书籍。当获悉有马克思的著作被没收后,就让家属送恩格斯或者用伊里奇笔名的列宁的著作。

对印度看守搞好关系,并进行教育也是政治犯的一项重要工作。具有较高文化、通晓英语的许亚,利用英语同印度看守对话,并利用有的印度看守学习英语的迫切要求,首先教他们学习英文,由此拉近与印度看守之间的距离。不少印度看守是穷苦人家出身,逐渐同情政治犯的遭遇,个别印度看守如52号印度看守根据政治犯的要求到书店购买《反杜林论》《哥达纲领批判》《辩证唯物论教程》等书籍,还给政治犯带入毛泽东的《论持久战》。团支部利用这些书籍在狱中开设"唯物辩证法"讲座。1936年,许亚在狱中经党组织批准,由共青团员转为中国共产党党员。

有一次,一名英国监狱官到专押政治犯的监舍巡查,许亚用英语向该监狱官提出参加劳作的合理要求。狱方为了防止政治犯闹事,采取了一个变通办法,就在监室外面的走廊里摆了几块木板,允许他们进行被服等劳作。许亚等人充分利用了这一机会,经过一定准备,通过口述的形式办起了《同难生活》的"刊物",由一人或多人进行讲述。许亚曾为大家讲"狱中不屈的共产党员"的故事。直至半个多世纪以后,一些年逾古稀的老同志回忆当年的革命经历时,还清晰地记得《同难生活》这份特殊的"刊物",以及他们从中所受到的教育和启迪。由于客观历史条件的限制,《同难生活》只办了几期就停刊了,但它给难友们留下久远的影响。

1937年春,监狱当局宣布服刑已满1/3刑期的政治犯,可请求去苏州反省院,那里条件比监狱自由,可以读书写字。这在政治犯中引起波动,有人认为今后政治犯刑满释放后仍然要去苏州反省院,所以晚去不如早去,个别人还申请获得批准。许亚与曹荻秋等人发动大家组织讨论,看清这是监狱故意分化政治犯的斗志,主动申请去反省院就是向国民党反动派投降,就是一种变节行为。经过讨论,大家统一了思想认识,此后,绝大多数政治犯没有主动申请去反省院。1939年初,监狱当局把一名杨姓未决的汉奸羁押在政治犯关押区,引起大家的不满。团支部成员及其他同志联合对其批判,使之十分孤立。同时,为了狠狠教训汉奸,政治犯就找了一位即将刑满出狱的难友姚锡诈(现名姚家礽,新中国成立后在海军学院工作)公开将其痛打了一顿。此后狱方非常恐慌,责打姚锡诈,上脚镣,并取消政治犯到走廊里劳作,一律收押监室,降低伙食标准。面对如此局面,政治犯决定开展绝食斗争,大家坚定信念,连续坚持了整整5天。监狱怕事情闹大不好收场,最后软了下来,绝食斗争取得胜利,同意政治犯提出的要求,解除姚锡诈的脚镣、恢复政治犯外出劳作及伙食标准等。

1941年9月18日,许亚通过时任副典狱长严景耀等人组织营救[①],由外面

---

① 民进中央会史工作委员会编:《民进会史资料选辑》第1辑。

的两位亲戚出面被保外出狱,比原先判处的 8 年徒刑提前了 2 年多。许亚获释出狱后,直奔苏北抗日前线。历任中共苏北盐阜区委巡视员和中共淮安县、宿北县县委书记,中共淮海地委组织部长,中共苏州地委副书记等。新中国成立后,许亚历任福州市市长、中共福州市委书记,福建省计委主任、副省长、省长、中共福建省委书记等职,被选为中共第八次代表大会代表、五届全国人大代表。1982 年 11 月 19 日许亚在上海病逝。

许亚与妻子林其光、女儿许小群的合影照(1946 年)

2021 年 3 月下旬,笔者在中共上海党史研究室的联系下,认识了许亚同志的儿媳皇甫夏云,并建立了微信联系群,后在上海见面。她正组织人员编写《许亚同志纪念文集》。她告诉我,许亚平时善于学习,勤于笔记,生前共留下 23 年(1945—1981 年)的 305 本工作笔记本,几十年来由家属子女精心保存了下来。在纪念中共建党 100 周年的日子里,2021 年 4 月 22 日,由许亚的儿子许维健出面将这些珍贵的历史资料捐献给江苏省档案馆,江苏省档案馆的领导专程来到福州,并举行了隆重的捐献仪式。

# 刘季平同志在狱中

晚年的刘季平同志

刘季平,原名刘焕宗。1908年5月16日生于江苏省如皋县双甸北乡袁家庄(今属江苏省如东县)。幼时在丛坝初小读书,1921年高小毕业后考取南通甲种商校,1924年考入江苏省立第二师范学校(如皋师范)。受到进步思想熏陶,刘季平1927年2月加入中国共产党。因积极参与领导如皋地区学生运动,被反动当局勒令开除学籍。次年,刘季平考入南京晓庄师范学校,师从陶行知继续学习;年底,他当选为晓庄师范党支部首届支部书记。学校成立了"联村自卫团",刘季平担任副团长,分别领导全校师生的教学和训练,以武装力量保卫学校和学校周围的村庄。

1929年1月,刘季平受聘无锡河埒口小学任教,秋天前往北平香山慈幼院担任实验部主任,其间遭到保守势力强烈反对,年底即被院方解聘。1930年1月,刘季平担任中共南京市委宣传部部长,在南京组建"中国自由大同盟南京分会",并任分会常委及党团书记、领导学运、教运;5月,刘季平在南京因组织万人示威游行声援工运和散发纪念"五卅"惨案的传单,在金陵大学被敌人抓捕。刘季平化名刘贯文,没有暴露中共党员的身份,后经首都警察厅判刑1年2个月,关押在苏州的江苏高等法院司前街监狱;年底,在狱中根据党组织指示开展斗争,组织暴动,因难友特别支部的纠察名单被狱方搜出,刘季平与同案的难友一起被戴上脚镣手铐移送到时系江苏省会的镇江市,拟由省军法会审处。

关押在镇江市麒麟巷江苏省公安局分驻所看守所的刘季平,从看守口中知道他们不知自己的案情,他就有意放风说:"在这儿就待几天吧,反正要特赦我们。"看押人员信以为真,放松了看管,刘季平还和几个看守交上"朋友",即与狱中的难友商议越狱计划,并与狱外的党组织取得了联系。在组织的周密安排下,刘季平的父亲刘逸东利用监狱探监的机会,将小钢锉送进监狱。刘季平就用它锉出脚镣上的一个缺口,并用布条缠着,不让它露出破绽。1931 年 2 月 16 日(阴历年正月初一)晚上,万家灯火,值班看守喝酒聚餐。刘季平利用看守疏于防范、警戒薄弱的时机,与同监 4 名难友一起成功越狱。正月初五(2 月 20 日),脱险后的刘季平来到上海。因上海的党组织遭到破坏,一时又无法找到联系人,在身无分文、走投无路的时候,在上海沪西的街上巧遇以前在南京晓庄师范的同学方与严,在他的帮助下,刘季平辗转与组织接上关系。

当年夏天,在组织安排下,刘季平化名艾文,与晓庄师范的同学一起乘轮船到广东龙川,准备转道去江西苏区。到了广东后,因故没有接上关系,刘季平就先在龙川师范任教一个学期。1932 年"一·二八"日军侵华,淞沪战争爆发,刘季平十分关注上海形势,毅然决然回到上海,暂住在法租界,以卖报谋生,有时也写稿投送报馆。不久,刘季平找到组织,恢复了党组织关系,在中共上海文委的领导下,与帅昌书(即丁华)等人筹建"上海左翼教育工作者联盟"(即"教联",又称新兴教育社)。4 月 17 日,"教联"在上海八仙桥青年会成立,刘季平负责总务,并担任党内负责人,编辑出版《教育新闻》。6 月 25 日,刘季平在上海法租界被捕,受到法租界公董局警务处审讯。在预审中,刘季平化名徐建人,他推说自己是一个穷教书匠,不问政治,空余时间为老板打短工,在上海混口一碗饭。敌人不信,对他严刑拷打,还上了电刑摧残,使他多次昏死过去。但是刘季平始终没有暴露自己中共党员的身份。刘季平被捕的消息后经教育家陶行知获悉,在位于法租界的上海第二特区法院的开庭中,陶行知聘请律师为其辩护,最后刘季平被判处有期徒刑 5 年,关押在法租界的上海第二特区监狱。

上海第二特区监狱,又名马斯南路监狱,监狱上层管理者为法国人,看守主要是安南(越南)人,1931 年 8 月 1 日被中国人接收管理,首任典狱长为广西桂林人谢福慈。时年 25 岁的刘季平,由于曾经在苏州、镇江监狱的经历,很快熟悉了该监狱的生活环境,入监后与狱中在押的政治犯团结一起,与监狱当局开展合法斗争。刘季平以合法手段争取私人衣物及一箱书籍的所有权,内有中、日文版的字典、辞典,部分社会科学、自然科学的书籍,还有一本以《国色天香》为书名作掩护的中共六大文献等。晓庄师范同学、中共党员徐明清获悉刘季平被捕后,便化名徐继人,以他妹妹的身份去监狱看望他,每次送些食物、书报,隔着铁丝网和他说几句话。走的时候总有一个看守悄悄地跟着徐明清,原来刘季平做通了该看守的工作,让该看守递送自己交给组织的信件或文章。刘在狱中一直坚持学习,坚持与敌人斗争,并写了不少文章。[①]1933 年春,刘季平争取到一名同情革命的监狱卫生员充当其助手,假借给病号送药的机会,传递斗争信息,发动全监千

---

① 《徐明清回忆录》,中共党史出版社 2014 年版,第 98—101 页。

名犯人成功地举行了一次"大狱啸",群起反对监狱当局残酷迫害犯人的行为,使敌人惊恐万状。

上海第二特区监狱狭窄,关押人员众多,既有华籍犯,还有俄籍犯,狱中从1931年8月以来,曾多次发生过犯人哄监绝食及未遂的越狱案,因此监狱多次把犯人移送外地,如1933年3月就有50名犯人乘船送押安徽芜湖监狱;①同年冬天,监狱又将刘季平等8名政治犯及40名普通犯人转移到山东烟台监狱关押。②

烟台监狱的监房呈放射状分布,看守室位于中心,五排监房从中心辐射出去。刘季平等8名从上海调去的政治犯被关押在专关死刑犯最末端的8个独居室里,与其他4条弄堂的所有犯人完全隔离。该处的环境实在坏透了,牢房只有比普通双人床稍微大一点,牢房的门口有一个碗口大一点的门洞。牢房冬天冰冷,夏天闷热难熬,蚊蝇飞舞,臭虫乱爬,这里是一个折磨人的地方。面对恶劣的环境,刘季平逐渐被迫养成了拂晓杀虫、白天读书讨论、晚上牢内踏步的生活习惯。

刘季平等8名政治犯暗中联系群众,发动全监狱犯人。向狱方提出改善伙食,给予读书自由等要求,举行了7天7夜的绝食斗争,迫使敌人"开卸脚镣,改善伙食待遇,准予读书阅报,给予通信自由"。通过斗争,刘季平捕前被警方拿走的一箱子图书又回到了牢房,对外面寄入的书刊也放宽限制,不再扣留。刘季平就利用坐牢的时间,认真读完了包括《资本论》等经典著作,同时他继续自修学日语,逐渐阅读日文版的社会科学和自然科学书籍,写下了"斗室独处,臭虫无数,白天读书,傍晚踏步;小小囚徒,俨然书蠹,探求哲理,奋力求知"的感言。

刘季平等人也不完全只是埋头读书,他们利用被关押牢房离开中心看守室较远,又处于弄堂最末端的特点,在夜深人静的时候,用嘴巴对着门洞小声地讲话,或者用耳朵贴着门洞听,对各类问题进行讨论,发表各自看法,交流思想。同时,时刻提高警惕,如一听到看守巡视的脚步声音就立刻停止。

在山东烟台监狱,犯人虽然有看书的自由,但禁止写作。幸而在刘季平的书箱里有几本练习簿、几支铅笔头、几个钢笔尖,都没有查出没收。此外,还争取到一位同情政治犯、愿意给他提供帮助的看守。刘季平就尽量利用这些有利条件,采取想好几句、马上抓紧写几句、立刻隐藏起来的办法,慢慢地完成了几篇文章,用"满力涛"("满力"即"马列"的谐音)为笔名,买通那位看守寄往上海,分别发表在上海的《生活教育》《新中华杂志》《现世界》等刊物上。

---

① 《第二特区监犯昨日押解芜湖寄禁》,1933年3月30日《申报》。
② 《刘季平文集》,北京图书馆出版社2002年版,第544页。

1934年深秋,教育家陶行知派徐明清赴济南相见冯玉祥,拟请冯玉祥出面营救关押在烟台监狱的刘季平。为此,冯玉祥多次找韩复榘。但韩借词推托而没有结果。[①]1936年夏天,刘季平刑期届满,理应释放。但是监狱当局却毫无理由地把刘季平押解到济南,拟送济南反省院。但因为刘季平在烟台监狱态度顽强,反省院一看资料,拒绝接收。最后,被暂时转押到山东济南第二看守所,并和从其他监狱转来的华岗、向明等同志被关押在更加远离普通犯人的独居牢房。1937年1月,刘季平被移押到南京反省院继续关押。该处位于南京吉祥庵,原是陶行知创办的晓庄师范的一处办学活动地点。睹物伤情,刘季平曾填词一首《虞美人》:"春泥仍似旧时好,往事乱如草,东西南北一眼过,哪能复读残书半山窝。巍巍岩壑依然在,只惜人事改,此心今日为因开,独恨山水未知故人来。"7月7日卢沟桥事变爆发,8月13日,刘季平等人获释回到上海,恢复组织关系,发表不少很有见地的文章,后来被派往武汉、桂林、苏北等地从事抗日宣传、统战和教育工作。

　　中华人民共和国成立后,刘季平历任上海市副市长、中共山东省委书记处书记、中共安徽省委书记处书记,教育部党组副书记、副部长、代部长、常务副部长,北京图书馆馆长,国务院文化部顾问、中国陶行知研究会会长等,系第五、六届全国政协委员。著有《刘季平文集》,文章80余篇,内容分为探索求实篇、教育理念篇和回顾思索篇。刘季平于1987年6月11日病逝,走完了他不平凡的岁月。

---

① 徐明清著:《明清岁月》,中共党史出版社2014年版,第107—110页。

# 漕河泾监狱的绝食斗争

曾被称作模范监狱的漕河泾监狱,由于监狱生活卫生条件很差,政治犯在狱中的死亡率很高。1928年上海南汇县农民暴动,被判刑坐牢的共18人,到了1935年死了16人,都是40岁左右,还剩下一个姓金的和一个姓杨的。①犯人为了要求改善生活待遇,曾发生过多次绝食斗争。最早见于媒体报道的有1920年5月20日的《申报》。从当年5月18日起,漕河泾监狱关押的犯人集体绝食。他们提出三项要求:(1)允许送入犯人家属送寄衣服实物;(2)犯人在工场所做工资,应当结算按名分发给,不准存在监狱日久不发;(3)改善伙食标准。②1928年9月,在押狱中的革命者建立了党支部,吴慰铭、林伯英、陈之一、张维模等同志曾任党支部书记。在监狱这特殊的环境下秘密开展各种活动,领导狱中人员开展了多次有理、有利、有节的绝食斗争。笔者通过查阅档案、部分当事人的回忆资料及媒体报道,整理了漕河泾监狱曾经发生过的多次绝食斗争的概况。

## 一、联合刑事犯、女犯发起绝食

当时漕河泾监狱关押的犯人,从人数来说,政治犯占少数,集中关押在"甲"字监、"庚"字监,刑事犯(盗窃、杀人、伤害、抢劫等)占多数;从犯人性别来说,男犯占多数,女犯占少数(大约200名左右)。由于监狱的黑暗,犯人生活苦难,加上政治犯的宣传教育影响,刑事犯也有了反抗的觉悟,爆发了多次罢饭斗争,要求改善生活待遇。在1929年年关左右,监狱进行了一次有组织的统一行动,通过可靠做外役的犯人及各种方式,把绝食统一行动的计划传到各处,如:牢房对面的号子,就打手势;隔壁的号子就规定敲打几下或者递条子,较远的牢房就通过外役犯或同情政治犯的看守传达;到时一起提出改善伙食的要求,实行绝食,同时大家高声叫喊口号,声震监狱内外。女监的女犯人也跟着大喊大叫,女看守找管犯人的二科科长:"她们也闹起来了。"监狱当局采取了残酷镇压手段,有些

---

① 邢子陶:《我在上海的狱中生活》,《上海党史》1990年第9期。
② 《江苏第二监狱犯人绝食提出三项要求》,1920年5月20日《申报》。

犯人被拷打、被乱棍打倒在地上,但是犯人仍然继续斗争,终于取得了一定的胜利,监狱当局给犯人改善了一顿伙食,精米饭还有几块肉。重要的是从此一向"老实"的普通犯变得不"老实"了,斗争接连不断发生。

## 二、利用监狱各科室之间矛盾开展斗争

民国时期各监狱基本上设立"三科两室",监狱内部,科与科之间、科长与科长之间、看守与看守之间既有分工协助的一面,也有各自为政的一面。以前每逢10月10日,监狱有"双十节赏肉"改善伙食的惯例。1934年10月"双十节"的前夕,漕河泾监狱的部分官吏为了克扣伙食费,管伙食的三科主张取消"赏肉";负责日常管理的二科不同意,说如果因取消"赏肉"犯人闹起来,他们不负责。但最后监狱决定还是取消犯人"双十节赏肉"。到了"双十节"那天,果然肉被取消了。在押的革命者获知这个内幕情况后,就利用监狱的矛盾组织斗争,大家开始绝食。看守长强迫他们进食,不吃就拖出去吊打。虽然敌人大施淫威,但革命者仍然坚持绝食,毫不动摇。敌人见逼打不成,又生一计,对犯人进行分化瓦解。他们叫了一个意志薄弱的犯人起草了一个所谓"闹事悔过书",大意是"我们阴谋暴动……监狱从宽处理,今后如再发生此类事情,送军法处究办",并强迫犯人签字按捺手印。但是众多犯人不愿意签字,敌人就给不按捺手印的犯人钉大镣。革命者回监房后还是大声吵着要打报告向淞沪警备司令部告状。敌人眼看他们绝食3天,滴水不喝,再继续绝食下去将无法交代,而且监狱取消"赏肉"惯例,是理亏没有道理的,就让医官出来做调停工作,答应监狱补给"赏肉"、开镣,所谓"闹事悔过书"作废。犯人的斗争终于取得了胜利。①

革命同志在狱中开展绝食也要讲斗争策略。王仲良两年前曾因罢工坐过牢,搞过狱中绝食斗争,有领导狱中斗争的经验,请他暗中作指挥,如:每当牢门打开,如果进来的是看守长或监狱科(课)室的坏家伙,王仲良就以暗号示意大家静坐不动,避免无谓的牺牲;如果进来的是同情难友的狱卒,王就示意难友提各种要求。②

## 三、不打无准备之仗,绝食之前作好充分准备

当准备组织犯人绝食之前,犯人放风的时候,大家约定好互相联络的信号,

---

① 苏生:《回忆狱中斗争》,载《上海党史资料汇编》第二编,土地革命战争时期(下)上海书店出版社2018年版,第996—997页。
② 《王仲良纪念文集》,中共党史出版社1999年版,第17页。

敲墙壁,连敲3记就是同意举行罢饭,连敲5下,即通知从这一顿饭起,开始举动;敲两下,停顿一会儿,再敲两下,即表示恢复吃饭了。不过在罢饭以前要大家做好物质准备,即在绝食期间各个牢房自己有多少可以充饥的东西。有的牢房"存货"太少了,就由"存货"多的支援一部分。上海解放以后,有人回忆详细记载了当时开展绝食斗争的经过。为了减少无畏的牺牲,既要向监狱当局开展斗争,也要减少身体的伤害,保持自身的新陈代谢。富有斗争经验的老革命者组织了绝食前的物质准备。当时他们所在的牢房共关押了5个人。这5人中,首先把牢房中的饮水积聚起来,并且每个人把家属接济的食物放在特殊的地方,把每样食物分成5等份。某某贡献出来的最多,这个月他买了一斤油氽花生米,还没有吃,另外他还藏着六七个芝麻饼;某某拿出一条云片糕,还有半瓶花生米;某某因为上海没有家,什么物品也没有……。准备工作做得很细,所有的花生米都一粒一粒点过数,求得总数,然后除以5,每个人可以分到137粒;云片糕有多少片也清点过,每个人可以分到34片……。富有斗争经验的一位同志告诉大家,绝食头两天大家要以逸待劳,尽量少说话、多睡觉、少运动,减少身体能量的消耗,不要吃东西,到第三天才开始吃点少量分到的东西,要有长期作战的思想准备。当然,各人的体质不一样,要因人而异,有的人身体本就十分虚弱,绝食第二天就头晕、昏迷,可以吃点东西、饮点水。

## 四、不畏强暴,坚持斗争

如1934年的一次绝食斗争,首先从甲字监开始,难友们用口头报告或书面报告形式向狱方提出"反对虐待难友,改善难友生活待遇"等10多个要求。紧接着,庚字监也传出"报告""报告"之声,要求答复,整个监狱顿时陷于一片怒潮之中。接着大家就躺在睡铺上,以罢饭绝食表示抗议。下午外役犯把饭桶挑来,大家一动也不动,外役只好把饭桶挑回去。第二天大家仍不进食,看守长来到各个号前吼叫一阵,强令大家吃饭,可是谁也不理。第三天罢饭斗争仍在坚持,送来的水也不喝一口。第四天,敌人开始动武了,他们把难友中的积极分子拉出号房严刑拷打、钉镣、反铐,还有多人被拉出去吊了起来,其中有王文乔(张恺帆)、王保如(朱月山)。敌人把他们双手反绑着,悬空吊在大梁上,脚上还系着几十斤重的大铁镣,看守照着他们的脊背、屁股,你一拳他一拳推来搡去,使他们像钟摆一样来回摆动。这一次,王文乔吃的苦头最大,因为他曾在监狱工厂当司账,他每天下工路过牢房门口,难友们开他玩笑说:"王师长(司账)回来了。"看守听了信以为真,对他边打边说:"你还是共军的师长呢!"绝食的第五天,不少难友已处于昏迷状态。消息传出监外,引起社会上很大震动,上海律师公会、上海人权保障同盟等社会团体,都派人来监狱调查,沈钧儒先生也亲临监狱调查。惊慌失措的监狱当局,在监内外强大压力下,终于无可奈何地宣布完全接受犯人提出的条件。斗争又以政治犯的胜利宣告结束。但是在这次斗争中,难友们付出了很大的代价,特别是那些瘦得皮包骨的难友,连呻吟都发不出声来了。但他们面对着诱人的米饭却不屑一顾。①

## 五、避免孤军奋斗,应与社会各界联系共同作战

政治犯总结了罢食斗争的经验教训,认为罢饭对我们的身体损害太大,不能经常用;应当就监狱当局打死犯人的违法行为提出抗议,采取内外结合的办法来开展斗争。首先,争取外援。我们把监狱中的黑暗情况写成稿件,设法送到各报馆、进步刊物如《读书生活》等以及各救亡团体和律师公会等,请他们到司法部帮我们告状,请他们组织各救亡团体、新闻记者到监狱参观、调查,求得舆论上的支持。政治犯有计划地提出了改善生活待遇等十六项要求,大致内容:(1)不能打伤打死人,(2)吃纯米饭,(3)不吃烂菜叶,(4)水要烧开,(5)抹地发块布,(6)给水洗衣,(7)勤放风,(8)准许在号子里走动,(9)要求在一二个月内开镣,(10)准许看公开发行的书报,(11)一星期能发一封信,(12)一个月家属能来探望一次,(13)一个月能买一次东西,等等。后来报刊杂志上发表了关于漕河泾监狱打死犯人等黑暗真相的报道。救亡团体沈钧儒率领新闻记者来监狱参观。不久,司法部也派人来调查了。政治犯口头控诉,提出改善生活待遇等要求。调查人员为了装点门面和平息民愤,当面斥责了监狱当局,并应允了一些合理的请求。就这样,我们采用内外结合的斗争方法又取得了一些胜利。

**附录:漕河泾监狱甲、庚两号全体囚犯为绝食泣书**

我们本来过着非人的生活的,但是自从这个新的丁典狱长和第二科科长来了以后,我们的生活和一切的待遇是更加残酷了。我们每人被他们打着、骂着,病死的死了。这种日子我们实在再活不下去了。

现在让我们把悲惨的事实告诉给同胞吧。自从这个丁典狱长和第二科科长接任以来,就开始向我们张开了他们的血口,我们每个人四块八毛钱的囚粮,实际上揩了我们两块多钱的油。我们每天吃两顿,一个很小的铁锈生得很厚很厚的洋铁罐,装上十几两稀烂难闻的水米饭,饭里面掺满是石子、稗子和谷糠,一阵阵的怪味,真把我们臭死了,但是因为我们太饿了,没有办法,只得吃下去。我们吃的菜大半都是犯人自己种的,不要花什么钱,这些菜老得像树根一样才给我们吃,而且每顿都是一样的。在一口污秽的泥水里,含着几根枯黄的老菜叶和菜

---

① 桂蓬:《监狱生活回忆》,《安徽文史资料选辑》第19辑,安徽人民出版社,1984年版。

根,这里面还掺杂着虫子和野草,没有一点油盐,吃到嘴里简直不知道是什么味道。夏天到了,生病的人格外多,口渴得几乎冒火了,也弄不到一口水喝。

天气是这般的热,我们的身体又脏又臭,但是几个星期洗不到一次澡。我们一天到晚在斗桶般大的号子里,人又多又没有运动,每天都有闷死的人。公家的医药费都被揩油去了,我们一生病,没有好医生看,又没有好药吃,十个是有九个是要死去的。从上月起,病监的病人每礼拜规定的每人一只面包,忽然被取消了。病监和工厂每星期四的上菜也取消了,端午节每人照例应该要发的粽子都被揩油去了。一切的待遇不但没有改良,而且比以前更加毒辣了,更加恶化了。

这个监狱简直比十八层地狱还要黑暗、野蛮,每天没有一时一刻犯人不遭他们的毒打,这里被打成残废的多得很,就是活活地被打死的也是常有的事啊。他们常常说:"揍死你们一个没有什么了不得,而且鬼都不会知道的。"真的,这种事情多得很,外面的人是很少知道这些黑幕的。6月28日我们这里有个吃无期官司的难友,名字叫李大洪子,他是江苏沭阳人,年纪23岁,监狱当局逼他作工。他因身体衰弱,吃不消工场的压迫,他要求不上工。后来被部长彭世云毒打一顿,打得他死去活来。他因气愤过度,痛苦难忍,就在当天用绳子在监房里自杀了。死了以后,还有一副十几斤大镣拖在脚上呢。但是他们做得不妙,弄得全监狱的人都知道了,法院里也知道了,于是典狱长和科长手忙脚乱起来了,在扬子饭店大请其客,用了一些钱,就把尸首毁灭了。而对活着的能喘气的犯人就采取了高压政策,不许犯人讲话,谁个要求取缔私刑酷打,要求法律保障,谁就吃得一顿毒打和一副10多斤的大镣。现在为了这个要求,挨了一顿毒打的已经有好几个了,我们的生命真是比草都不如了啊。

现在我们在"甲""庚"两号的政治犯和军事犯,已经在忍无可忍的情形之下,从31日起开始绝食,我们的要求仅仅是这几点。(一)要求饭要煮干。(二)小菜加油,并且要时常调换,不得再吃又老又坏的而且没有煮熟的菜。(三)取缔打骂,要求法律保障。

要求没有得到答复,今天又拖出4个人,在第二科的办公室里,被几个人踹在地上,拳打脚踢,棍棒都打断了几根。这种凄惨的景象,就是铁石心肠的人也要流一滴同情之泪的呀。但是我们已下了最大的决心,要斗争到底,我们并没有犯罪,我们是人,我们要活下去,我们要用血肉来争取我们的生存,我们能够得到社会人士的同情和援救,我们能够继续地活下去。不然的话,我们只有死、死、死!上海漕河泾第二监狱"甲"、"庚"两号全体囚犯绝食泣书。①

1936年6月30日

---

① 江苏省档案馆档案。

# 跌宕人生

# 赵英盛:监狱地下党支部书记

赵英盛又名赵斌,山东肥城人,1909年生于一个普通农民家里,早年在私塾读过几年书。1926年起在山东泰安冯玉祥的国民革命军当兵4年。1931年后经亲友介绍来到上海谋生,在华德路监狱(提篮桥监狱)任看守,后晋升为看守长。他在中国共产党上海警察系统工作委员会(简称警委)的领导培养下,于1944年2月由刘继霖介绍加入中国共产党,系提篮桥监狱地下党的第一名党员。

## 一、在险恶的环境中长期隐蔽

赵英盛品德高尚,对党忠心耿耿,积极完成党组织交办的任务,平时他团结同志、乐于助人,在旧监狱看守人员中具有较高的威信。解放前,他经常在监狱附近、看守居住的弄堂住宅内走动,利用山东老乡关系串门交朋友,启发大家的政治觉悟,积极慎重地发展党员,经过考核又发展了庞兴仁(山东泰安人)、宁奎元(河北东光人)两人为中共党员,正式成立了党支部,赵英盛任党支部书记。该支部隶属警委领导,刘继霖、刘峰、苗雁群相继为该党支部的联系人。

年轻时的赵英盛

赵英盛遵循党的"隐蔽精干、长期埋伏,积蓄力量,以待时机"的方针,在旧监狱险恶的环境中长期隐蔽,分布于监狱的各个部门、各个岗位,团结广大看守、职员,秘密开展工作,对监狱当局克扣囚粮、欺压员警、虐待犯人等行为开展合法或秘密斗争,并积极、稳妥地发展党员,壮大队伍。到1949年5月上海解放前夕,监狱党员人数达到20多人,成为活跃在国民党司法系统内的一支特殊队伍。他们以"老乡""同乡"或"同情者"的身份,为狱中关押的政治犯(革命同志)提供生活照顾。当时,赵英盛身患肺结核,但他舍不得花钱买药,每月在其微薄的薪金中节省下钱来,冒着风险为在押狱中的革命同志带进食品和药品。当杨树浦发电厂工人、中共党员王孝和于1948年9月在提篮桥监狱被敌人杀害后,留下两个女儿(其中一个为遗腹女),赵英盛积极为王孝和的遗孀忻玉英同志捐款。

赵英盛家中经济条件并不十分好,妻子生病,要经常花钱看病,后来因病去世,但他经常周济、帮助别人。一次一位同事生病,急需钱看病,赵英盛毅然把家中的衣被当掉,帮人解除燃眉之急。有一段时期,监狱对看守人员实行裁员,庞兴仁一度被裁员在家,失去经济来源,赵英盛对其资助,帮助他渡过难关,并积极为其复工。赵英盛多次把女青年张仪明从火炕中救出,并引导她走上革命的道路。赵英盛家住在长阳路月华坊(今长阳路522弄,现已拆除)68号。他家有亭子间和2楼的后楼。年幼的张仪明一家原住隆昌路,父亲去世后住房收回。张仪明与二姐一起生活,赵英盛把自己的一间房子让给张仪明等人居住。但是张的二姐小孩多,后来其姐夫歇业,脾气不好,有一次把张仪明赶出家门,张在监狱门口哭泣。赵英盛闻讯后,把张临时安置在同事家里。还有一次,张仪明的姐夫准备把张送进一家风月场从事色情服务。赵英盛知道后极力反对,并通过关系介绍15岁的张仪明到提篮桥监狱女监当看守。为了避免受人欺负,他们还以表兄妹关系相称呼。工作之余,赵英盛经常为张仪明提供进步书籍,提高其政治觉悟,鼓励她学文化。16岁的张仪明在赵英盛的帮助下,于1946年加入中国共产党,成为提篮桥地下党中唯一女党员。后来,她去了苏北解放区,解放后,又回到上海参加监狱的接管工作。晚年的张仪明还念念不忘她的革命引路人赵英盛。

## 二、组织领导武装护监活动

1949年初,国民党政府的统治即将土崩瓦解,但是,还有几十名政治犯(革命人士)仍关押在提篮桥监狱中。其中,有中共上海市地下党工委委员王中一、中共南方局联络员华德芳、原中共镇海县委书记虞天石等人,还有5名农工民主党成员。国民党反动派一方面组织力量,把黄金和战略物资运往台湾,一方面对革命人士加紧镇压和屠杀。关押在狱中的几十名革命同志也危在旦夕。监狱地下党员在赵英盛的领导下在不暴露身份的情况下,以同情者的姿态及时为政治犯送阅当时狱内禁看的《大公报》《自由论坛报》和进步杂志,让他们了解形势,坚定革命信念。

中共上海市委领导曾会同警委的邵健、刘峰等有关人员,设想过几套营救政治犯的方案。由于这些办法风险太大,成功把握很小,最后只能放弃。这时,中共社会部在吴克坚领导下谋划策反提篮桥监狱典狱长。时任典狱长叫孔祥霖,他老谋深算,眼看大势所趋,借身体不好为由辞职。4月25日,履新上任的代理典狱长是王慕曾,党组织通过多方渠道展开对王的策反。王提出若干条件后,愿意为中共尽力效劳。王慕曾以交通工具缺乏、经费困难为借口,拖延执行淞沪警备司令部原定要把政治犯移押舟山群岛的计划实施,并对政治犯在狱中的生活、伙食、活动范围等方面从优对待,以保护政治犯的安全。

1949年5月24日黎明,人民解放军对上海市区发动总攻,迅速进入市区西南部,守城的国民党还在做垂死挣扎。为了防止敌人加害被囚禁的政治犯,监狱地下党根据警委的部署,在赵英盛的组织领导下开展武装护监斗争(中共社会部吴克坚策反王慕曾的情况,监狱地下党不清楚,两者分属两个系统,没有组织上的隶属关系和联络关系)。24日早晨,赵英盛把20多名地下党员和若干名外围积极分子组织起来,对他们作了分工布置。上午8时左右,赵英盛首先派一名地下党员控制电话间。电话间有一台电话总机,是监狱对外联系的窗口。从当天起为保证信息畅通,防止坏人告密,电话只允许打入,没有赵英盛的批准,一律不准打出。为此,这名地下党员坚守电话间3天3夜。

赵英盛又布置人员负责监狱警卫课,掌握钥匙间各监房的钥匙,然后派人来到枪库,把事先准备好的红布条,发给每位参加行动者,并打开枪库,拿出枪支分发给护监人员。当日,监狱大门紧闭,禁止一切人员和车辆进出。护监人员左臂缠上红布条,佩枪在狱内各自岗位上武装巡逻警戒,严防外面敌人冲入监狱杀害或押解政治犯,同时也防止狱内敌人暗中破坏。地下党支部的这些活动,代理典狱长王慕曾不加干涉阻止,因此武装护监工作进展顺利。1949年5月27日,上海全部解放。次日,上海军管会法院接管处第三组进驻提篮桥监狱,正式宣布接管,王慕曾交出印章及账册。5月29日上午,监狱召开了"慰问与欢送政治犯恢复自由大会",下午王中一等45人举着横幅和旗帜,列队步行走出监狱大门,与等候在门口的群众和亲属会面。两天后,农工民主党许士林等5位同志第二批出狱,监狱当天也组织了慰问和欢送大会。

## 三、苦难与辉煌

被上海市军事管制委员会接管后的提篮桥监狱,百废待兴。赵英盛等地下党成员积极配合接管人员做好各项工作,对维护监狱的稳定、推进各项工作的进展起到积极作用。同年6月1日起监狱接收犯人;9月,上海市人民法院监狱挂牌成立。1951年5月,监狱由法院建制改为公安建制,上海市人民法院监狱更名为"上海市监狱",赵英盛历任上海市监狱警卫科、管理科、管教科科长,上海市公安局劳改处办公室第一秘书。1958年,他患了肺病住院治疗,出院后他的病情一度不稳定,以后时好时坏。在当时机关支援基层的形势下,为支援地方的工业建设,1962年赵英盛服从组织安排,调任上海铜厂,随后转到上海冶金局下属的有色金属公司任科长。到了新的工作岗位,赵英盛很快熟悉情况,积极工作。

家庭是社会的细胞,也是一个人的生活港湾,但是赵英盛的生活港湾并不宁静,时有波涛起伏。妻子因患肺病在解放前去世。解放后,赵英盛再婚,与监狱一位女民警结为伴侣组成家庭。但是,妻子在1956年因高血压等疾病,先于赵英盛去世。赵英盛仅有一个儿子,叫赵高臣,他在父亲的教育下,很早就参加革命,先后经历过抗日战争和解放战争。全国解放后,他转业回到上海,在上海人民法院系统担任警卫工作。也许由于家族的遗传因子,以及当时医疗条件等原因,赵英盛亲属中身体大多不好,总与肺病"结缘",唯一的儿子赵高臣患肺病于1961年11月10日病逝于上海市第二结核菌病院。留下3个孙辈,且3人中当时竟有两人患肺病;儿媳李庆珍也患有肺病,没有工作。赵英盛一个人要养活家中多人,家中经济条件很差。

1963年,赵英盛患了肺病,同年11月10日因病去世,年仅54周岁。临终前,赵知道自己病情严重,不久将离世,特地嘱咐家人把党费送交党组织。他去世的时候,留下两个孙子、一个孙女,最大的12岁,最小的仅7岁(目前3人均已退休,孙女退休前是上海硅酸盐研究所的副处长)。赵英盛在医院临终时,原上海警察系统地下党的上级领导苗雁群、刘峰以及张仪明等在身边,为其送终。根据赵英盛的生平,1964年2月19日,上海市人民委员会以〔64〕沪会张字第100号文,批复民政局上报的文件,追认赵英盛同志为革命烈士。

上海解放初期提篮桥监狱部分干警合影照。前排左起第5人赵英盛

20世纪80年代,上海作家树棻就以赵英盛为支部书记的提篮桥监狱地下党为素材撰写中篇小说《活着和死去的人们》,上海电视台据此小说拍摄了《狱中曙光》的电视连续剧,真实、生动地反映了以赵英盛为支部书记的监狱地下党的业绩。在上海社会科学院出版社出版的《上海监狱志》和《虹口区志》的"人物篇"上,均记载赵英盛的资料。在九泉之下的赵英盛也可以含笑瞑目了。

(本文原载《今日提篮桥》2017年第2期)

# 张仪明：监狱地下党唯一女共产党员

旧提篮桥监狱早在1944年2月在看守人员中就建立了中共地下党支部，赵英盛任支部书记，有3名党员。该支部隶属于"警委"领导。他们长期隐蔽在监狱内，团结广大看守、职员，秘密开展工作，并积极、稳妥地发展党员，到1949年5月上海解放前夕，党员人数达到20多人。张仪明就是监狱地下党中唯一女党员。

张仪明，原名张玉根，原籍江苏徐州，生于1931年。她家里很穷，其父亲在解放前到上海报考警察，录用后住在今杨浦公安分局隆昌公寓2楼。解放前上海警察系统地下党的领导邵健、苗雁群、刘峰也住在那里，与她家同住2楼。张仪明从小就跟父亲到上海。后来，张仪明父亲因病去世，他们就搬出隆昌公寓，到长阳路上的一处住房居住。

当时提篮桥监狱地下党党支部书记赵英盛（山东肥城人）一家也住在长阳路月华坊（今长阳路522弄）68号。他家有亭子间和2楼的后楼，张仪明二姐当时就借住在赵英盛家里。后来张仪明在赵英盛的介绍下，到提篮桥监狱女监当看守。为了方便工作，她与赵英盛曾以表兄妹相称。工作之余，赵英盛经常为张仪明提供进步书籍，提高其政治觉悟。16岁的张仪明在赵英盛的帮助下，于1946年加入中国共产党。在长阳路寿里（今长阳路446弄，现已拆除）的一间房间内进行了入党宣誓。后来，张仪明的中共党员身份在提篮桥女监有所暴露，组织上就把她送到苏北解放区。

身穿中国人民解放军军装的张仪明

1949年初，张仪明南下参与接管上海工作的重任。最初在江苏丹阳集训，学习党的有关方针政策，先后听过陈毅和曹漫之等领导的报告。她被分在司法组，当时和她一起的还有两位大学生，他们均受上海市军事管制委员会法院接收处副处长叶芳炎领导。后来张仪明与战友们一起,从丹阳乘汽车来到上海,在交通大学住一个晚上,第二天她与有关人员一起步行到提篮桥,与接管正副专员毛荣光、王正福等人一起接管时称"司法行政部直辖上海监狱"(提篮桥监狱)和"司法行政部直辖上海监狱第一分监"(女监,解放后并入提篮桥监狱)。接管后,张仪明主要在女监工作,面对旧址新貌,心中感慨万千,工作起来更是得心应手。

1950年2月6日中午,盘踞在台湾的国民党反动派派出飞机对上海以发电厂为主要目标进行轰炸,被炸死亡500多人,炸伤800多人,受灾居民5万多人,造成全市工厂大面积停产,一度对上海带来较大影响。[1]上海市政府决定紧急疏散无业游民、流浪儿童,组织犯人外出劳动。为此,中共华东局、中共上海市委与苏北行政公署商定,划出台北县(今盐城市大丰区)以四岔河为中心的20万亩荒地用作安置上海无业游民和犯人劳动改造的场所,时称上海市人民政府垦区劳动生产管理局(简称垦管局);1927年入党、曾经参加过北伐战争和南昌起义的王序周任垦管局局长。

1950年3月21日,上海人民法院监狱的2515名犯人调往苏北。张仪明积极报名,被任命为中队长,与同志们一起带押360名女犯去苏北。由于垦区刚刚开始筹建,房屋等设施还没有全部落实,这些犯人以及遣送去的多批游民暂住兴化,临时分散住在方圆几十里数十个村子的牛棚、草房里,5月份才开始陆续进驻大丰。360名女犯中既有已决犯,也有未决犯,案由不一,门类众多。初期她们思想动荡,再加上条件艰苦,在张仪明等同志的工作下,针对女犯的心理及生理特点,对他们进行思想政治教育、文化教育,积极开展扫盲活动,并组织她们从事劳动生产,把她们逐步改造成为遵纪守法的自食其力的劳动者。

1952年2月,上海垦管局移交苏北行政公署领导之时(同年6月复归上海领导),根据上级批示,不少干部调回上海。张仪明到上海人事局报到,被分配在上海文物管理委员会担任人事干部工作,后来在上海图书馆和上海文艺医院继续从事人事工作。她曾是上海图书馆的第一任党支部书记。"文化大革命"中她受到冲击,限制其人身自由,非法关押在1间斗室内2年,受到"隔离审查";审查结束后又打入另册,让其打扫厕所、打扫卫生,时间长达十年之久,使她精神和身体受到很大摧残。党的十一届三中全会后被平反落实政策,后来张仪明办理了离休手续。

虽然张仪明离开监狱系统许多年,但仍然关注上海监狱系统的工作,对她曾

---

[1] 当代上海研究所:《当代上海大事记》,上海辞书出版社2007年版,第25页。

经工作过的提篮桥监狱和苏北大丰上海农场怀有特殊的感情,每当电视台播放与上海监狱有关的专题片都要从头到尾看完。多年来,笔者曾对她作过多次采访,接待她参观过上海监狱陈列馆,10多年前还邀请她参与电视专题片《狱殇》的拍摄。2022年2月24日晚上,张仪明因病不幸离世。

(本文原载《上海老干部工作》2017年第3期。收入本书略有补充修改)

# 监狱学家孙雄生卒年份考

孙雄,号拥谋,法名慧谋,系民国时期的监狱学家,湖南平江人。毕业于湖南公立法律学校,先后在湖南长沙监狱、宁远监狱、江苏青浦监狱、江苏第一监狱、第三监狱任职,并任江苏第四监狱和上海第二特区监狱典狱长兼上海第二特区地方法院看守所所长;同时还兼任上海法政学院教授,上海震旦、东吴、持志大学教授,著有《监狱学》《狱务大全》《犯罪学研究》《变态行为》《江苏第四监狱工作报告》《江苏上海第二特区监狱三年来工作报告》《一个自觉的狱中人》等著作。

孙雄

目前,互联网及有关书籍对孙雄的出生年份都写为1895年,他在世年龄为44周岁,如《中国监狱学史纲》(郭明著,中国方正出版社2005年版),《监狱学》(孙雄著,商务印书馆2011年版;郭明撰写了孙雄学术年表),《狱务大全》(孙雄著,黄东校勘,北京大学出版社2014年版)。其实,孙雄生于1892年7月2日(清光绪十八年六月初九亥时),属龙;去世于1939年12月14日。孙雄的在世年龄为47周岁又5个月。

笔者的依据主要是孙雄去世后孙宅致丧委员会的一份讣告。该讣告系多年前孙雄的儿子孙孚九及儿媳于竹明向我提供的。同时他们还向我提供了一张孙雄的肖像照;后来该照片首次载《上海监狱志》(上海社会科学院出版社2003年版)第662页上。目前各书刊上所使用的孙雄照片,均系该照片的复制版。现把《讣告》抄录如下:

　　不孝孚万[1]等伺奉无状祸延

　　显考江苏上海第二特区监狱典狱长兼上海第二特区地方法院看守所长孙雄,号拥谋,法名慧谋。府君恸于中华民国二十八年十二月十四日午时,

---

[1] 孚万系孙雄的长子孙孚万。

疾终沪寓正寝。讵生于清光绪十八年壬辰六月初九日亥时,得年四十有八岁。不孝孚万等随伺在侧,亲视含殓,遵礼成服,扶榇暂停丙舍,另行择期安葬。兹定于二十九年元月二十一日,即阴历十二月十三日在家设奠凡叩。

至谊谅蒙矜恤哀此讣。

闻

　　瑾詹于国历一月二十一日、
　　阴历十二月十三日领贴
　　孤子孙孚万、之、望、九泣血稽颡①
　　　　孤女浦英、曼英、崇英泣血稽颡
　　　　孤女恪英（适郁）、宋华（适钱）泣血稽首
　　　　齐期孙荫先泣稽首
　　　　　　　　　　　　　　　　　　孙宅治丧委员会代告

讣

　　如蒙
　　　　请寄上海马斯南路上海第二特区监狱
　　　　第三科内孙宅治丧委员会办事处
　　　　　　　　　　　　　　　　幕设金神父路打浦桥由义坊八号

孙雄先后有两位妻子,与结发妻子潘氏生下6个子女(2男4女),与第二位夫人崔暨兰生下3个子女(2男1女)。孙雄共有4个儿子,分别叫孙孚万、孙孚之、孙孚望、孙孚九;有5个女儿,分别叫孙浦英、孙曼英、孙崇英、孙恪英、孙宋华。孙雄的讣告中4个儿子的名字放在前面,5个儿女的名字放在后面;其中,未婚的3个女儿在前,已婚的两个女儿在后,当时已经出嫁的孙恪英和孙宋华分别嫁于郁姓人家和钱姓人家,故在讣告中还特别用括号注明（适郁）、（适钱）。金神父路即今天的瑞金二路,当时上海法政学院就在附近。该讣告是分行竖排。

《讣告》称"孙雄生于清光绪十八年（壬辰年）六月初九"。我查了《万年历》,清光绪十八年六月初九,换算成公历应为1892年7月2日;孙雄去世时,已经过了生日,精确地计算,孙雄活了47年又5个月。即47周岁5个月,既可称48虚岁,也可称49虚岁(民间各地计算略有不同)。《讣告》中称"得年四十有八岁";《申报》《新闻报》称49岁。

---

① 孤子孙孚万、之、望、九,即孙雄的四个儿子孙孚万、孙孚之、孙孚望、孙孚九。

关于孙雄的生卒简历，还有两则媒体的报道可供参见。

一是1939年12月16日《申报》的报道。标题为：《第二特区监狱监狱长孙雄病逝沪寓》。全文如下：

> 第二特区监狱典狱长孙雄兼特二法院看守所所长孙雄，字拥谋，今年四十九岁，湖南人。学识优良，兼任震旦、东吴、持志暨法政学院各大学教授，著有《监狱学》《犯罪学》《神经变态》《狱务大全》等书籍行世。莅任七载，因"八一三"以后应付现下特殊环境，乃积劳成疾，病榻缠绵，已历四月，近又患心脏病与腰子病，医治罔效，于十四日中午在金神父路由义坊八号逝世。由家人移灵于上海殡仪馆，并由同事等组织孙氏致丧会，定于今日下午四时举行大殓。灵柩暂厝殡仪馆丙舍，待时局平靖，运回故乡安葬。孙氏遗缺暂由第一科长邵振玑兼代，并呈报高三分院检察处转呈司法行政部派员递补。孙氏生前服官清廉，身后颇为萧条，遗下妻妾子女，将由亲友等措善后诸事云。

二是1939年12月16日《新闻报》的报道，标题为：《二特区监狱典狱长孙雄病故》。全文如下：

> 上海第二特区监狱典狱长兼特二法院看守所所孙雄，年四十九岁，湖南人。莅任七载。因"八一三"以后，应付现下特殊环境，致积劳成疾，病榻缠绵已历四月。近又患心脏病与腰子病，医治罔效。于十四日中午在金神父路由义坊八号寓邸逝世。由家人移灵上海殡仪馆，并由同事等组织孙氏致丧委，定于今日下午四时举行大殓。孙氏遗缺暂由第一科长邵振玑兼代，并呈报高三分院检察处转呈司法行政部递补。

严格地说，这两篇报道的信息基本一致，不过前者的文字多于后者。根据《讣告》，孙雄"得年四十有八岁"；《申报》《新闻报》的报道称孙雄49岁，两者相差1岁。这看起来有矛盾，其实不矛盾。其一，因为中国地域辽阔，各地出于传统习俗的不同，对逝者的年龄计算上略有不同，往往有一二的岁的差异，如北方地区往往使用实岁（周岁）、上海地区往往使用虚岁。其二，按传统的观念，1—9的数字中，9是最大的数字，是一吉利的数字，有些词语中往往用9字，如九重天、重霄九、九九归一、九九重阳等。对于48岁的逝者有时也称其为49岁。其三，由于孙宅治丧委员会在孙雄去世后的第二年，即1940年1月21日在家设奠，故而1939年12月16日《申报》《新闻报》的报道中提到孙雄年龄为49岁。

（本文原载《监所法苑》2015年第2期。收入本书，有补充修改）

# 日本驻港总督矶谷廉介在沪宁监狱中

　　侵华日军矶谷廉介中将,1886年生于日本兵库县旧筱山藩士家庭,1904年毕业于日本陆军士官学校第16期,他与冈村宁次、板垣征四郎、土肥原贤二为同期同学。1917年来到中国,后曾任侵华日军第十师团中将师团长,1937年8月率队登陆天津投入津浦沿线战役,曾参与台儿庄、徐州会战,肆意纵部奸淫掳杀,无恶不作。1942年香港沦陷后,曾任日本驻香港总督;在港期间从香港夺取各种物资,强制日化教育,把香港街道及地名改为日本名称;推行疏散政策,强迫大量香港居民迁回内地,到日本投降时,香港的居民人数降至70万人,只及战前的一半。抗战胜利后矶谷廉介被列为战犯,1946年2月3日被驻日美军拘捕,押在巢鸭监狱内。

　　1946年8月1日中午,一架美国飞机徐徐降落在上海西北角的大场机场。矶谷廉介与南京大屠杀首犯、侵华日军第六军司令官谷寿夫中将被押下飞机,矶谷身高1.7米以上,浓眉阔脸,胡须已白;谷寿夫个子矮小,身材肥短,身高不到1.6米,小头弯背,蓄小胡须。他俩都着黄色春季军装,黑色皮鞋,共3个包袱及一小皮箱。在国防部战犯管理处徐益三组长等人的押解下,乘道奇10轮大卡车,关入江湾战犯拘留所。① 几天后,经上海军事法庭批准,上海一家媒体的记者参观江湾战犯拘留所采访了矶谷廉介与谷寿夫。看到他们两人共囚一室,与其他战犯相隔离,较他们优待,门外则派有士兵荷枪监视。记者入室时,两犯正各沿床而坐,状颇忧郁,两犯中相比之下矶谷较为直率坦白,对其过去的罪行敢于承认;与谷寿夫谈话时,其多方设法掩饰其罪行。记者曾询他们被捕后囚禁巢鸭监狱的情况,他们称:日本在战后食粮缺乏,每日均喝薄粥,从没有吃过干饭;监狱铁窗石壁,异常坚固。每天看到从铁窗格子里射进来的阳光,吸着一天仅有的4支香烟。美军管理监狱甚严,所有拘押人犯一律不得交谈,东条英机等人仅在每天体操时见一面,各犯人家属每月仅能接见一次。后来,矶谷廉介和谷寿夫从江湾的战犯拘留所移押到提篮桥监狱关押。

　　1944年秋天,美军第14航空队派飞虎队员轰炸被日本占领下的香港。约

---

① 《两残暴"人兽"矶谷谷寿昨解沪》,1946年8月2日《民国日报》。

翰·荷克少校驾机失事,跳伞落地后被日军抓获,遭到百般虐待。后由日军组成军事法庭,对荷克少校进行审判,最后把荷克放在赤柱沙滩上行刑处死,并对营救荷克的村庄进行血洗。1946年1月,美军在上海提篮桥监狱组建军事法庭审判日本战犯;同年8月,矶谷廉介因知晓美军荷克少校被害案的有关细节,23日他以证人的身份出现在提篮桥美军法庭上,为荷克少校被害案作证。①

9月底,上海军事法庭接到上级通知,要把谷寿夫、矶谷廉介两人押往南京审讯。上海离南京300多千米,交通方便,有火车、汽车、飞机、轮船等多种交通工具可以使用,几经权衡,上海军事法庭认为还是通过火车押解比较安全。于是军事法庭先同上海警备司令部、上海警察局联系,预先到北火车站察看地形,选择上车路线,并同北站相关部门对具体细节又作了研究。军事法庭向铁路局包了半节客车,至于押解什么人员,军事法庭决不向车站方面透露半点消息。

10月3日晚上,由上海军事法庭主任书记官李业初率领若干兵士来到提篮桥监狱,把矶谷廉介与谷寿夫两人合铐一副手铐,押上汽车离开监狱,沿着长阳路、长治路驰往上海北火车站。汽车从北站的宝山路边门直接开上车站月台。那天上海至南京的火车提前3分钟停止上客,并响起停止上客的铃声。当客人上车结束后,军事法庭的士兵押了谷寿夫等人上火车。谷寿夫身穿一套闪米呢西装,头戴呢铜盆帽。因为军事法庭只包了半节车厢,车厢内有人来往,谷寿夫怕手铐被人看见,就摘下头上戴的铜盆帽悄悄地将盖住手铐,用以遮挡旅客的视线。参加这次押送工作的有上海军事法庭的书记官袁辉、副官刘珊、两名翻译,还有若干兵士。次日早晨矶谷廉介与谷寿夫抵达南京,关押在小营日本战犯管理所。经军警搜身检查,谷寿夫还带上一只热水瓶,身上还带着消磨时光用的3副扑克牌。②

1946年10月4日《国民日报》头版曾刊发了一则短讯,题目为《南京屠杀案主角,两战犯由沪解京》。全文如下:"南京大屠杀主角谷寿夫、矶谷廉介二名,今晨已自沪押解南京,送国防部战犯拘留所。预料该两巨犯将处极刑,日内即可望审判。"

小营日本战犯管理所内主要有两栋坚固的监楼,这里曾经是日本人囚禁中国同胞的地狱,现在却用来关押日本战犯。管理所对在押战犯每人一床一被,夏天有蚊帐,每天还有两次放风,可以在院子里走走,晒晒太阳,或打打垒球。当时小营关押了48人,分押在20多间牢房里,两栋监楼只使用了一栋,还有一栋监楼空无一人,准备留给关押后来者。第一个被关押进小营日本战犯管理所的是

---

① 《港美飞行员被杀 证人矶谷昨被提讯》,1946年8月24日《申报》。
② 笔者于2000年8月,对时任上海军事法庭主任书记官李业初进行访问并记录。

矶谷廉介在南京受审

日本驻华大使谷正之。尽管日本战犯在侵华战争中,对中国民众进行惨无人道的暴行,但是小营管理所对他们仍然实行人道主义待遇。矶谷廉介和谷寿夫每人各关一间,只有放风时才能见面。他们的生活为军事化,每天早晨6点30分起床,半小时的洗漱时间,然后放风,做健身操,一直到9点30分,早饭后入囚室。牢房内备有经过检查的日本小说书。下午2—3点30分,安排又一次放风,接着为晚餐。每天两餐(民国期间各监狱看守所的人犯,基本上都实行两餐制)。晚上9点就寝。

放风是矶谷廉介等小营关押者最感兴趣的事情。那里有一块50米长、30米宽的草地,是深居牢狱之人一块自由的天地,他们可以东一堆、西一伙地聊天闲谈。在押的48人中被狱方分成三组,将、佐军阶的一组,尉官、士兵的一组,还有韩国人及中国台湾人的一组。三个组之间的人员壁垒分明,互不往来。小营日本战犯管理所有时还为关押者放映电影,以调剂生活。在押人员每月可以发信两封,外面来信则不受限制。但发信出去或寄信过来,都必须经过管理人员严格检查;时任管理所所长为黄蔚南上校。

1947年3月10日,谷寿夫被南京军事法庭判死刑,4月26日在雨花台执行枪决。矶谷廉介于同年7月22日被判处无期徒刑。1948年3月20日上午9时,由军事法庭主任书记官施泳率同宪兵多名,从南京乘火车押解到上海。下午4时3刻到达上海北站。① 上海军事法庭副官郭薪夫会同北站宪兵队至车站实施

---

① 《日战犯矶谷廉介等由京解沪送监执行》,1948年3月21日《新闻报》。

戒备，与矶谷同车押解来沪者，还有日本侵华时期浦口俘虏营看守台湾人周霖添、南京艮山警备队翻译台湾人谢则成、南京铁道公司南京站讯号员台湾人杨耀明，以及海门宪兵队翻译蔡森、朱海闽、吴勇春等6人，他们作恶多端，被分别判处有期徒刑10年、8年不等。如周霖添1942年应征来到大陆，任浦口日军俘虏营监视员，对我军被俘士兵，叠加殴打，抗战胜利后由淞沪警备司令部捕获，移解南京，被国防部军事法庭判处有期徒刑7年。

矶谷廉介身穿草绿色军装及大衣，足御黄皮鞋，手戴白手套，右手加"单铐"。秃顶之后脑袋，细细的短发间，已布有星星白发。下车后，矶谷自行手携一只土黄色皮箱，另一手则持深褐色帽子。其余各犯则两人合锁一铐，都穿中装。矶谷廉介等战犯到达上海北站后，在大门口左侧之木凳上等候押解卡车枯坐35分钟左右。矶谷被挤于木凳的左端第二人，偶然亦与其他战犯作轻微耳语。等到5时15分囚车开到北站，矶谷廉介在宪兵警戒下相继登车，直驰江湾高境庙国防部战犯监狱收押。这是他第二次押入此监狱服刑，系"二进宫"了。

后来随着辽沈、平津、淮海三大战役人民解放军胜利进军，国民党反动派一败涂地，他们在大陆的统治土崩瓦解、大势已去，原设在南京的国民政府匆匆迁往广州，根本无暇顾及日本战犯的监禁和管理。次年初，矶谷廉介随其他日本战犯一起趁机回到日本，关押在巢鸭监狱，由驻日本的美军和日本新政府共同管制，象征性地关押一段时间。这个双手沾满中国人民鲜血的战犯于1952年8月释放，1967年6月6日在日本去世，走完了他丑恶的人生之旅。

（本文原载《钟山风雨》2019年第4期）

# 傅式说:从学者教授到汪伪汉奸

傅式说(读音为悦),又作傅世说,字筑隐,号耐盦,浙江省乐清人。1891生于乐清清江镇北塘村。傅的原配为温州永嘉何鹏程的三女,生有两子。傅式说离开温州后,主要生活在上海,又娶了章太炎的侄女为妻。1905年傅式说去日本,先后就读中学、高等学校及东京帝国大学工科,获工学士学位。1911年回国后曾任沪宁北伐义勇队参谋。后再赴日本,入东京帝国大学工学部为研究生,与同学创立"丙辰学社""中华学艺社",1918年第二次回国。年轻的傅式说在实业及教育领域上有过一番作为。他凭借留学在日本学习工科的学业,曾先后出任通易矿务公司、汉冶萍煤矿公司、鄱乐公司工程师,并开办鸣山煤矿。

1921年,傅式说受朋友之邀请,来到福建的厦门大学任教授。厦门大学系由陈嘉庚创建的中国近代第一所华侨创办的私立大学。陈嘉庚聘请林文庆任校长,但林实行地方保护政策,奉行"闽南主义",即"厦门大学为闽南人所办,只为闽南人所享",限制了不少非闽南人的学习机会,最终导致校方与进步学生发生肢体冲突,新闻媒体发声谴责。1924年6月,厦门大学发生学潮,傅式说与其他几位教授,带领300余名学生离开厦门出走上海,在各界人士通力合作下另立门户,在上海筹建新校,他们将"厦大"名字颠倒,取名"大厦"大学,后来取"光大华夏"之意,改称"大夏大学",简称"夏大"。中国同盟会先驱、政治家和教育家王伯群捐资主持创办大夏大学,并组织校董会,聘请马君武、吴稚晖等7人为校董,聘马君武为校长,王伯群任董事长,傅式说是校董兼总务长,其中傅年龄最小,为最年轻的董事。

大夏大学是一所综合性私立大学。创办之初以租来的弄堂房作为教室,只能是一边开学上课,一边筹设新址。初期仅有学生229人,大多为原厦门大学离校学生。随着学校声誉提高,学生人数激增,后来陆续在沪西购地建屋。1930年9月一期校舍建在今中山北路苏州河畔,1932年基本完工。在当时上海多所私立大学中,大夏大学尤以建筑宏伟、环境优美而著称(现为华东师大的所在地)。当时傅式说在上海比较活跃,不仅在夏大教学,同时还兼任其他工作,从1927年起,他先后出任国民政府交通部上海电报局监理、财政部煤油特税处科长、交通部国际电信局会记监理、中华学艺社社长、执行委员会主席、大夏大学代理校长等职。

1937年7月全面抗战后，大夏大学被迫内迁，不少师生不畏艰苦，随校同行（夏大先后迁至庐山、贵阳、赤水，一度与复旦合并办学，胜利光复后迁回上海）。傅式说却在大敌当前，畏首畏尾，意志衰退，离开夏大，先后在国民党政府交通部、财政部任职。不久侵华日军占领大夏大学校园，把它改为伪沪西法院，将校园内的群贤堂等处用于关押欧美侨民，把一个美丽的大学校园成为丑陋的战俘收容所和集中营。

随着汪精卫集团由恐日、媚日滑向卖国投敌，有过两次留日经历的傅式说被日本人看中，列入他们"以华制华"的"组阁"视野。傅式说丧失人格、国格，权欲熏心，从1940年3月起，出任汪伪中央政治委员会的指定委员、行政院政务委员，汪伪政府铁道部部长（曾赴日本考察铁道，与日本人勾结）。1941年9月，出任汪伪浙江省省长兼任浙江省伪保安司令、汪伪太湖东南地区清乡保安司令等。在浙江期间，他管辖的地盘小得可怜，开始仅有杭州一市和浙江西部的13个县，后来扩展到杭州一市及31个县。省政府下设民政、财政、教育、建设四厅。傅式说后又担任汪伪建设部部长，他以兴修水利的名义，在其所辖区域内主持发行3亿元建设公债，搜刮民脂民膏，最后这笔钱基本都被挥霍殆尽。与此同时，傅式说还挂了不少虚名、虚职，如汪伪中日文化协会常务理事、总干事，汪伪清乡委员会委员兼浙江省清乡联络委员会主任委员、汪伪太湖东南地区清乡党务办事处主任，新国民运动促进委员会浙江省分会主任委员、汪伪敌产管理委员会委员，汪伪中央政治及物资统制委员会委员等。由于他的卖命效劳，曾获"日本天皇"赠与的勋章，汪伪政府的褒奖。总之，傅式说担任伪职期间，策划日军在浙江省围剿抗日武装力量，推行保甲制度，搜刮沦陷区财富，对人民实行奴化教育，并在报刊发表文章，鼓吹中日友邦。傅式悦在上海及杭州均有住房，分别是亚尔培路41号和小营巷方谷园20号，在家里过着花天酒地的生活。

抗日战争胜利后，傅式说被国民政府逮捕关押在提篮桥监狱。1946年4月26日下午，傅式说由上海高等法院公开审理，傅的家属戴了墨镜也列席旁听。① 刘毓桂庭长、推事蔡晋、邱焕瀛，检察官戴容铎率书记官入庭后，傅式说即由法警两人押到法庭。傅式说身穿灰色呢袍、蓝裤，脚上为皮鞋，站立在被审栏中。从怀中取出眼镜盒及辩护书，精神颓废，供答时，傅双手互相搓揉。当刘庭长发下伪《新中国报》刊登的傅式说一篇鼓吹卖国求荣、投靠日本人的文章时，傅看阅5分钟后，连声狡辩，说该文章不是我所写的，以推卸罪责。法庭对傅式说的审问历时2小时后，法庭下令被告傅式说还押。

1946年9月28日上午9点多，上海高等法院刑庭庭长刘毓桂偕同曹、邱两

---

① 《有一批汉奸提公诉，今日公审傅式说》，1946年4月26日《申报》。

位两推事升座刑庭后,傅式说由两名法警带入,站立被告栏内。傅身穿灰色毛织品长衫,足蹬黑色皮鞋,鼻架眼镜,面色苍白,双手撑住两旁栏上,神色显出极度不安,静候法庭判决。法庭讯明傅的姓名、年龄、籍贯后,即起立宣读判决主文:"傅式说,通谋敌国,图谋反抗本国,处死刑,褫夺公权终身,全部财产,除酌留家属必需生活费外没收。"①傅式说听完判决,面色愈显苍白,两眼含泪盈眶,默不作声。而后刘庭长又严肃地指出:"你参与汪精卫的叛国运动,与汪周诸奸,共商伪府各项方案,继又任伪铁道、建设两部部长,并出任伪浙江省长,罪行重大,无可宽恕,应判极刑。你如果不服,可于接到判决书十天以内,声请复判。"傅听毕点头表示知晓。提出请求会见家属,法庭予以拒绝,但可以改日可在狱中会见。傅式说对判决不服,于1947年向最高法院申请复判。在复制期间,他又向上海高院提出再审,高院认为傅式悦的这样做法与法律程序不符予以驳回。

1947年6月19日上午10时许,傅式说在提篮桥监狱刑场执行死刑,其政治生涯画上了句号,时年57岁。执行前傅用毛笔分别给妻子及弟弟写了遗书,他是该刑场上被上海高院宣判执行死刑的第三个汉奸犯。②从一个曾经的进步教授蜕变为一个被人唾弃的汉奸及政客,其人生之旅途显得可悲。枪决前夕,傅式说之妻率子女赶到监狱以图作最后的诀别,可是来迟一步被拒之门外。傅式说生前拥有丰富藏书,曾与人合作翻译出版过两本著作:与黄骥合译了美国人麦·罕迭生著的《化学概论》,1916年由杭州光华编译所出版;与胡荣铨合译了德国威廉二世著的《德皇雄图秘著》,1927年在上海商务印书馆出版。傅式说伏法后,他拥有的丰富的藏书被流出,后被学者浙江嘉兴人庄一拂筹钱买下了19种珍贵善本,为了保护乡邦文献捐献给嘉兴市图书馆。

傅式说执行死刑

(本文原载《法治周末》2019年6月20日)

---

① 《巨奸傅式说判死刑》,1946年9月29日《民国日报》。
② 《伪组织巨奸之一,傅式说昨晨伏法》,1947年6月20日《申报》。

# 王春哲：上海特刑庭处决之第一人

上海高等特种刑事法庭（简称特刑庭）于1948年3月11日成立，设在提篮桥监狱内，设庭长1人（王震南）、首席检察官1人（先后由徐世贤、毛继和担任）、审判官10人、检察官2人，另有主任书记官1人、书记官17人、法警20人、会计主任、会计员2人，雇员20人。此外有庭丁、公丁等勤杂人员。[1]；特刑庭还在隆昌路及蓬莱路分设看守所和看守分所。该庭受理"戡乱时期危害国家紧急治罪条例"所规定的案件，除了涉嫌共产党人和革命进步人士的案件外，还办理过重大金融诈骗案。特刑庭处决的第一人是林王公司经理王春哲。

1948年8月5日，特刑庭对林王公司、三慰公司、大中华公司的套汇案开庭审理，共涉及13名被告，其中林王公司一家就涉及王春哲、郑嘉裕、郑礼恭、陈衍权、林名贤、郑庭教、郑显庭、柯海等人。[2]1948年8月17日，特刑庭又对王林、三慰、大中华等3家公司及相关人员以连续买卖黄金、外汇，经营外汇业务等罪行进行审理。该案曾在上海引起强烈反响。林王公司以王春哲与林同织姓名中各取林、王两字而命名，在上海北京路131号合伙开设。王春哲任经理，郑嘉裕、郑礼恭分任副经理、襄理，柯海任职员，该公司还在广东汕头设有分行，由林同织、林名贤负责主持，香港并有联号，委托泰昆公司陈衍权、郑庭教、郑显庭代办，以纱布、花边出口为掩护，向国民政府申请配给外汇，从事买卖黑市黄金美钞、港币，并利用电信经营各种外汇，私备黑市账册，以"熊记""哲记""裕记""泰昆""同荣""联发"等分类户名，分别记载收付黄金、美钞、外币及套汇的数量，使用"豆""糖""面粉""尤"等各种暗号，替代黄金、美钞、外币，及编造密码数字为交易收付记账。王春哲备有瑞康诚钱庄及笔迹相同的大同银行王熊（化名）户名及支票簿，为专供收买黄金支付款项之用，并以柯海事司收买黄金之责，又在上海八仙桥青年会及华懋饭店为秘密交易场所，营业区域远及华盛顿、伦敦各地。

经查自1947年9月1日起至1948年5月6日止，林王公司买卖黄金、外

---

[1] 滕一龙主编：《上海审判志》，上海社会科学院出版社2003年版，第71页。
[2] 《林王等三公司套汇案，特刑庭起诉十三被告》，1948年8月6日《申报》。

币及经营外汇业务有账可查者,计收入港币及港汇共153.288 2万元,付出港币及港汇共189.461 2万元,私套港汇45.319 6万元,收入美钞及美汇14.766 6万元,付出美钞及美汇35.907 5万元,私套英汇1.52万镑,买入黄金196.895两,卖出黄金196.544两,内有美金1 754元,换得黄金30两,并有黄金10.325两换得美元557元。王春哲又以经商所得的外币私在美国、英国、比利时等地购买麻布、冰箱、轮胎及其他舶来品,没有经过出入境管理委员会核准,擅自输入企图获利。

法庭认定王林公司故意违反政府法令,扰乱金融,大肆经营黄金、美元、港币的黑市买卖,数目惊人,造成全国经济及社会不安。该活动非普通商人可作,亦非一二个人财力所及。同年9月3日,由特刑庭宣布判处王春哲犯有共同意图妨害戡乱扰乱金融罪判处死刑,褫夺公权终身。林同织、郑礼恭两被告无罪释放。王春哲不服,向中央特刑庭提出上诉,经中央特刑庭审核后,判决驳回上诉。

1948年9月24日,中央特刑庭派检察官何政涵、书记官陈飞龙携带执行死刑的命令及判决书来到上海,面交上海特刑庭庭长王震南,王庭长接令后,命李检察官为王春哲为死刑监刑官,并在刑场上摆设了临时公案。特刑庭在中午12点50分,把王春哲从隆昌路特刑庭看守所提押到提篮桥监狱刑场,当时王春哲身穿黄色小格子府绸短袖衬衫,双手被铐。1时3刻,李检察官对王春哲验明正身,问其姓名、籍贯、年龄等情况后,郑重宣布今天对你执行死刑,你还有什么话要说。王春哲连连狡辩,作垂死挣扎,企图推卸罪责:"我是冤枉的。主犯不是我,当时有个名叫吴衍标的,借了我行里的电话与写字间,做黑市金钞,买卖套汇,特刑庭只判他6个月,为什么要判我死刑?我实实在在冤枉。"

李检察官发话:今天我们是奉命执行死刑,你废话少说。如果要书写遗书就当场书写,否则就执行枪决。王春哲略有思索地回答,让我写封信给我母亲及侄子。李检察官吩咐法警解开手铐,让他书写遗书。王春哲在遗书中写道:"母亲,你听到我执行极刑,用不着悲伤,人生几十年终须一死。不过我的死,实在是太冤枉的,主犯是我表弟郑嘉裕,他带了我的现款,逍遥法外,可叫他早日自杀谢罪,以免再害他人。至于我留沪的财物,可着恺侄及二兄清理后,全交你老人家。大姐群弟为我事来沪奔走,我衷心感激,但命已如此,非人力所能挽回。最后我告诉世人者,我死亦无憾,因为我没有对不起国家或个人,只有国家对不起我。我所努力的出口的外汇兑给国家,却没有功劳,他人做的事、犯的罪全归在我的身上,其充量不过是用人不当。另请恺侄转慰诸女友,请勿悲伤。世上好男子多得很,祝健康。你的不孝儿子。春哲。九、廿四。"按遗书中提到的王春哲的表弟郑嘉裕,曾被警察局抓住,后来交保释放后,逃亡香港。

王春哲写毕遗书,李检察官吩咐法警端来一碗断头酒(掺有一定麻醉药成分的白酒),叫王春哲喝下。王春哲说:我不要喝酒,需要打麻醉针,以减少死前的痛苦。由于特刑庭没有事先准备针剂,无法满足临死前其这一特殊要求。王春哲对在场的记者讲了几句话,企图临死前还给自己清洗罪行,推卸罪责,说道:当时警局来抓人,并不是指名道姓要捉我,是要负责人去一趟,因我热心挺身而出,不料却便被扣押。其实香港等地的来信全是写给郑嘉裕的,没有写给我王春哲的。我实在是冤枉⋯⋯。他还想说下去,却被李检察官阻止,并把白酒给王春哲喝下。没有料到王春哲喝了白酒以后,不知该酒味道特别清香,还是为了故意拖延时间,他提出还想喝白酒。监刑者李检察官打断他的话语,责令王春哲废话少说,如还要写遗书,马上抓紧。王春哲又提笔给侄子写信,极其简短:"恺;你可把我的财物清理,送亚菱一万金圆券。祝努力学业。哲,九、廿四,绝笔。"遗书写毕,法警再把王春哲双手反绑上铐,押赴提篮桥监狱刑场执行区。让王坐在行刑椅上面,法警举起手枪,"啪"的一声,子弹射出,从后脑进入,前鼻孔处飞出,王春哲倒地身亡。

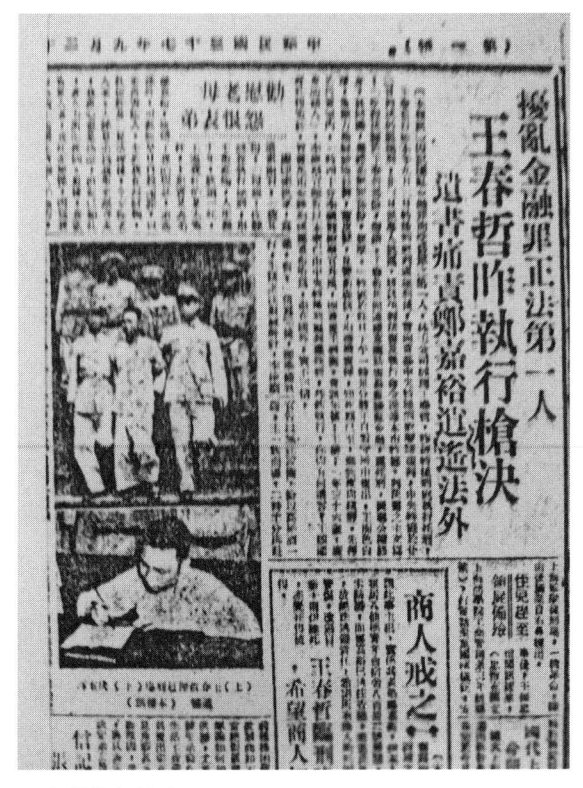

王春哲执行枪决

王春哲的侄子王忠恺，当时在虹口中州路国立商学院读书，1948年9月24日下午他得到特刑庭通知赶到提篮桥刑场时，王春哲死刑已经执行完毕，没有与死者见到最后一面。他从法警手里拿到王春哲的两封遗书及中央特刑庭的复判书，并出具收条。王忠恺收下王春哲的尸体，送往胶州路的万国殡仪馆处理。①

　　王春哲是上海特刑庭判处死刑后枪决在提篮桥监狱刑场第一人，其后还有烟毒犯徐光和，杀人犯、安昌典当行伙计黄玉佳，崇明汪伪特工侦缉处长陆茂昌也被特刑庭判处死刑，执行在提篮桥刑场。上海特刑庭于1949年2月1日撤销，该旧址现为上海提篮桥监狱办公楼的一部分。

（本文原载《法治周末》2019年7月18日）

---

① 《扰乱金融罪正法第一人　王春哲昨执行枪决》，1948年9月24日《申报》。

# 戚再玉:派系内斗替罪羊

1948年8月24日,蒋经国以经济管制督察员的身份来到上海,开展"打虎"活动,一时间声势浩大,声称要和贪污受贿行为作坚决斗争。宣称只"打虎"不拍"苍蝇","宁可一家哭,不要一路哭",并且鼓励大家六亲不认地执行命令。蒋经国接连召见上海经济界的头面人物,要他们拥护政府措施;对违反规定者并采取严厉的措施。对部分商人、老板、经理等人或罚巨款,或逮捕入狱,严厉制裁,就连上海大亨杜月笙的儿子杜维屏及财政部秘书也被判刑。蒋经国还大开杀戒,对稽查处第六大队大队长戚再玉、上海警备司令部科长张亚民执行枪决。戚再玉被杀,当然咎由自取,死有余辜。表面上看戚再玉以敲诈、贪污罪被执行死刑,但更确切地说,他是国民党内部权力斗争的替罪羊与牺牲品。

戚再玉,浙江嘉兴人。出身于上海"三极无线电学校",懂得一点无线电收发报技术。敌伪时期戚再玉帮助军统系统搞过无线电地下电台,因此参加了军统特务组织。1945年8月抗战胜利后,戚再玉从地下冒出,成为军统的有功人员。初任上海警备司令部闸北稽查队队长;1937年春稽查队改组,他又通过金钱拉拢,终于爬上上海警备司令部稽查处第六大队队长,被授予上校军衔,曾红极一时,在沪西地区是个权势通天的人物。40岁他生日那天,宾客盈门,热闹非凡,还燃放烟火予以庆祝。戚再玉还挂名主编了《上海时人志》,1947年由上海展望出版社出版,该书汇集了上海各界名人约千人的简介、生平、籍贯、阅历等主要情况。戚再玉平时出入歌台舞厅,结识了原上海百乐门的红舞女、后为上海邮政储备局局长徐继庄的小妾王白梅。戚再玉与王白梅打得火热,并由此认识王白梅的丈夫徐继庄;与徐成为好友,经常来往,沉瀣一气。野心勃勃的戚再玉平时欺压民众,敲诈勒索,对上拍马奉承,低头哈腰,日夜希图爬上上海警备司令部稽查处处长的宝座;该位子可是一个肥缺,人人羡慕,天天可以捞金取银。当时国民党有一个不成文的规定,各地警备司令部或卫戍司令部的稽查处处长一定要军统特务担任。

虽说戚再玉也属军统成员,但他终究是军统的中下层分子,根基不深,没有什么大的家族背景和政治靠山,而他的下属则是一批乌合之众,大多为无业人员及社会渣滓。所以,戚再玉一再以金钱为手段,用感情作投资,结交军统上层的毛人凤及其毛的妻子向影。1946年3月,军统头子戴笠飞机失事被撞在南京附近的小山身亡后,毛人凤成为军统的当家人。特务系统帮派林立,各路人马明争暗斗,当面握手,背后使枪。当时,上海警备司令部稽查处处长陶一珊,他虽然属于军统的上层官员,但是与毛人凤一向不和,却是上海警备司令部司令宣铁吾的密友。戚再玉不清楚其中的复杂关系,就闯进了这个复杂的政治旋涡之中。他总希望通过制造各种借口把陶一珊搞下去,由他担任这个位子;毛人凤的妻子向影也屡次允诺让戚再玉坐上稽查处处长的宝座。

事也凑巧,当时发生国民党邮政储备局局长徐继庄的大贪污案,蒋介石亲自下令要对徐逮捕法办。戚再玉与徐继庄是好朋友、铁哥们,当戚再玉从向影处得到此消息后,一方面马上向徐继庄通风报信,并把他临时安排藏于自己寓所,为他出谋划策,让他逃亡香港避难;另一方面戚再玉又嫁祸于人,把通风报信、致使徐继庄逃亡香港的罪名归罪于陶一珊,向军统局举报,达到一箭双雕的目的。由于淞沪警备司令宣铁吾深知陶一珊的为人,不太可能胆大妄为,得钱卖放,同时极力庇护陶,就回复军统局,说该事捕风捉影查无实据,对此毛人凤也无话可说。直到此时,陶一珊对戚再玉的阴谋诡计仍然毫不知情。

1947年秋,戚再玉所在的第六稽查大队发生了一起敲诈勒索案,并有多人参与拿到好处。当时上海湖北路有一家小厂,叫宝康无线电器材厂,厂主吴宝康曾经把无线电零件出售给山东解放区到上海的采购人员。该事被稽查队的金润声绰号叫"金驼子"的查获,以"通匪资匪罪"将吴老板抓去,勒索50两黄金后,才把人释放。但是戚再玉贪得无厌,竟然下令将吴老板第二次拘捕,企图敲诈200两黄金。吴老板的太太十分能干,她通过关系找到了上海警备司令部稽查处的副处长郑重为,向他反映情况。同时,中共地下党搞白区贸易的同志也辗转请托关系救吴。当该事被淞沪警备司令宣铁吾知道后,万分震怒,命令警备司令部督察处处长路鹏查办。路鹏与陶一珊私交极好,当然帮陶说话。同时,路鹏的后台、军统保密局的一位高官,又将戚再玉举报陶一珊的情况透露给路鹏,路鹏就将事情的来龙去脉告诉陶一珊。陶大梦初醒非常气愤,才知戚再玉两面三刀,嫁祸于人,企图把自己置于死地;为此,陶一珊也向要人进言敲边鼓,查办戚再玉拟予报复。

再说戚再玉获悉有关部门正彻查他的风声后,他也缩进脑袋,马上退让,说手下人员办事不力,情况调查不清,乱点鸳鸯谱,这是一场误会,立即下令将吴宝康释放。但是事情的发展并非戚再玉想象的如此简单。宣铁吾决定组织人员重新查办徐继庄一案。经人举报戚再玉的寓所内发现了徐继庄的自备汽车,戚再玉有通风报信、资助徐继庄逃跑的嫌疑,再加上平时戚与徐关系密切,戚再玉难逃干系。不久徐继庄也在香港被捕,徐的个别亲属在上海落网,事实真相逐步趋于明朗。

宣铁吾一向与军统不和,蒋经国与宣铁吾关系至深,都声称要和贪污受贿等行为作坚决斗争。为了不说空话,显示实绩,就选择稽查队军统系统的戚再玉及金润声等人开刀,将他们逮捕归案,而且该案涉及 10 多人。1948 年 1 月 13 日上午对戚再玉等人开审,并向社会公布,舆论反应强烈。经过几个月的审理,9 月 4 日,戚再玉被判处死刑,其手下的少校督察周文远、上尉稽查员陈文贻各处有期徒刑 5 年;潘某、刘某等 5 人证据不足,无罪释放;金润声等 10 人移送地检处进一步审理。① 按照民国时期的法律,犯人被判死刑后,有上诉的机会,但当时以特殊时期为由,特事特办、从重从快,第二天,即 9 月 5 日就宣布执行死刑。戚再玉从上海警备司令部看守所提出,他身穿格子纺绸短衫裤,白袜,黄皮鞋,脸色憔悴,郁闷无比。他心中非常不服,抗战胜利后,类似他这种敲诈勒索、大发横财的事情也司空见惯。如果东窗事发,舆论强烈,无非撤职退赃,最厉害判个几年,想不到自己成为刀下的鬼魂。临刑前夕戚再玉经监刑官批准,匆忙对妻儿书写一封遗书,告诫儿子今后不要为官从政,老老实实当个平民百姓。此时戚再玉双手颤抖,神情失态,被押往闸北靶场。执行枪决前,法警特地给戚喝了一杯"断头酒"(高粱白酒),并给他注射了麻醉剂,9 点 15 分被拖到草地上,一名法警用三八式步枪对戚再玉连发三枪,一命呜呼,戚时年 43 岁。② 行刑后,法庭通知戚妻收尸。毛人凤与其妻子向影没有想到法庭对戚再玉如此快速执行,连营救的时机都没有。不久,戚的下属金润生也被判刑 10 年,关押提篮桥监狱服刑。

戚再玉伏法

---

① 《戚案牵连人多 两犯各判五年》,1948 年 9 月 6 日《申报》。
② 《警备部前稽查大队长戚再玉伏法》,1948 年 9 月 6 日《申报》。

戚再玉恶贯满盈,死不足惜,但该事曾轰动上海。同年9月21日,上海警备司令部经济处稽查科科长张亚民因贪污、投机、渎职罪也判死刑执行枪决。从以上案例可以看出,国民党在上海溃败前夕,内部的宗派斗争和钩心斗角像黄浦江的浪潮一直没有停息过,有时表面平静如镜,但暗中激流翻涌。从深层次看,戚再玉和张亚民等人不过是几派政治势力权力争斗的替死鬼而已。11月6日,蒋经国正式辞去经济管制督察员的职务,黯然离开上海。蒋经国在上海的所谓"只打老虎,不打苍蝇"的打虎运动,实质成了"只打苍蝇,不打老虎"的闹剧,喧闹了70多天而草草收场。

(本文原载《法治周报》2019年8月15日)

# 黄玉佳：毙命提篮桥的典当行伙计

提篮桥监狱刑场启用于抗战胜利以后的1946年，这里除了枪决过14名日本战犯以及汪伪汉奸梁鸿志、傅式说、苏成德等以外，还处决过其他一些残害民众的杀人犯。1948年10月15日上午10点多钟，在提篮桥监狱刑场处决了死刑犯黄玉佳。

黄玉佳又名黄志民，黄强海，广东潮州人，系上海市湖北路安昌典当店主黄荣培的远房侄子。他原在安昌典当内当学徒，因为游手好闲，不务正业，1946年8月被解雇，后去各地跑单帮。由于时局动荡，加上他长期散漫，经营不善，后来失业闲散在社会，有时还干些偷鸡摸狗的事情。1947年5月22日晚上9点钟，黄玉佳熟门熟路进入湖北路安昌典当内，企图顺手牵羊拿点东西。

当时，安昌典当店员黄锡荣、学徒郑木秋正巧先后外出，典当行内仅剩下账房潘三泉一人在店内记账。老实巴交的潘三泉对早被老板解雇的黄玉佳突然到来也缺乏应有的警惕，他仍在红木算盘上噼噼啪啪地低头算账。黄玉佳看到店内仅有一人，顿生歹念，觉得这是一个难得的机会，他关上大门，又到厨房拿了一把菜刀，向正在闷头算账、记账的潘三泉的头部砍去，尽管鲜血淋漓，但是未中要害。潘三泉出于本能，立刻站立起来，与黄玉佳扭打起来。毕竟潘三泉年龄偏大，而且头部受伤，渐渐体力不支，就向大门冲去，准备向外逃命。但是大门早被又黄玉佳关上。潘三泉就拼命大声呼喊"救命、救命"！

黄玉佳见状，顺手拿起天井里晾衣竿上的白绸衬裤及香云纱衫朝潘三泉嘴里塞去，阻止其呼喊，同时他又用双手紧扣潘三泉的脖子，并把潘推到天井的墙角处，又用菜刀连续猛砍潘三泉。最后潘三泉不幸殒命身亡。黄玉佳就从死者身上的口袋里拿到典当行保险箱的钥匙，来到楼上打开保险箱，劫取了所有承当人的金银饰品及手表，放入黄色的手提箱内，脱下自己身上带血的衣服，从后门逃走。

片刻后，安昌典当行学徒郑木秋、店员黄锡荣先后外出归来，到大门口，呼喊开门，但毫无动静，他们就从后门进入，一进屋子就闻到一股血腥气，呼喊潘三泉，无人应答。他们预感情况不好，最后在天井的墙角边看见倒在血泊中的潘三泉。黄锡荣、郑木秋马上打电话向上海警察局闸北分局报案。片刻，闸北分局派来若干警察勘察现场,了解案发经过情况,同时他们在天井里,又发现带有血迹的衣服,并从衣裤的口袋中翻到一张照片,经黄锡荣、郑木秋辨认,系被解雇的学徒黄玉佳。警察向黄锡荣询问黄玉佳的体貌特征等,经过综合分析,杀人犯就是黄玉佳。

次日,上海警察局闸北分局印发了具有黄玉佳肖像照的通缉令:"查缉谋财害命犯杀人犯黄玉佳,又名黄志民、黄强海,年24岁。广东潮州人。中等身材,高大约五尺二寸。发长向后梳,能说不流利的上海话,带潮州尾音。说话时间微有口吃病。查该犯于民国三十六年五月二十二日晚上九时,在上海湖北路120号安昌典当内,用刀击毙该当账房潘三泉并劫去存当之金饰财富,用小手箱盛装而逸。如知其下落者,希请报告老闸分局。当即赏格法币一百万元。此布,上海市警察局老闸分局印发。"

作案当天,黄玉佳叫了一辆出租车来到天目路的北火车站,买了火车票,乘夜车逃往浙江金华。次日中午到达金华,酒醉饭饱后,又去色情场所玩乐一番,住进一家高级旅店,住宿时化名张敏。因他随身携带的黄色手提箱里满是金银饰品,在一家消费场所付款时,不慎露眼,被人怀疑此人来路不正,是"黄金贩子",就向金华警察局举报。警察局接报后,对衣冠楚楚的黄玉佳进行查询,由于没有任何证据,就放他回去,同时细心的警方留下了黄玉佳金华所住旅店的店名。金华警方收到上海老闸分局的通缉令后,感到日前查询过的"张敏",好像就是上海所通缉的"黄玉佳"。他们就按图索骥,来到旅店将黄玉佳扣留。最后确认被捕者就是被通缉者、杀人犯黄玉佳。经联系确认真实身份后,上海老闸分局派员将黄玉佳押解回上海。并兑现向具报人发赏法币100万元。

黄玉佳在老闸分局的审讯中,对杀死安昌典当账房潘三泉的作案经过供认不讳。由于案情清楚,并不复杂,物证俱全(黄玉佳沾有死者的血衣裤、从典当行偷盗的金饰品大部分俱全),该案经老闸分局预审后,依杀人罪送交上海地方法院;地方法院以此案关涉人命、影响较大,又解送设在提篮桥监狱大院内的上海高等法院特别刑事审判庭(简称特刑庭)审讯,后被特刑庭判处死刑。黄玉佳收到特刑庭的"三十七年度审字第26号审决书"后,求生心切,谎称自己饮酒后神志不清,以误伤他人致死为理由,向位于南京的中央特刑庭上诉,声请复判。1948年10月12日,中央特刑庭驳回上诉。

10月14日下午,执行死刑的命令送达到上海特刑庭。15日上午,上海特刑庭庭长王震南派朱诚检察官为监刑官。10点10分,在提篮桥监狱内将黄玉佳提押出监。黄玉佳自知死期已到,行色惊慌,他身穿蓝布工装,黄色裤子,秃头,脚着一双半新旧的篮球鞋。检察官朱诚询问黄玉佳年龄、籍贯后,便问他有何遗书要写?黄玉佳说没有,他极口呼冤,企图从年龄上作最后的挣扎:"我今年其实是18岁,老板替我在户口本上报了24岁。18岁不算成年人,可以得到法庭的从宽处理,我是被老板害死的。"对此牵强的理由,特刑庭不予理会。朱检察官按惯例,吩咐法警给死刑犯黄玉佳喝"断头酒"(即高粱白酒)。黄玉佳尽管摇头不要喝,但仍由法警强行灌他吃了半碗白酒。黄玉佳喝完高粱酒后,感到味道不错提出还想再喝。这时检察官朱诚予以制止,不容黄玉佳临刑前拖延时间,大喝一声,"立即执行死刑"。紧接着由警长率领法警将黄玉佳押到监狱刑场。把黄押在"行刑椅",有一法警站在黄玉佳的背后,用手枪对着他的后脑处。随着一声令下,子弹从黄的后脑射进,污血满地。尸体经检察官朱诚验明正身无误,并在死刑执行书上签字。死者黄玉佳,因原籍广东潮州,无近亲属在上海,其远房叔父、安昌典当店主黄荣培怒气未消拒绝收尸;黄玉佳的尸体最后由某慈善机构收殓埋葬。

(本文原载《法治周末》2018年11月1日)

# 徐光和：抗战胜利后处死毒犯第一人

清乾隆三十八年（1773年），英国以武力为后盾，强行把鸦片输入中国。1843年上海开埠后，外国商船运载大量鸦片抵达上海。据统计，1843年5月—11月17日，通过吴淞走私进口的鸦片就达8 000箱，价值600万元。①上海很快成为西方列强把鸦片输入中国的主要口岸。民国时期黄金荣、杜月笙、张啸林都是依靠贩毒起家。1935年4月，国民政府公布《禁烟实施办法》《禁毒实施办法》，提出"两年禁毒、六年禁烟"的计划。1936年，全国有1 294名毒犯被判处死刑。②抗战胜利后的1946年1月12日，上海市政府发布禁烟布告，并在上海警察局设立烟毒联合查缉处，由警察局长兼任查缉处长；同年8月2日，国民政府发布《禁烟禁毒治罪条例》；9月，内政部派出江苏兼上海区特派员到上海督导禁烟工作，组建上海市肃清烟毒委员会和上海禁烟协会，但是收效甚微，贩毒、吸毒仍然屡禁不止。毒品的种类有鸦片、吗啡、海洛因、红丸等，为此上海警察局一度也对烟毒犯罪进行打击。

1946年5月29日，上海警察局在菜市街破获一毒窟，并在主犯徐光和身上当场抄出海洛因8包，拘捕毒犯徐光和、季生华、张阿根、李二宝、韩正祥5人，经警察局预审，掌握基本案情后，警察局将这5名嫌犯送交上海地方法院审理。经审理，该案件物证、人证俱全，案情的来龙去脉一清二楚，上海地方法院判处第一被告徐光和、第二被告季生华等5人均为有期徒刑12年。但是徐光和等5人认为，当时上海社会上贩毒、吸毒现象比比皆是，涉及人员多如牛毛，而法院却对他们判处重刑12年，显然量刑过重，均向上级法院上海高等法院提出上诉，要求依法减轻处理。上海高等法院通览原判案卷，经合议庭讨论，认为抗战胜利后，上海的烟毒泛滥，屡禁不止，虽然政府也采取了法律、行政等多种手段，但是收效甚微，一方面感到该案确实有点量刑偏重，对部分人员应予降格减刑，另一方面决定把该案的第一被告列为典型，决定升格判处死刑，杀鸡儆猴起到震慑作用。上海高等法院依《禁烟禁毒治罪条例》的有关条款，撤销原判，改判徐光和死刑；对

---

① 费正清：《中国沿海的贸易与外交》，哈佛大学出版社1953年版，第229页。
② 董玉整等：《毒祸论：毒品问题的社会透视》，中南工业大学出版社1999年版，第74页。

季生华、张阿根、李二宝等4人吸毒罪改判有期徒刑3年。这样的改判结果让人看不懂。按理说犯人不服法院的第一审判决,他们具有上诉权,还有申诉权,但是国民政府时期的执法犹如橡皮筋般伸缩性极大,有时候可以让人"死里逃生",有时候也可以使人"碧落黄泉"。年轻的徐光和正被当作突破法条,从重处决的典型。

徐光和、季生华等5人听到上海高等法院的判决,顿时炸开了锅,心态犹如东海之水,奔腾不息,有哭有笑,喜怒两重天。徐光和后悔不迭,早知今日,何必当初(上诉),一张上诉状犹如阎王的招魂符把自己从人世间坠入阴间地狱;而季生华、张阿根等4人感到非常兴奋,一张上诉状犹如人生快车道的通行证,12年的徒刑瞬间变成3年,他们感到只是苦了同伴徐光和。客观地说,是以他的重判换来我们的从轻处理,因此对徐光和也流露出怜悯之情。季生华等4人关押半年多,因适合当时颁行的大赦条例,于1947年1月21日赦免开释。①

上海高等法院对徐光和死刑判决经呈奉司法行政部核准,接到1947年3月20日发出的京36指刑(二)字6452号执行令后,3月25日,上海地方法院检察处首席检察官黄亮签署对徐光和的死刑执行令;3月26日上午8时,命检察官傅邦,偕法警黄荣昌副警长,至提篮桥监狱从死囚牢中提出徐光和。首先让其冲洗一番,换上一套干净整洁的衣服,然后带到监狱临时设立的公案前,由傅检察官验明正身,履行相关手续,郑重地向徐光和宣告,今天将对你奉命执行死刑,并询问有何遗言。身穿3449号囚服的徐光和虽说早有执行死刑的心理准备,但听到今天马上就要执行枪决,告别人间,神色顿时剧变,脸上红一阵、白一阵,一时语塞。想到不久枪声一响,爹娘白养,心中不禁默默流泪。徐光和说:我是上海人,今年才23岁,家中有父亲徐福寿、哥哥徐光耀,我死后请法庭通知他们前来收尸,他还要求法官千万不要使他母亲知悉,以免她伤心落泪。徐光和系抗战胜利后上海地区枪决的第一名毒品犯。

国民政府上海的司法部门在禁毒的非常时期,突破法条施用重刑,企图震慑社会,但是这仅仅在贩毒、吸毒的"毒海"中起了一个小小的浪花,上海的贩毒吸毒仍然十分猖獗,禁毒禁烟措施形同虚设,烟毒继续泛滥。1946年上海地方法院也审理判处了不少烟毒案件,据官方统计,当年共审结烟毒案1 473件。②到解放前夕,全国的罂粟地有2 000万亩,种植罂粟的农民达1 000万人以上,从事贩毒制毒及制售吸毒工具者超过60万人,瘾君子人数则达到2 000万人。千百万民众就在这毒气弥漫的环境下生活,这就是国民政府留给新中国的烂摊子。③

---

① 《毒犯徐光和枪决》,《新闻报》1947年3月27日。
② 滕一龙主编:《上海审判志》,上海社会科学院出版社2003年版,第242页。
③ 董玉整等:《毒祸论:毒品问题的社会透视》,中南工业大学出版社1999年版,第77页。

# 余纯顺:从少年犯到旅行家

荆楚大地,物华天宝;荆风楚韵,人杰地灵。历史的积淀和自然的天赋给予这片热土异彩纷呈的资源,纵横交错的河流和星罗棋布的湖泊,构成了水乡泽国的绚烂景色。千百年来湖北涌现出许多政治、军事、文化、科技等各界名人。全国知名探险家、旅行家余纯顺也是湖北人。

余纯顺,湖北鄂州人,1951年12月5日生于上海,父母都是普通工人,家中有兄弟姐妹5人,他排行第二,是长子。家住上海市区东北部的杨浦区。他外婆患有精神病,在余纯顺6岁时,母亲也突然得了精神分裂症;10岁时,年长他1岁的姐姐也得了和其母亲一样的毛病。为了替她们治病,家里花去了所有的积蓄。父亲长期又在市郊的嘉定县工作。生活在这样特殊的家庭里,别的小孩都不愿与他玩耍,使余纯顺从小养成了孤寂忧郁而又好强的性格。一个人跑到外面去玩,或者独自爬上2层老式公房的屋顶或附近的大树上,遥望蓝天白云,预感天下有许多地方他迟早要去的地方。

余纯顺的父亲,解放前曾读到高中,家中留有不少书籍。余纯顺阅读藏书中知道历史上出使西域的张骞、远赴天竺取经的唐僧、东渡日本的鉴真、七下西洋的郑和、走遍大半个中国并留下丰富游记的徐霞客,他们经历艰辛的探险故事,撞击着余纯顺的心灵。少年的余纯顺在杨浦区鞍山一村小学读书,后来又就读于第五十六中学,系68届初中生"老三届"中的一员。在"文化大革命"动乱岁月里,余纯顺利用大串联的机会,去过中国不少地方。在动乱的不良风气的影响下,余纯顺沾染了不良习气,1967年在上海一所大学行窃时被人当场抓获而关押;次年4月,以盗窃罪被判刑3年。由于余纯顺未满18周岁,关押在位于漕河泾的上海市少年犯管教所。1968年8月该所撤销,余纯顺等60多名被判刑的少年犯移押到隶属于上海管辖的安徽军天湖农场服刑;1970年刑满释放后留场就业,在军天湖农场度过了近10年的时光。

1979年父亲退休,余纯顺就从军天湖农场"顶替"来到上海电器成套厂上班。后来,他又结婚成家,有了一个温暖的家庭。20世纪80年代,他参加了高等自学考试,经过努力拼搏和持之以恒,终于获得大学中文系的毕业证书。但是老天似乎总是考验每个人的命运。余纯顺的妻子早产分娩,儿子窒息死亡,而他把许多心思放在学业上,忽略了与妻子的感情交流,最终导致婚姻裂痕。这时余纯顺的母亲和姐姐的精神病大有好转,但是他的小弟却患上精神病,这种家族性、遗传疾病又一次给余家带来不幸。其小弟因服药过多引起肝脏病变,转为肝癌离开了人间。

当时,神州大地正在掀起一股漂流长江、黄河的热潮,还有人骑自行车或摩托车环行中国。余纯顺的心也被打动,他是一个不甘寂寞又总希望创新的人,他不想重复他们的行动。恰好此时,他获知有个曾经瘫痪过的名叫卡斯塔尼卡的美国人从美国的东海岸孤身独步走到西海岸,他又听说有个英国人要徒步走遍中国。这个血性汉子的夙愿被重重地激发起来。残疾人都能徒步横穿美国大陆,我一个健全的人为什么不能徒步穿越中国?明代的徐霞客,在当时交通十分落后的条件下,走遍了大半个中国;当代的中国,我为什么不能成为第一个徒步环行祖国的人?他要以实际行动来告诉大家,社会不但需要政治家、科学家、企业家、艺术家,也需要不畏艰辛的探险家、旅行家。人类的文明也是从探险开始的,包括美洲的发现、非洲丛林的发现等等。"天底下没有到不了的地方,只有不敢到或不想到的地方。"

目标既定,余纯顺开始了一系列的外出准备。攒钱、锻炼、查资料、看地图、定路线、理行装。毅然打报告辞职离开了工厂。工厂也为他赠送了几十元面值的邮票,给他日后通信提供方便。余纯顺热爱祖国的大好河山,立志徒步实地考察。从 1988 年 7 月 1 日早晨,余纯顺告别为他送行的父亲和姐妹,背上 20 多千克的行囊,怀带上海某单位为他开的介绍信,毅然上路。他首次行走是北线,走出上海、从太仓进入江阴,虔诚地瞻仰了他心中的楷模明代旅行家徐霞客故居及纪念堂,从江苏、山东、河北、天津、辽宁,一路北上。多年来,他克服了常人难以想象的困难,甘于清贫,不畏艰难,步行探险,先后战胜泥石流、饥饿、迷路、野兽、疾病等种种危险。如在前往黑龙江珍宝岛的途中,余纯顺两次遇到饿狼。有一次,五六头饿狼成扇形向手无寸铁的余纯顺逼来。余纯顺稳稳站着,以静待动,面对龇牙咧嘴的饿狼;正当狼群向他扑来,丧身狼口的时刻,突然他身后响起边防军车的轰鸣声,未能得逞的狼群才无可奈何的离去。有一年的 10 月下旬,余纯顺来到吉林长白山下,他不顾大雪封山,盘山而上,攀登海拔 2 691 米的主峰白头山,从山下到山上,要穿过 28 千米的原始森林,然后是 10 多千米的山路,这时气温降到 $-30\ ℃$,他在十级大风中艰难地挪动,最后冻僵在气象站的门口。碰巧四条外出觅食的大狼狗回到气象站,它们发现倒地的陌生人,就狂吠扑跳着,叫声惊动了屋里的主人,气象站站长披衣外出,看到已成雪雕似的余纯顺,赶紧对其施救,为他挽回了宝贵的生命。

1990 年 10 月,余纯顺在考察贺兰山的史前岩画时差点从悬崖上摔下而送掉性命。有一年初夏,余纯顺走在赴新疆喀什的路上,突然急性阑尾炎发作倒在路上,幸好被两位乘车路过的记者发现,被急救上飞机送往乌鲁木齐医院开刀。有一次,他从新疆叶城出发,走新藏公路,这段路程必须经过高寒缺氧、野兽出没的藏北高原无人区,特别在翻越海拔 6 700 米的达坂时,他曾多次遇险,死里逃生。当他到达阿里地区的首府狮泉河镇时,他脸色青紫,呼吸困难,腹胀如鼓,其体重一下子从 85 千克降至 65 千克。1993 年,余纯顺上海的家中,还发生了一场火灾,母亲不幸被烟呛死。余纯顺回家奔丧后,在母亲的遗像前磕完三个头以后,擦干眼泪,又重上征程。

8 年来,余纯顺行程 4.2 万千米,走破 59 双鞋子,经过 26 个省份,走访了 34 个少数民族,他走到中国的最北端(黑龙江省漠河县北极村)、最东端(黑龙江抚远县乌苏镇)和最西端(新疆维吾尔自治区帕米尔高原红其拉山口),走完了川藏、青藏、新藏、滇藏和中尼五条世界屋脊天险路的全程,走过了海拔 4 500～6 700 米的阿里草原无人区,完成几十个探险项目,留下 1 万余张照片,写下 400 多万字的日记、文章,在全国各地的报刊上发表 40 万字的游记,还在沿途的部队、学校、企业、事业单位作了 100 多场演讲,出版了《余纯顺孤身徒步走西藏》

《余纯顺挑战罗布泊》书影

《壮士中华行——余纯顺风雨8年日记选》《余纯顺挑战罗布泊,徒步中国纪实摄影》等书籍。

由于长年累月的行走,使他的双脚居然也长大了2码,原先他穿的41码的鞋子,到后来变成了43码。余纯顺曾经在1996年初的一次访谈会上说过:"人生最惨痛的20个字:生离死别、妻离子散、家破人亡、天灾人祸、背井离乡,我全部经历过。"但就是这样一个人,把中国走下来了。同年6月13日,在一次考察时余纯顺在新疆罗布泊遇难。他遇难的地点在罗布泊西北,著名科学家彭加木在罗布泊东南,两地距离160千米左右。他们的遇难和失踪整整相隔16年,这给原本就波诡云谲、扑朔迷离的罗布泊又罩上了神秘的氛围。

余纯顺著:《余纯顺风雨八年日记选》书影

目前许多文章和书籍对余纯顺的身世经历没有客观的反映,说他初中毕业后,在安徽一个国营农场,或者在军垦农场工作了10多年,回避了他曾经在上海少管所、军天湖农场服刑改造和留场就业的情况。这不是实事求是的态度。这里我并非贬低余纯顺,常言道"英雄不问出身经历""浪子回头金不换"。古今中外的历史上,许多名人出身于"草根"家庭,有的也许有各种各样的"污点",如周处曾经被当地百姓称为"三害"之一,后来改邪归正,成为一代英豪;苏联的英雄马索洛夫曾经也有一段不光彩的经历。湖南凤凰古城的沱江边有一座王湘冀人物塑像,他一度失足,曾被公安部门拘留,1982年6月21日为了抢救3个落水儿童,王湘冀献出 18 岁的生命,并授予革命烈士的称号。总之,人们并没有遗忘他们,他们仍然在历史上留下了英名。

　　从少年犯管教所、军天湖农场走出的余纯顺,作为一个当代的探险家、旅行家是当之无愧的;同时也说明监狱也是一个改造人、造就人的特殊学校。上海的军天湖农场对青年的余纯顺而言是一个无法回避的地方;从另一角度看,更说明了余纯顺逆境成才的品格。

　　(本文原载《法治周末》2018 年 4 月 26 日。收入本书有补充修改)

# 从服刑人员到见义勇为先进个人

见义勇为，这是中华民族的优秀传统。中国古典小说中有不少英雄豪杰"路见不平，拔刀相助"的故事。当今社会里凡是为保护国家利益、公共利益或者他人的人身、财产安全，制止违法犯罪、协助有关机关打击违法犯罪活动以及抢险救灾中挺身的行为，均被列为见义勇为。为了奖励和保护见义勇为人员，弘扬社会正气，加强社会主义精神文明建设，2002年上海颁行《见义勇为条例》。截至2019年12月，上海共召开过161次表彰大会。受表彰者中，既有耄耋老人，也有中年壮汉，既有本市市民，也有来自外地的兄弟姐妹；既有军人、警察、职工、干部，也有曾经在人生的道路上有过一段曲折迂回、刑满出狱的新人。

1990年10月23日晚上9点多，天下着蒙蒙细雨，虹口区东长治路永定路70弄弄口，在昏暗的灯光下一辆出租轿车里传出了悽惨的叫救命的声音。轿车里8个黑影扭成一团。周围群众不约而同地奔向出事地点。两位职工扛起路旁搭脚手架的毛竹，从车窗口戳进去。驾驶员趁机滚出轿车。一名劫车犯跳下乱窜，另一名歹徒被两名路过的公安民警当场擒获。正在永定路口经营水果的相某听到救命声，飞奔到现场，听到有人说："快点，驾驶员不行。"他又跑回水果摊，把自己黄鱼车上的苹果、生梨翻倒在地，并把装有一天营业的约800元现钞的钱箱往路边随便一放，将浑身是血的驾驶员抱上车，以最快的速度送到附近的海员医院。送毕受伤人，相某不顾自己衣服上满身是血，又跳上了虹口分局开来的警车，协助他们追踪另一个劫车犯。同年12月28日，相某以上海市首届社会治安见义勇为先进人物的身份，出席了在市府礼堂召开的表彰大会，并受到上海市委副书记倪鸿福和副市长庄晓天的亲切接见。[1]

1990年6月11日，静安寺地区原是旧上海百乐门大舞厅的红都剧场雨篷平顶下塌，有一个女青年当场被砸死，还有一些人压在石块中。路经此地的袁某见此情况，不顾房顶继续下塌的危险，第一个冲进去，以最快的速度，搬开水泥块把人抬到安全区域，随后又钻入夹缝中及时抢救受伤人员。与此同时，公安、武警、静安区有关部门及其他过路人员也积极投入抢救，并把受伤人员送往医院。

---

[1] 薛明仁主编：《炼魂，今日上海监狱》，新华出版社1995年版，第168页。

这次红都剧场雨篷下塌,共造成 1 人死亡,2 人重伤,11 人轻伤。袁某一个人就救出多名,由于表现突出,被静安区综治办授予社会治安见义勇为先进个人。《解放日报》《上海法制报》还对袁某的事迹作了介绍。① 1991 年 8 月 17 日下午,一个新疆柯尔克孜族人在徐家汇闹市区拿了匕首在行凶,已伤害多人,严重影响社会治安。袁某冲上前去予以制止,该人不听劝告,反而举起匕首向其冲来,袁身体一偏,匕首把袁的牛仔裤刺破,袁急中生智,拿起路旁地铁工程用的一把铁锹,同手持匕首的凶犯进行面对面的搏斗,最后把凶犯打倒在地。后来在交通民警和群众配合下,把行凶者扭送到附近的派出所。由于袁某临危不惧,勇斗凶犯,被授予上海市社会治安见义勇为先进个人,并出席市委宣传部、市公安局等单位联合召开的表彰会。

1994 年 8 月 26 日下午 5 时许,上海徐汇区汽车驾驶员培训班一辆教练车在龙吴路一号桥因事故撞断护栏坠入河中。车上有教练员和学员共 5 人。在副市长夏克强的指挥下,4 位学员很快被救起,但一名汽车教练员下落不明。此时上海农工商工贸总公司下属某公司营业员赵某下班回家,途经事故现场,知道水下有人,但前来救助的潜水员还在途中时,赵某向在场指挥抢救的领导主动请缨,潜入水中进行抢救。坠入河中的汽车全被河水淹没,河水黑臭不堪,水下到处是杂物。赵某潜入水中,不顾腿脚多处被划伤,他先潜入汽车驾驶室找人,后来又为水下汽车系上吊车钢缆。由于河水浑浊,视线不清,第一次试吊滑脱,赵某透出水面换过一口气,又第二次潜入水中,再次为水下汽车系上钢缆,在各方配合下把汽车吊起。赵某上岸后,夏克强副市长为他送上毛巾,对他的行动表示称赞(坠入河中的教练员,另被他人救起)。事后,《解放日报》《文汇报》和上海人民广播电台、上海电视台均对赵某的先进事迹作了报道。赵某被评为 1994 年上海市社会治安见义勇为先进分子。②

2017 年 12 月 25 日,一个寒风刺骨的冬天,上海市金山区一座大桥附近,忽然发生落水事件,在人群的一阵喧嚣声中,一名四川籍的青年人杨某不顾严寒,纵身跳入冰冷河水中,奋力向河中心游去,把落水者救起。但是被救援上岸的落水者双眼紧闭,脸色苍白,情况危急,杨某又以熟练的手法对他进行心肺复苏施救,争分夺秒地和死神进行赛跑,终于把该人救活。此时此刻,杨某拧着湿漉漉的上衣,抹了抹脸上的水珠,长长地呼了一口气,丝毫没有察觉到自己的右小腿已经被河中石块划伤,并流淌着鲜血。当 110 警车、120 救护车随后赶到大桥边,询问了解完救人事情的缘由后,杨某悄然离去。他的侠义善举受到当地民众

---

① 徐家俊:《昔日堕落深渊被判重刑,今日见义勇为授予殊荣》,1991 年 3 月 15 日《上海法制报》。
② 《漕河见"蛟龙",记市社会治安见义勇为先进分子赵龙》,1994 年 8 月 28 日《解放日报》。

的一致称赞。抢救落水者的杨某于 2018 年 4 月被授予金山区见义勇为先进分子。5 月 18 日,他又被授予"上海市见义勇为先进个人"。①

相某、袁某、赵某、杨某四人,多年走的都是一条崎岖不平的生活之路。相某 20 世纪 70 年代曾两次判刑在提篮桥监狱服刑。袁某从小由外祖母领养长大,1978 年判刑入狱,先后在上海提篮桥和白茅岭监狱服刑;次年他从农场脱逃流窜各地作案,曾被加刑送青海服刑。赵某也有过一段曲折的人生之路。杨某系四川自贡人,他因伙同他人一起实施抢劫被判重刑,投入四川省监狱系统服刑。但他们四人都认真吸取教训,迷途知返,并在监狱内认真学习文化知识和劳动技能;出狱后痛改前非,重做新人,在社会各界的支持关心下从事一定的工作,如:相某领取了营业执照,在一家影剧场附近摆摊从事水果个体经营;赵某在上海一家大型公司工作;杨某刑满释放后离开四川老家,到上海打工,凭借着在监狱里学习到的技能,他先后在洗车店、浴场等单位工作。其中袁某见义勇为,授予上海市见义勇为先进个人的时候还处于假释期间。

从昔日的服刑人员到今日的上海市见义勇为先进个人,两者之间存在巨大反差,但是前后并非有不可逾越的鸿沟。沧海桑田,星转斗移;大千世界一切在发展变化之中。大量事实证明,一个人的过去只说明过往,每个人只要奋发努力,也能用自己的行动迎接阳光明媚的未来!

(本文原载《上海警苑》2020 年第 4 期、《上海法治报》2020 年 7 月 10 日)

---

① 《四川监狱》,2018 年第 7 期。

# 与陈璧君一起坐牢的日本女人

1949年7月1日,一辆吉普车从苏州奔驶往上海提篮桥监狱,汽车上除了看押人员以外,还移押了两名重要的女犯:一名是大汉奸汪精卫的妻子陈璧君;还有一名是日本女犯中岛成子,她是民国时期很有影响的、曾与川岛芳子、南造云子齐名的三个日本女间谍之一。

## 一、"开发"黑土地 埋藏险恶心

中岛成子,1903年出生于日本枥木县小山市一个富裕的家庭。1913年起,她先后在日本枥木县立小学、中学,东京女子大学社会系读书。因她口齿伶俐而有心计,被日本的间谍机关看中,并对其进行系统的特工训练。为了有一个掩护真实身份的职业,情报部门出资把她送到护士学校学习护理知识。中岛成子后被派到日本陆军参谋部情报部的下属单位工作,并受到关东军谍报机关的赏识,被发展成为一名间谍。随着侵华日军的步伐,中岛成子踏上了东北的黑土地。她来到奉天(沈阳),以护士的身份进行间谍活动,由张作霖的顾问町野武马介绍给奉军总参谋长杨宇霆,成为杨的保健医生,经常出入杨宇霆的府邸。中岛成子以甜蜜的微笑、恭谦的举止,赢得杨府人员的好感,同时在杨府人员的言谈中,获得许多东北地区的军政情报。[①]

依靠美色诱惑男人,这是女间谍的通常做法。为了长期隐藏自己的真实身份,获取重要情报,中岛成子经杨宇霆的牵线做媒,于1928年嫁给了年长她9岁的京奉铁路机务科科长、中国人韩景堂,并在北平举办体面的婚礼,并取得中国国籍,摇身一变成了"韩太太",并给自己起了一个中国名字"韩又杰"。中岛成子与韩景堂结婚后曾一度住在吉林省梨树县城内东门里。中岛成子不像川岛芳子、南造云子那样单纯依靠美色诱人,她对自己的丈夫很忠诚,一生中没有与其他男人有染,婚后先后与韩景堂生了6个小孩。

婚后不久,中岛成子就在中国的东北地区建起"犁云农场",她全身心地投入

---

[①] 戚原杰主编:《日谍在中国》(1895—1945),河北人民出版社2009年版,第129页。

农场的经营管理中,并兼办孤儿教育和农业技术人员培训,她同时还办了一所附属小学,教授日语、数学,曾任齐齐哈尔孤儿院院长、奉天善邻女子技艺学校教务长等职,她为这些事情投入了大量精力。在一般人看来,一个曾经与东北上层人士打交道、过着锦衣玉食、富贵生活的女人,放弃大城市的优渥条件,来到荒凉的北大荒干农活,简直不可思议。其实,中岛成子自有她的任务和长远计划,她的这些行动,所花费的心血,是为日后的日本拓殖以及在东北移民打了前站,布下伏笔。1936年5月,日本关东军制订所谓的"满洲农业移民百万户移住计划",大批日本农业贫民源源不断地拥入中国东北,成为"日本开拓团",也称"满洲开拓团"。到1945年,日本组织了共计14批次、总数为7万户、20万人的集团式开拓移民团侵入中国东北。

## 二、策反张海鹏　利用东耀华

1931年9月18日夜晚上,在日本关东军的安排下,铁道"守备队"炸毁沈阳柳条湖附近的南满铁路路轨,并栽赃嫁祸于中国军队。日军以此为借口,炮轰沈阳北大营。次日,日军侵占沈阳,又陆续侵占了东北三省。1932年2月,东北全境沦陷。不久成立伪满洲国,地域包括除今旅顺和大连以外的东北全境,内蒙古东部和河北省承德市。中岛成子在此形势下浮出了水面,她奉命来到奉天,担任"治安维持会"的联络官,并成为关东军司令部和伪"满洲国"民政部的"嘱托"(非军人的特工)。中岛成子一度还是川岛芳子间谍活动的助手,但是她与川岛芳子之间,既有互相勾结、配合谋划的一面,又有妒忌、斗争的一面,她看不起川岛芳子卖弄风骚,以色相勾引男人而获取情报。就在关东军高级参谋河本大作委派川岛芳子调查张作霖行踪的同一时间里,河本大作也委派中岛成子到洮南去煽动老军阀张海鹏脱离中国政府,帮助日本消灭抗日义勇军。

张海鹏,辽宁盖平人,旧军人,原是张作霖的结拜兄弟,为奉系元老之一。由于他拉枪杆子比张作霖早,年纪也大,在酒席上,张作霖对张海鹏总以大哥相称。张作霖死后,他在张学良麾下任洮辽镇守使驻守洮南,曾任哈满护路军第四旅旅长、中东路护路总司令。"九一八"事变时,为洮辽镇守使兼东北骑兵第30师长,率部驻防在苏联管辖的长春到哈尔滨的铁路线上。这时日本尚未占领全东北,义勇军反抗猛烈。日本还不敢碰苏联,唯一的办法就是劝降张海鹏。在此之前日本人也曾做过工作,对张劝降过。由于中日胜负还不明朗,所以,张海鹏也脚踩两头船,以观动静,等待时机。多年前,中岛成子与韩景堂结婚时,就与张海鹏相识,后来由于丈夫韩景堂在铁路上的工作关系又有来往。中岛成子奉日本特工机关的委派执行特别任务,她带了一些礼品来到张海鹏的寓所,拉起家常,谈些家里的琐事,显得十分热络。一阵寒暄以后转入正题。中岛成子首先抓住张学良好色、贪玩等私生活的短处,贬低其人品;然后又借张作霖的元老杨宇霆、常荫槐被张学良被杀的事情,挑拨张海鹏与张学良的关系。张海鹏过去曾向张学良谋求黑龙江省省长一职,但没有成功,与张学良结下疙瘩。在中岛成子及日军的唆使下,张海鹏从而转向投靠日本人,于10月1日在洮南宣布独立,就任伪满边境保安司令,并在关东军的支持下派兵向黑龙江省城齐齐哈尔开进,尽力拥戴溥仪的伪满政权。1933年2月,日军发动热河战役,张海鹏被任命为前敌总司令。热河沦陷后,张海鹏被任命为伪满洲国热河省省长兼警备司令官,后又兼任第五军管区司令官等。抗战胜利后逃匿天津。1949年新中国成立后张海鹏被捕,以汉奸罪被执行枪决。中岛成子因此事办得漂亮,受到日军军部嘉奖。日本侵略军侵占华北后,在日本特务机关的授意下,成立了华北招抚委员会,中岛成子出任该委员会的委员长。

1937年7月卢沟桥事变,中日战争全面爆发。日军为了确保平津地区的所谓"新秩序",中岛成子从东北又调到了天津。中岛成子的目标盯住了天津塘沽地区的土匪头子东耀华,召集他手下的一拨乌合之众。这些人都是些心狠手辣的亡命之徒,跟着中岛成子四处侦查抗日队伍的动向,危害百姓大众。中岛成子卖力的工作收到了效果。

"戴奥特事件"的起因是天津出了几宗暗杀日本人的事件,明知道这些凶手逃进了英法的租界,日军却不能越界去抓人。于是,更多的抗日爱国分子躲进了英法租界,日本警察署、宪兵队、驻屯军都束手无策。解决这一难题的任务落到了中岛成子头上。敏感的中岛成子感到,这是一个增加自身名望的绝好机会,领命以后决定用绑架的办法,以英法两国重要人物的性命相要挟,迫使英法两国就范。实施这个计划的是她最得力的中国搭档、土匪头子东耀华,这个中国人的败类绑架了英国工商会议所会长戴奥特,然后逃进了日本的势力范围。英法两国和日本谈判,以开放租界为条件,要求日本方面"解救"戴奥特。人质"成功获救"后,英法两国害怕再出现类似的事件,允许日本宪兵不分昼夜自由出入它们的租界捉拿抗日的中国人士。日本军队的难题得到了圆满解决,中岛成子的威名一下子在整个军界传扬开了,受到关东军司令部、满洲国军政部最高顾问多田骏的大力嘉奖。

中岛成子,后来又就任"北满"调查苏联军队,又应南京敌宪兵司令官大野及伪河南省长邵子凯的指令,开展各项活动。1944年中岛成子在爱国民主人士李明扬苏北的游击队工作;1946年5月,她在苏北解放区被新四军某部俘虏,曾受到新四军主要领导的教育,不久被释放回到上海。但是她不思悔改,采取各种方法仍然暗中为日本特务机关服务。

## 三、法庭判 7 年　出监又入狱

1945 年 8 月 15 日,裕仁天皇宣告日本投降,中国人民奔走相告,扬眉吐气,欢庆抗战斗争的胜利。一切为侵华日军卖命之人惶惶终日,中岛成子也被捕入狱。1946 年 10 月 7 日,上海高等法院(简称高院)对时年 43 岁的中岛成子进行初次审讯,高院刑一庭萧庭长,偕曹、邱两推事升庭。中岛成子由法警押上刑庭,她身穿黑色旗袍,黄色外套,态度沉默。审讯时中岛对出任伪职供认不讳,但否认加入了中国国籍,坚称自己是日本人,所以法庭不应该把自己定为汉奸。她甚至胡言,自己出任各个伪职,全为救济中国难民及教育中国妇女。高院在初审时,以案情复杂,尚得调查,改期再讯。①1947 年 2 月 18 日,中岛成子又再次被高院受审。②同年 5 月 15 日,中岛成子以"通谋敌国,图谋反抗本国罪"被上海高院判处有期徒刑 7 年,褫夺公权 7 年。在法庭上,中岛成子提出两点要求:一是因患胃肠炎与牙疾、小儿脚病能否请求就医;二是请准予题诗一首呈蒋夫人。当法庭允准后,中岛即当庭挥笔写一首日本诗,大意为:她在中国已生活了 20 年,在战时曾为"中国难民的保姆",如今判罪表示不服,现 2 岁幼婴,随之在狱,几个爱儿尚在东北,不知音信,请求蒋夫人慈爱。③

不久,中岛成子被关押在上海监狱第一分监。该分监原是华德路监狱专押外籍女犯的监楼,管理人员全部为女性。中岛成子狱中番号 303,狱中仍使用"韩又杰"这一名字。根据当时的规定,女犯允许带进幼童入狱,中岛也带入一个 2 岁的女儿。在上海档案馆的档案中,笔者于 1947 年 12 月 13 日造报的"上海监狱第一分监随带婴孩名册"中找到韩又杰和她女儿的名字。不久随着形势的变化,大批女犯被保释或假释出狱,中岛成子也走出了监狱的大门。出狱后的中岛又在长三角地区流动,从事间谍活动。1949 年 3 月底,江苏镇江警方在东方齿科医院逮捕了中岛成子。据查她的丈夫韩景堂目前下落不明,她的 6 个子女也都失散;此次她到江苏,她自称找李明扬将军寻求工作。镇江警局认为中岛成子曾任川岛芳子的助手,她从苏北过来,而且又没有相关证件,感到情节可疑,就向上级汇报,对其暂时扣押,同时又向江苏省保安司令部请示处置办法。④不久,中岛成子从镇江移送苏州吴县警察局拘留所关押。⑤1949 年 4 月 27 日苏州解

---

① 1946 年 10 月 8 日《民国日报》。
② 《女间谍嫌犯中岛成子受审》,1947 年 2 月 19 日《新闻报》。
③ 《女间谍中岛成子昨判徒刑 7 年》,1947 年 5 月 16 日《民国日报》。
④ 《镇江逮捕可疑日妇　曾为川岛芳子助手》,1949 年 4 月 1 日《申报》。
⑤ 苏州市地方志编撰委员会:《苏州市志》(第三册),江苏人民出版社 1991 年版,第 271 页。

放,中岛成子与陈璧君一起移押到苏州市公安局看守所,一度与陈璧君关押在同一牢房里。

## 四、重入提篮桥 治病又治心

1949年7月1日,中岛成子与陈璧君一起从苏州移押到上海提篮桥监狱。提篮桥对中岛成子来说,她不仅久闻其名,而且也有在此坐牢的经历,1947—1948年底她曾关押在提篮桥的女监,甚至还把自己2岁的女儿接到牢房,在牢房里度过一年多的凄苦生活。

这次时年46岁装有4颗金牙的中岛成子又一次来到提篮桥监狱,可算得上"二进宫"了。现在关押她的牢房不是当年专押外籍女犯的监楼,而是楼高6层的"十字楼",系租界时期专押外籍男犯的地方,每间牢房8个平方米,有一个固定的铁床、固定的小桌和凳子。女监干部安排她与陈璧君两个人一间牢房。由于陈璧君年龄比中岛成子大,就让陈睡铁床,中岛晚上打地铺。当时虽然还是一日两餐,但是饭菜的数量与质量却与过去大有改观。犯人入狱后,每人都编有一个番号,陈璧君入监后,番号为"20304",简称304;中岛成子的番号为"20305",简称305。中岛1947年第一次入提篮桥监狱时的番号是"303",1949年第二次入狱番号是20305,简称305;两年后年龄长两岁,狱中番号也长了两个数字,对此情况,她不由暗暗地苦笑一下。当时,监狱犯人称管教干部为"先生"(后来改称"队长"),对女监的监长则以职务称呼。初期女监监长是金陵女子大学毕业的柯俊杰,不久是解放区来的女干部赵芝亭。女监干部大多很年轻,平时组织女犯劳动与学习。

1949年12月底,提篮桥监狱为迎接解放后的第一个元旦,组织犯人举行大规模的文娱会演,在女监前面的空地上搭起临时的舞台。男犯表演了不少节目,如京剧、魔术、滑稽戏等,女犯排演了自编自演的话剧"宝山参军"。中岛成子在干部的鼓励下也兴致勃勃,穿上日本和服,手执传统的绸缎伞登台表演了日本舞蹈,并获得热烈掌声。时隔几十年后有的管教人员还有此印象。[①]

上海解放初期提篮桥监狱接待了大批人士参观,各劳动工场及女监也是必到之处。狱中的陈璧君也是各界参观人员关注的人物,与陈璧君同押一室的中岛成子也为众人所注目。当时女监既收已决犯,也收未决犯,一度甚至未决犯超过已决犯。女犯的流动性较大,中岛成子一方面欣喜地看到解放后提篮桥监狱的变化;一方面又思想比较苦闷,她感到自己是国民党政府把她抓起来,现在却

---

[①] 徐家俊:《上海监狱的旧闻往事》,上海社会科学院出版社2021年版,第319页。

在共产党的监狱里坐牢。为此,她曾多次向干部提出人民政府应该把她释放出狱,还经常向干部索要纸张,多次书写送交申诉材料。她甚至以多次绝食对抗监狱管理。女监干部针对中岛成子的思想和行为进行多次教育:新中国刚诞生,百废待兴,有大量工作要做,有许多案件等待处理,任何事情总得有个轻重缓急、先来后到,你有什么想法可以提交书面材料,我们可以为你转送;但是你在押期间,应该遵守监规纪律,不得有各种越轨举动。

女监干部对中岛成子除了思想教育外,在生活上也很关心。此时中岛成子身体不好,冲血、痛经,并患有多种疾病。据上海公安第二分院(上海监狱总医院的前身)于1952年12月2日的病历记载,中岛患有心脏扩大、慢性输卵管炎、脚气病等。据1953年3月5日的病历记载,中岛成子还患有子宫肌瘤、阴道时常出血等,在摘除子宫手术前,考虑到她心脏扩大,故有一定的危险性,医院还专门打了报告,请示市公安局劳改处的处长李新、副处长刘大庸等。多年来医务人员为中岛成子治疗疾病,她在提篮桥监狱渡过了难忘的5年多。1955年中岛成子释放出狱。中岛成子出狱后,还写信给陈璧君,不忘曾经关押在同一牢房的旧情,还向狱中的陈璧君邮寄过部分物品。1957年回国后,接着便消失在众人的视野里,曾开设了一家化肥株式会社。

## 五、主动访旧地 临终不了情

岁月悠悠,情思悠悠。时间的指针转过30多年。1987年的一个金风送爽的秋天,82岁高龄的中岛成子以中日留学交流协会团长的身份访问上海,她看到改革开放后上海带来的巨大变化,使她感叹不已。中岛主动向有关部门提出要看看自己的再生之地,访问提篮桥监狱。她这一要求获得批准。10月6日,中岛成子以及儿子中岛忍等一行8人在上海国际青年旅行社的有关人员的陪同下访问提篮桥监狱。上海市劳改局党委副书记兼提篮桥监狱监狱长颜锦章、副监狱长严天麟等接待了中岛一行。首先在监狱201的会议室进行座谈交流。中岛首先深情地讲述了解放前的那段经历,她随侵华日军来到中国,在东北等地区干了不少不应该做的事情,深感对不起中国人民。后来被国民政府逮捕判刑,是中国共产党、毛主席和周总理给了她自由。中国和日本同宗同族,为什么要打仗呢?我们应该友好下去。还在我坐牢的时候,我就曾想过,如果我活着回去,我一定要做些有益于中国的事情。现在我虽已82岁,我愿意帮助中国做些事情。现在我在日本主要对中国赴日留学生予以担保和照顾,先前已有40多名学生,最近又为30多名学生做些帮助。座谈结束时,中岛成子慎重地为提篮桥监狱赠送了一面"愿中日两国人民世世代代友好下去"的锦旗。中岛还与颜锦章等提篮桥监狱领导合影留念。随后,中岛与其儿子等人在监狱长的陪同下,特地又观看了她原先关押过的牢房,并在牢房前默默沉思,仿佛又回到 30 多年前的岁月。中岛成子结束了这次难忘的行程后,内心久久不能平静,她在临终前还嘱咐儿子给提篮桥监狱赠送一套当时中国国内比较流行的音响设备,以表达她的最后心愿。后来在其儿子中岛忍的努力下,也实现了这一愿望。

中岛成子向监狱长颜锦章送锦旗。左一系中岛成子的儿子中岛忍

中岛成子与川岛芳子、南造云子三个日本女间谍中,也许她是最幸运的一个,她活了 80 多岁,善终于人生之路。而她同时代的两个人,都是枪下之鬼魂。南造云子 1942 年 4 月的一个晚上被"军统"特工开枪击中,在送往医院的途中死去,时年 33 岁。[1]川岛芳子在抗战胜利后于 1948 年 3 月 25 日以汉奸罪被判处死刑,同年 10 月 5 日枪决于北京第一监狱,终年 41 岁。[2]

(本文原载《世纪》2023 年第 3 期,收入本书有修改、补充)

---

[1] 不久前也有人撰文,认为南造云子是文学虚构的人物,参见张伟:《文学虚构的日本美女间谍南造云子》,《炎黄春秋》2023 年第 1 期。
[2] 友子著:《谍海之花川岛芳子》,湖南师范大学出版社 2011 年版,第 231 页。

# 访谈录

# 提篮桥监狱周边地区的前尘往事
## ——徐老先生访谈录

时间:1991年2月19日　地点:长阳路徐老先生家中
讲述人:徐老先生　徐家俊记录整理

我生于1910年,上海人,我家世代居住在提篮桥地区。我祖父的坟地就在现提篮桥监狱大礼堂对面。后来随着市政建设及城市的扩展,早就没有了。提篮桥目前是虹口区的繁华地区之一,但在100多年前大部分地区是一片农田。

提篮桥地区有座下海庙,常有香客及渔民前来祭拜,下海庙前的海门路原来是一条河,后来被填平开辟成一条马路。从下海庙起到现在的大连路一带,当时的地名称薛家浜,由于该地段的远近及分布不同,又分为东薛家浜、中薛家浜、西薛家浜,现在提篮桥监狱的位置是西薛家浜。从下海庙和现在的舟山路起,沿着现昆明路向东均为农田,依次住着一些大户人家,分别为顾姓、宋姓,到现在的安国路一段分别为韩姓、徐姓。徐姓,即我们家族,目前上海的笔尖厂、木材公司,以及过大连路的新沪钢铁厂的地方,原先都是我家的地产。

最早的安国路,最初叫爱尔考克路,从岳州路直达华德路(今称长阳路)。20世纪初,提篮桥监狱,又称外国监牢,造好启用后,感到地方不够使用,又向东面延伸扩展。但是监狱东面的围墙外面是一条安国路,挡住了东扩的去处。在安国路长阳路口开有几家小店,还居住了几户苏北人,后来经过公共租界工部局的交涉,搬迁了这些小店及住户,就把安国路圈进了监狱的范围,提篮桥监狱向东面扩展了许多地盘,又建造了牢房,才形成目前的规模。提篮桥门口的长阳路最早的路面很窄,没有现在这么宽。当时北边是一条窄窄的马路,南边是一条小河小沟,供排水用;后来把小河小沟填平,在马路下面安设了排水管道,马路就放宽了。当时的昆明路,最初也是如此的格局,从土路、小路到正规的马路,一步步发展变化的。

提篮桥监狱大门口原来还有一块界石,许多人不太知晓,具体位于现在武警部队烧饭的地方。该界石是青石质地,用中文书写后刻制的,系清朝上海官府衙门所立,主要内容是清朝政府允许外侨居住的范围。该界石具有较高的历史文物价值,可惜后来界石毁掉,去向不明。

随着公共租界面积的不断扩大以及人口的增多,公共租界先后建立了10多个巡捕房,其中提篮桥地区在茂海路,即现在的海门路上,建有一个汇山巡捕房,1903年启用。该巡捕房分主楼和后楼,主楼3层、后楼2层,主楼为西籍巡捕用房和办公用房,后楼印籍、华籍巡捕用房、牢房和马厩。现在该处为虹口区海门路派出所,但地方比原来要小。

我21岁的时候,大约在1931年,工部局在保定路,近长阳路的地方(即今天保定路230号)建造了一幢大楼,作为工部局巡捕的工房(宿舍),上海解放后成为上海虹口区中心医院的一部分。提篮桥监狱隔壁的8层高的上海巡捕医院,抗战胜利后改称上海警察医院,上海解放以后更名为上海市公安医院,1959年改为上海提篮桥区中心医院,后来随着上海行政区域的调整,虹口区与提监桥区的合并,该医院改为上海市虹口区中心医院。现在提篮桥监狱大礼堂的位置,在工部局英国人的时候是供英国巡捕、英国看守活动的一个网球场,抗日战争胜利后改为枪毙人的刑场。日本战犯、汪伪汉奸曾在此刑场执行枪决,上海解放前夕,杨树浦发电厂工人王孝和就在该刑场就义。上海解放初期也有部分犯人在此枪决。

# 日本战犯在提篮桥受到审判
——徐家俊接受中共四大纪念馆的采访

时间:2015年8月5日　地点:上海四川北路1468号中共四大纪念馆
提问人:中共四大纪念馆馆长除明　讲述人:徐家俊　李娜记录整理

**问**:徐老师:上午好！首先,想请您介绍一下,提篮桥监狱为什么号称远东第一监狱？它是什么时候建成投入使用的？

**徐家俊**:提篮桥监狱位于虹口提篮桥地区,这座监狱最早由上海公共租界工部局建于1901年年底,启用于1903年5月。初建时,主要有两幢4层楼的监楼,480间囚室,占地10亩左右。1916年起,陆续向北面和东西进行扩建,20世纪30年代初又拆除了部分初建时的建筑,进行了重建,直到1935年基本定型。占地60.4亩。由于它建筑精良,规模宏大,犯人收押数量最多达8 000多人,规模大于印度的孟买监狱和日本的巢鸭监狱,因而号称"远东第一监狱"。

提篮桥监狱自启用以来,到1949年5月上海解放前,先后经上海公共租界工部局、日本人、汪伪政府和国民政府的管理。监狱最初称"上海公共租界工部局警务处监狱"或"工部局监狱",俗称华德路监狱、提篮桥监狱、外国牢监、上海监狱和西牢等。1942年1月,改名为"上海共同租界工部局华德路刑务所"。1943年8月起,由汪伪政府接管理,改称"司法行政部直辖上海监狱",简称上海监狱。抗战胜利后由国民政府接管。1949年5月上海解放后,监狱由上海市军事管制委员会接管,经过改造、清理、整顿,成为人民民主专政的工具,国家刑罚的执行机关。解放后曾称"上海市人民法院监狱""上海监狱""上海市监狱",1995年6月正式更名为"上海市提篮桥监狱"。

目前,提篮桥监狱共有5张文化历史名片,一是上海市优秀近代建筑保护单位;二是王孝和烈士就义处(上海市虹口区革命纪念地);三是上海市抗日战争纪念地点,日本战犯关押、审判和执行处;四是第七批全国重点文物保护单位;五是首批国家级抗战纪念设施、遗址。一个占地面积60多亩的地方,同时拥有区级、市级、国家级的历史文化名片,这是很少见的。

**问**:提篮桥监狱有什么建筑特色？

**徐家俊**：提篮桥监狱是中国现存一组西洋式高楼型的建筑群，是中国目前唯一在原地使用至今的百年以上的老监狱。整座监狱有 10 幢 4~6 层高的监楼近 4 000 间牢房，还有炊场、工场、办公楼、岗楼等其他建筑；早在 20 世纪 30 年代监狱就建有电梯。狱内其中有一幢 6 层高、建筑面积有 6 500 多平方米的监楼，楼顶有 4 个放风场。该楼的设施较好，每间牢房里有固定的铁床、桌子、凳子和抽水马桶，光线明亮，租界时期是专门用来关押外籍男犯人的，所以被称为"外人监"，或者"西人监"。因为这幢监楼鸟瞰像一个"十"字，所以现在称它为"十字楼"。

这幢"十字楼"设施完备、坚固，防逃功能好，交通方便，所以抗战胜利后被辟为"上海战犯拘留所"，由提篮桥监狱的典狱长兼任拘留所所长。就是这样一个背景下，盟军美国军队借用"十字楼"关押日本战犯，还关押了德国纳粹战犯，并且在这幢楼的 2 楼、6 楼设置了美军军事法庭。

**问**：当时对日本战犯是如何划分等级的？

**徐家俊**：当时规定，将日本战犯分为三级，即甲级战犯、乙级战犯、丙级战犯，又称 A 级、B 级、C 级战犯。甲级战犯（发动战争的谋议者）由国际军事法庭审判；乙级战犯（战时屠杀行为指挥者）、丙级战犯（屠杀行为的实施者）由受害国根据相关条例在自己国家或者在其他地方进行审判。1946 年 1 月 24 日，设在提篮桥监狱内的美军军事法庭首次对 18 名日本战犯进行审判，并先于国民政府在北平、南京、汉口、沈阳、上海、太原、济南、徐州、广州、台北等 10 个军事法庭对日本战犯的审判。所以，这是抗战胜利后，提篮桥监狱是中国境内最早审判日本战犯的地方，它在中国抗战史、中国法制史、中国监狱史，甚至世界反法西斯战争史上具有非常重要的意义，

**问**：您说提篮桥监狱是中国境内首次审判日本战犯的地方，您能给我们介绍一下首次审判的具体情形。

**徐家俊**：1946 年 1 月 24 日，美军军事法庭开庭。法官、检察官、律师、翻译、记录员等工作人员均由美军军官担任。被告 18 人均是日本战犯，为首者是侵华日军第 34 军参谋长镝木正隆少将、汉口宪兵队司令福本龟治大佐，其他 16 人是少佐酒井定次、大尉小阪庆助、准尉藤井勉、曹长增井昌三、久松稔、军曹山口久吉、塚田孝吉、竹内义幸、增田耕一、藤井顺一、上等兵白川与三郎、西川正治、水田胜，汉口日领事馆工作人员滨田正平、真锅良一，还有翻译加藤匠。上午 10 点整，法庭宣布开庭。首先，法官命记录员、翻译宣誓。宣誓完毕后，首席检察官韦斯德起立宣读美军各项命令及起诉书目录，由法官承认收到，准予备案。法官、检察官、律师等先后起立宣誓。然后由检察官宣读起诉书，指控日本战犯镝木正隆等 18 人的罪行。当时众多媒体刊登了这次审判的相关新闻，也有广播电台向世界进行广播。

日本战犯在提篮桥监狱受审

该次审判主要针对1944年11月,一架美军飞机在汉口上空迫降,3名美军飞行员被日军俘虏。后来,日军对这3名美军飞行员严刑拷打,实施非人道的暴行,最后还将他们杀害。经过法庭的多次审理,2月28日,美军军事法庭对18名日本战犯作出宣判:判处镝木正隆、藤井勉、增井昌三、增田耕一、白川与三郎5人死刑,判处福本龟治无期徒刑,滨田正平无罪释放,其余11名战犯被判处不同刑期的有期徒刑。

**问**:除了首次审判外,美军军事法庭对其他日本战犯的审判情况怎样?

**徐家俊**:除了对18名战犯的首次审判外,从1946年3月起,到9月,美军军事法庭还对29名日本战犯进行过多次审判。总的来说,美军军事法庭在提篮桥监狱内审判了10批日本战犯,共47名。其中,判处死刑10人(实际执行7人),判处无期徒刑7人,判处有期徒刑28人,无罪释放2人。1947年初,美军军事法庭撤离提篮桥监狱,原在押提篮桥监狱的180多名日本战犯转移到江湾殷高路5号的上海战犯拘留所,美军军事法庭基本上就这么告一段落。美军军事法庭的审判为中国军事法庭的审判提供了一定的经验,同时它有相当的局限性,对于日军给中国人民所犯的罪行,美军军事法庭并没有涉及审理。这里需要特别提到的一点是,美军军事法庭的审判时间比较仓促,而且有头无尾,被判有期徒刑、无期徒刑的日本战犯,到了1949年时,大部分都返回日本,有的则被释放。

**问**:当时的社会舆论对于上海提篮桥监狱进行的战犯审判,是一种什么样的情绪和态度?

**徐家俊**：美军军事法庭进行战犯审判时，舆论宣传工作还是做得比较好的。当时《大公报》曾刊登消息，美军军事法庭公开审讯镝木正隆等18名日本战犯，法庭上除了原来到庭旁听的60名新闻记者外，增设100个旁听席，并于当日早晨在监狱外发旁听证，任何人均可领取，先到先得，发完为止。除原定摄影记者外，其他人员不得拍摄照片。此外，2月18日的庭审，原美国空军飞虎队司令陈纳德也到庭旁听，军事法庭还特地为陈纳德设立了首席旁听席。

当时的老百姓非常关心提篮桥监狱进行的战犯审判，因为这是抗战胜利后，中国境内第一次对日本战犯进行审判，其审判对象是日本战犯。这些战犯被处以死刑、无期徒刑、有期徒刑等各种刑罚，老百姓是非常关心的。

**问**：日本战犯关押审判期间，有什么可以补充的情况吗？

**徐家俊**：日本战犯关押审判期间，有的战犯在提篮桥监狱内自杀或病亡。这里，我要特别提到两个人。一个是日本驻台湾司令官、总督安藤利吉大将。抗战胜利后，通过飞机，安藤利吉被美方军事人员从台湾移押至上海提篮桥监狱。由于他惧怕自己罪行大，所以事先将毒药藏在衣缝当中，并乘看守人员不注意，吞食毒药，卒年63岁。他也是抗战胜利后，在中国境内自杀死亡的日军最高将领。另外一个是日本第六方面军司令官冈部直三郎大将。抗战胜利后，他最初关押在武汉大学内，通过轮船，从汉口移押至上海。他在提篮桥监狱内突发脑溢血，卒年60岁，成为在中国境内因病而亡的日军最高将领。

**问**：日本战犯由台湾移押提篮桥的吗？

**徐家俊**：当时提篮桥关押的日本战犯中，不少与台湾、香港地区关系密切。他们中不少人的犯罪所在地主要集中在台湾。之前我提到了安藤利吉，其实安藤利吉自杀后没几天，他的军事顾问松尾正三少佐就尾随他结束残生，在提篮桥悬梁自尽。此外，日本驻台湾地区第十方面军参谋长谏山春树中将也是在提篮桥监狱内接受审判的。还有一个是侵华日军华南派遣军第23军司令官兼日本驻香港总督田中久一中将，他也曾关押在提篮桥监狱内，并受到美军军事法庭的审判；后来田中被引渡，由广州军事法庭判处死刑，在广州流花桥刑场进行枪决。

**问**：这样一个以关押犯人、审判战犯为主的地方，它实施绞刑是在什么地方的？

**徐家俊**：抗战胜利后提篮桥监狱拥有有室外、室内两个刑场。室内刑场又称绞刑房，位于十字楼的3楼，面积约18平方米左右，四面都是很厚的钢筋水泥墙壁，其中一面在2米高处开有气窗。绞刑房地坪中间开有一个1.8平方米的方孔，方孔两侧装有两块厚厚的活动地板，地板合上时与周围的地坪浑然一体，上面可以走人，可以放重的东西，活动地板向两侧放下就成为一个方孔。活动地板由手掣控制，正对方孔的房顶上，有一根管状形的绞架。执行绞刑时让囚犯站在活动地板上，先用绳索绑住手脚，黑布大口袋蒙住头部，再用绞架上的绳索套住颈部。随着一声令下，行刑人员推动手闸，两块活动地板就向两侧分开，死囚犯整个身子悬空，窒息而亡。经过验尸官的检验后，将尸体通过3楼、2楼的方孔，直接吊入1楼的停尸房。其实绞刑架、绞刑房之类的，属于西方的刑讯制度，当时因为这个监狱是外国人造的，它就把西方的那套东西搬过来了。

1946年4月22日，被军事法庭判处死刑的5名日本战犯，由美国宪兵押解到绞刑房外的一间房间内，汉姆上尉用日语向他们宣布执行绞刑。8点15分开始，按战犯的军阶大小逐个执行绞刑，每次一人。第一个被执行的战犯是镝木正隆，因为他军衔最高。其他无关人员和新闻记者一律禁止入内。临行前，因为这5名战犯信教，法庭还为他们举行了简单的宗教仪式。这5个战犯中，有一个人曾在教会学校读过书，事先已经写好遗书，遗书上签署的日期是1946年4月20日。他为了反映日期的精确性，临死前还请求把日子改正。5名战犯被执行绞刑后，《中央日报》《民国日报》《大公报》《新闻报》《申报》《大陆报》等以及许多外国报纸等都刊登了相关消息，可以说反响很大。美国还对整个执行绞刑的过程拍摄了纪录片。

另外补充一下，除了刚才提及的5人外，我最近又查到一名在提篮桥被执行绞刑的日本战犯，他名叫桑岛恕一，是日军沈阳集中营的一个医官，大尉军衔，曾在集中营内残害了100人左右。1947年2月1日在提篮桥执行绞刑。所以，一共是6名日本战犯在提篮桥被执行绞刑。

**问**：您刚提及美军军事法庭撤销后，关押在提篮桥监狱的日本战犯大部分转移了，那么这些战犯后来的结局如何？

**徐家俊**：抗战胜利后，上海审判日本战犯的军事法庭应该说有3个。一是美军军事法庭，设在提篮桥监狱，共审判了47名日本战犯。二是国民政府设立的第一绥靖区审判战犯军事法庭，设在江湾路1号（现为四川北路2121号）一幢坚固的大楼的4楼内。军事法庭的庭长先后是刘世芳和李良。三是直属于国民政府国防部审判战犯军事法庭，法庭庭长是石美瑜。该法庭规格比较高，最初设在南京。1947年8月，国防部审判战犯军事法庭迁至上海，审判地点与第一绥靖区审判战犯军事法庭一致，于是第一绥靖区审判战犯军事法庭撤销。迁过来之后，一般也称之为上海军事法庭。上海军事法庭从1946年4月—1949年1月，共审判日本战犯100余人，目前共有两个版本。版本之一：受审判总数116人，判处死刑14人、无期徒刑22人、有期徒刑25人、无罪释放5人。版本之二：受审判总数183人，判处死刑13人、无期徒刑21人、有期徒刑88人、无罪释放61人。根据我多年来的求证，梳理媒体报道及档案资料，版本之二比较正确。上海军事法庭一审判处日本战犯死刑为14人,但是其中一个叫星野多喜雄的日本战犯开始被判死刑,后来改判有期徒刑10年,所以实际判死刑者是13人;无罪释放的不是5人,据我有名有姓搜集到资料,无罪释放的就有50多人。

上海军事法庭审判的日本战犯中,最早被判处死刑的2名战犯引起了当时很大的轰动。其中一人称作"常熟之狼"的米春村喜,还有一人称作"江阴之虎"的下田次郎。这两人残害中国百姓,罪行极大。特别是"常熟之狼",日本宣告投降后,他还变本加厉,杀了好多中国人。这两名日本战犯从无锡押往上海进行审判,关押在提篮桥监狱。在处决前,上海军事法庭营造了很大的舆论声势,大街上张贴了海报。处决当天,从提篮桥监狱被提押出来。战犯双手反绑,背后插上斩条,两名战犯押解在一辆卡车上,当时提篮桥监狱大门口人山人海,树上、马路上、附近房屋的房顶上都站满了人。犯人游街的过程中,经过大名路、外滩、南京路、四川北路等,最后在江湾刑场执行枪决。当时这一报道占据了《申报》一整个版面,标题为《万人空巷看恶魔》。现在有一张非常经典的照片,就是当时在南京路拍摄的。照片中,两名战犯被押解在卡车上游街,周围的老百姓往战犯身上扔香蕉皮、石块、鸡蛋等。

**问**:上海军事法庭判处死刑的10多名日本战犯中,大多在提篮桥监狱内执行枪决,具体怎样情况?

**徐家俊**:上海军事法庭判处的13名日本战犯死刑中,最初两名是在江湾刑场处决的,后来11名日本战犯都是在提篮桥监狱刑场由中国军警执行枪决。枪决的第一个日本战犯是黑泽次男,于1947年8月12日;第二个是富田德,于1947年8月14日,正好在八一三抗战纪念日的前一天和同一天。这是不是有意安排呢,现在无从考证。黑泽次男是一个杀人如麻的刽子手,常对杭州、绍兴一带的平民进行集体屠杀,所以杭州人称他为"杭州之狮"。富田德是江苏溧阳宪兵队的一个军曹,职位虽不高,但他直接残害百姓,民愤极大。他们两人都是经过群众举报后逮捕关押审判的。

从1947年8月12日至9月9日,提篮桥监狱一共枪决了14名日本战犯。其中11名是上海军事法庭审判的,还有3名是广州军事法庭审判的。这3人原是日本驻越南宪兵队的官兵,在越南犯下战争罪行,由广州军事法庭审判。战犯被判处死刑后,需要走法律程序,报经国防部核准后,广州军事法庭撤销了,就将他们从广州移押至上海,关押在提篮桥,并在监狱刑场执行死刑。

当时被判死刑的日本战犯验明正身后,就把他们押到刑场。执行死刑前,允许日本战犯书写遗书;然后,让他们坐在行刑椅(一种结实的靠背椅)后,中国军警就在他们背后近距离地将其枪毙。

**问**:提篮桥监狱关押的日本战犯中,有没有与虹口关系较为密切的?

**徐家俊**：有这么一个人，名叫芝原平三郎，是个"中国通"，他曾在杭州、宁波、金华等地从事情报工作，其手段和方法比较恶毒，一般人想不到。我举个例子，他以商人的身份在宁波潜伏，曾在宁波街头巷尾贴满奇特的广告——长方形纸张，四周印有粗线，中间印有"仁丹"两字。广告分竖式和横式两种，人家一看，只觉得是个商标，但其实是路标。当时宁波旧城区街巷迂回曲折，断头路较多，他通过横式和竖式两种形式给入侵日军指路。竖式商标表示这条路好走，横式商标表示这条路不好走，大大加快了日军入侵宁波的速度。

芝原平三郎在杭州地区民愤很大，他经常混迹于西湖附近，奸污妇女百人之多，对杭州人民犯下滔天罪行，被人称为"花花太岁"。日本投降后，他从杭州逃到上海就躲在虹口一个小巷子里，就是现在的邢家桥路。后来，芝原平三郎手下干活的汉奸蔡某在苏州被捕，庭审时蔡某供出芝原匿居在上海的地址，于是芝原就在虹口邢家桥路被抓捕了，关押在提篮桥监狱。1947年11月22日，芝原平三郎被枪决于提篮桥监狱。

**问**：上海地区对日本战犯的审判有没有留下什么遗憾？

**徐家俊**：位于虹口地区的上海军事法庭，是抗战胜利后中国审判日本战犯存在时间最长、审判人数最多的重要法庭。刚才我也说了，它分为两个阶段，前段是第一绥靖区审判战犯军事法庭；后段是搬往上海的原南京法庭，即国防部审判战犯军事法庭，规格较高。上海法庭审判了很多日本战犯，有下层的、有中层的、还有高层的，其中受审的将级以上就有20多人，而且日本战犯所牵涉地区，不仅仅是上海，也包括山东、江苏、安徽、福建等地。但是由于当时特定的历史背景，它还是留下了一些缺陷。上海军事法庭曾发动广大市民指认举报，搜集证据资料，伸张正义，惩处战犯。但是，由于受到人员紧张、地方太远、取证困难、经费不够、时间紧迫等制约，一些应该追究法律责任的战犯却被无罪释放。

最大的败笔是对冈村宁次的审判。冈村宁次是日本侵华战争中一个总头目，犯下的罪行可以说罄竹难书。1948年8月23日，冈村宁次在虹口区塘沽路的市参议会大礼堂被首次公审，当时有近1000人旁听。隔了1年多，才有第二次审判，此时只有20多记者旁听，法庭上冈村宁次被宣判无罪释放。这件事引起很大轰动，民愤极大，可以说是上海军事法庭，也是国民政府审判日本战犯最大的一个败笔。审判结束后，很多记者跑去找法庭审判长，质问他，而审判长避而不答。当时，中国共产党也对冈村宁次被判无罪释放提出了抗议。但是冈村宁次还是被蒋介石集团包庇放纵。1949年1月，冈村从上海乘船回国。次年他出任蒋介石的军事顾问。

**问**：还有什么需要补充的？

**徐家俊**:最后补充一点,当时美军军事法庭在提篮桥监狱审判了47个日本战犯,同时也审判了20多名德国纳粹战犯。他们中受刑最重的被判处无期徒刑,最轻的被判处服苦役5年。

(本文原载中共四大纪念馆编:《来者勿忘,虹口区抗日记忆口述实录》,上海人民出版社2015年版)

# 提篮桥监狱坐牢期间的生活和斗争
## ——黄乃一同志访谈录

时间:2003年10月17日 地点:北京市体育馆路法华北里黄乃一家
讲述人:黄乃一[①] 徐家俊记录整理

我原名黄德贵,1916年10月26日(农历九月三十)生,属龙。我是四川江津人,早年全家从江津移居湖北宜昌,所以我从小在宜昌长大。1933年5月到上海参加革命活动,通过四川老乡丁华(又名帅如先,新中国成立后曾任教育部副部长)、陈同生(当时叫陈龙飞)的关系到"左翼社会科学家联合会"(简称社联)开始做地下党通讯员工作。同年7月,组织上让我到南京国民党军队开办的通讯兵团学习技术,次年该兵团搬往镇江,5月我第一次被捕。我什么也没有暴露,关了20天就释放了。不久我回到上海继续从事革命活动。1934年12月加入中国共产党。1935年5月26日因叛徒出卖而被捕关入普陀巡捕房,我化名黄野萍。10多天以后,以"危害民国秩序罪"宣判我有期徒刑2年6个月。

黄乃一同志肖像照

---

[①] 黄乃一 (1916—2008年),原名黄德贵,曾用名黄小平,四川省江津(今属重庆市)人。1934年10月加入中国共产党。1933年5月在上海从事革命工作。1938年3月,进入延安抗大学习和工作。历任太行山区辽县独立团主任,三、六军分区武装部长、武装委员会主任、东北航空学校政委、政治部主任。1947年秋调陆军,先后参加辽西会战、平津战役、渡江战役等。中华人民共和国成立后,历任军委炮政青年部长、空军政治部青年部长、空军政治部秘书长、国家民航总局政治部副主任。中共十二大代表,中共第十二届纪律检查委员会委员。1935年5月—1937年12月,囚禁提篮桥狱中,化名黄野萍。

判刑后我关押在提篮桥监狱。我的番号是2109,韩托夫(监牢里地下党组织的负责人)的番号是2302。监狱很大,戒备森严。管理人员有英国人、印度人、白俄和中国人。英国人地位最高,印度看守次之,中国籍看守最低。楼面的布局:中间部位是牢房,"背靠背、肩靠肩"排列。两边各有几十间,牢房外面是走廊;走廊不是犯人散步的地方,而是看守巡查用的。当时提篮桥监狱关押的大多是刑事犯,政治犯不多,总共不到100人。最初刑事犯和政治犯关押在一起,后来分开关押。普通的刑事犯3个人关押一间牢房,政治犯一个人关一间牢房。我坐牢的时候,我们那幢5层高的监楼政治犯有70多人。我住的一面关了40多人,背面一边关了30多人。当时我们的监楼还关了几个死刑犯,判死刑的戴手铐脚镣,穿的是"鸳鸯衣",也叫"阴阳衣",即上身的囚衣一半是白色,一半是黑色;裤子也是一半是白色,一半是黑色。监狱里开设几个工场(工厂),有家具、缝纫、铁工、印刷等。家具做得样式新、工艺细、质量好,在上海市场有点名气。

犯人进监狱后可以写一封信告诉亲友,然后是3个月才准写一封信,写信也得向看守的头头申请登记,同意后到专门规定的写信间写信,不准用信封、内容公开,经看守检查后,再统一寄出。犯人一般很少收到回信,如果有回信同样要先给看守审查后才交到犯人手里。我入狱后第一封信是写给王东放的,告诉他我关在提篮桥监狱,也是他第一个到监狱探视我的。后来还有周嘉达、吴莘生、杨文霞等人。家属、亲友到监狱探望犯人的地方,从监狱大门进入,然后到接见室,接见室外分5个小门进入。5个人一批,每个人一间房,都事先编好号,犯人和探监者对号进入,中间还用一个通道隔开,一边是犯人站立的区域;另一边是家属亲友站立的区域,两个区域之间有布满铁丝网的隔离带。这样的格局:一是使家属不能与犯人直接接触;二是隔离带可供看守巡视、监视或翻译。犯人接见家属亲友的规定很严格,3个月才可以被接见(探监)一次;每次5分钟,实际上5分钟也没有。犯人和探监者只能见面,不能接触,也不准送东西,说话声音都想大一点,结果互相干扰吵得听不清,隔道上还有英国看守巡视或者派来的翻译监听。多少话欲说不能,只有靠弦外之音,以目传神。

狱中政治犯之间不准接触,只能在放风时偷偷接触。曹狄秋(解放后曾任上海市市长)是四川人,是我的四川老乡,后来成了好朋友,很谈得来。我们在监狱里不仅在政治上没有自由,就是在生活上吃喝拉撒也没有一点自由。吃饭是每人一双筷子,两个铝皮盒(监狱里自己生产的),稍大的一个做饭盒,小点的一个用于喝水和漱口,铝盒都是统一规格,椭圆形状,这样才能在铁栏杆之间送进送出。囚饭由劳役犯送入,在牢房里面吃。当时提篮桥的囚饭是三餐制,一稀二干;菜听起来很好听:猪肉、黄豆、咸鱼、青菜,每隔4天轮换一次,实质上数量极少,质量很差,大米分量不足,就用沙子、稗子充数,我们一直处于饥饿、半饥饿状态。洗脸的"毛巾"也是统一,每人发给一块土白布,不准自己另买。卫生用纸是质量最差的黄色土纸,每天每人一张,还不准积存。每周"抄把子"(搜身检查)一次,多一张卫生纸也得没收。因为犯人用黄土纸在一面抹上肥皂,用竹尖写字,可以通信或互通消息,后来被巡捕发现,连肥皂也不发了。

监狱里不准看普通书报,每周只准借一本监狱规定看的书,如《圣经》、报纸如《佛报》等,还得提前给巡视的看守、翻译提出申请。后来经过交涉及斗争,我们提出扩大书籍的阅读范围,提出自己出钱买书看,开始是中国传统小说,如《水浒》《三国》《七侠五义》等,进而要求看哲学、政治经济学等书籍。要看这些书当然要经过主管的英国看守审查。政治犯三五人、七八人,一批批找英籍看守,要求看什么什么书,他们厌烦了,加上英籍看守对中国各类书籍不熟悉、不太懂,只好让翻译代为审查,翻译审查也走过场,英籍看守对政治书籍也就有些放松。狱外的朋友就趁机把书皮更换一下,用传统小说做封面,把辩证唯物主义和政治经济学等书籍就偷偷地送进来了。我们则如饥似渴地学习。后来我们又要求书店的人干脆到监狱里面来卖书,英国人喜欢我们读英文书籍,如《莎士比亚戏剧全集》等也装订成分册拿进来了,趁此机会,我买了《英文文法大全》(英汉对照)、《英文文法教科书》(全是英文)、《英文词典》《英汉模范词典》等。我们"得寸进尺",不断提出新要求,英籍看守火了,他们十分生气地说:"这是监狱,不是图书馆,不是学校。"我们针锋相对地说:"要是图书馆,就可以自由读书了!"副监狱长急了,就说:"要想看书你们自己买!"有个伙伴趁此机会就说:"我们的钱入狱时都让你们保管起来了!"副监狱长下不了台,只好说,你们要买什么书? 我提出买《辩证唯物论教程》《辩证唯物论大纲》,英籍看守听不懂,翻译也没有读过,听不明白,叫我自己写。后来真的买来了。大家高兴透了,我们胜利了! 这样大家可以不受借一本书的限制,也可以读一些革命理论书籍了。我们进而要求发纸、笔,要记笔记,但他们不允许,连发一个木板写字,也不允许。

要求读书,我们取得了胜利。我们又要求做工。经过多次的"合法"斗争,后来监狱当局同意我们在走廊里做工。架起缝纫案桌和长条凳子,开始时只让我们做犯人穿的衣服(用旧棉花做棉衣);后来逐步学会缝衣裤,从半成品到成品。狱里怕我们手里有"武器",连剪刀、尺子也不配给,只给我们针、线、软尺。我们围着案子做针线活,最大的好处是给了政治犯相互接触的机会,可以自由选坐位,找愿意接近的人,便于谈话,互通情况。我和曹荻秋、韩托夫接触最多,给我讲哲学、政治经济学,曹给我谈丁华、谈外面的形势,对我帮助很大。论年纪他们都比我大,是我的老大哥。

大约在1936年底,提篮桥监狱又关押了4个政治犯,据说是"救国会会员"的,其中一个姓周,跟我差不多年纪,我们叫他小周。他也是被判刑两年半。他不服一审判决,要上诉。正在这时,监狱里突然来了一个中国人的副监狱长。小周要求见他,他说:"你何必上诉,可主动要求去江苏反省院,那里待遇好,可以穿自己的衣服,可以买自己要买的东西。凡刑满三分之一时间的,都可主动要求去反省院,反省反省,三五个月就可得到释放(监狱里本来有规定,刑满后引渡到中国反省院,根据反省情况,再决定释放时间)。"这事一传开,不少人都要求去反省院。首先是小周、小何和 4 名托派成员去了,于是在政治犯内部开展了一场争议:有的说,反正要去反省院,迟去不如早去,早去早释放;有的说,刑满释放押送反省院是被迫的,刑期未满自己主动要求去反省院是投降,两者是不一样。在争议中,还是有个别人去了反省院。韩托夫坚定地说,我们不去反省院,宁可把牢底坐穿,也不能向敌人投降。

　　1937 年"七七"卢沟桥事变爆发,我们要求英国当局释放政治犯。我们发动政治犯向看守、典狱长提出:"英国政府应该支持中国人民抗日的正义主张!"他们答复:"你们属中国政府管辖,英国不能办。"大家讨论,准备登报,发表"宣言",要求释放政治犯。但因各种原因,一直没有办成。

黄乃一夫妇参观提篮桥监狱,在原关押的监舍前留影

1937年"八一三"上海抗战爆发,中国军队打得不错。有几天黄浦江畔的提篮桥一带成为中日双方争夺的焦点,炮弹常在监狱附近爆炸,晚上看得见炮弹如流星一样飞来飞去,监狱里还炸死几个犯人。那时天气又热,茶杯里的水喝完了,大家渴得要命,犯人每天只能吃两餐。我们年轻人的爱国热情被压抑,身陷囹圄,失去爱国行动的自由,不能在祖国危难之时,为报效祖国作贡献,作牺牲,真是满腔热血,也无法洒向疆场!

　　我原判2年6个月,扣除审讯期间的关押日子,应该是1937年12月中旬刑满。12月21日,英籍看守来牢房点我的号,把我带到监狱门口,和20来个普通犯人一起上了囚车。囚车就是闷罐子车,没有窗户,只有通气孔,看不见外面,后面有一排座位是专给押犯人的看守坐的。囚车经过外白渡桥,到了目的地,英籍看守带了我们犯人的档案材料给日本人检查,日本人开了车门,点了人数,然后将我们押到英租界工部局,在院子里排队点名。不久,叫我去办公室,印度看守带我到一个办公桌边,英国人和翻译拿着档案,叫我名字,把我的判刑日、刑满日的时间对照一遍,另外还有一张表,里面写有入狱、出狱时间,要我盖手印,最后又将我进监狱的衣服以及小皮包里的20几个铜板一起还给我,随着就叫我滚蛋;翻译和看门的巡捕也狗仗人势,叫我滚蛋。通过这样的前后流程,我被刑满释放了。后来我从上海辗转到香港、广州,直到1938年1月初来到武汉八路军办事处,回到革命的家。同年3月,到延安抗大学习和工作。

　　新中国成立后,我曾与当时一起关押在提篮桥的革命同志见过面,如曹荻秋、韩托夫、许亚等。我还到提篮桥监狱参观过两次,一次在1950年代,在监狱医院的病房里看到汪精卫的遗孀陈璧君。她在看报,旁边有本簿子,她在做学习笔记,并抄写有关资料。第二次在1983年或1984年,我与妻子钱克英、儿子一起参观监狱,并在监狱大门口和我当时被关押的牢房前留影。现在一晃近20年了。

# 提篮桥监狱女监工作的回忆
## ——陈咏声女士访谈录

时间:1992 年 10 月　　地点:本市复兴西路陈咏声家
讲述人:陈咏声　　徐家俊记录整理

陈咏声女士

我是湖南长沙人,1901 年 8 月 23 日出生于一个书香门第的大家庭中,父亲陈家瓒是清代举人。我 6 岁入周南女学读书,1916 年毕业于长沙女子师范学校附属小学。1917 年,我来到上海,在爱国女中、中国女子体操学校读书;次年,考入上海市女青年会体育师范学校。毕业后先后受聘于北京、武汉、广东女子师范学校以及上海沪江大学、工部局女子中学担任体育教师。1923 年到美国得克萨斯州伯纳女子大学攻读英国文学。1928 年 8 月回国,主要在上海学校执教体育。1936 年第 11 届奥林匹克体育运动会在德国柏林召开,我自费赴柏林观看,其间我还考察了丹麦、瑞典、捷克、法国、匈牙利、意大利、奥地利等国家的体育工作,回来后我出版了《欧洲体育考察日记——1936 年柏林奥运》一书。

1941 年底太平洋战争爆发,我离开上海,先后在重庆、兰州、西安等地。抗战胜利后回到上海,遇到好朋友俞庆丹。次日早晨俞打电话给我,说时任上海高等法院院长郭云观要找我,后来我与俞庆丹一起到北浙江路上海高院,与郭云观见面后,郭又带我到提篮桥监狱参观。原先我与郭云观不相识,但我认识郭的两个儿女,她们都在工部局女子中学,一个是在校学生;另一个是在校教师,我都教过她们的课。我与郭云观都是留美学生,所以见面后比较谈得拢。郭云观告诉我:提篮桥监狱是一座有名的监狱,抗战胜利后被政府派人接管。以前提篮桥的女监附属于男监,在管理中有诸多不便,现准备独立组建女子监狱,与提篮桥监狱分开,名称为司法行政部直辖上海监狱第一分监,简称上海监狱第一分监或第一分监。提篮桥监狱由上海高等法院代管,他已请法国留学生、法学教授徐砥平出任代理典狱长,而提篮桥女监的分监长也应该是高学历的留学生,所以他决定举荐我出任第一任女监监长。我听后连忙推却:我是个长期搞体育教学的,从未接触过法律和犯人,怎能当任此职?郭云观对我说:犯人管理工作也是一项特殊的教学工作,教学工作与犯人管理工作有相通之处,你长期担任体育教师,对学生有一套管理办法,所以,真正搞起来也不难。在郭云观的力劝下,我答应出任上海监狱第一分监的首任分监长,郑重接受了一枚象征分监长权力的"司法行政部直辖上海监狱第一分监"的方形官印。

当时上海监狱第一分监即女监,主建筑是一幢4层高的大楼,楼顶是平台,可供犯人放风和晒衣服。监楼外面有一个院子,院子四周是5米多高的围墙。该地方原是提篮桥监狱专押外籍女犯的地方。女犯主要从事缝纫、编结、糊盒等劳作。我每天上班后,首先到楼面各监舍去视察,然后在办公室处理公务。女监的具体业务放手让几个课长去干。林晓明、李梅魂是我的两个好帮手。大约1945年底,共产党主办的《前进报》的记者,曾经采访过我,还登了一篇文章(访问记),文章中说,想不到国民政府的女监监长是个平易近人的人。第一分监刚设立时,管理人员不满20人,由于该单位刚成立,不少事情要依附提篮桥监狱,当时上海监狱,即提篮桥监狱的典狱长徐砥平准备辞职,新任典狱长江公亮虽然还没有正式任命履新,但他已经提前到提篮桥熟悉情况,并插手一些工作。所以女监的有些管理事务要受到江公亮的牵制,女犯名籍及囚粮均无法由女监自行办理,有些事情上江公亮对我不太尊重,彼此不易合作。我家在徐汇区乌鲁木齐路,每天骑自行车到提篮桥上下班。由于上下班路途较远,郭云观考虑我换一个住处,给我看了两处房子,房间很大,就在提篮桥监狱附近,让我挑选。我也去看过房子,选择在提篮桥监狱边上长阳路的高级职员宿舍2号楼的3楼,并给了我房间的钥匙,该楼钥匙亦由我负责保管,然而江公亮没有得我的同意,竟派人擅自住入,让我感到非常不愉快,对江公亮的做法表示不满。回家后我向上海高等法院写了辞职报告,不久获得批准,辞去了上海监狱第一分监的职务。所以我当女监分监长的时间不到2个月,后来就重操旧业,返回学校,搞我的体育教育活动。

(事后,笔者在档案馆查到陈咏声所呈写的辞职报告。该报告称:"职猥以菲才腐承不弃,予以重用,奈个性不善奉迎,不识逊让,只知实事求是。钧长本男女所等之旨,令饬本监独立,而职亦以此等妇运工作倡导于上,自应努力于下,故不自量力贸然受命。任事以来,内部事务虽有钧院林书记官晓明及本监节李看守长梅魂,竭力整顿,革除流弊,尚称差强人意,惟办公室及职员宿舍并什物用具等前奉钧长面谕,会同上海监狱典狱长公平分摊,多次相商,迄无把握,致监犯名籍及囚粮均无法自办,高级职员宿舍,钧长指定2号3楼,该楼钥匙亦由职负责保管,而江典狱长未得职之同意,径派人擅自住入,似此不能合作,遑言互助,嗣后事务愈繁,摩擦愈多,办事愈感窒碍难通,与其贻误公务于将来,何若让贤引退于此日,为特签请职,是年一月三十日。")

  1946年9月,我在47岁时在好友资助下又第二次赴美国留学,选择哥伦比亚大学教育学院特殊教育。这个课程兴盛于第一次世界大战后,是专为教育残疾、低能、犯罪等非正常人所创建的一门新兴课程。后来获得美国哥伦比亚大学特殊教育的硕士学位。我的毕业论文就是《要建立中国一所伤残儿童学校》。1948年,我从美国返回中国,担任上海特殊儿童辅导院主任。1949年2月,在上海玛利亚女中(现市三女中)任体育教师。上海解放后不久,我在上海虹桥开办了新中国第一座伤残儿童学校,并出任校长。该学校招收的学生是身体有残疾、智力有缺陷的"特殊生"。这是一项吃力不讨好,又让人难以理解的"苦差使"。但是这次艰辛的教学实践,加上某些工作上的失误,给我带来了沉重打击。1951年6月1日,上海解放后的第二个国际儿童节,有人抓住了伤残儿童学校工作中的一些问题,在《文汇报》上刊发了一篇文章,上纲上线,迫使学校解散,我被撤职,后到上海第二军医大学当讲师。在肃反运动中,由于我社会关系复杂,不少亲戚朋友在海外,本人两次去过美国留学,又到过德国观看第11届奥运会,因此我被学校解聘,后拜师学习伤科医术,开设门诊给人治病。多年来,我凭借两次留学美国的外语基础,在家里给人补习辅导英语。日常生活的主要来源,靠我侨居美国的妹妹寄些外汇。我的住宅也从原先的乌鲁木齐路调到复兴西路,房屋比过去有所缩小。在"文化大革命"中,家中被查抄,财物被毁坏。改革开放后,市侨联与我接上关系,社交活动也渐渐丰富起来,先后参加了沪江大学校友会、欧美同学会、女青年会等团体活动。1982年,我83岁时被吸收为上海文史馆馆员。为了事业,我终身未婚,一个人独居。每天总要看书、阅读、写作到很晚,晚年仍喜欢旅游,并长期坚持体育锻炼。著有《美国妇女概要》《体育概论》《伤残儿童的教育》等。

  上海监狱女监,我还记得起几个人。柯俊杰,江西九江(瑞昌)人,系金陵女子大学毕业,解放前也在女监工作过,解放初期曾任提篮桥监狱女监监长,我解放后去监狱看过她,同时还看到服刑中的陈璧君;柯俊杰后来到北京工作,当了某幼儿园的主任。狄润君也是解放前女监的监长,大学毕业,其丈夫是国民政府的外交官,后来狄润君随其丈夫出国去了加拿大。当时女监的总务科科长林晓明、看守长李梅魂两人都信天主教,都结过婚,有过孩子。林的女儿参军复员后在北京工作,林晓明后来也定居北京。李梅魂,江西临川人,扬州某女子中学高中毕业,北平女子文理学院肄业。

# 上海军事法庭审判关押日本战犯的回忆
——李业初先生访谈录

时间：2000年2月18日　　地点：本市安西路李业初家
讲述人：李业初　　徐家俊记录整理

我是江苏海门人，生于1919年10月11日。我从小在上海读初中、高中，大学毕业于上海政法学院。1942年夏天，我还是一个大学生，因为与家乡的抗日游击队有点来往，就被日本人抓去关了71天，吃尽了苦头，后经四处托人，花了7根金条才被放出来。解放后曾在静安区开办一个光华补习学校，我任校长，并担任静安区人民代表。1958年，因历史反革命罪判处有期徒刑8年，关押提篮桥监狱，后被遣送青海劳改，刑满释放后留在青海就业，共在青海生活了15年。1982年获平反，1986年在上海长宁区加入"民革"。

1945年抗战胜利，全国人民扬眉吐气，万众欢腾。1946年3月上海建立审判战犯军事法庭，隶属于第一绥靖区，办公地点在四川北路江湾路口的一幢大楼内。第一任上海军事法庭庭长叫刘世芳，原系上海高等法院刑庭庭长，到任不久，他辞职去美国留学。我上海政法学院的大学老师李良，字次升，云南华宁人，他毕业于北京朝阳大学，上海著名的民法专家，抗战胜利后，任上海高等法院民庭庭长。刘世芳离任后，李良出任第二任上海审判日本战犯的军事法庭庭长。1946年夏天，我参加高等司法考试合格，李良推荐我去上海军事法庭，并出任该法庭的主任书记官，那时我不满30岁。

上海军事法庭顺应民意，组织力量拘捕审讯，并处决了不少日本战犯。我在军事法庭工作期间，经历过两件影响极大的事情：其一，南京大屠杀元凶谷寿夫的收押；其二，"江阴之虎"的下田次郎和"常熟之虎"的米村春喜的审讯处决。

侵华日军第六师团长、南京大屠杀元凶谷寿夫中将，侵华日军驻香港总督矶谷廉介，抗战胜利后逃往日本，后被关押东京，国民政府几经交涉将他们引渡回国。1946年8月1日，押犯的飞机从东京起飞，将在上海西北角的大场机场降落。事先，我接到李良庭长的命令，当日，我与法庭的检察官屠广钧及部分士兵、宪兵乘车来到机场。中午，该飞机降落，戴上手铐的谷寿夫和矶谷廉介提了行李押下飞机。押解人员取下他们的手铐，我们换上带去的手铐，办好相关的交接手续后，乘上道奇 10 轮大卡车把他们押到江湾监狱。两天以后，谷寿夫押到位于虹口江湾路 1 号 4 楼的上海军事法庭，受到军事法庭的侦讯。后来，谷寿夫和矶谷廉介从江湾监狱移押到关押设施较好的提篮桥监狱。

9 月底，上海军事法庭接上级通知，10 月初要把谷寿夫、矶谷廉介两人押往南京审讯。经研究，军事法庭决定通过火车押往南京，向铁路局包了半节客车，至于押解什么人，法庭不向车站方面透露。事先军事法庭同上海警备司令部、上海警察局联系，到北火车站察看地形，选择上车路线。10 月 3 日晚上，我率领若干士兵来到提篮桥监狱，把谷寿夫、矶谷廉介两人合铐一副手铐，押上汽车离开监狱，汽车从北站的宝山路虬江路边门直接开上车站月台。那天上海至南京的火车提前 3 分钟停止上客，并响起停止上客的铃声。当客人上车结束后，军事法庭的士兵押了谷寿夫等人上火车。仅在走上火车的时候开了铐，到了火车上，又把两人合铐在一起。谷寿夫身穿一套西装，头戴呢铜盆帽。因为军事法庭只包了半节车厢，车厢内有人来往。谷寿夫怕被铐的手铐被人看见，就摘下头上戴的铜盆帽悄悄地将其盖住，用以遮挡旅客的视线。待谷寿夫等人坐好后，我立即下车。参加这次押送任务的有军事法庭的书记官袁辉、一位姓刘的副官，两名翻译，其中一名叫罗迪。随车的有一个排的兵力做警卫。次日早晨谷寿夫等人抵达南京。当时报纸上还发过一条消息。

江南地区深受日本人的侵害，死伤无数。江阴日本宪兵队军曹下田次郎，平日残害许多民众，犯下滔天罪行，最可恨的是 1945 年 8 月 15 日日本政府宣布无条件投降的当天晚上，米村春喜与其他几个日本人对宪兵队关押的 13 名中国人还不放过，仍实行血腥屠杀，把他们反绑双手，排立在广场上，通过刀劈、刺胸等方式杀害，其中 1 人因滚到粪坑而幸免一死。后来下田次郎被获，经上海军事法庭于 1946 年 6 月 8 日判处死刑。日军常熟宪兵队队长米村春喜，官瘾很大，屡望升迁，为迎合上峰心理，他不惜捕风捉影，制造冤案、假案，肆意逮捕广大民众，以显示其工作业绩。米村春喜被捕审讯期间，我还奉李庭长之命，率领部分人员去苏州、常熟调查搜索证据。1947 年 1 月，米村春喜被上海军事法庭判处死刑。

同年 6 月，经报国防部核准批准后，上海军事法庭决定对下田次郎与米村春喜两人同时执行死刑。在枪决这两个日本战犯之前，我曾作为军事法庭的联络人员与日本领事馆针对两个战犯枪决中的具体事宜作过一定联系。有一次我接到一个电话，日本领事馆人员对我说，希望军事法庭对这两个日本人枪决时，枪支不要直接对准日本人，按日本人传统做法，枪支与人体之间必须用白布相隔开，以体现人道精神。我听后十分气愤地说："日本在侵华战争中枪杀了几十万中国同胞，手段极其残忍，你们难道也用了白布相隔，以体现人道精神？这两个人屠杀中国人时蒙过什么白布吗？"对方连声："哈伊、哈伊。"以后就此平息。

1947年6月17日是下田次郎与米村春喜执行死刑的日子。这是抗战胜利后在上海的第一次公开执行枪决日本战犯。执行前，我提出张贴海报，告知上海市民。经李庭长同意，我买了许多白纸，叫人书写了200份左右的海报，预告两个日本战犯处决的情况及游街示众的路线，张贴在上海的主要马路、公共场所及周围地区。当天中午12点30分，我与法庭的法官、检察官、通译官、书记官及宪兵、警察等抵达提篮桥监狱后，在一块空地上设临时性的法庭，其中央放置了公案桌，法官、检察官按序端坐。法庭下令先后提出下田、米村两犯。他们经过沐浴剃须，换上一套军服。法庭对他们验明正身后，宣布今日执行死刑。经法庭允准让他们书写遗书。但他们临死前还拒不认罪。我记得他们的遗书称，"我为大日本帝国圣战而死，祝国运昌隆"等语。当时军事法庭按照中国传统做法，准备了五六个小菜和酒，让米村、下田临死前饱餐一顿，但是两个战犯已经没有心思饮酒。检察官说，你们不饮酒，下面开始执行。他下令士兵和宪兵把米村、下田五花大绑，在他们的背上分别插上斩条，上面写着"奉令枪决战犯下田次郎""奉令枪决战犯米村春喜"，随即把两犯押上道奇六轮大卡车。为时下午2点左右。

当提篮桥监狱的大门缓缓开启，押着两战犯的军用大卡车开出的时候，卡车却怎么也开不出来。原来大门口人山人海，密集的人流挡住了车道，我们只好下车向大家喊话，人群中才让开一条车道。押着战犯的车队，最前面有4辆摩托车开道，紧接着为警备车及押有两名战犯的军车，而后还有架着轻机枪的大卡车等。该车队经外滩、南京路等市中心。这两个杀人屠夫被五花大绑，插着斩条，站立在刑车上，面对着这潮水般愤怒的人流，目光低垂，全身颤抖。沿途人把香蕉皮、小土块、鸡蛋等物品，投向下田次郎和米村春喜。当时我戴了军帽，就站在押解战犯卡车的左边。目前不少画报书籍上都刊登了这张照片。

下午5时左右，当押有战犯的车队到达江湾刑场时，周围已经集聚有几万人。法警把下田次郎与米村春喜押下军车，让他们朝前缓步走去，并要求他们双膝跪下，但下田次郎死到临头还十分顽固，不愿跪下，后经强制措施，使他形成跪姿。这时，行刑宪兵对准目标，在下田和米村的身后，向他们射击，枪声响起，两人都应声倒下。验尸完毕以后，余恨未消的市民群众一拥而上，向这两个恶魔的尸体吐唾、脚踢，以发泄心中的仇恨。

由于将下田次郎和米村春喜两名战犯游街枪决的事件引起了美国舆论的不满，被称为"报复性的游行"，并向国民政府当局施加压力。国防部迫于压力曾下令追究此事，李庭长把责任揽在自己身上，以激动的心情拟就一纸签呈，大意为：日本侵我中华达8年之久，千百万人惨遭杀戮，广大人民受尽折磨，值此日本战犯枪决之际，予以游街示众，实属顺应民情，大快人心，游街所到之处，秩序井然，但事先未经呈报,诚属疏忽,特此奉复。约过一个月左右,位于南京的国防部审判战犯军事法庭移至上海,石美瑜为法庭庭长,原上海军事法庭撤销,大部分人员疏散。嗣后,我也随李良一起离开了军事法庭。李良继续担任上海高等法院民庭庭长。上海解放后,他任华东政法学院图书馆主任,系上海市第二届人民代表大会代表,1966年"文化大革命"前去世。1946年下半年我从事经商活动,后来去浙江绍兴、江苏嘉定任地方法院检察官。

# 陈璧君的家庭成员及后事的处理
## ——谭文亮先生访谈录

时间：1992年8月　地点：本市浦东雪野路谭文亮家
讲述人：谭文亮　徐家俊记录整理

我是广东番禺人，生于1921年2月，大学文化。解放后曾在上海郊区川沙县一所中学当教师，我的姐姐谭文素是陈璧君长媳，即汪文婴的妻子。陈璧君1891年11月5日生于南洋马来亚槟榔屿的乔治市庇能（今槟城）。陈璧君的父亲陈耕基，广东新会人，少年时为穷秀才，后去南洋谋业，若干年稍有积蓄，回乡间娶亲卫氏，后来他在马来亚橡胶事业上获得成功，拥有橡胶园及锡矿多处，成为大富翁。陈璧君的母亲姓卫，广东番禺人，与陈耕基结婚后，生下一子一女，即陈继祖和陈璧君，陈璧君排行第二。陈耕基在卫氏之前，在广东原籍已婚并生有一男一女。后来陈耕基又迎妇纳妾，各有生养，共有子女11人。其中有儿子陈耀祖，排行第五，留学美国，曾任广东省省长；儿子陈昌祖，排行第八，留学德国，曾任南京中央大学校长；五女陈淑君（按女排列）嫁于谭仲逵（北京大学教授），后因病亡故；七女陈纬君续嫁姐夫谭仲逵；八女陈舜贞，嫁于褚民谊。陈璧君在11个兄弟姐妹中排行第四。

陈璧君参加同盟会活动后，孙中山先生指派她在日本东京党部工作。陈璧君尽其财力资助党部组织。当时同盟会资金缺乏，前途渺茫，孙中山对陈璧君的帮助至为欢迎。陈璧君、何香凝和秋瑾同为同盟会的三位女性领导人物。

1912年初，陈璧君与汪精卫在上海正式宣布结婚，4月在广州举行婚礼，8月双双去法国。1913年4月，陈璧君在法国蒙城生下长子汪文婴（又名汪孟晋，曾任汪伪军属委员会军需处长，现定居美国）。次年，她又在法国波尔都，早产（7个月）生下长女汪文惺（曾在香港任小学教师，现定居美国）。1920年和1922年，先后生下次女汪文彬（曾任印度尼西亚医药部门高级主管，后隐居当修女），三女汪文恂（曾任香港大学教授）。1928年又生下幼子汪文悌（在香港从事桥梁建筑工程）。陈璧君共生育了3男3女，成活了5人，其中生在美国的男孩，排行第五，22天夭亡。1939年陈璧君48岁时，长女汪文惺完婚，嫁于何文杰（又名何孟恒）。

1940年,长子汪文婴与华侨富商之女即我的姐姐谭文素结婚。

抗战胜利后,陈璧君在广州被捕,后押往南京及苏州,1946年4月,被江苏高等法院判处无期徒刑,关押在苏州狮子口监狱。其间,一名叫李苏荣的人,大约系国民党军队的连、排长,驻守过某机场,他曾到监狱探望过陈璧君,对外吹嘘他是陈璧君的亲戚,解放初期他去了香港,后来不知所终。1949年上海解放后,陈璧君从苏州移押到上海提篮桥监狱服刑。1959年6月17日陈璧君病故后,提篮桥监狱的有关部门首先打电话通知远在南京的陈璧君同父异母的妹妹陈舜贞。陈舜贞生于1902年9月,比陈璧君小11岁,为人比较低调,虽然她与陈璧君关系较好,但性格与陈璧君大不相同,特别是其丈夫褚民谊在抗战胜利后被枪决在苏州以后,一直深居简出,静心抚养3个子女,极少在公开场合露面。解放初,陈舜贞先后住在上海的巨鹿路和陕西南路,1958年11月迁往南京其儿子的住处。

我作为陈璧君在大陆的亲属常到提篮桥监狱探视,曾到上海福州路上的粤菜馆"杏花楼"购买陈璧君爱吃的广东菜,送到监狱为陈改善伙食;有时也根据陈璧君开出的书目,到新华书店购买后送入监狱。1959年6月18日,我接到提篮桥监狱人员打来电话,告知陈璧君因病医治无效而死亡,希望我及时到监狱来处理陈璧君后事和领取遗物等。我接到电话后,及时赶到监狱。知悉陈璧君病亡后监狱干部按照规定,认真清点她的遗物,并造出清单让我过目。陈璧君狱中喜欢读书看报,她自费订阅了不少报刊,购买了许多书籍,所以遗物中书籍数量比较多,其他还有一些衣服被褥等物品。由于我当时没有结婚成家,住在集体宿舍无法安放,所以我就领回了二三支钢笔以作纪念以外,其他遗物如衣服、书籍及日常用品等请监狱按规定处理。

监狱干部告诉我,按照当时监狱处理病亡犯人的惯例,犯人死亡后,都有法医进行一般的尸检,即对尸体外表的检验,为了对陈璧君和她的亲属负责,作为陈璧君的家属可以向陈的遗体告别。最后干部还问我,在陈璧君的后事处理上还有什么具体要求。我考虑到陈璧君的子女都健在,并居住在香港,当时,他们不可能立即赶赴上海到现场处理丧事,有些事情应该向远居香港陈璧君的子女作个交代,征求一下他们的意见。由于沪港之间当时只能拍电报联系,所以,希望在时间上请监狱宽限几天。监狱当即同意这一要求。陈璧君的遗体就由某殡仪馆施行了防腐措施暂予保存。几天后,我接到来自香港的电报,陈璧君的子女全权委托我处理陈璧君的后事,并听从政府按有关政策规定办理。

1959年6月22日,上海某部门对陈璧君的尸体作了检验。让我观看了验尸报告和陈璧君的遗体。我看到陈璧君身穿一套蓝色全新的列宁装,脚穿一双新布鞋,脸色安详。我把陈璧君的遗体领回,送到西宝兴路殡仪馆火化。而后我领回骨灰盒,通过邮局寄往广州。陈璧君的子女托人从广州把该骨灰盒带回香港。1960年秋天,把陈璧君的骨灰撒入香港附近的大海。

附

录

# 成语典故中的监狱文化

成语是人们长期以来习用的、简洁精辟的定型短语,其来源大体为神话寓言、历史故事、古书成句、群众口语等;成语一般为4个字组成,但也有3个字,或4个字以上的。在中国大量的成语中也有部分与监狱、犯人有关的典故,下面选录几个。

**死灰复燃**。韩安国,字长儒,汉时睢阳(今河南商丘)人。曾在梁孝王刘武(汉景帝刘启之弟)那里当官谋事,后来因事被捕,关押在蒙地(今山东蒙阴县西南)的监狱里。韩安国在监狱内,受到狱吏田甲精神和肉体上的污辱。韩安国对此非常气愤,对田甲说道:"熄了火的灰烬,难道一定不能再燃烧起来吗?"这句话的潜台词是,你以为我再也不会有重新出头的日子吗。当时,田甲听完韩安国的话,十分刻薄地回答说:"如果死灰复燃,我就撒一泡尿来浇灭它。不料过了一个时期,韩安国平反出狱,又得到了朝廷的重用,不但官复原职,而且又获升迁。监狱里原来管理并污辱过韩安国的狱吏田甲,听到这个消息,吓得偷偷地逃走了。韩安国郑重地表示田甲如果不自动回来,他的全家性命都将不保,他们将不得好死。田甲听到这一消息,只得硬着头皮,乖乖地向韩安国请罪。但是,韩安国并没有狠狠地惩罚狱吏田甲,而吩咐手下人在地上燃起一堆杂物,待火花即将熄灭的时候后,笑着对田甲说:现在你就撒一泡尿吧,看看能不能把死灰灭掉。这时候田甲真是无地藏身,羞愧万分,当场求饶,请韩安国恕罪饶命。其实韩安国的真正用意不是报复狱吏,而是借此机会狠狠地教训他一顿,要他具有良好的职业道德和做人的品德。由司马迁编修的《史记·韩安国传》中也有此记载。

**请君入瓮**。唐朝武则天执政的时期,有两个酷吏,分别叫来俊臣和周兴,他们设计了种种惨无人道的刑罚,枉杀了许多好人。周兴还自夸自己逼供的办法巧妙,能力高强。有一天有人密告,说周兴与人共同谋反。来俊臣奉命逮捕和审讯周兴。来俊臣想,周兴对于办案是内行,要他老实招供,一定不容易,总得想个新办法才好。于是来俊臣邀请周兴到家里饮酒作乐,当酒兴正浓的时候,来俊臣十分诚恳地向周兴请教:"现在监狱里的犯人真狡猾,我把种种刑具都使用过了,但是这些犯人就是不肯招供,不知老兄有什么新办法没有?"周兴得意洋洋地说:"这个容易得很,我告诉你一个好办法,用一只大瓮,四面架起炭火烧起来,烧到内外发烫,把犯人放进去,看他招不招供。"来俊臣奸笑道:"嘿,这办法的确不错。"马上叫人搬来一只大瓮,按照周兴所说的办法,四面架起炭火烧起来,不一会儿,大瓮就烧热了。来俊臣把脸一翻,指着大瓮对周兴说道:"你图谋不轨,已被人揭发,我奉密召办你,请君入瓮。"周兴吓得伏地求饶,当场认罪。请君入瓮,这句成语的意思是自己布置圈套,想害别人,最后才发现原来害了自己。宋代司马光主编的《资治通鉴·唐记》中就有这一记载。

**改过自新。**汉代淳于意在汉文帝时任"齐太仓令"(管理国家仓库的官员),因为犯了过失罪,要受刑。他没有儿子,只有5个女儿。淳于意在被押往京城时,感叹地说"我没有儿子,要这么多闺女有什么用?"他的小女儿缇萦听了,跟了押解父亲的人员到了京城长安。她向汉文帝上了一道奏书。该奏书说:"我父亲管理官仓,人们都说他廉洁公道。可是这一次失职犯罪,按国家的法律应该要处理,要处于严酷的肉刑,我做女儿的心里十分伤痛。即使他想改正错误,重新努力工作,也成了残废。我愿意入宫为奴婢,替父亲赎罪,给他一个改过自新的机会。"汉文帝看了这道奏书后非常感动,于是下了一道诏令,决定废除先前使用"五刑"中的宫刑(割去男人的生殖器,破坏女人生育功能)、墨刑(在受刑者面上或额头刺字并染上墨)、劓刑(割去鼻子)、刖刑(砍腿)等肉刑。该故事又称"缇萦救父"。以后中国逐步向轻刑化方向演化,实行笞刑(用小荆条或竹片抽打受刑者臀部)、杖刑(用粗荆条或木棍抽打受刑者的背及臀)、徒刑(强制犯人劳役)、流刑(将犯人流放到边远地区不准回乡)等。

**不寒而栗。**在汉武帝时候,有个叫义纵的人。他曾经当过盗贼,他的姐姐是个医生,由于给皇太后看病,获得太后的欢宠,义纵凭借这层关系,因此也当了官。他先在今山西一带做县令,后来又先后当起长安令、河南都尉、南阳太守、定襄太守。他为何快速晋升,其中除了他利用他姐姐和皇太后的关系外,还与他手段残忍、肆意残害百姓有关。义纵在担任今山西定襄太守时,一下子抓了200多人关入监狱,判处死刑。后来这些人的亲戚朋友先后到监狱探望,大约共计也有200多人,不久却被义纵一并逮捕法办,硬说他们200多人企图为前面关押的死刑犯开脱,为死刑解脱也该判处死刑。于是,某一天义纵在山西定襄一下子杀了400多人,使定襄城里的老百姓非常恐惧害怕。司马迁在其《史记·酷吏列传》中曾记载:"是日皆报杀四百余人,其后郡中不寒而栗。"班固所著的《汉书·义纵传》中也有同样的记载。

**网开三面。**典故出自《吕氏春秋·孟冬纪·异用篇》,该处记载了这样一个故事,其文曰:汤出,见野张网四面,祝曰:"从天堕者,从地出者,从四方来者,皆入吾网。"汤曰:"嘻!尽之矣。非桀其孰为此也?"汤收其三面,置其一面,更教祝曰:"昔蛛蝥作网罟,今之人学纾。欲左者左,欲右者右,欲高者高,欲下者下,吾取其犯命者。"汉南之国闻之曰:"汤之德及禽兽矣!"四十国归之。人置四面未必得鸟,汤去其三面,置其一面以网其四十国,非徒网鸟也。这个故事见于《史记·殷本纪》。它说明成汤布德施惠的政策赢得了诸侯的信任,不少国家都归附于他。唐刘禹锡的《连州贺赦表》也有:"网开三面,危疑者许以自新"。网开三面,从字面上看,就是撤去三个方面的捕兽网,留下鸟兽逃生的出路;该成语原指仁慈宽厚,现指用宽大的态度来处理罪犯或被俘获的敌人

**画地为牢**,意思是在地上画一个圈当作监狱,比喻只许在指定的范围内活动,或做指定范围内的事不得逾越。相传在很久之前的社会里,人们都很自律,道德高尚,如果有人犯了错误,就在地上画个圈把他限制住以示惩罚,即使这样,哪怕他身边空无一人,他也决不会提前走出圈子半步,如后代的牢狱。《封神演义》第23回提到,打柴的武吉是一个孝子。一天他到西岐城来卖柴。在南门,正赶上文王车驾路过。由于市井道窄,将柴担换肩时不知塌了一头,翻转扁担时把守门的军士王相耳门上打了一下,当即就打死了,被拿住来见文王。文王说:"武吉既打死王相,理当抵命。"命在南门地上画个圈做牢房,竖了根木头做狱吏,将武吉关起来。

**八仙过海、各显神通**。系我国神话故事,它有多个版本。其中的"八仙"一般指汉钟离、张果老、吕洞宾、铁拐李、韩湘子、曹国舅、蓝采和、何仙姑等8位。相传八仙在蓬莱阁上聚会饮酒,酒至酣时,铁拐李提议乘兴到海上一游,众仙齐声附和,并言定各凭道法渡海,不得乘舟;大家响应各自借助于宝物大显神通游向东海。但是其中还有一个版本:"八仙"系关押在沙门岛的8个犯人(或泛指多名犯人)。位于渤海的庙岛群岛中的沙门岛曾是宋代囚禁犯人的地方。岛上筑有高高的城墙,设有与外地联络的烽火台以及众多的关卡、哨所,并派兵把守。后来岛上的犯人越来越多,而朝廷每年只拨给300人的口粮。于是岛上的看守头目,便把其中一些老弱病残的犯人捆住手脚,扔进大海,使岛上犯人保持在300人以内。为了活命,犯人经常越海逃跑,但该处风大浪急,多数人丧生大海。一次多个善于游泳的犯人,经过筹划,把可以帮助渡游的葫芦、木盆、竹筒、驴皮缝的气囊等物品,提前藏在一个石洞内。一天晚上,他们取出这些器具游到蓬莱丹崖山下躲藏起来。次日,几位游过海的犯人被当地渔民发现,为不暴露身份,他们自称过海仙人。当地渔民也信以为真,便一传十、十传百,经过人们的演绎,八仙过海的故事也就流传至今,沙门岛也就成了八仙的故乡。

**莫须有**。形容无中生有,罗织罪名。南宋抗金将领岳飞率领军队在河南大败金兵,一直打到开封的朱仙镇,不料就在乘胜追击胜利在望的前夕,在皇帝赵构连发12道金牌的情况下,岳飞被迫回到临安,立即被解除兵权。不久他遭诬告为"谋反",关进临安(今杭州)大理寺监狱,并受到刑审逼供。最后岳飞在赵

构、秦桧一伙策划下,于绍兴十一年(1142年)农历除夕之夜被害于大理寺风波亭。临死前,他在供状上写下"天日昭昭,天日昭昭"8个大字,年仅39岁。岳飞部将张宪、儿子岳云亦被腰斩于市门。岳飞父子及张宪之死激起了抗金军队和老百姓的强烈愤怒,抗金名将韩世忠当面质问奸相秦桧,秦桧支吾其词"其事体,莫须有"。韩世忠当场驳斥:"莫须有三字,何以服天下?"民族英雄岳飞就在"莫须有"的罪名下含冤而死。《宋史·岳飞传》有此记载。绍兴三十二年宋孝宗即位,下诏平反岳飞,追封岳飞为鄂王,谥武穆,忠武,改葬在西湖栖霞岭,即杭州西湖畔"宋岳鄂王墓",修宋史列志传记。目前全国有浙江杭州,湖北武昌,河南开封朱仙镇、汤阴等4座著名岳庙。

(本文原载《上海法治报》2020年7月31日)

# 监狱博物馆的功能定位与发展构想

被人誉为立体的教科书、知识海洋的博物馆,按规模看,可分为大型、中型、小型三大类;按内容看,可分为综合类、专题类、人物类等几项。监狱博物馆属于专题(也称行业)博物馆。这些监狱博物馆按行政隶属关系来看,大多属于监狱系统,部分属于宣传文化系统和公安系统。本文结合笔者参与上海监狱陈列馆及上海公安博物馆的筹建工作实践,对监狱博物馆的建设和发展谈一些体会。

## 一、监狱博物馆拥有众多可征集的展品

博物馆,顾名思义,一需要"物",二需要"博",如果一个"馆舍"没有相当数量按一定规律布置陈列的物品,也就不成为博物馆。目前,有些监狱博物馆、陈列馆往往是照片唱主角,成为照片展示馆,缺少反映专项工作(业务)的实物。其原因,一方面对博物馆的展品缺乏必要的认识;另一方面是对展品的认知范围过于窄小,没有在展品的搜集上下功夫。

监狱是国家的刑罚执行机关,在我国拥有几千年的历史,是中华法系的实物展示,在华夏文明中占有重要的位置。多年来人们通过书籍、戏曲、曲艺、绘画、碑刻等各种形式,记述和反映了监狱的史实及相关故事。随着光阴流逝,目前各地还留下了不少旧监狱的历史遗存,基本上可以分为两类。一类是不可移动的监狱物件,如监狱的监舍、围墙、牢房、水井、基石等,如辽宁旅顺日俄监狱、青岛德国监狱、江西上饶集中营茅家岭监狱、重庆白公馆、福建厦门思明监狱、抚顺战犯管理所等,这些馆舍都被国务院公布为全国重点文物保护单位,成为当地著名的旅游观光景点和爱国主义教育基地。另一类是可移动的监狱物件。据笔者初步归纳,可移动的监狱物件具体有以下几类:

一是与监狱管理相关的物件。监狱(含劳改队、未管所以及民国时期的各看守所、监狱、反省院等,下同)各个历史时期使用过的名牌;监狱的各类公章(从形式上分:有圆形、方形、椭圆形、扁形的;从质地上分:有木头、钢印、塑胶等);监狱的信封(从式样看:有竖式、横式;从使用情况看,实寄封、非实寄封);监狱的信笺;监狱的锁具、钥匙;监狱的狱徽;监狱使用的手铐、脚镣;反动军政特务机关镇

压摧残革命人士的狱具、刑具等。

二是警察用品。各个时期各种制式的警服、警帽；各种警徽、警衔、肩章、臂章、胸卡；警笛、警绳、警棍，盾牌，各个时期各种版本的工作证（服务证）、警官证、持枪证；退休证、离休证、烈士证书；各种先进模范的奖状、荣誉证书、荣誉证章等。监狱干警食堂的餐具、饭菜票、就餐券等。

三是犯人用品。各个时期各种制式的囚服；犯人的番号布（卡），实行分类管理，不同处遇的相关标识，犯人的饭盒、餐具；犯人的各类证书，如奖励证书、表扬证书、释放证、探假证，文化考试的毕业证、结业证、技术考核证书；犯人家属的送物单、接见单（会见单），犯人狱内的专用存折、代价券、印有监狱标记的犯人专用信封、信笺等。

四是与监狱工作有关的印刷品及书报期刊。监狱编印的《新生报》《劳改报》，期刊（最好是创刊号、复刊号、终刊号，较有历史和收藏价值）；监狱编印、出版的有关书籍、画册、纪念册；监狱制作的明信片、贺卡、请柬、节目单；各时期各种规格的犯人守则、规章制度等。

五是反映监狱内容的碑刻、拓片、壁画、风俗画、海报。例如，碑刻，有保存完好、在西安碑林内陈列的唐代《御史台碑》，目前仍有实物的厦门思明监狱碑，还有仅存文字记载但无实物的浙江第二监狱碑等；壁画，如甘肃敦煌莫高窟内反映监狱的壁画；风俗画，如沈阳"二战盟军战俘营"外国人画的图画，各类书籍中反映监狱内容的图画。如《水浒传》《今古奇观》《点石斋》等画报中的有关插图；电影制片厂、电视台到监狱拍摄的故事片、电视剧的剧照、海报。

六是司法文书类。各个不同时期的判决书、裁定书、入监登记表、释放证书、司法鉴定书、追捕逃犯的通缉令、出监提押票。如监狱里常见的判决书，其实在不同的历史时期，其式样差别较大，从文字形式看，民国时期和解放初期大多是用钢板刻写，后来系打印，极个别也有铅印；从内容看，解放初期判决书非常简单，往往是"根据《镇压反革命条例》第××条，判处×××有期徒刑××年，或无期徒刑"。"文化大革命"时期，判决书上方是一段毛主席语录（而且根据犯人的不同案由，选用相关的语录），下面才是正文；改革开放以后，判决书比较正规，依据《刑法》的条款定罪量刑；从落款单位及印章来看，解放初期，不少是××市军管会军法处，"文化大革命"时期则是中国人民解放军军事管制委员会××市公检法军管组，20世纪70年代中后期开始才是××人民法院。

七是犯人书写绘制的书法、绘画作品以及制作的工艺美术品，犯人在生产劳动中制作的各类产品。

八是外宾参观本监狱时或监狱干警出国、出境考察参观监狱时，对方赠送的警察臂章、警徽、狱徽及各类工艺品等。

九是解放前革命人士曾经在狱中使用过的物品,如字典、毛毯、枕头、钢笔等。

我们在筹建上海陈列馆的过程中曾征集到不少颇有历史价值的资料,如:始建于1868年(清咸丰六年)、启用于1870年的上海厦门路监狱的大门及门框、基石;曾被毛泽东、邓小平赞称、在国内外颇有影响的"红色劳改犯"王灿文的判决书;革命烈士王孝和生前使用过的桌子、椅子和书橱等;大汉奸汪精卫老婆陈璧君在狱中书写的思想汇报、认罪书等。这些物品(资料)后来都在监狱陈列馆及编史修志时得到使用,起到了较好的社会效果。

## 二、监狱展品中蕴含的文化历史价值

有些监狱实物也许司空见惯,微不足道,也没有什么经济价值,但是其背后却蕴含着重要的信息及历史文化,记录了一个历史时期的印痕,也是中国刑罚制度、中国监狱制度的实物见证,有的也具有较高的文物价值,甚至被列为国家一级文物。

比如狱中犯人的餐具和囚服就大有文章。旅顺日俄监狱,在日本人管理时期,日本犯人吃大米、朝鲜犯人吃小米、中国犯人吃高粱米。狱方还按照所谓服刑式样和劳役强度将食物标准分为七等,一等最多,七等最少。犯人的餐具是搪瓷碗,饭碗大小一样,其"奥秘"在于盛饭的饭碗中有一个分饭的"模具",该"模具"有1至7号不同的厚度,盛饭时,先把不同规格的模具放在固定的饭碗中,因此,打好的食物其分量差距很大,模具厚的打出的饭最薄(最少);模具薄的打出的饭最厚(最多)。[①]提篮桥监狱犯人使用的餐具一直是铝质长腰型深口饭盒,饭盒底部是米饭,上面盛菜,与社会上通用的长方形浅口铝质饭盒有较大区别,其原因是,监室(牢房)很小,绝大多数为每间3.3—3.6平方米,三面是钢筋水泥,一面是从上到下、8根手指粗的铁栅(铁门),三人关押一间,犯人一日三餐都在室内,监狱就设计成这种可以通过铁栏的空隙,不需开牢门就可以送入或取出饭盒。同时,监狱建有一条小铁轨,炊场通过小铁轨把饭盒运送到各监舍。改革开放以后,监狱拆除了小铁轨,改用电瓶车送饭,后来设计了有保暖功能的饭车,更换餐具,淘汰了这种长腰型的深口饭盒。

同样,狱中的囚服也反映了历史和文化。在租界时期,提篮桥监狱在押未决犯的囚衣为天蓝色,无标志;已决犯的囚衣印有各种标志和号码,具体分为8种:即刑期1月以上,不足1年;1年以上,不足3年;3年以上,不足5年;5年以上,

---

① 姜晔:《旅顺日俄监狱旧址博物馆故事》,南京出版社2014年版,第19—20页。

不足7年;7年以上,不足10年;10年以上,不足15年;15年以上;死刑犯。犯人根据不同刑期穿者不同的囚衣,在囚衣上身左上角缝有窄条、宽条、黄色、红色等布块。死刑犯穿的是颜色左右两边各不相同的"阴阳衣",囚服两膝、两肘等部位印有英文字母"Y",囚裤裤裆处全为葡萄纽扣,可双开,囚衣番号处有"E"字标志。看守人员看到这些不同式样的囚服,就能及时识别犯人的刑期。解放初期不少监狱犯人囚服的后背印有"劳改"字样,以后去掉,囚服的颜色曾为黑色、蓝色,但是其胸前印有"某某监狱劳改犯"的字样;改革开放以后,囚服逐步改为铁窗衫和铁窗裤,但是在颜色及个别细节处,各地略有区别。

再如多年来使用的"上海市监狱"印章,经过文物专家鉴定认为具有很高的历史价值,被定为国家的一级文物,现由上海公安博物馆收藏。①曾经由俄国和日本两个外国侵略者在中国土地上建造的旅顺日俄监狱,狱中犯人劳役时使用过的一台印刷机,是揭露旧监狱奴役囚犯的罪证,经专家鉴定,认为具有很高的历史价值,也被定为国家的一级文物。②

多年前,我们征集到一封民国期间监狱在押政治犯(革命人士)实寄封。发信人是当时囚禁在上海漕河泾江苏第二监狱的熊宇忠(1930年加入共产党,新中国成立后曾任成都市委书记、市政协主席等),收信人是四川邻水县熊的父亲熊达国,发信邮戳1934年8月14日,收信邮戳同年9月9日。这信封为竖式封口,长19厘米、宽9厘米,黄色的纸张上印红字,落款处统一印着江苏第二监狱在监人第×号 缄×月×日。该信封用毛笔书写。信封正面还盖上一个扁圆形的"江苏第二监狱寄信检查""第二科"的专用章。专用信封的背面,分为上下两部分。上半部印有"在监人亲属注意",共6项内容;下半部印有"准送的物品"。此外,在这信封上盖着图章,"本监发信向系邮寄,如有专送准其拘究"。这封从监狱实寄的信件具有较高的文物价值,是一份研究中国监狱史、中国邮政史的好材料。

此外,某一特定时期使用过的日常生活用品、一些特定人员使用过的普通物品,同样也是重要文物。东北军将领黄显声于1946年被囚禁于白公馆时所刻的木头印章,印身上刻有"骑富士山头展铁蹄,倭奴灭,践踏樱花归"的字句。1949年11月27日黄显声被敌人枪杀。该印章由黄显声儿子黄耀华捐赠给重庆歌乐山烈士陵园收藏,目前已被列为国家的一级文物。③韩子栋(小说《红岩》中的华子良的原型)越狱时带出的枕套,长约60厘米,宽36厘米,用白布缝制而成,正

---

① 《走进上海公安博物馆》(下册),上海人民美术出版社2007年版,第132页。
② 郭富纯、史吉祥:《博物馆公众研究》,吉林人民出版社2002年版,第343页。
③ 《党史信息报》2008年8月27日。

面有两朵蓝、白两色线绣的小花。这是关押在白公馆看守所的"小萝卜头"之母徐林侠亲手缝制的,后来韩子栋一直随身携带。当年,韩在狱中装疯,蓬头垢面,后来他随看守到外挑菜之机逃脱,一直将这枕套珍藏在身边。1985年5月,韩子栋把这珍贵的枕套捐给了重庆,后被文物部门列为国家一级文物。①美商杨树浦发电厂工人、共产党员王孝和烈士于1948年在监狱中使用的毛毯也是国家一级文物;革命先辈李少石(革命家廖仲恺之婿),20世纪30年在江苏反省院使用过的《模范汉英辞典》、左联作家柔石在龙华看守所内寄出的书信等,都被中国国家博物馆定为馆藏珍贵文物。以上情况充分说明,监狱的实物只要我们用心收集,都具有重要的历史和文物价值。

## 三、境外监狱类博物馆的启迪

世界上没有绝对无用的垃圾,只有放错位置的资源。只要我们转变思想观念,革故鼎新,也能把一些习以为常的废物、废墟蜕变为宝物和宝库。境外几座监狱博物馆的建立和开发,有的甚至成为著名的旅游景点,对我们很有启迪作用。

韩国汉城(首尔)的西大门刑务所是日本帝国主义侵略朝鲜时,于1907年建造的一所监狱,在20世纪80年代末停止使用,后经4年多时间维修复原,于1998年11月以"西大门刑务所历史馆"的面貌向外开放,参观者平均每天有1 000人以上。韩国政府现把"西大门刑务所"作为培养大韩民族历史观独立自主精神教育的场地。②美国和澳大利亚都只有200多年的历史,但它们十分重视历史陈迹的保护,如美国的科罗拉多州卡农市把一座有120多年历史的旧监狱改建成为监狱博物馆,于1988年开放,吸引了不少游客参观;③澳大利亚的珀斯市把1990年停止使用的一座监狱列为当地一个特殊景点供人参观,让人了解国家的历史和法律制度。④

非洲的有些国家也十分注意历史遗址和旧监狱的使用。例如,加纳位于大西洋边上的海岸角早在1657年就有瑞典贩奴者建有囚奴堡,后为英国人使用,该堡全部用石头砌成,十分坚固,分为2层,上层是殖民总督的府邸,下层两侧是13间囚禁黑奴的潮湿阴冷的牢房,在地牢中,有一条横贯全部囚室碗口大小的沟槽,是奴隶们饮水槽,该古堡现已被开辟为监狱博物馆。⑤非洲最南端好望角

---

① 《党史信息报》2008年6月4日。
② [韩]金升坤:《韩国西大门刑务所历史馆》,《旅顺监狱旧址百年变迁学术研讨会文集》,吉林人民出版社2003年版,第476—479页。
③ 《现代世界警察》1995年第4期。
④ 《文汇报》1998年1月16日。
⑤ 张辉:《外国博物馆》,新疆美术摄影出版社1994年版,第37—38页。

的附近有个方圆 5.2 平方千米的罗本岛,它曾经是英国人的放逐地,1960 年成了南非政府关押政治犯的地方,南非黑人领袖曼德拉就在该岛上囚禁了 18 年。20 世纪 90 年代,南非废除了种族隔离制度,建有监狱的罗本岛于 1996 年成为博物馆,1999 年列入世界文化遗产名录。拉丁美洲乌拉圭的卡雷塔斯角监狱过去是蒙得维的亚的一所监狱,20 多年前虽已停止使用,但是这座监狱现在仍被保留,并改建为监狱旅游中心。① 柬埔寨金边的叶巴楞原是一所中学,四幢教育楼,围合着一个操场,在红色高棉时期改建为集中营,曾先后关押过近 1 万名犯人,其中大多被处决。20 世纪 80 年代,改建为叶巴楞监狱博物馆,成为金边旅游的一个景点。②

把废弃或撤销的监狱变成博物馆,其社会功能的转变,不是靠行政命令,不是靠一纸公文就可以解决的,其间需要有一个思想观念的转变过程。日本的网走监狱博物馆的建立就是一个典型例子,网走监狱建于 100 多年之前,位于日本列岛北海道的最北端,自然条件恶劣,冬季气温达 -20℃ 以下,原是日本重刑犯服苦役的地方,关押在此的犯人死的多,活的少。20 世纪 70 年代,网走监狱撤销后,当地有个叫佐藤久的新闻工作者提出了保存旧监狱创办博物馆的大胆设想,但是遭到了大多数人的反对。大家普遍认为监狱是社会最肮脏的地方,怎么能开设博物馆?但是佐藤久坚持主见,毫不动摇,多年来他不断宣传自己的主张,最后终于得到大家的理解和支持,并从社会上募集到一笔资金,通过民间的力量,开办了网走监狱博物馆,于 1983 年 7 月正式开馆。开始参观的人并不多,后来通过广泛宣传,并不断充实展览内容,人气渐旺,开馆 20 年时,已累计接待 800 万人次的参观。此外,日本还以网走监狱为背景,由著名影星高仓健领衔主演电影。③ 再比如位于伦敦的"克灵客"博物馆,原是英国最古老的一座监狱,是泰晤士河畔一处令人生畏的地方,直到 1780 年这座经历了几百年之久的监狱在一场大火中毁灭,大部分狱区被夷为平地。100 多年前在监狱旧址上兴建成仓库,后又改为音乐电台,最后这块地方还是根据文献资料复建了监狱和各种狱具,成了监狱博物馆,工作人员身穿中世纪时的服装带领游客参观,取得了很好的社会效果。④

---

① 《法制日报》1991 年 9 月 10 日。
② 《三联生活周刊》,2009 年第 7 期。
③ [日]小野冢正卫:《网走监狱的历史与网走监狱博物馆》,《旅顺监狱旧址百年变迁学术研讨会文集》,吉林人民出版社 2003 年版,第 476—479 页。
④ 张辉:《外国博物馆》,新疆美术摄影出版社 1994 年版,第 29—30 页。

## 四、监狱博物馆要面向大众面向社会开放

当前不少城市搞市政建设,土地置换,十分火红;各地又面临着监狱布局调整,改建新建,监企分开,资产重组等情况,这既是机遇又是挑战。我们既要考虑监狱的今天,规划监狱的明天,但是也要记录监狱的昨天,留住监狱的历史、留住监狱的文物。当年监狱使用的各种物品不要随意处理,作为垃圾扔掉,应有意识地保留、保存起来,放置在监狱博物馆或狱史馆中。

目前我国上海、江苏、浙江、山东、青海、四川、广东等省市建立了监狱博物馆(陈列馆、展示馆)等,还有一些监狱基层单位建立监史(场史)陈列馆,不少省市正在积极筹建监狱博物馆。为了进一步开展工作,笔者在此提出一些想法,供大家研讨。

### (一)监狱博物馆要正确定位

我们要建成一个什么样的监狱博物馆,这是每个拟建监狱博物馆时必然考虑的问题。这就是博物馆的定位问题。博物馆的定位,其实涉及3个要点:一是时间的定位,即该博物馆所展示的内容,其上限定在何时、下限定在何时。比如上限始于1949年10月中华人民共和国成立,下限止于2020年底。二是地域的定位,即该博物馆所反映的内容是本省(自治区、直辖市)或本监狱的内容,或是反映全国性监狱工作的内容,还是两者兼顾,立足本省、辐射全国。三是参观对象的定位,即建成后的博物馆,是面向全体社会公众,还是向内部管理人员或公检法司干部、政法院校师生开放,或两者兼而有之。这关系到今后该博物馆的展览主题、办馆方向、资料的收集整理、展品的布置陈列等。这好比出版社出版一本书,出版前总要考虑该书是学术专著还是通俗读物,其读者对象是专业研究人员,还是一般读者及中小学生。只有明确读者对象以后,他们才会对图书的行文、装帧、版式、印数等方面作通盘考虑。

### (二)监狱博物馆要认真选好馆址

博物馆的馆址就好比一个博物馆的家,这个家安在什么地方为好,其中大有文章,甚至关系到今后若干年博物馆的运行及发展。目前已经建成开放的监狱博物馆的馆址,大体有4种情况:一是利用旧监狱的建筑物,如旅顺日俄监狱旧址博物馆、青岛德国监狱旧址博物馆、满洲里监狱博物馆、厦门思明监狱破狱斗争博物馆等。二是另行新建一座建筑物,如山东监狱博物馆、浙江监狱展示馆等。前者建在台儿庄古城内一个新建的古色古香的院子里;后者建在杭州郊区

的乔司监狱的大院里。三是利用撤销监狱的建筑物,如青海监狱博物馆。四是利用目前仍在使用中监狱的一部分建筑物,如江苏监狱展示馆、上海监狱陈列馆等。前者建在南京监狱内;后者建在提篮桥监狱。客观地说,以上4种情况各有千秋,第一种,这些旧监狱本身具有重要的文物价值,系全国重点文物保护单位,都属当地的宣传文化部门领导,具有独立编制,没有关押犯人的职能;后三种情况,一个共同点都是属于监狱系统,它们均是监狱工作的对外延伸。总之,对于博物馆的馆址的选择非常重要,需要经过调查研究,听取各方面的意见,从社会效益、经费投资、交通线路、观众参观及今后发展前景等通盘考虑。

### (三)监狱博物馆应向社会开放

现在有些监狱博物馆出于安全工作的需要,或出于保密工作的需要,或管理人员不足等情况只向内部开放。供内部人员参观,也是无可非议的,但从另一角度讲,博物馆不向社会开放,它有违博物馆的办馆宗旨。其一,博物馆是大众的公益活动,是社会文明的象征。博物馆的基本功能为收藏、教育、研究,博物馆只有面向大众才有真正的生命力。其二,博物馆不公开向社会开放,也浪费了宝贵的文化资源。其三,一定程度上限制了监狱博物馆的自身发展。通过对外开放后,可以听取各方面的反映,接受各界人员的展品捐赠。其四,不利于向有关部门申请资金。结合上海监狱陈列馆的情况,我们有深刻体会。由于该馆位于提篮桥监狱的狱区内,其馆舍本身就是一个历史文物,当然有其极大优势,但是进出陈列馆要进过监狱的3道大门,出于安全需要,不可能接待散客及大批量的参观人群;同时由于陈列馆内部开放,也对其发展及资金来源带来困扰,如上海科委可以对各博物馆进行资金支持,但是须同时符合两个条件:展区面积达1 000平米以上,全年开放时间要达260天以上,并要保证春节、国庆、"五一"等节日开放。按此要求,上海监狱陈列馆不符合第二项要求而无法获得该项资助。颇有影响的上海银行博物馆的馆址相当长的时间内,一直设在浦东陆家嘴的工商银行的办公大楼内,给工作带来种种不便,最近他们已迁址到浦西复兴中路一幢独立的大楼,给博物馆的管理与发展创造了新机。

### (四)因地制宜办好各类监狱博物馆

办好一座博物馆,一般应具备3个基本条件,即具有相当数量的展品、较理想的馆舍、一批管理人员和研究力量。目前我们监狱系统的博物馆基本上为自筹资金而建立起来的非正式编制部门,缺乏文物博物馆的专业人员,每年没有固定的财政资金,这是我们的弱势。但是,我们各监狱领导重视,干警工作积极性高,收藏意识强,联系面广,再加上各种监狱类型不一,历史沿革及发展轨迹各有千秋,内容丰富多彩,拥有一定的财力,这也是我们的优势。所以,我们各单位在筹建监狱博物馆、监史陈列馆、场史陈列馆的时候,都应该因地制宜、根据本身的条件,办好相应的馆(室)。目前我国已建立起以国家级博物馆为龙头,省级博物馆为骨干,地方、行业及民办博物馆全面发展的博物馆体系。我们可以运用实物、照片、蜡像、多媒体、场景复制等形式来展现有关内容,见物、见人、见事、见精神。笔者建议各地区可以利用已有物品、已有监狱旧址,因地制宜地开设各类小型、中型的监狱陈列馆、博物馆,各博物馆应借助于当地的地域环境、人文历史,立足本土,打特色牌。切忌盲目地上大而全的项目,监狱展品也切忌"同质化",要注重"个性化",注重地域特点、时代特征。

## (五)建议由司法部牵头组织筹建中国监狱博物馆

中国公安博物馆、中国法院博物馆已经建成多年。中国监狱博物馆的筹建多年前启动,后来由于种种原因而暂停中断。目前有两个地方可供选择,一是位于京郊的司法部燕城监狱,一是位于保定的中央司法警官学院,两处地点都比较理想,各有千秋,各有所长。2006年和2007年燕城监狱还先后组织部分专家、学者和部分监狱实际工作者召开论证会讨论。笔者也有幸参加过多次论证及研讨。目前各方面的条件比较成熟,各地监狱博物馆的筹建工作蓬勃开展,再加上随着监狱布局调整,不少监狱正在迁建移建,不少有历史价值的不可移动的及可移动的监狱物品如果不注意收集整理,非常容易散失,所以建议司法部和有关部门组织力量进一步开展工作,向各地监狱系统和文物部门征集史料、征集实物,牵头组织筹建中国监狱博物馆。

(本文原载《安徽监狱》2018年第9期。收入本书略有修改)

# 监狱类史志书籍的综述与思考

改革开放以来,中国旳监狱理论研究及监狱史志的编纂工作取得较大旳发展,各监狱、各大专院校及研究单位编印、出版了许多监狱史志类书籍,本文主要对1949年10月以来,各地(不含港澳台地区)已经出版或编印成书的中国监狱类书籍作一综述与思考。

## 一、监狱史志类书籍的大致分类

(一)中国监狱史及历代监狱专题研究

公开出版的有《中国监狱史》(法律[①];群众、中政大、中国民主法制、金城、广西师大、四川大学等多个版本),《简明中国监狱史》《中国古代监狱史》(群众),《中国历代监狱大观》(法律),《中国劳改工作简史》(警官教育),《中国监狱史知识》(群众),《新中国监狱五十年》《中国革命根据地狱制史》(法律),《中国监狱学史纲》(中国方正),《中国监狱史话》(北岳文艺),《中国古代监狱制度》(新华),《旧监狱寻踪》(上海书店),《当代中国监狱概览(统计资料卷)》《当代中国监狱概览(地方卷)》(法律),《图圄内外,中国古代监狱文化》(浙江大学),《图说中国监狱建筑》《逝去的影像,清末民国监狱老照片》《中国监狱史料汇编》(法律),《汉代监狱制度研究》(中华书局),《清代监狱研究》(湖北人民),《清代私牢研究》(人民),《清末监狱改良思想与体制的重塑》,《清代监狱研究》(湖北人民),《民国监狱研究》(中国言实),《近代中国的犯罪、惩罚与监狱》(江苏人民),《清末民初罪犯作业研究》(中国社会科学),《中国特殊监所源流研究》(中政大)等。

(二)外国监狱史及专题研究

公开出版的有《外国监狱法规条文分解》《外国监狱史》(社科文献)、多卷本的《外国监狱资料选编》《外国监狱法规汇编》(群众)、《现代世界监狱》(公安大学)、《发达国家监狱管理制度》(时事)、《外国监狱概论》(金城)、《外国监狱制度

---

① 法律,即法律出版社。文中的出版单位均省略了"出版社"3个字,下同;中政大,即中国政法大学。

概要》(法律)、《欧洲监狱制度与进展》(中国工商)、《美国监狱百科全书》(中央编译)、《当代西方监狱学》《美国联邦监狱局工作透视》(法律)、《美国女子监狱纪实》(中国文联)、《德国刑事执行法研究》(中国公安)、《外国监狱囚犯暴乱及对策研究》(广西师大)、《各国矫正制度》(中政大)、《外国监狱风暴警示录》(团结)、《巴士底狱:一个监狱的秘密》(商务)、《古拉格群岛》(群众)、《古拉格:一部历史》(新星)、《牢影,英国监狱史》(北京大学)、《日本法政考察记》(上海古籍)等。

(三) 省级监狱史志

公开出版的,如《上海监狱志》(上海社科院)、《上海市志·公安司法分志·监狱卷》(上海人民)、《河北省志·监狱志》(中国对外翻译)、《北京志·监狱志》《北京志·政法卷·监狱·劳教志》(北京)、《天津通志·天津劳改劳教志》(天津社科院)、《宁夏监狱志》(宁夏人民)、《青海省志·监狱志》《青海省志监狱管理志》(青海人民)、《山西监狱》(山西人民)等。内部交流的监狱史志,如《云南监狱志》《陕西监狱志》《甘肃监狱志》《黑龙江监狱志》《浙江监狱史》《河南监狱志》《江西通志·劳改劳教志》《安徽省劳改工作专业志》《安徽监狱志》《重庆市志·监狱志》《湖北近代监狱》《湖北监狱志》《四川监狱志》《内蒙古自治区劳改工作45年》《新疆生产建设兵团劳改简史》等。省级监狱志中青海省级的监狱志分为内部及公开两个版本。除了上述编纂、出版的志书外,部分省(区、市)除了在省(区)的《通志》《司法志》或《公安司法志》中集中记述"监狱"篇章,还内部编印了一批《监狱志》和监狱史料。

(四) 监狱(劳改队、少管所、农场)史志

公开出版的有:河北的《南堡盐场志》(百花文艺)、天津的《天津监狱史》《天津监狱史续编》《河西监狱史》《梨园监狱志》(天津社科院)、吉林的《吉林镇赉分局志》、宁夏的《银川监狱志》《吴忠监狱志》(宁夏人民)、吉林的《镇赉分局志》、新疆的《新收犯监狱志》(新疆人民)、山东的《滕州监狱志》(中国文化)等。非正式出版的《监狱志》,从数量看河南省监狱系统位居第一,基本做到每个单位均有一部志书,截至2010年7月底,他们共成书了30多部,如《洛阳监狱志》《许昌监狱志》《信阳监狱志》等。广东、黑龙江、四川省监狱系统也编成不少,在全国各省(区、市)中名列前茅,广东的如《广州监狱志》《佛山监狱志》《江门监狱志》等[1],黑龙江的《香兰监狱志》《北安监狱志》《六三监狱志》等,四川的《成都监狱志》《川北监狱志》《雷马屏监狱志》等。还有重庆的《永川监狱志》《凤城监狱志》等,辽宁

---

[1] 考虑到篇幅等原因,本文对编印成书的内部交流版监狱志,一般每个省份均提及2—3本。

的《沈阳监狱志》《抚顺监狱志》等,吉林的《延吉监狱志》《吉林监狱志》等,安徽的《白河农场志》《宿州监狱工作志》等,江苏的《南京监狱志》《洪泽湖监狱志》等,上海的《提篮桥监狱志》《白茅岭农场志》等,浙江的《省第三监狱史》《十里丰监狱志》等,江西的《赣江监狱志》《南昌监狱志》等,湖南的《吉首监狱志》《赤山监狱志》等,湖北的《襄北监狱志》《襄樊监狱志》等,山东的《北墅监狱志》《潍北监狱志》等,福建的《莆田监狱志》《仓山监狱志》等,重庆的《金华监狱志》《涪陵监狱志》等,云南的《大理监狱志》《爱华监狱志》等,贵州的《鱼洞监狱志》《大硐喇监狱志》等,甘肃的《省第三监狱志》《平凉监狱志》等,青海的《西宁监狱史志》等,河北的《省第一监狱简史》《满城劳改队志》等,内蒙古的《乌兰监狱志》《赤峰监狱50年》等,宁夏的《关马湖农场志》《潮湖农场17年》等,陕西的《陕西未管所志》等,新疆生产建设兵团的《农三师监狱志》《盖米里克监狱志》等。部分单位在编纂第一部志书以后,又出了续编本,如《安徽省白河农场志》,第一本的时间断限为1952—1984年,第二本为1985—2002年,由于单位的升格,该书称《白河监狱管理分局志》;又如黑龙江香兰监狱、辽宁省营口监狱、辽宁省康平监狱(康平劳改支队)等单位,在第一本志书的基础上又编纂了续编本,如安徽省《白河农场志》,黑龙江《香兰监狱志》,辽宁省《营口监狱志》、《康平监狱志》,上海《军天湖监狱志》等。

### (五) 部分监狱系统及非司法系统监狱的研究资料

公开出版的有:《上海监狱的前世今生》《上海监狱的旧闻往事》(上海社科院)、《提篮桥监狱》(中国文史)、《近代浙江监狱历史研究》(浙江人民),《陆军监狱》(中共中央党校)、《旅顺日俄监狱揭秘》(大连)、《旅顺日俄监狱实录》《旅顺监狱旧址百年变迁学术研讨会文集》《沧桑岁月,旅顺日俄监狱旧址陈列馆建馆三十周年》(吉林人民)、《旅顺日俄监狱旧址博物馆》(文物)、《旅顺日俄监狱旧址博物馆故事》(南京)、《旅顺日俄监狱旧址博物馆馆藏碑刻研究》(科学)、《历史的烙印,青岛德国监狱旧址博物馆陈列展览纪略》(中国长安)等,内部编印的如《江苏省监狱工作史料汇编》《上海市劳改局组织史资料》《中共湖南省监狱局暨湖南省监狱系统组织史资料》等。

### (六)《监狱年鉴》《监狱年报》

新中国成立以来,《监狱年鉴》的编纂,较长时间内一直是空白,直到20世纪90年代初《监狱年鉴》(又称《劳改工作年鉴》)才陆续成书。河南、江苏、浙江、北京、黑龙江、湖北、福建、上海、四川、新疆等省(区、市)监狱系统相继编印了《监狱年鉴》,其中《河南省劳改工作年鉴》(后更名为《河南监狱工作年鉴》)为连续编印时间最早、最长的监狱年鉴,从1993年起每年编印一本。《上海监狱年鉴》是第一本通过出版社出版的《监狱年鉴》,(截至2023年上半年,已出版21本,每本70万字左右)。少数监狱也编印了《年鉴》,编印成书供内部交流的,有湖北省的《江北监狱年鉴》《沙洋监狱年鉴》、福建省的《莆田监狱年鉴》《仓山监狱年鉴》;浙江省的《十里坪监狱年鉴》,云南省的《文山监狱年鉴》,江西的《赣州监狱年鉴》、安徽省的《安徽未管所年鉴》,上海的《五角场监狱年报》等。公开出版的还有《吉林省监狱管理局镇赉分局年鉴》等。

(七)《大事记》《大事要览》

部分单位除了把"大事记"已编入各类志书中以外,还单独把"监狱工作大事记""大事要览"编印成书。如《中华人民共和国劳改劳教大事记》《山东省劳改劳教工作大事记》《山西监狱工作大事记》《青海监狱工作50年大事记》《浙江省监狱工作大事要览》《北京监狱劳教工作大事记》等。此外,各地各监狱也编印了各种版本的《大事记》,如北京《清河农场建设五十周年大事记》,福建的《仓山监狱大事记》、云南省的《邱北监狱大事记》《砚山监狱大事记》,山东省的《北墅监狱大事记》等。

(八)革命志士在旧监狱生活和斗争的著作

公开出版的如在《王若飞在狱中》(中国青年)、《上饶集中营》①(上海人民)、《上饶集中营里的共产党员》《红色之旅上饶集中营》(中国旅游)、《上饶集中营斗争史暨地方党史研究》(江西人民)、《草岚子监狱》(中国文史)、《狱中斗争纪实》(重庆)、《在烈火中永生》(中国青年)、《浩气长存》(重庆大学)、《铁血丹心,中共满洲省委时期狱中斗争纪实》(辽宁人民)、《铁窗岁月,共产党人在南京狱中的斗争》(东南大学)、《军统魔窟,息烽集中营》(贵州人民)、《息烽集中营革命历史纪念馆故事》(南京)、《烽火不息,息烽集中营革命历史纪念馆画册》(新世纪)、《战斗到天明》(重庆)、《红岩档案解密》(中国青年)、《升腾的地火,提篮桥监狱斗争纪实》(学林)、《风雨回思录》(贵州人民)、《铁窗风云录》(群众)、《军统秘密监狱1949》(中国青年)、《和爸爸一起坐牢的日子里》(少年儿童)、《歌乐山作证》(辽宁少年儿童)、《思明监狱的红色记忆》(中国文史)等。

(九)回忆录

其中公开出版的数量不少,具体可分为三类,(1)监狱干警的回忆录,如《浙江监狱工作回忆录》(浙江人民)、《难忘的岁月,山东省监狱机关离退休干部回忆

---

① 《上饶集中营》一书,除了上海人民的多个版本外,早期还有华东人民、华东新华书店、人民美术等多个版本。

文集》(山东人民)、《洪定林劳改工作回忆录》(中国文史)等。(2)服刑人员释放(包括平反出狱)后所写的回忆录。如《我的前半生》(群众)、《新生之路》(群众)、《劳改春秋》(群众)、《回忆我的改造生活》(群众)、《毛泽东的囚徒》(求实)、《我的铁窗生活》(上海三联)、《我在台湾牢狱248天》(中国文联)、《人曲》(东方出版中心)、《苏北利亚》《我在美国坐牢》(法律)、《监狱琐记》(三联书店)、《囚徒,沈醉讲述高墙内的战俘生活》(中国文史)、《狱中日记》(中国水利电力)等。(3)其他人员通过采访、查阅资料所整理的书籍,如《两个美国间谍的自述》(群众)、《改造战犯纪实》(中国文史)、《末代皇帝的后半生》(群众)、《末代皇帝溥仪改造全记录》(天津人民)等。此外,内部编印的有:《我所知道的新中国监狱工作》(第1—5辑)、《走过蹉跎岁月,青海监狱系统老干部回忆录》《难以忘却的往事》等。

(十)点校整理的有关监狱资料

公开出版的有《庚辛提牢笔记》(中政大)、《提牢备考释注》(法律)、《民国监狱法规选编》(中国书店)、《民国监狱法规汇编》(光明日报)、《狱务大全》(北京大学)等,内部交流的有《民国监狱资料选》《清末民初改良监狱专辑》等。

(十一)反映监狱工作历史的画册

不少单位编印了影集、画册,通过照片的形式来反映监狱系统几十年的工作和发展历程。公开出版的有:《走向新生,中国改造罪犯纪实》(五洲传媒)、《中国首都监狱》(新华)、《炼魂,今日上海监狱》(新华)、《历史的足迹,北京市监狱管理局青河分局建立60周年摄影》(长城)等。内部编印的,如《百年史画,纪念吉林省吉林建狱掠影》《重庆市监狱建狱50周年纪念画册》《春华秋实,浙江省女子监狱20周年庆典》《回春》(上海少管所50年纪念画册)、《为了上海的稳定与和谐》(上海白茅岭监狱50年纪念画册)等。此类画册数量较多,恕不一一列举。

总之,改革开放40多年来,监狱系统的编史修志工作硕果累累,监狱史志书籍的编印出版,这对于全面深入了解监情、所情、场情、局情,促进工作,吸取教训,扩大宣传,培训各级干警、加强队伍建设等起到了很好的作用,不少监狱类史志书籍中的资料被有关书籍和论文所引用,有的还获奖。

## 二、监狱史志书籍编印和刊用中存在的问题

如果我们站在历史的高度、科学发展的高度来看,监狱史志书籍在编印出版及利用方面,还存在以下几点不足之处。

## （一）印数偏小，交流面偏窄，影响了志书的开发利用

《监狱志》《劳改志》《劳改劳教志》《农场志》正式出版的较少，大多数系自行印刷，内部交流，而且印数偏少。据笔者统计这些志书中，内部交流的印数最多的为《山东省劳改劳教志》(1840—1985)和《山东省劳改劳教工作大事记》7 000册；公开出版的印数最多的是《河北省监狱志》6 000 册，其次为《上海监狱志》2 000 册，北京、天津、江西等相当多的《监狱志》《监狱劳教志》大部分为 1 000 册，也有不少志书印数为 600 册、500 册，甚至 300 册、100 册，最少的每本仅印 10 本（它另有光盘本）。这是十分可惜。从一定角度看，这一监狱文化资源、信息资源没有得到充分发挥和传播。其原因是多种多样的，有的感到内容不够成熟，有的经费偏紧，有的仅想本部门流转，也有的是出于保密的需要。但是保密不应与编史修志相矛盾，按修志工作规定，志书正式出版前，都要经过同级单位的保密委员会审定，有些不宜公开的数据和内容（如狱内侦查、耳目等）要进行删除。在信息化时代，失密、泄密的形式多种多样，保密确需加强，我们既要强化保密观念，但也要防止把允许公开的内容，作为保密材料对待。

## （二）各省级监狱志的体例还不够统一

在首轮全国性的编史修志工作中，各地政法、监狱类志书的纲目设计、行文要求、篇幅结构，时间断限也不太统一。目前大约有下列 3 种模式：一是公安、检察、法院、司法、监狱等 5 家单位自成体系，各编一部志书（我借鉴有关学科的名称，简称"五分法"），分别为《公安志》《检察志》《审判志》（或称《法院志》）《司法行政志》《监狱志》，其中"劳动教养"的内容放在《司法志》中；也有把"劳动教养"放在《监狱志》中的。其名称为《监狱•劳教志》或《××省劳改劳教志》；二是公、检、法、司四家单位各编一部志书（简称"四分法"）。监狱、劳动教养分别作为一个章，写入《司法志》或《司法行政志》中；三是公安司法、法院、检察院各编一部志（简称"三分法"）。也有公安、司法、监狱、劳教都放在一起，组成"大司法"。上述几种体系，对监狱的介绍，内容与篇幅，差别很大。究竟哪种比较合理，更切合实际，大家可根据各地情况在实践中探索、评判，使编修监狱志工作更科学、更规范。

## （三）监狱史志书籍的编撰理论与实践需要进一步加强

理论是实践的先导，理论是行动的指南。但是在首轮及二轮编史修志工作中，史志的理论，特别是监狱史志理论研究滞后于实践。史志编撰人员几乎都是半路出家；不少单位都是"摸着石头过河"，边摸索，边借鉴。对史志工作的基本要求、基本框架、基本规律，特别的监狱史志工作的重点、难点，缺乏深度认识和

研究。虽然各地在编史修志过程中也邀请了有关专家讲课,或参加了全国性、地区性的方志培训班,但是从整体上看,各监狱系统的工作人员,包括分管领导,对史志工作不够熟悉,对史志工作的难度,如周期性长、政策性强、操作费时费力的情况,缺乏应有的理解,从而在人力、财力、器材的调配上有些欠缺;志史工作往往排不上"日程表"或呈"边缘化"。对此情况,希望在今后的编史修志工作中加以改进。监狱史志的编纂是既需要专业知识,又需要跨学科的综合性学识,因而有的大专院校还开设了史志编纂专业,个别高校还设立研究生点。作为监狱史志编纂工作者,需要综合型知识结构的人员,需要较扎实的法学、监狱学、史学知识,有较好的理论功底和文字写作能力,并熟悉监狱法规和本系统的工作实际,这样才能担当监狱编史修志任务,从而保证史志的质量。个别单位为了赶工作进度,赶时间节点,没有下功夫内外搜集资料、撰稿核稿,因而形成门类不全,资料缺失,质量不高等缺陷。

## 三、关于进一步做好监狱史志编撰出版的思考

### (一) 要进一步提高对史志工作重要意义的认识

编史修志历来是中华民族的优良传统,也是精神文明建设的重要组成部分。党和国家领导人历来重视史志工作,并要求各级领导结合工作实际读志、用志。毛泽东每到一地总要让人搜集当地的《地方志》,他于1958年成都召开中央工作会议期间,多次调阅《地方志》,辑选了部分内容印发给与会人员,并提倡科学利用旧方志,编纂新方志。胡耀邦也对《地方志》独有情钟,地方史志是他开展调查研究的好帮手。江泽民指出:我国几千年历史留下了丰富的文化遗产,我们应该取其精华,去其糟粕,结合时代精神加以继承和发展,做到古为今用。胡锦涛指出,浩瀚而宝贵的历史知识既是人类总结昨天的记录,又是人类把握今天、创造明天的向导。习近平总书记指出:"历史是一个民族、一个国家形成、发展及其盛衰兴亡的真实记录,是前人的百科全书,即前人各种知识、经验和智慧的总结。"[①]人类历史发展具有继承性,中国历史在许多问题上是相通的。我们可以借鉴和运用历史经验做好监狱工作。而《监狱志》《监狱史》《监狱年鉴》等是记述监狱工作的书面载体,它真实、客观地记录并反映有关情况,揭示事物发展变化的活动轨迹。世界上曾有古巴比伦、古埃及、古印度和中国四大文明古国,但是唯有中国的历史没有中断,使中华文明薪火相传,刀石留痕。历史是一面镜子,以史为鉴、以史育人,历来是我们中华民族的优良传统。因此,监狱系统广大干

---

[①] 中共中央宣传部党建杂志社主办:《学习活页文选》2011年第35期。

警特别是各级领导干部要充分认识编史修志的重要意义,进一步做好各类监狱史志的编纂工作。

(二) 积极运用监狱史志资源,努力为科研工作和现实工作服务

读史使人充实,读史使人明理,读史使人获智。人们把读史当作了开启智慧、获得镜鉴的一条途径。多年来,司法部领导和司法部在多次会议及有关文件中,强调要建立监狱系统的信息库、个案库和专家库。目前,全国监狱系统编印了数量众多,内容丰富的监狱史志,就是一个博大精深的信息库,这是一笔巨大的精神财富。但是由于许多监狱史志是由各地、各单位分头运作,而且大多数系内部资料,印数较少,这就愈显珍贵。据不完全统计,目前全国大专院校中已开设几百个法学系或法律专业,但是真正建有丰富法学著作,特别是拥有大量监狱类专业书籍的图书馆、资料库的并不多。当前,有关部门要重视监狱类图书资料的搜集、收藏和利用。为此建议各单位要加强信息交流、资源互补,及时互寄资料,尽可能为广大监狱干警和科研人员提供良好服务。监狱类图书应成为该馆的核心馆藏或重点收藏,并祝酝酿多年的中国监狱博物馆早日诞生,使中国监狱资料库成为其组成部分,或者两者合为一体,合署办公。2012 年 10 月,司法部监狱管理局、中国监狱工作协会在山东济南举办了中国监狱类图书展示会,展出监狱类图书 1 900 多种、3 800 多册,会后还编印出版了《中国监狱类图书总目录(1950—2012)》[①];但还遗漏了不少资料,今后拟可增补。

(三) 抓紧时间,抢救监狱历史资料

人的生命是有限的。健在的新中国初创时期的当事人,一般都年事已高,因此向他们征集监狱史料带有"抢救"的性质,贻误了时机,就会"人亡史佚",造成不可弥补的损失。我们应该抓紧时间,要尽快做好这些老同志的访谈工作,尽快把他们所知道的情况、监狱工作的经验教训、典型案例记录下来,在新中国监狱史和各地区监狱史上留下一笔宝贵的财富。笔者在参与编写《新中国监狱工作五十年》《上海监狱志》,组稿编印《我所知道的新中国监狱工作》和筹建"上海监狱陈列馆"的工作中,对此深有感触。正由于笔者采访过许多各个时期、不同经历的监狱管理人员或其子女,并通过他们提供的线索,查阅了大量的档案和书籍,或去实地调查,让我抢救到不少宝贵资料(如今不少老人都先后去世),为编纂有关著作,做好其他工作夯实了基础,获益匪浅。所以监狱史志工作,从一定意义上讲,是在与时间赛跑,是在抢救"活材料"、抢救历史文物。

---

① 中国监狱工作协会编,中国政法大学出版社 2013 年版。

### （四）建议组织编写出版《中国监狱年鉴》

年鉴是以年度为基本单位,由一个地区、一个单位、一个系统连续的编印出版的权威性的工具书。目前全国各地编印了种类繁多、门类齐全,适合不同读者需求的年鉴大约有 2 000 种,甚至还有《火灾年鉴》《殡葬年鉴》《手机年鉴》等。在互联网上也开设了"中国年鉴网",下设若干栏目,供大家查阅。在全国性的政法系统和相关领域,目前已出版了《中国法律年鉴》《中国民事审判年鉴》《中国商事审判年鉴》《中国检察年鉴》《中国司法行政年鉴》《社会治安治理年鉴》《中国法律援助年鉴》《中国律师年鉴》等。《中国司法行政年鉴》虽然内容非常丰富,但是还没有涵盖全国监狱工作的情况。全国现有 600 多座监狱,几十万干警,100 多万押犯,每年有几十万人回归社会。鉴于监狱系统工作面广、信息量大、任务繁重、情况复杂,因此,全国监狱系统应该有一个信息载体来进行记录存史。尽管我们已有相关报纸、刊物和网站,但是各种载体各有其特点,各有其功能。为了保存资料,较完整地记载全国及各地监狱系统科学发展的史实,因此除了继续编好有关年鉴外,建议编辑出版《中国监狱年鉴》,拟设立大事记、特载、专文、队伍建设、改造教育、狱政管理、理论研究、专业院校、著作媒体、统计资料、文件选载、领导名录等栏目,并配上照片和表格,定能受到监狱干警及院校师生的欢迎。同时,从工作实践看,北京、上海的司法系统,除每年出版《司法行政年鉴》外,监狱系统仍然定期编辑出版《监狱年鉴》,而这两种年鉴记述内容各有侧重,互为补充,相得益彰。

(本文原载《浙江警官学院学报》2011 年第 1 期,收入本书有删节,并有修改、补充)

# 新中国监狱口述历史探微

口述历史是相对于传统用文字记载的文献历史而言的一种表现形式。它由准备完善的访谈者,以笔录、录音或录像的方式,搜集、整理口传记忆以及具有历史意义的口述凭证。这些通过亲见、亲闻、亲历所形成的口述资料,可以填补重大历史事件和普通生活经历中没有文字记载的空白,或补充文字记载的不足。当前,口述历史已成为史学中的一门分支学科。

## 一、口述历史概述及其特点

口述历史源远流长,早在3 000多年前,周朝就设有史官"左史记行,右史记言",记载君王的日常言行举止。先秦时期诸子百家中有不少口述资料,如《诗经》《楚辞》《论语》等,孔子编《春秋》,就是运用口头传说追述了唐尧虞舜的历史。司马迁撰《史记》,曾出访各地,请年长者口述其闻,从而使笔下的人物栩栩如生。清代学者顾炎武写《日知录》,采撷了许多民间传闻。在我国少数民族的文化中也有口述历史的实践,如藏族的《格萨尔王》、蒙古族的《江格尔》和柯尔克孜族的《玛纳斯》。西方世界利用口头传说编撰而成的《荷马史诗》《马可波罗游记》都是口述历史的光辉篇章。美国著名作家阿历克斯·哈根充分利用口述历史材料,记述了一个美国黑人从非洲被贩卖到美国,而后繁衍生息的故事,写出了著名小说《根》。它不仅获得1977年美国国家图书历史类特等奖,畅销世界,而且在西方掀起一股寻"根"热。

尽管中外口述历史实践活动非常丰富,但是真正把口述历史作为一个专门学科来研究,奠基人是美国原新闻工作者、后来转行成为历史学家的艾伦·芮文斯。1938年,芮文斯采用当时刚发明的录音、录像设备,采访了不少重要人士,获得这些人所亲身经历的政治、经济、文化等历史事件的全面记录,他还通过笔录方式,搜集了美国普通民众大量的口述回忆资料,并以此为基础,于1948年在哥伦比亚大学建立了世界上第一座现代口述历史档案馆。此后,口述历史在世界各地蓬勃发展起来。1968年美国成立口述历史学会,加拿大、英国、日本、新加坡、马来西亚等国家以及中国香港、台湾地区都非常重视口述历史工作,南美洲、非洲、大洋洲等地也都有口述历史的组织和活动,口述历史的兴起、发展和影响遍及全世界。美籍华人唐德刚采写出版的《李宗仁回忆录》《顾维钧回忆录》《胡适之口述史》《张学良口述史》等,都是很有影响的口述历史著作。

口述历史,中国古已有之,中华人民共和国成立后又得到延续和发展。早在20世纪50年代初,学术界就采用社会调查和口述历史的方法搜集了太平天国、义和团、辛亥革命和"五四运动"的珍贵资料。1960年代初,全社会兴起写新"四史"(家史、厂史、社史和村史)活动,广泛搜集来自基层的口述资料。影响最大的当属20世纪五六十年代出版的革命回忆录《红旗飘飘》《星火燎原》和全国政协编辑的《文史资料选辑》,前者是革命前辈、老红军、老战士的革命回忆,其中相当一部分是口述历史,后者是在周恩来总理倡导下,组织和发动政协委员和历史见证人将自己的三亲(亲历、亲见、亲闻)经历口述或撰写成文。1960年代初,在公安部领导下,各地监狱系统也组织部分在押犯人参与这项工作,提篮桥监狱曾集中50名左右在押的原伪满、汪伪、国民政府中省、部级以上的党政军特人员撰写历史资料,监狱还调配了一些文化较高的犯人协助整理,帮助誊抄,最后向公安部报送了100多份材料,其中有的已被刊用,有的留作史料查考。

改革开放以来,口述历史更受到史学界、出版界及各类研究机构的关注,不少口述历史纷纷出版成书,如《吴德口述》《师哲口述》《舒芜口述自传》《文强口述自传》《黄药眠口述自传》《中国知青口述史》等。2003年9月起,中国社会科学出版社还连续出版了多辑《口述历史丛刊》,每辑20万字左右。各大众媒体也先后推出以口述历史为特色的栏目,如中央电视台的《讲述》《大家》,香港凤凰电视台的《口述历史》《鲁豫有约》,这些节目真实、感人、贴近生活,产生了很大的社会影响。2004年12月,中国社科院中国近代史研究所、江苏省社科院和扬州大学等单位组织了首届中华口述史高级论坛暨学科建设,成立中华口述历史研究会,这是我国口述史研究的一个里程碑。

口述历史与传统的文献历史相比,主要有以下几个特点:

一是史学门类的广泛化。文献历史一般习用书面材料,如文献档案、方志家谱、报刊杂志、日记杂考等,长期看重通史和政治史、军事史、外交史、宫廷史等专门史、专题史,而口述历史涉及的内容比文献历史广泛,它通贯自然、社会、人文三大领域,可反映社会的各个层面;既有上层社会,也有底层社会,并涉及人文掌故和逸闻遗事。平时被人遗忘的角落也可以映衬出时代的特征和地域的特点。历史是史实的载体,它可以"大"中见"小",也可以"小"中见"大";历史有其横断面,也有其纵切口。通过口述历史,拓宽了史学的研究领域,使之更贴近社会、贴近生活,使之内容更齐全、更广泛。口述历史获得的资料大多难以在官方文献中寻获的珍贵资料。

二是人事记载的平民化。传统的文献历史往往关注帝王将相、英雄豪杰和社会精英,而处于社会底层的芸芸众生,却较少记载,如煌煌《二十四史》中的普通民众实在是凤毛麟角。所以口述历史可以直接弥补文献历史的这一偏向,它不仅注目惊天变革、社会显要,而且也关心市井街巷、寻常百姓,更显示其"草根文化"。它是一种以人为本的研究方法。人民群众是历史的参与者和创造者,他们生活于某一历史阶段,某一层面,或经历过某一历史活动的片断,有些人由于地位较低,没有社会知名度,或文化水平偏低无法使之成文。如果没有口述历史,有些重要历史关节,只能湮没丧失。通过口述历史,就能够如实记录他们的访谈,使广大群众直接或间接参与口述历史的撰述,极大地扩充了历史信息的来源,从已经出版的口述历史成果看,则充分说明了这一点,如《无罪流放——66位知识分子"五七干校"告白》《雪域求法记——一个汉人喇嘛的口述史》《最后的记忆——16位旗人妇女的口述历史》《男人之隐——40岁男人生存现状访谈实录》等。

三是史事记载的细节化。传统史学主要利用的各种史料,无论是关于历史人物还是关于历史事件,往往是上层多,下层少;官方多,民众少;强者多,弱者少;胜者多,败者少;显者多,隐者少;表面多,背后少;粗放多,细微少。有时候还存在"为尊者讳、为贤者讳、为亲者讳"的现象。因此在传统史料中留存的仅是事物(事件)的一部分,很难窥见全部。通过口述历史的办法去采访当年的亲历、亲见、亲闻者,可以让人全面地、立体地了解历史的全貌,可以留下更真实、更具体、更生动的历史场景。口述历史的内容大都是亲身经历、耳闻目睹,可以保持其完整性、真实性、权威性和鲜活性。

四是史料载体的多样化。口述历史的表达方式丰富多彩,有的以人物为中心、有的以主题为中心、有的以历史事件为中心,也有的进行综合性地叙述,并配上多幅照片,图文并茂,现场感很强。从叙述手段和文体来看,有问答式(文稿整理者的提问,口述人的回答);有对话式(整理者与口述人通过聊天、对话的形式);也有自述式(即口述人的多次讲述,经整理后融为一体)。从篇幅上看,短则几千字,长则几万字,甚至几十万字;有话则长,无话则短,这完全取决于口述的内容。

五是文字表述的口语化。口述历史由于以历史当事人、见证人在口述情况下所形成的文字资料。阅读这些资料仿佛在同一位历史老人对话,又如在聆听一位长者、前辈的讲话,娓娓道来,倍感亲切;不像一般的历史教科书那样严肃。一定的意义上来看,如果说文献历史属于"阳春白雪",那么口述历史则是"下里巴人",口述历史更利于广大群众所接受。

当然,口述历史相对文献历史而言,也有其自身的缺陷,其可信度没有文献历史那样高。口述历史也受到口述人的文化程度、认知水平和记忆能力的局限，对某些历史事件、历史人物的回忆和讲述会发生一些误差，也可能把地名、人名、书名，以及历史事件发生的时间、经过记错，或张冠李戴。有些人也会扩大或缩小某些历史事件、历史活动的影响和作用。有时也会受到口述人当时身份、处境的局限，对有些问题的来龙去脉不一定非常清楚，只知道其中的一个片断、一个局部。有时也会受到文稿整理者的思想水平和专业水平限制，而影响到文稿的整体质量。这需要组织人和文稿整理者认真选定口述人，文稿整理者谈访前要认真作好准备，谈访后要认真核对相关资料，尤其对谈访内容、谈访细节做好与文献历史的查核工作。这一系列过程涉及口述人与文稿整理者的和谐合作。不少成功的口述历史，其文稿整理者、撰稿人往往是某一方面的专门研究人员或史学家。

## 二、做好新中国监狱口述历史工作的重要意义

第一，做好新中国监狱口述历史是不断积累新中国监狱史的需要。新中国监狱工作是在毛泽东等老一辈革命家直接领导下创建和发展起来的，半个多世纪以来，取得了举世瞩目的成绩，积累了丰富的经验，在新中国的史册上写下了光辉的篇章。但是，新中国的监狱史又艰辛曲折。从体制上看，70年来监狱工作先后隶属于法院、公安和司法行政部门管理；从管理模式看，最初由县、专区、省（区、市），大行政区、中央五级办监狱（劳改），目前为省（区、市）和中央两级办监狱（个别为地市、省、中央三级办监狱）。"文化大革命"期间，全国许多监狱单位被撤销，划归地方，不仅对工作造成很大影响，同时也对监狱档案资料造成极大损失，有的监狱局多年档案被全部焚毁或部分销毁。70多年来，各地监狱（劳改队、少管所）也经历了多次调整、整合（或撤销、或合并、或恢复、或新建），不少资料遭缺失。就是档案工作搞得比较好的单位，各年份文书档案的数量也悬殊很大，解放初期和"文化大革命"期间的就比较少，改革开放以后的比较多。做好新中国监狱口述历史，是对解放以来监狱历史的填补和充实，使新中国监狱历史资料更加完整。由于70多年来行政隶属关系的变化，目前不少监狱的资料分属于法院、公安和司法行政系统，再加上保密和国际人权斗争的需要，相当一部分监狱档案仍不对外开放，一般人员甚至专业研究人员，也很难全面、系统地查阅监狱档案。这既说明了我们大力做好新中国监狱的口述历史，积累监狱资料的重要性，又说明了监狱人员和专业研究人员查阅、研究新中国监狱档案的迫切愿望。

第二，做好新中国监狱口述历史是及时抢救新中国监狱史料的需要。人的

生命是有一定年限的，生老病死这是客观规律，当年的小伙子如今已是耄耋老人。许多新中国监狱的创建者已经离去，不少监狱的第二代也进入老年的行列。我们应趁一部分熟悉监狱情况的老同志还健在、思维还清晰，要尽快做好访谈和口述工作，尽快把他们所知道的情况，如监狱史上的重大活动，重要会议的召开，重要文件的制定和修改，重要铁路、公路和重要水利工程的建设，监狱（劳改队）的创建、撤并和迁建，各个时期监狱工作的成功经验、挫折教训、典型个案记录下来，形成规范的口述历史，为新中国监狱史及各地区监狱史上留下一笔宝贵的财富。如果不抓紧、不落实、不抢救，将造成难以挽回的损失，这决不是危言耸听。对此，笔者深有体会，2001年8月，因编纂《中华人民共和国监狱史》，搜集资料的需要，在中国监狱学会的组织下，我曾去北京多次找1938年参加革命工作的原公安部政治部副主任董玉峰访谈，董老详细又生动地向我介绍了许多新中国监狱史上的史实，如：1950年他奉命赴中苏边境满洲里接收900多名日本战犯的经过，抚顺战犯管理所改造日本战犯的情况以及1972年毛泽东、周恩来对秦城监狱所作废除法西斯式审查方式的批示。这些情况整理打印后，又请董老修改订正，2004年董老因病去世。又如，2001年9月，我在北京又找了原司法部劳改局副局长王喜文访谈，王老又给我讲了新中国监狱史上一些感人实例，2006年12月王老因病去世。所以对老同志的访谈一定要有只争朝夕的紧迫感，看准时机尽快工作，一旦时过境迁将无法弥补。

第三，做好新中国监狱口述历史工作，是补充和细化新中国监狱文献资料的需要。新中国监狱的文献资料，主要是由各类请示、批示、批复、函件、报表、简报、领导讲话、会议纪要、照片、图纸等所组成。根据不同文体，不同年代的要求，内容详细的、简单的都存在；有的省略了当时的历史背景和工作细节，也有的在特定的年代里（如三年自然灾害时期、十年"文化大革命"时期），故意回避或隐匿了一些史实。特别是解放初期，百业待兴，监狱设施简陋，办公条件较差，干警文化偏低，档案管理相对粗放。有时候档案的使用者、研究者光凭文献资料很难全面客观地了解新中国监狱系统有关事物（事件）的全貌。所以，通过口述历史就可以补充文献资料的不足，使口述资料和文献资料两者互为补充、互为印证，达到扬长补短、相得益彰的效果，起到存史、资政、育人的作用。

第四，做好新中国监狱口述历史工作，是编撰监狱史志的需要。目前，在国务院地方志领导小组的指导下，新一轮及第二轮修志工作已在全国展开，不少省份的监狱系统正在组织力量单独编写监狱志或参与编写司法志。在资料搜集整理过程中，应该借鉴口述历史的方法，做好历史事件的当事人、知情者或目击者的访谈工作，保留即将逝去的历史，弥补文献记载的不足，并有选择地记入志书，增强和提高志书的史料价值、学术价值和可读性。中国社会科学院副院长、中国地方志指导小组常务副组长朱佳木很重视口述史在地方志编修中的运用。他在2004年12月，首届中华口述史高级论坛暨学科建设会议上说："当代中国史研究、中华人民共和国史研究，以及地方志当代部分的编写，是最适宜运用口述史方法的领域。同时，也是口述史可以大显身手的最佳时段"；"历史领域或地方志编修中的当代部分，特别需要口述史。"

在监狱系统备受关注的重点科研工程——《中华人民共和国监狱史》的编撰历经多年，数易其稿，于2019年1月出版，书名改为《新中国监狱工作五十年》。我们尽管作了很大努力，但是仍感到书中某些史实还掌握不够，如：《劳改工作条例》于1950年春开始起草，最初由中央人民政府法制委员会主任王明（陈绍禹）负责，同年10月王明去苏联治病，后在政务院副总理、政治法律委员会主任董必武，政治法律委员会副主任、公安部部长罗瑞卿的领导下，由法学家李光灿主持，先后写了34稿，经过4次重要会议，于1954年9月由政务院公布施行。四年半来《劳改工作条例》多次征求意见，进行了大量修改。这反映了立法观念的不断完善和深入。第1—34稿，每个稿本为什么要修改、怎么修改，改动了什么、补正了什么，各地反馈了什么意见和建议，这些鲜为人知的细节，把它写入《监狱史》，肯定十分精彩；但是由于各种原因，我们目前只看到《劳改工作条例》起草人之一、已故法学家李光灿40年前写的一份回忆材料和国务院正式颁布的法条及其罗瑞卿的报告，就没有查到《劳改工作条例》的第1—34稿原件和抄件。由于当事人已去世，又没有留下回忆材料和口述史料，这不能不说是一个很大的遗憾。与此相反，1994年12月颁布施行的《监狱法》，其立法过程，包括法律的名称（最初提出有20多种），法条的结构、词语的推敲及每个版本的修改等，档案资料就十分完整。同时，我还听到了《监狱法》起草小组负责人讲述的立法过程，国务院讨论时的现场细节，让我印象非常深刻。因此，如果有一大批丰富的新中国监狱口述历史，完全可以在现有基础上，把此著作写得更加丰富多彩。

第五，做好新中国监狱口述历史工作，是开展革命传统教育，加强监狱干警队伍建设的需要。监狱干警是人民警察的一个警种，是国家的公务员；肩负着教育改造犯人，维护社会稳定、和谐的重任。加强监狱干警的思想建设和组织建设，历来是监狱系统思想政治工作的基本任务和永恒主题，近几年来所开展的加强社会主义法治理念教育、岗位练兵等活动都是这一主题的深化。众所周知，新中国的监狱工作基本上是伴随着共和国的脚步而诞生，成立初期除接收少量国民政府的旧监狱外，为了不与民争利，让犯人远离城镇，开发边远地区经济，支援国家建设，许多监狱场所都办在穷乡僻壤、深山老林。许多单位、许多老同志都经历了艰苦奋斗、白手起家的创业之路，这些都是监狱口述历史的重要内容，都是对广大干警开展革命传统教育，开展反腐教育及监狱业务教育的好教材。当前随着监狱新干警的不断补充,特别是监狱布局的调整,全国部分监狱面临4个转移,即:地处偏远的单位向大中城市、交通沿线转移,地处经济欠发达地区的单位向经济发达地区转移,监狱民警职工的生活设施、子女就业等需求由监狱自身负担向社会转移,犯人的监外、野外劳动向监内生产劳动转移。监狱的办公条件、生活条件获得改善,但是监狱工作又面临着新情况。监狱处于社会治安的风口浪尖,在押犯人中涉黑犯、抢劫犯、暴力犯增多,外省籍犯人和两次以上改造的人员增多;犯人十分看重自身的合法权益,在新形势下表现了有别于以往的新特点。为了教育广大干警传承前辈的优良传统,做好监管改造工作,凝练了老一辈监狱干警心血的监狱口述历史就是一部生动具体的教材。用身边的人、用身边的事教育身边的人,这是党和各级组织的优良传统。为了达到预期的效果,使受众者经常有新鲜感,必要时也可以打破地域界域,把监狱口述历史在省、区、市间交叉使用。

第六,做好新中国监狱口述历史工作,是深化监狱理论研究和繁荣大墙文学的需要。我国社会主义初级阶段的犯罪与社会治安形势有很大的联系,其犯罪主体、犯罪性质也在不断变化。在押犯人的构成、案由、年龄、职业也反映了社会各个时段的形势特点;在一定条件下,监狱也是社会治安情况的"晴雨表"。监狱干警通过监狱口述历史,可以了解许多鲜活生动的实例,掌握各类正反两面的典型,可以充实研究人员的头脑。有助于理论研究工作启发思路、提炼观点,探索规律,综合相关调查报表、数据个案、典型案例,进行研究,分析综合,形成理论研究成果。同样,文学的各种艺术形象都是根植于生活的土壤中,高于生活、源于生活,这是文艺创作的一般规律。新中国70多年的监狱工作,正是文艺工作人员走笔纵横的广阔天地,生动的监狱口述历史及其口述史料无疑为"大墙文学"提供了丰富的素材。不少作家、艺术家通过监狱口述历史资料,引发了思想的火花、驰骋于艺术的疆场,写出了不少优秀作品。

## 三、认真做好新中国监狱口述历史工作

口述历史是一门操作性很强的学科,新中国监狱的口述历史工作更是一项实践性、政策性很强的具体工作。尽管我们多年来一直进行过这项工作,但从现代口述历史研究的要求看,我们的观念比较陈旧、操作不够规范,大都没有同步的录音、录像,对资料的保存比较粗放,与史学界、方志界、教育界等部门相比还存在较大的差距,为此,当前必须竭尽全力,进一步做好这项工作。

一是统一认识,做好思想和发动工作。中国历来有崇尚历史、崇尚文化的优良传统。当前,建议由司法部,中国监狱工作协会向各地监狱工作协会(学会)及

其分支机构、相关的院校、研究机构发文,也建议各省、区、市监狱局、监狱工作协会(学会)组织落实熟悉监狱情况的老干部、老同志及有关人员抢救珍贵的新中国监狱口述历史的工作。相关单位还要在人员、财务经费、器材配备等方面给以应有的保障,必要时还可以组织部分从事口述历史的人员进行专业培训。口述历史并不是想象中那么简单,一个人讲、一个人记录,成文后,再让口述人审核、修改一下就完成了。其中涉及到口述人的选择,讲述主题的确定,口述人与整理者双方思想和认识的沟通,相关材料的补充。对口述历史很有研究的美籍华人、史学家唐德刚曾经说过:"我替胡适之先生写口述历史,胡先生的口述只占50%,另50%要我自己找材料加以印证补充。写《李宗仁口述历史》更麻烦,因为李先生是军人,他连写封信都要秘书,口述时也随便讲讲,我必须细心地找资料去编、去写、去考证,不明白的还要回头和他再商讨。"[①]可见,口述历史工作真正搞起来并不容易,口述历史要与文献历史要相互补充和互证。

  二是认清监狱口述历史的特点,掌握操作规范。口述历史与回忆录、访问记和纪实文学,虽有一定联系,但属不同的概念。口述历史与回忆录不同,前者是由口述者口述,经他人整理的材料,系两个人(多人)共同合作的成果;后者是由个人书写的材料。口述历史与访问记,同样有区别,前者用第一人称写,以事实说话;后者用第三人称写,文章中可以议论、抒情,还可以描写。口述历史与纪实文学也有区别,前者必须忠于事实,还原历史,语言朴实;后者可在事实的基础上作一定的合理想象,可以描写、抒情、议论,调动各种文学手段,渲染场景气氛,刻画心理变化。

  口述历史的工作,选准口述人非常重要。哪些人经历广,哪些人"三亲"材料丰富,或者特别了解哪一方面的情况,在一定的意义上说,选准口述人,口述历史也就成功了一半。口述人尽可能"三亲"全国性、全局性的监狱史上的重大活动,如参加了全国某次劳改工作会议、参加了某项法律文件的起草、参加了某次有影响的活动、经办了某件有影响的监狱大案。当然,基层单位中也可以挖掘出大题材。由于每个人的身份不同,叙述的角度也不一样,同一件事件,可以写出不同的口述史料。口述整理成文时,文稿整理人还要查各种文献材料,进行必要的补充和订正,或者帮助口述人再次回忆一些具体细节、历史问题,最后形成的书面材料是口述人和整理人双方密切合作的成果。为了保持监狱口述历史的真实性,整理者有时候也可以用加注释的方式进行考证说明。

  三是利用相关媒体开辟"专栏",发表和交流各类新中国监狱口述历史及历史回忆录。这些工作近年来不少省份监狱系统都在进行,如:广东监狱局主办的

---

[①] 唐德刚:《史学与文学》,华东师范大学出版社1999年版,第2页。

《南粤监狱》,从2007年起每期就利用一定的篇幅刊发工作回忆录或口述访问记;吉林省监狱局在庆祝监狱局成立50周年活动时,编印了50多万字的监狱干警回忆录《难忘的岁月》,2006年8月由长春出版社出版。浙江省监狱管理局编印了51万字的《浙江监狱工作回忆录》(1949—2005),2008年11月由浙江人民出版社出版。中国监狱工作协会监狱史学专委会自2009—2022年连续编印了7本《我所知道的新中国监狱工作》,其中第1—5辑为内部交流,第6、第7辑则通过出版社公开出版。有的单位还采取录言、录像等方式记录历史,留住资料。但是从总体上看,这项工作还做得不够,还应该加强工作力度,扩大其刊用范围,在全国监狱系统形成良好的氛围,必要的时候,还可以对部分新中国监狱口述历史资料结集出版,中国监狱工作协会及下属的专业委员会也可以牵头召开相关的工作研讨和业务交流会,开展一些必要的活动,借鉴党史学界、方志界及其他专业部分门的好做法,积极做好这项既传统又新潮的工作。

四是在建立全国性、或地方性的新中国监狱资料中心和口述历史资料库。为了做好新中国监狱口述历史的各项工作,我们一方面注意口述谈访资料的整合与共享,避免重复劳动,另一方面也要注意口述历史资料的保管和开发问题。建议在中国监狱工作协会或中央司法警官学院监狱信息中心建立1~2个新中国监狱口述历史资料库,定期向各地及有关单位发布最新研究成果,积极为科研和教育工作服务。同时,各地监狱系统也要注意信息交换,互通有无,以便达到效益的最大化。

由于各种原因,目前各地各级公共图书馆有关监狱专业的藏书,无论品种和数量都偏少,这不利于监狱科研工作的普及和提高。我们的监狱科研部门应该拓宽渠道、加强社会宣传,加强监狱理论,特别是中国特色社会主义监狱理论的学术交流;还可以采取赠阅、主动征订,馆际交流,甚至境内外交流等多种形式,扩展影响。据国内权威性的工具书《中国法律年鉴》和《中国图书分类法》的编排体例,"监狱学"仍处于"刑法学"或"中国司法制度"的下属门类;我们应该看到在学科建设上,"监狱学"的理论体系仍不够完备,基础理论研究仍显薄弱,"监狱史学"的研究领域还有较大空间,有关监狱史上的人物和事件还可以作进一步的挖掘和深化。

今天的工作就是明天的历史。过去、现在和未来是一个统一的连续体,三者之间没有明确的界限。正如李大钊所说:"无限的过去都以现在为归宿,无限的未来都以现在为渊源。"[1]历史是稳定凝结了的现实,现实是流动变化着的历史。口述历史给史学研究,特别对现代史、当代史的研究带来了新的生机,同样给新

---

[1] 《新青年》第4卷第4期,1918年4月。

中国监狱史的研究和编撰带来了新的生机。时不可失,机不再来,我们一定要抓住机遇,积极地做好新中国监狱口述历史工作,为当代、为后代留下一份宝贵的精神财富。

(本文原载《犯罪与改造研究》2011年第3期;《监狱学论坛》第1辑,中国法制出版社2011年版。收入本书有修改)

# 后　　记

　　本书是我在上海社会科学院出版社付梓的第三本专著,前两本为《上海监狱的前世今生》(46.5万字)和《上海监狱的旧闻往事》(40.6万字)分别于2015年、2021年出版,组成一个以上海监狱史题材的系列丛书。本书也是我2009年10月退休后公开出版的第5本专著,还有2本分别为《提篮桥监狱》(中国文史出版社2011年版,21万字);《审判从这里开始,日本战犯在上海审判》(生活·读书·新知三联书店2022年版,28.2万字)。

　　监狱是国家的刑罚执行机关,又是社会发展的产物。历史上监狱曾有丛棘、羑里、圜土、囹圄等多种名称。在中国古籍上,"监狱"一词始见于《汉书·王尊传》:"太守奇之,除补书佐,署守属监狱。"这里的"监狱",是两个词,并非牢狱的同义词。"监"是监察之意,"狱"系诉讼的意思。"监狱",两字合为一词,真正有监禁人犯场所的意思,最早见于明万历十一年(1583年)项笃寿撰写的《今献备遗》一书,其第六卷的一篇《夏原吉》云:"上将亲征北地,原吉言:'今边储不足,请遣将,无烦六师。'忤旨,系内宫监狱。"这里的"监狱"一词,才是牢狱的同义词。

　　上海自1843年开埠以来,五方杂处,东西交融。在近100年的时间内,其政治架构"一市三治",各司其法,互不统属,一个城市内同时拥有公共租界、法租界、华界3套行政管理机构、3套司法系统,系寰宇之内独有。公共租界内有美、日等领事馆监狱,中央、老闸、虹口等巡捕房押所,厦门路监狱,华德路监狱(提篮桥监狱)等;法租界有中央、小东门等巡捕房押所,法租界会审公廨押所、第二特区监狱等;华界内有上海县监狱、改过局(改过所)、罪犯习艺所、江苏第二监狱(漕河泾监狱)、江苏第二监狱分监、司法行政部直辖第二监狱、上海监狱第一分监、上海监狱第二分监、上海地方厅看守所、上海检察厅看守所、特刑庭看守所等,此外还有军事系统的监所,如上海陆军监狱、淞沪警备司令部军法处看守所(龙华监狱)、国防部战犯监狱等。在租界民国时期,各监所中除了关押绑票、强盗、杀人等刑事犯,以及汪伪汉奸、日本战犯、德国纳粹战犯外,还因禁过许多政治犯(革命人士),在黑色的牢房里留下红色的记忆。1949年5月上海解放后,上海各监狱一度曾分布于上海、江苏、安徽、青海三省一市。截至2022年底,上海市监狱管理局下辖13座监狱和一所未成年犯管教所。其中,位于上海市区的有提篮桥、五角场、周浦、北新泾、青浦、宝山、南汇、新收犯、女子监狱和未成年犯管教所；位于安徽的有白茅岭、军天湖监狱；位于江苏的有四岔河、吴家洼监狱，还有上海市监狱总医院、上海司法警官学校（警官培训中心）等。

《上海监狱的岁月印痕》一书中主要记述了租界、民国时期有关上海地区部分监所中发生的人和事。书中的内容真实可信，并非虚构、演义，其资料均来源于历史档案、各媒体及当事人的采访。作为一本反映上海监狱历史的书籍，首先要做到真实可信，力求有一定的可读性。监狱历史不是恐怖、死板的教条，而是鲜活翔实，有众多人物和事件所组成，具有相关的时代背景和地域特点，并涉及当时的政治、经济、历史、文化、法律、建筑、科技、卫生、宗教等。书中部分文章曾在报纸、期刊、书籍上发表过，收入本书时，作了一定的修改补充或删节，并补上资料出处及发表的报刊、日期等。对于本书能编印出版，我要感谢上海社会科学院出版社的领导及八旬老者周河老师的支持，感谢上海市监狱管理局的各级领导、同事、朋友的支持，感谢从事医务工作的妻子张文兰的支持，感谢从事广告工作的儿子徐旻又一次设计了封面。

上海监狱史的资料浩如烟海，内容博大精深，由于自己水平所限，书中舛误之处，恳请各位读者不吝赐正。

共和国的同龄人瑾识　2023年盛夏

图书在版编目(CIP)数据

上海监狱的岁月印痕 / 徐家俊著 .— 上海 : 上海社会科学院出版社，2023
 ISBN 978 - 7 - 5520 - 4204 - 7

Ⅰ. ①上… Ⅱ. ①徐… Ⅲ. ①监狱—历史—史料—上海 Ⅳ. ①D929.6

中国国家版本馆 CIP 数据核字(2023)第 159126 号

## 上海监狱的岁月印痕

著　　者：徐家俊
责任编辑：周　河
封面设计：徐　旻
出版发行：上海社会科学院出版社
　　　　　上海顺昌路 622 号　邮编 200025
　　　　　电话总机 021 - 63315947　销售热线 021 - 53063735
　　　　　http：//www.sassp.cn　E-mail：sassp@sassp.cn
照　　排：南京理工出版信息技术有限公司
印　　刷：浙江天地海印刷有限公司
开　　本：710 毫米×1010 毫米　1/16
印　　张：21
字　　数：395 千
版　　次：2023 年 9 月第 1 版　2023 年 9 月第 1 次印刷

ISBN 978 - 7 - 5520 - 4204 - 7/D · 702　　　　　　　　　定价：108.00 元

版权所有　翻印必究